この一冊で資格試験に出る語法・文法を90％以上網羅

決定版
トータルマスター 試験に出る「英語の語法・文法」大全

A Comprehensive Handbook of English Usage to Prepare for Any Tests

佐藤教育研究所 主宰
佐藤誠司

メトロポリタンプレス

はしがき

　本書は，TOEIC®テスト・TOEFL®テスト・英検・大学入試など，あらゆる試験で出題されやすい（また基本的な英語の知識として知っておくべき）「1つ1つの単語の使い方」，つまり「語法」をまとめたものです。

　語法の知識は英文を読んだり書いたりする際にも必要であり，後述するとおり試験対策としても重要です。一方で，語法に焦点を当てて解説した学習書はほとんどなく，どのようにして知識を身につければよいのかがわからない学習者も多いと思います。本書は，そうしたニーズに応えることを目的としています。

　本書では，最も重要な「動詞の語法」から始めて，さまざまな品詞の語法を順に説明していきます。学習に当たっては，解説・例題を参照しながら，語法の知識を1つずつ頭に入れてください。POINT は，テスト対策として特に重要な説明です。見出し語句は□で示しており，■は特に基本的で重要な語句です。大学入試や英検の対策としては，まず■の語句をチェックしてください。

　なお，付録として，たとえば reserve（予約する）と preserve（保存する）のような「紛らわしい語」をまとめています。これも，この種の知識を網羅的にまとめた類書があまり見当たらないことから，本書でそれを提示しようとするものです。

　本書は，試験対策の学習書であると同時に，英語の語法に関する基本的な知識を体系的・網羅的にまとめた辞書的な性格も持っています。英和辞典ほどの情報量はありませんが，日本人が実際のコミュニケーションにおいて英語を使いこなす上で必要な知識が幅広く取り上げられています。試験対策のためだけでなく，個々の単語の使い方に関して知りたいことや疑問点など検索し理解するために，

本書を大いに活用していただきたいと思います。

　なお，本書の編集に当たっては，メトロポリタンプレスの林さんをはじめ関係者の方々に大変ご苦労をおかけしました。また，安河内哲也さんにも貴重なご意見をいただきました。お世話になった皆様に，慎んで御礼申し上げます。

2011年8月
佐藤 誠司

※ TOEIC and TOEFL are registered trademark of Educational Testing Service (ETS).

◆ 本書がカバーする「文法」の範囲

　語法と文法は，かなりの部分がオーバーラップします。たとえば，次の例を見てみましょう。

　　I wish I were rich. (金持ちならよいのに)

　このような文は，文法参考書では「仮定法」の例としてよく使われます。一方この文は，wish という動詞の使い方（= wish の語法）の例とも言えます。その要領で，本書の中で「仮定法」という文法分野の個々の学習項目がどのように取り上げられているかを下に示します。

仮定法の学習項目（例）	本書での取り上げ方
一般的な（if を使った）仮定法	if の語法
wish ＋ 仮定法	wish の語法
without（もし~がなかったら）	without の語法
It is time ＋ 仮定法	time の語法
if 節が省略された仮定法	could, would などの語法

　このように本書は語法の本ですが，実質的には文法の全学習範囲をほぼカバーしています。それに加えて，文法参考書にはあまり出てこない「語法」に関する詳細な知識を取り上げているのが本書の特徴です。

◆ 「語法」に特有の知識とは？

　次の例で説明してみましょう。「TOEIC 公式ガイド＆問題集」中の出題例（4択の空所補充問題）をアレンジしたものです。

The part-timers were (　　) by the manager that the customer must be their first priority.

　① reminded　② respected　③ remembered　④ reached

　この問いを解くには，選択肢の4つの動詞の語法の知識がポイントになります。空所に入るのは，〈＋O＋that 節〉の形をとることのできる動詞でなければなりません。したがって正解は①です。文の意味は「パート職員たちは，顧客が第一に優先すべきものでなければならない，と店長から念を押された」となります。

この問いを解くためには，「〈＋O＋that節〉の形をとることのできる動詞」を，1つのグループとしてまとめて覚えておくことが有効です。本書ではp.36でそのタイプの動詞を整理し，さらにp.165ではremindの語法をまとめて示しています。
　〈remind＋A＋of＋B〉の形は，入試対策の熟語集には必ず掲載されている基本的な知識です。一方，〈remind＋O＋that節〉の形は，remindの基本的な語法の1つですが，文法書や単語・熟語集ではあまり取り上げられていません。このような「語法に特有の知識」が，試験対策学習の盲点になりがちです。本書は，そうした知識の不足を補うことに主眼を置いています。

◆ 本書中での「語法」の取り上げ方

　一般に和英辞典では，単語ごとに意味と使い方（語法）がまとめられています。しかし，すべての単語の語法を網羅的に取り上げると辞書と同じものになってしまうため，本書では「試験に出題されやすい語法」に絞って取り上げました。つまり本書は，「辞書の説明中から，試験対策に役立つ語法の知識だけを抜き出したもの」という性格を持っています。
　どの試験においても，最も試験に出題されやすいのは「動詞の語法」です。本書ではPart1で動詞を取り上げ，次の2段階で学習します。

総論 Part1-（1）〜（16）	同じ語法を持つ動詞をグループ化して覚える。
各論 Part1-（17）	語法に注意すべき動詞をアルファベット順に並べ，個々の動詞の使い方を確認する。

　形容詞・副詞・名詞についても同様です。このように「グループ化して覚える→個々の単語の使い方を再確認する」という2段階のプロセスを経ることで，知識の完全定着を目指しています。

◆ 短答式問題での「語法の知識」の重要度

　空所補充形式のような短答式問題について言えば、先に述べた wish の例でもわかるとおり、「語法」と「文法」の両方に関係する問題はたくさんあります。一方、remind の例のような「文法参考書で得た知識だけでは解けない（語法特有の知識が問われる）問題」の比率は、それほど多いわけではありません。しかし一般的に言えば、「語法に関する問題」の正答率は低いのが常です。

　I was talked (　　) buying a big car by my sister.

　　① about　② away from　③ out of　④ to

　この問いは2010年度の大学入試センター試験（本試験）からの抜粋ですが、筆者の指導経験上、受験者はこのタイプの問いが苦手です。また、この種の問いは英検やTOEIC®などでもしばしば出題されます。

　この問いは一見すると「前置詞の知識」を尋ねているようにも思えますが、実質的には「talk の語法」を問うことに主眼があります。正解は③で、文の意味は「私は大きな車を買うことを姉［妹］によって思いとどまらせられた」。〈talk＋O＋out of Ving〉は「O〈人〉を説得して～することをやめさせる」の意味です。これは「熟語（idiom）」として覚えるのではなく、talkの語法として（persuade など同タイプの語法を持つ動詞とグループ化して）覚える方が効率的です。

　もう1つ、例を挙げてみましょう。

　Although I like this job very much, it does not (　　) well.

　　① carry　② give　③ pay　④ test

　これは、英検2級の出題例です。ここでは空所に入る語は自動詞でなければならず、正解は③です。文の意味は「私はこの仕事が大好きだけれど、あまり割に合わない」。carry や give は第1文型（SV）では使えません。そのような知識も、本書の学習を通じて身につけることができます。

　また、この問いでは、「pay は『～を支払う』の意味で使うことが多いが、『割に合う』という自動詞の意味もある」という、「学習の盲点になりやすい知識」が問われています。基本語のさまざまな意味や用法、多義語、形の紛らわしい語などは、各種の試験で頻繁に問われています。本書ではそうした知識も網羅的に取り

上げています。

◆ 基本的な単語ほど幅広い用法を持つ

次の2つの単語の学習方法を考えてみましょう。

　　(A) psychology
　　(B) matter

(A) については，「psychology ＝心理学」という1つの訳語だけを覚えておけば十分です。一方 (B) は，「matter ＝問題」という覚え方では全く不十分と言えます。試験対策という観点から言うと，少なくとも次のような知識が必要でしょう。

① 名詞としては「問題」，動詞としては「重要である」の意味で使う。
② a matter of time（時間の問題），What's the matter?（どこが具合が悪いのか）などの成句を作る。
③〈It doesn't matter ＋疑問詞［whether］節〉の形を作る。
④〈no matter ＋疑問詞＝疑問詞- ever〉と言い換えられる。

本書で主に取り上げるのは，(B) タイプの単語です。matter のような基本語は，単に意味を知っていればよいわけではなく，使い方まで頭に入れておく必要があります。下の例で説明してみましょう。この問いは大学入試センター試験の過去問から抜粋したものですが，unless（～でなければ）という接続詞の語法が問われています。

I'll be surprised (　　　) an accident. He drives too fast.
　①if Tom doesn't have　②if Tom has
　③unless Tom doesn't have　④unless Tom has

文脈から考えて，「<u>もしトムが事故にあわなければ</u>，私は驚くだろう。彼の運転はスピードの出しすぎだ」という意味の文を作ればよさそうです。では，空所にはどの選択肢を入れればよいでしょうか？

この問いの正解は，①です。では，④がなぜ誤っているのかわかりますか？ここで，「unless の語法」の知識が必要です（→p.442）。本書では，このような

基本的な単語の使い方を，詳しく学習していきます。

◆ 英文解釈や英作文における「語法の知識」の重要性

語法の知識は，英文を読んだり書いたりする際にも重要です。

英文解釈における語法の知識の活用例を，次の素材で説明してみましょう。大学入試センター試験の過去問からの抜粋です。

> The Japanese government has been making efforts to establish a system to promote volunteer activities. Indeed, Japan was the driving force behind the United Nations making 2001 the "International Year of the Volunteer."

この英文には making という単語が2つ出てきますが，両者の働きの違いがわかりますか？ 1つ目の making は〈＋O〉，2つ目の making は〈＋O＋C〉の構造で使われています。文の意味は，「日本政府はボランティア活動を促進するための制度を確立するよう努力を続けている。実際に，日本は国連が2001年を『国際ボランティア年』とした際の原動力となった」。

この一節を正しく解釈するためには，make efforts のつながり（動詞と名詞のコロケーション）や，make が第5文型をとる動詞であるという知識がポイントになります。

一方，英語を書いたり話したりする際にも，語法の知識は重要です。日本人によくある誤りの例を1つ挙げてみましょう。

> 【日本語】 私は風邪をひきやすい。
> 【誤った英訳】 I'm easy to catch a cold.

この英文は，easyという形容詞の使い方が間違っています（→p.240）。正しい英訳は，I catch a cold easily. です。

このように，単に試験対策のためだけではなく，語法の知識は日常的なコミュニケーションを行う上でも大切であり，多くの学習者が苦手な分野でもあります。本書を通じて，語法に関する正確な知識を身につけてください。

◆ 本書の使い方

本書は,「学習機能」と「検索機能」の両方を備えています。

全部を通読するのがベストですが,時間の節約のためには,たとえばPart 1 〔動詞の語法〕では次のような利用法が考えられます。

総論 Part1-（1）〜（16）	ひととおり目を通し,暗記するのに使います。 （学習機能）
各論 Part1-（17）	個々の動詞の使い方を確認したいときに使います。 （検索機能）

後半のPartは説明と重要事項の列挙が中心ですが, POINT と ■ の語句には必ず目を通すようにしてください。

学習に当たっては,赤いプラスチックシート（文房具店などで売っています）を使って,赤い文字を隠して暗記するのも効果的です。

各Partの学習が終わったら,練習問題で知識の定着度を確認することができます。練習問題では特に重要なポイントを尋ねているので,全部解くようにしましょう。また,「付録」も問題形式になっているので,書き込みながら知識をチェックしてください。

＜本書で使用した記号など＞

□＝見出し語（■＝特に重要なもの）
名・**名**＝名詞　動・**動**＝動詞　形・**形**＝形容詞　副・**副**＝副詞
接＝接続詞　前＝前置詞　助動＝助動詞　疑＝疑問詞　関＝関係詞
S＝主語　V＝動詞　O＝目的語　C＝補語
A・B＝名詞または代名詞（動詞の目的語ではないもの）
to V＝不定詞　Ving＝現在分詞・動名詞　Vpp＝過去分詞
V[原形]＝動詞の原形
－＝後ろに何もつけなくても使える
× 赤い下線＝誤った表現
POINT ＝語法に関する重要な知識
慣用表現 ＝熟語・定型表現
書換 ＝書き換え（連立完成）問題で出題されやすいもの
同 ＝同意語（見出し語と同じ語法を持つもの）

- 〈動詞＋O＋副詞*〉の副詞*は，O の前に置くこともできる。
    （例）bring O about* ＝ bring about O ＝ Oを引き起こす
- 接続詞の that（I think that ... の that など）は，原則として省略できる。
- on は多くの場合 upon で置き換えることができる（upon は省略）。

CONTENTS

PART 1 動詞の語法

- （1）動詞の後ろに置く要素 …………………………………… 20
- （2）〈＋Ving〉と〈＋to V〉 …………………………………… 21
  - (A) enjoy 型の動詞
  - (B) decide 型の動詞
  - (C) remember 型の動詞
- （3）第4文型（SVO₁O₂）で使う動詞 ………………… 25
  - (A) give 型の動詞
  - (B) buy 型の動詞
  - (C) save 型の動詞
- （4）第2文型（SVC）で使う動詞 ………………………… 27
  - (A) look 型の動詞
  - (B) seem 型の動詞
  - (C) turn 型の動詞
  - (D) keep・remain
- （5）第5文型（SVOC）で使う動詞 ……………………… 29
- （6）〈＋O＋to V〉の形で使う動詞 ……………………… 31
  - (A) expect 型の動詞
  - (B) enable 型の動詞
- （7）〈＋that節〉の形で使う動詞 ………………………… 33
  - (A) think 型の動詞
  - (B) demand 型の動詞
  - (C) wish
- （8）〈＋O＋that節〉の形で使う動詞 ………………… 36
- （9）〈(＋O)＋疑問詞節〉の形で使う動詞 ………… 37
- （10）〈It＋V＋that節〉の形で使う動詞 ……………… 37
- （11）動作動詞と状態動詞 …………………………………… 40
  - (A) 進行形にできない動詞
  - (B) 状態と動作の表現

(12) 再帰代名詞と結びつく動詞 ………………………… 42
    （A）seat oneself 型の表現
    （B）be dressed 型の表現

(13) しばしば受動態で使う動詞 ………………………… 44

(14) 自動詞と他動詞の識別 …………………………… 49
    （A）discuss 型の動詞
    （B）graduate 型の動詞

(15) 意味・形・用法の紛らわしい動詞 ………………… 52
    （A）lie/lay など
    （B）borrow/rent/use など
    （C）語法・意味の違いに注意すべきその他の動詞

(16) 動詞と名詞の結びつき …………………………… 61
    （A）日本語からの類推で誤りやすい動詞
    （B）〈動詞＋名詞〉のコロケーション

(17) 主な動詞の語法 ………………………………… 74

練習問題 ……………………………………………… 197

PART 2 形容詞の語法

(1) 形容詞の基本的用法 ……………………………… 200

(2) 形容詞の語順 …………………………………… 200
    （A）形容詞と名詞の語順
    （B）形容詞を並列する場合の語順

(3) 数量を表す形容詞① ……………………………… 201

(4) 数量を表す形容詞② ……………………………… 202

(5) 特殊な比較変化 ………………………………… 203

(6) awake型の形容詞 ………………………………… 204

(7) glad型の形容詞 ………………………………… 206

(8) apt型の形容詞 …………………………………… 207

（9）afraid型の形容詞 ……………………………… **208**
　　（A）後ろにthat節を置ける形容詞
　　（B）動名詞を使ったthat節の言い換え
（10）essential型の形容詞 ……………………………… **211**
（11）careless型の形容詞 ……………………………… **212**
（12）easy型の形容詞 ……………………………… **213**
（13）excited/exciting型の形容詞 ……………………… **214**
（14）pleasant型の形容詞 ……………………………… **218**
（15）意味の紛らわしい形容詞 ………………………… **219**
（16）形の紛らわしい派生形容詞 ……………………… **222**
（17）形容詞と名詞のコロケーション ………………… **225**
（18）形容詞と前置詞のコロケーション ……………… **227**
（19）意味に注意すべき形容詞 ………………………… **232**
（20）主な形容詞の語法 ………………………………… **232**

練習問題…………………………………………………… **257**

PART 3 副詞の語法

（1）副詞の基本的用法 ………………………………… **260**
（2）副詞の位置 ………………………………………… **261**
（3）副詞と語順 ………………………………………… **262**
　　（A）副詞の強調によるV＋Sの倒置
　　（B）動詞＋代名詞＋副詞
　　（C）So＋V＋S．（Sもまたそうだ）など
（4）副詞と形容詞の識別① …………………………… **264**
　　（A）形容詞・副詞の両方の品詞を持つ語
　　（B）語尾の-lyと品詞

（5）副詞と形容詞の識別② ………………………… **265**
　　　（A）〈SVC[=形容詞]〉と〈SV＋副詞〉の識別
　　　（B）〈SVOC[=形容詞]〉と〈SVO＋副詞〉の識別
（6）副詞と名詞の識別 ……………………………… **266**
（7）部分否定 ………………………………………… **268**
（8）形の紛らわしい形容詞・副詞 ………………… **269**
（9）意味に注意すべき副詞 ………………………… **270**
（10）基本的な副詞の語法 …………………………… **273**

練習問題………………………………………………… **289**

PART 4 名詞の語法

（1）名詞の種類 ……………………………………… **292**
（2）可算名詞と不可算名詞 ………………………… **292**
　　　（A）名詞の種類と可算・不可算の関係
　　　（B）可算名詞と不可算名詞の対比
（3）名詞の数え方に関する注意 …………………… **294**
　　　（A）対になる普通名詞の数え方
　　　（B）不可算名詞の数え方
（4）集合名詞の用法 ………………………………… **295**
　　　（A）単数形で複数扱いする名詞
　　　（B）fish 型の集合名詞
（5）名詞の単複に関する注意 ……………………… **296**
　　　（A）不規則な複数形
　　　（B）economics 型の名詞
　　　（C）fire 型の名詞
　　　（D）shake hands 型の表現
　　　（E）goods 型の名詞
　　　（F）不可算名詞が可算名詞に転化した例
（6）名詞の所有格 …………………………………… **299**
　　　（A）所有格の作り方
　　　（B）所有格の後ろの名詞の省略

（7）数字に関する表現 …………………………… 300
　　　　　（A）数詞の種類
　　　　　（B）数の単位を表す名詞
　　　　　（C）さまざまな数字の表し方
　　（8）同格のthat節を後ろに置く名詞 …………… 302
　　（9）意味の紛らわしい名詞 …………………… 303
　　（10）形の紛らわしい派生名詞 ………………… 305
　　（11）意味に注意すべき名詞 …………………… 306
　　（12）主な名詞の語法 …………………………… 308
　　練習問題 ………………………………………… 324

PART 5　前置詞の語法

　　（1）前置詞の基本的用法 ……………………… 326
　　（2）特に重要な前置詞の語法 ………………… 327
　　（3）その他の前置詞の語法 …………………… 405
　　練習問題 ………………………………………… 423

PART 6　接続詞の語法

　　（1）接続詞の基本的用法 ……………………… 426
　　（2）主な接続詞 ………………………………… 426
　　（3）相関接続詞 ………………………………… 427
　　（4）接続詞と前置詞の識別 …………………… 428
　　（5）接続詞と時制 ……………………………… 430
　　（6）主な接続詞の語法 ………………………… 431
　　練習問題 ………………………………………… 446

PART 7 疑問詞・関係詞の語法

- （1）疑問詞の種類 …………………………… 448
- （2）疑問詞の基本的用法 …………………… 449
- （3）How＋形容詞[副詞] ……………………… 450
- （4）疑問代名詞と疑問副詞の識別 ………… 450
- （5）疑問詞＋do you think ...? ……………… 451
- （6）疑問詞＋to V …………………………… 452
- （7）関係詞の基本的な用法 ………………… 452
- （8）関係詞の制限用法と非制限用法 ……… 454
- （9）関係代名詞と関係副詞の識別 ………… 455
- （10）主な疑問詞・関係詞の語法 …………… 456
- （11）複合関係詞の語法 ……………………… 468
- 練習問題 ……………………………………… 472

PART 8 代名詞の語法

- （1）代名詞の種類 …………………………… 474
- （2）人称代名詞の用法 ……………………… 474
- （3）再帰代名詞（-self）の用法 …………… 475
- （4）主な代名詞の語法 ……………………… 476
- 練習問題 ……………………………………… 500

PART 9 冠詞の語法

- （1）冠詞の基本的用法 ……………………… 502
- （2）a・anの注意すべき用法 ……………… 503

（3）theの注意すべき用法 …………………………… 503
　（4）無冠詞の注意すべき用法 ………………………… 506
　（5）注意すべき冠詞の語順 …………………………… 507
　（6）限定詞の重複を避ける表現 ……………………… 508
　練習問題 ………………………………………………… 509

PART 10 助動詞の語法

　（1）助動詞の基本的用法 ……………………………… 512
　（2）推量の意味を持つ助動詞 ………………………… 512
　（3）助動詞の組み合わせ ……………………………… 513
　（4）助動詞の過去形 …………………………………… 514
　（5）助動詞＋have＋Vpp ……………………………… 515
　（6）主な助動詞の語法 ………………………………… 516
　練習問題 ………………………………………………… 530

付録 紛らわしい語の識別

　（1）多義語 ……………………………………………… 532
　（2）基本語と混同しやすい語 ………………………… 576
　（3）注意すべき派生語など …………………………… 578
　（4）語尾の-er/-or ……………………………………… 582
　（5）形が紛らわしい語① ……………………………… 584
　（6）形が紛らわしい語② ……………………………… 602
　索引 ……………………………………………………… 611
　練習問題の正解 ………………………………………… 621

PART 1
動詞の語法

(1) 動詞の後ろに置く要素

英語の文は，次の5つの基本的な文型に分類することができる。

文　型	例　文
第1文型（SV）	Dogs *bark*.（犬はほえる）
第2文型（SVC）	I *got* sick.（私は病気になった）
第3文型（SVO）	I *ate* lunch.（私は昼食を食べた）
第4文型（SVOO）	I'll *show* you my car.（私の車を君に見せよう）
第5文型（SVOC）	I'll *make* you happy.（君を幸せにしよう）

動詞の後ろに置ける主な形には，次のようなものがある。

動詞に続く形	例　文
＋to V	I *decided* to go.（行くことに決めた）
＋Ving	I *stopped* smoking.（禁煙した）
＋O＋to V	I *asked* him to come.（彼に来るよう頼んだ）
＋that節	I *think* that she's kind.（彼女は親切だと思う）
＋O＋that節	He *told* me that he was sick. （気分が悪いと彼は私に言った）
＋疑問詞節	I *don't know* who he is.（彼が誰だか知らない）
＋O＋疑問詞節 [if/whether節]	I *asked* him if he could speak Japanese. （日本語を話せますか，と私は彼に尋ねた）
＋前置詞＋A	I *looked* at the photo.（私はその写真を見た）
＋O＋前置詞＋A	I *put* the pen on the desk. （私はペンを机の上に置いた）

(2) 〈+Ving〉と〈+to V〉

> 例（　）内から正しい方を選びなさい。
> We enjoyed (skiing / to ski).
> （私たちはスキーをするのを楽しんだ）

答　skiing

「〜することを…する」の意味を表す動詞には，次の3つのタイプがある。

- He *likes* to sing [*singing*]. （彼は歌うのが好きだ）
- He *enjoyed singing* [×*to sing*]. （彼は歌うのを楽しんだ）
- He *decided to sing* [×*singing*]. （彼は歌うことに決めた）

動詞のタイプ	+Ving	+to V
like型	○	○
enjoy型	○	×
decide型	×	○

「歌うこと」の意味を表すのに，like の後ろには singing（動名詞）も to sing（不定詞）も置ける。しかし，enjoy や decide の後ろにはどちらか一方しか置けない。

like 型の動詞には，ほかに begin（始める）などがある。

- It *began* raining. = It *began* to rain. （雨が降り出した）

POINT　enjoy 型・decide 型の動詞が，テストで出題されやすい。

（A）enjoy 型の動詞

〈＋Ving（動名詞）〉の形で「～することを…する」の意味を表す動詞のグループがある。これらの動詞の後ろに不定詞は置けない。

□ admit＋Ving	～する［した］ことを認める
■ avoid＋Ving	～するのを避ける
□ consider＋Ving	～することを考慮する
□ deny＋Ving	～であることを否認する
□ dislike＋Ving	～するのを嫌う
■ enjoy＋Ving	～するのを楽しむ
□ escape＋being Vpp	～されるのを免れる
■ finish＋Ving	～し終える
■ give up＋Ving	～するのをあきらめる
■ mind＋Ving	～するのをいやがる
□ miss＋Ving	～しそこなう
□ postpone＋Ving □ put off＋Ving	～するのを延期する
■ practice＋Ving	～するのを練習する
■ stop＋Ving	～するのをやめる
□ suggest＋Ving	～することを提案する

・I don't *mind sleeping* ［✕ *to sleep*］ on the floor.

（私は床の上で眠るのは平気です）

・I *practice speaking* ［✕ *to speak*］ English every day.

（私は毎日英語を話すのを練習しています）

【参考】受験対策学習などでは、頭文字を並べた語呂合わせがしばしば使われる。たとえば、MEGAFEPS(D)［メガフェプス（ト）］のようなもの。

(B) decide 型の動詞

以下の動詞の後ろには**不定詞のみを置き，動名詞は置けない**。これらの不定詞の多くは「〜すること」の意味を持つが，そうでないものもある。(※は自動詞)

■ can't afford+to V		〜する余裕がない
□ aim+to V		〜することを目指す
□ attempt+to V		〜しようと試みる
□ bother+to V	※	わざわざ〜する
■ come+to V	※	〜するようになる
□ dare+to V □ venture+to V		あえて〜する
■ decide+to V		〜する決心をする
■ happen+to V □ chance+to V	※ ※	たまたま〜する
■ hesitate+to V	※	〜するのをためらう
■ hope+to V □ wish+to V		〜することを望む
□ intend+to V □ mean+to V		〜するつもりだ
□ learn+to V		〜するようになる
■ manage+to V		どうにか〜できる
□ plan+to V		〜するつもりだ
□ pretend+to V		〜のふりをする
□ promise+to V		〜することを約束する
□ refuse+to V		〜することを拒否する
□ seek+to V		〜しようと努める
■ tend+to V	※	〜する傾向がある
■ want+to V ■ would like+to V		〜したい

・I *managed to catch* the bus.（どうにかバスに間に合った）

・You *need to lose* weight.（君は減量する必要がある）

(C) remember 型の動詞

> 例（　）内から正しい方を選びなさい。
> I remember（seeing / to see）him.
> （彼の顔には見覚えがある）

答　seeing

remember や forget の後ろには**不定詞・動名詞の両方を置けるが，意味が異なる**。このタイプの主な動詞には，次のようなものがある。

動詞	＋Ving	＋to V
■ forget	～したことを忘れる	～し忘れる
■ remember	～したことを覚えている	～することを覚えておく
■ stop	～するのをやめる	立ち止まって[手を休めて]～する
□ try	試しに～してみる	～しようとする
■ need	～される必要がある	～する必要がある

・*Remember to turn* off the computer.

= Don't *forget to turn* off the computer.

（パソコンの電源を切るのを忘れないでね）

【参考】forget・remember・tryの後ろのVingは「既に行った動作」を，to Vは「これから行う動作」を表す。

(3) 第4文型（SVO₁O₂）で使う動詞

> 例（　）内に適切な語を入れなさい。
> My father bought me a camera.
> = My father bought a camera（　　　）me.
> （父はぼくにカメラを買ってくれた）

答　for

後ろに2つの目的語を置くことのできる動詞（SVO₁O₂ の形をとる動詞）がある。「O₁＝人」「O₂＝物」であることが多い。この型の動詞は，次の3つのタイプに分類される。（ask は例外的に of を伴う。p.83を参照）

動詞のタイプ	言い換え
give 型	SVO₁O₂ → SVO₂ to O₁
buy 型	SVO₁O₂ → SVO₂ for O₁
save 型	O₁ と O₂ の位置を入れ替えられない。

(A) give 型の動詞

□ allow＋O₁＋O₂	O₁にO₂を許す
■ bring＋O₁＋O₂	O₁にO₂を持ってくる
■ give＋O₁＋O₂	O₁にO₂を与える
□ hand＋O₁＋O₂	O₁にO₂を手渡す
■ lend＋O₁＋O₂	O₁にO₂を貸す
■ send＋O₁＋O₂	O₁にO₂を送る
■ show＋O₁＋O₂	O₁にO₂を見せる
■ teach＋O₁＋O₂	O₁にO₂を教える
■ tell＋O₁＋O₂	O₁にO₂を言う［伝える］
■ write＋O₁＋O₂	O₁にO₂を書く

これらの動詞は，〈＋O₂＋to ＋O₁〉の形で言い換えられる。

・I *lent* him my bike. = I *lent* my bike *to* him.（私は彼に自転車を貸した）

(B) buy 型の動詞

■ buy＋O_1＋O_2	O_1にO_2を買ってやる
□ choose＋O_1＋O_2	O_1にO_2を選んでやる
□ cook＋O_1＋O_2	O_1にO_2を料理してやる
□ make＋O_1＋O_2	O_1にO_2を作ってやる
□ reach＋O_1＋O_2	O_1にO_2を取ってやる
□ read＋O_1＋O_2	O_1にO_2を読んでやる
□ sing＋O_1＋O_2	O_1にO_2を歌ってやる

これらの動詞は、〈＋O_2＋for＋O_1〉の形で言い換えられる。

・*Make* me a cake. = *Make* a cake *for* me.（ケーキを作ってよ）

POINT 次のように覚えておくとよい。

● 動作の相手を必要とする動詞 → to で言い換える（give型）
● 一人でできる動作を表す動詞 → for で言い換える（buy型）

たとえば give は「私は指輪を与えた」では意味が完結しないので、*give* a ring *to* her のように言う。一方 buy は「私は指輪を買った」だけでも意味が完結するので、*buy* a ring *for* her と言う。

(C) save 型の動詞

次のような動詞は、O_1とO_2の位置を入れ替えることができない。

□ answer＋O_1＋O_2	O_1に対してO_2を答える
■ ask＋O_1＋O_2	O_1にO_2を尋ねる
□ envy＋O_1＋O_2	O_1のO_2をうらやむ
■ save＋O_1＋O_2	O_1のO_2を省く

○ This machine will *save you* a lot of time and trouble.

× This machine will *save* a lot of time and trouble to ［for］ you.

（この機械は多くの時間と手間を省いてくれます）

【参考】give 型や buy 型では、O_1（人）を「間接目的語」、O_2（物）を「直接目的語」と言う。save 型の動詞に続く2つの目的語は、どちらも直接目的語である。

(4) 第2文型 (SVC) で使う動詞

> 例 (　) 内から正しい方を選びなさい。
> She looks (sad / sadly). (彼女は悲しそうな顔をしている)

答 sad

look (～に見える) はSVCの形 (第2文型) で使う。Cの位置には形容詞を置き，sadly (副詞) は使えない。

(A) look 型の動詞

五感を表す次のような動詞の後ろには，**形容詞**を置く。

■ **feel** happy	うれしく感じられる
■ **look** young	若く見える
■ **smell** bad	いやなにおいがする
■ **sound** strange	奇妙に聞こえる
■ **taste** good	おいしい味がする

・This soap *smells like* [*of*] *a lemon* [✕ smells a lemon].
（この石けんはレモンの香りがする）

POINT これらの動詞の後ろに名詞を置くときは，likeやofが必要。

・He *looks* (✕ to be) *tired*. (彼は疲れているようだ)

POINT これらの動詞の後ろにto beをつけるのは誤り。

(B) seem 型の動詞

次の動詞の後ろには，〈(to be) ＋C〉の形を置く。(C＝名詞・形容詞)

■ **appear (to be)** new	新しいように見える
■ **prove (to be)** true ■ **turn out (to be)** true	本当だとわかる
■ **seem (to be)** sick	病気のように思われる

(C) turn 型の動詞

次の動詞は「～になる」の意味を持ち，後ろに形容詞を置く。また，become は名詞を置くこともできる。

■ **become** a doctor	医者になる
■ **come** true	実現する［現実になる］
■ **fall** sick	病気になる
■ **get** tired	疲れる
■ **go** bad	腐る
■ **grow** old	年を取る
■ **turn** pale	〈顔色が〉青ざめる

(D) keep・remain

次の動詞は「～のままである」の意味を持ち，後ろに形容詞を置く。

■ **keep** silent	黙ったままである
■ **remain** closed	閉じたままである

POINT 第2文型をとる動詞の分類

● 〈＋形容詞〉は，どの動詞についても可能。
● 〈＋名詞〉は，可能な動詞とそうでない動詞とがある。

動詞	＋形	＋名	＋like/of 名	＋to be 名/形
become	○	○	-	-
keep	○	-	-	-
look	○	-	○	-
seem	○	○	-	○
taste	○	-	○	-
turn	○	-	-	-

(5) 第5文型（SVOC）で使う動詞

> 例（　）内から正しい方を選びなさい。
> The news made us（happy / happily）.
> （その知らせを聞いて我々は喜んだ）

答 happy

〈make＋O＋C〉の形で「OをCにする」の意味を表す。Cの位置には名詞や形容詞を置き，副詞（happily）は使えない。

第5文型（SVOC）のCの位置には，次のような形を置くことができる。

Cの形	主な動詞	用例
名	call, name, make	I *call* the dog *Shiro*. （私はその犬をシロと呼ぶ）
形	keep, make, turn	The news *turned* him *pale*. （知らせを聞いて彼は青ざめた）
to V [不定詞]	ask, force, get, tell, want	I *told* him *to come*. （私は彼に来るよう言った）
to be 名/形	find, think	I *think* him *to be honest*. （彼は正直だと思う）
V [原形]	have, hear, help, make, let, see	I'll *make* my son *go*. （息子を行かせます）
Ving [現在分詞]	get, have, hear, keep, leave, see	I *saw* a bird *flying*. （鳥が飛んでいるのを見た）
Vpp [過去分詞]	get, have, make, keep, leave, see	*Keep* the door *locked*. （ドアに鍵をかけておけ）

POINT 第5文型をとる主な動詞と後ろに置く形

動詞	SVOCのCとして使える要素					
	名	形	to V	V	Ving	Vpp
allow force	-	-	○	-	-	-
call name	○	-	-	-	-	-
expect	-	-	○	-	-	-
get	-	-	○	-	○	○
have	-	-	-	○	○	○
hear see	-	-	-	○	○	○
keep leave	-	○	-	-	○	○
let	-	-	-	○	-	-
make	○	○	-	○	-	○
think	○	○	-	-	-	-
want	-	-	○	-	-	○

(6) 〈＋O＋to V〉の形で使う動詞

> 例（　）内から正しい方を選びなさい。
> What (caused / made) him to change his mind?
> （なぜ彼は心変わりしたのですか）

答 caused

〈＋O＋to V〉の形をとる動詞の多くは，「Oが〜するよう働きかける［望む］」という意味を持つ。このタイプの動詞の中には，〈＋that節〉の形もとれるものと，そうでないものとがある。

動詞の型	＋O＋to V	＋that 節
expect 型	○	○
enable 型	○	×

(A) expect 型の動詞

■ advise＋O＋to V	Oに〜するよう忠告する
■ ask＋O＋to V	Oに〜するよう頼む
■ expect＋O＋to V	Oが〜するのを期待する
■ order＋O＋to V	Oに〜するよう命令する
■ promise＋O＋to V	Oに〜すると約束する
■ recommend＋O＋to V	Oに〜するよう勧める
■ require＋O＋to V ■ request＋O＋to V	Oに〜するよう要求する

POINT これらの動詞は，〈＋O＋to V〉と〈＋that 節〉が可能。

・I *advise you to give up* smoking.（君に禁煙するよう忠告する）
＝ I *advise that you* (*should*) *give up* smoking.

【参考】これらの動詞では原則として O が to V の意味上の主語として働くが，promise だけはそうではない。たとえば I promised him to help him. の to help の意味上の主語は，him ではなく I である。

(B) enable 型の動詞

■ allow＋O＋to V □ permit＋O＋to V	Oが〜するのを許す
■ cause＋O＋to V	Oが〜する原因となる
□ convince＋O＋to V ■ persuade＋O＋to V	Oを説得して〜させる
□ drive＋O＋to V	Oを駆り立てて〜させる
■ enable＋O＋to V	Oが〜するのを可能にする
■ encourage＋O＋to V	Oを励まして〜させる
□ entitle＋O＋to V	Oに〜する資格を与える
■ get＋O＋to V	Oに〜させる［してもらう］
□ compel＋O＋to V ■ force＋O＋to V □ oblige＋O＋to V	Oにむりやり〜させる
■ lead＋O＋to V	Oを〜する気にさせる
□ leave＋O＋to V	Oに〜することを任せる
□ press＋O＋to V	Oに〜するよう迫る
■ tell＋O＋to V	Oに〜するよう言う
□ tempt＋O＋to V	Oを〜する気にさせる
□ urge＋O＋to V	Oに〜するよう強く促す
□ wait for＋O＋to V	Oが〜するのを待つ
■ want＋O＋to V ■ would like＋O＋to V	Oに〜してもらいたい

POINT これらの動詞は〈＋O＋to V〉のみ可能で，〈＋that節〉は誤り。

○ Their aid *enabled* us *to carry out* the plan.

× Their aid enabled *that we carried out* the plan.

（彼らの援助のおかげで我々は計画を実行できた）

(7) 〈＋that 節〉の形で使う動詞

> 例（　）内に入る適切な語を選びなさい。
> I（　）that my son will pass the entrance examination.
> (A) want　(B) hope　(C) wish　(D) insist

答 (B)

　wantはthat節をとらない。wishに続くthat節中では仮定法を使う。insistに続くthat節の動詞は〈(should＋)動詞の原形〉となる。したがって，hopeだけが正しい。

　〈＋that節〉の形をとる動詞には，次の3つのタイプがある。

think 型	＋that S V［直説法］
demand 型	＋that S (should) V［仮定法現在］
wish	＋that S V［仮定法過去・過去完了］

(A) think 型の動詞

■ admit＋that S V	…と認める
□ argue＋that S V	…と主張する
■ assume＋that S V	…と仮定する
■ believe＋that S V	…と信じる
□ conclude＋that S V	…と結論づける
□ confirm＋that S V	…と確認する
□ deny＋that S V	…ではないと言う
□ doubt＋that S V	…ではないと思う
□ dream＋that S V	…と夢見る
■ expect＋that S V	…と期待する
□ fear＋that S V	…と恐れる
■ find＋that S V	…とわかる
□ guess＋that S V	…と推測する

■ hope+that S V	…と望む
□ imagine+that S V	…と想像する
□ judge+that S V	…と判断する
■ know+that S V	…と知っている
■ mean+that S V	…ということを意味する
□ realize+that S V	…と悟る
■ remember+that S V	…だと覚えている
■ think+that S V □ suppose+that S V □ consider+that S V	…と思う
■ say+that S V	…と言う
□ suspect+that S V	…ではないかと思う

POINT 思考・認識・判断などを表す動詞に続くthat節中では，直説法を使う。

・I *think that* this plan *is* the best.（この案が最善だと思う）

(B) demand 型の動詞

■ advise+that S V	SがVするよう忠告する
□ command+that S V ■ order+that S V	SがVするよう命令する
■ decide*+that S V	SがVするよう決定する
■ demand*+that S V ■ request+that S V ■ require+that S V	SがVすることを要求する
■ desire*+that S V	SがVするよう望む
■ insist*+that S V	SがVするよう主張する
□ move*+that S V	SがVするよう動議を出す

■ propose*+that S V ■ suggest*+that S V	SがVするよう提案する
■ recommend+that S V	SがVするよう勧める
□ urge+that S V	SがVするよう強く促す

POINT 要求・提案などを表す動詞に続くthat節中では，(should＋) 動詞の原形を使う。

※テストでは，shouldが省略された形が問われやすい。

※上表の動詞のうち*印のものは，〈＋O＋to V〉の形では使えない。

○ I *suggested* that they *give up* the plan.

× I suggested that they *gave up* the plan.

× I suggested *them to give up* the plan.

（彼らがその計画を断念するよう私は提案した）

(C) wish

POINT wishに続くthat節中では，仮定法過去・過去完了を使う。

○ I *wish* I *could speak* English fluently.

× I wish I *can speak* English fluently.

（英語を流ちょうに話せればよいのに）

● 〈＋that節〉と〈＋O＋to V〉の対比

いくつかの動詞についてまとめると，次のようになる。

	want	hope	think	expect	tell
＋that S V	×	○	○	○	×
＋O＋to V	○	×	※	○	○

※〈think＋O（＋to be）＋C〉の形は可能。

(8)〈＋O＋that 節〉の形で使う動詞

> 例（　）内に入る適切な語を下から選びなさい。
> He（　）me that I had to see the doctor.
> (A) said　(B) expected　(C) told　(D) hoped

答 (C)

「君は医者にみてもらわねばならない，と彼は私に言った」の意味。〈say [hope]＋人〉という形はない。expect は〈expect＋O＋to V〉の形で使う。〈＋O＋that 節〉の形で使えるのは tell のみ。

□ **assure＋O＋that S V**	…とOに確信させる
□ **convince＋O＋that S V** □ **persuade＋O＋that S V**	…とOに納得させる
■ **inform＋O＋that S V**	…とOに知らせる
□ **promise＋O＋that S V**	…とOに約束する
□ **remind＋O＋that S V**	…とOに思い出させる
■ **tell＋O＋that S V**	…とOに伝える

POINT この形で使える動詞は，原則としてOの位置に〈人〉を置き，「(人)に～ということを伝える」などの意味を表す。

※上記の動詞のうち，〈＋O＋to V〉の形で言い換えることができるのは promise のみ。

※〈tell＋O＋to V〉は「Oに～するよう言う［命じる］」，〈tell＋O＋that節〉は「Oに～ということを伝える」。

・*Tell him to call* me.（私に電話をかけるよう彼に伝えなさい）

● 〈+O+that 節〉とその他の形の対比

	+O+to V	+that節	+O+that節
expect 型	○	○	-
enable 型	○	-	-
demand 型	-	○	-
tell 型	○	-	○

(9) 〈(+O) ＋疑問詞節〉の形で使う動詞

例（　）内から正しい方を選びなさい。
I (asked / told) her if she was going to the party.

答 asked

文意は「私は彼女に，パーティーに行くつもりですかと尋ねた」。if=whether（～かどうか）で，疑問の意味を含む動詞と結びつく。

■ ask (+O) ＋疑問詞 /if [whether] 節	(Oに) …と尋ねる
■ doubt+if [whether] 節	…かどうかを疑う
■ wonder＋疑問詞 /if [whether] 節	…かしらと思う

・I *wonder when* he'll come. （彼はいつ来るのだろう）

(10) 〈It＋V＋that節〉の形で使う動詞

例 (a) (b) の意味がほぼ同じになるよう，（　）内に適切な語を入れなさい。
(a) It seems that the teacher is angry.
(b) The teacher seems （　）（　）angry.

答 to be

POINT　「SはVであるらしい」の意味は，次の形で表す。

It seems that S V. → S seem(s)＋to V.

この形には，次の4つの言い換えパターンがある。

(a) It *seems* that he *is* sick.

→He *seems to be* sick.（彼は病気のように見える）

(b) It *seems* that he *was*［*has been*］sick.

→He *seems to have been* sick.（彼は病気だったように見える）

(c) It *seemed* that he *was* sick.

→He *seemed to be* sick.（彼は病気のように見えた）

(d) It *seemed* that he *had been* sick.

→He *seemed to have been* sick.（彼は病気だったように見えた）

(b)(d)のように seem の時点よりも前に「病気だった」場合は，**完了不定詞**（to have＋Vpp）を使う。

■ It seems that S V ＝S seem(s)＋to V	Sは〜のように思われる
■ It appears that S V ＝S appear(s)＋to V	Sは〜のように見える
■ It happens that S V ＝S happen(s)＋to V	Sはたまたま〜する
■ It is said that S V ＝S is said＋to V	Sは〜と言われている

POINT saidの代わりに，次のような動詞も使える。

・**believed**（信じられている） ・**reported**（報告されている）

・**rumored**（うわさされている）・**thought**（考えられている）

●基本動詞と文型

主な動詞が第1〜5文型のどの形で使えるかをまとめると，次のようになる。
（具体例はp.74以下を参照）

動詞	SV	SVC	SVO	SVOO	SVOC
become	-	○	○	-	-
call	○	-	○	○	○
come	○	○	-	-	-
do	○	-	○	○	-
fall	○	○	-	-	-
feel	-	○	○	-	○
find	-	-	○	○	○
get	○	○	○	○	○
give	-	-	○	○	-
go	○	○	-	-	-
grow	○	○	○	-	-
have	-	-	○	-	○
hear	○	-	○	-	○
keep	○	○	○	○	○
leave	○	-	○	-	○
make	-	-	○	○	○
see	○	-	○	-	○
take	-	-	○	○	○
turn	○	○	○	-	○
want	-	-	○	-	○

（注）特殊な意味や慣用表現で「-」の形が使われることもある。

(11) 動作動詞と状態動詞

(A) 進行形にできない動詞

> 例 次の英文の誤りを訂正しなさい。
> I'm having a slight cold. （私はちょっと風邪ぎみです）

答 I'm having → I have

〈状態〉や〈心理〉を表す動詞は，進行形にしない。この文の have は「かかっている」という状態を表すので，現在進行形ではなく**現在形**を使うのが正しい。

cf. I*'m having* lunch now. （私は今昼食を食べています）

この文では，have が「食べる」という動作を表すので進行形にできる。次の例も同様。

(a) This soup *tastes* good. （このスープはおいしい）

(b) She *is tasting* the soup. （彼女はスープの味見をしている）

(a) はSVC（第2文型）で，taste は「〜の味がする」という状態を表すので進行形にしない。(b) はSVO（第3文型）で，taste は「〜の味見をする」という動作を表すので進行形にできる。

POINT （普通）進行形にしない一般動詞

☐ **believe**（信じている）	■ **belong to**（〜に所属している）
■ **contain**（含んでいる）	■ **hear**（聞こえる）
☐ **know**（知っている）	☐ **like**（好む）
☐ **live**（住んでいる）	■ **own**（所有している）
■ **resemble**（似ている）	■ **see**（見える）
☐ **want**（欲している）	☐ **wear**（身につけている）

【参考】自分の意志でコントロールできないことがらを表す動詞（無意志動詞）は，進行形にできない。

(a) The boy *is standing* by the gate. （少年は門のそばに立っている）

(b) The hotel *stands* on the hill. （ホテルは丘の上に立っている）

(a) の stand は少年の意志による動作なので進行形にできるが、(b) の stand は（ホテルの意志によるものではなく）「立っている」という状態を表す。

【参考】上記の動詞でも、一時的な状態を表すときは進行形を用いることがある。

(a) I *live* in Tokyo. / (b) I *am living* in Tokyo now.

単に事実だけを言うときは (a) が普通だが、(b) は「今は東京に住んでいる（が将来転居の可能性がある）」という意味で使える。次の例も同様。

・What *is* he *wearing* on his head?（彼は頭に何をかぶっているの？）

・She *is resembling* her mother.（彼女は母親に似てきている）

（B）状態と動作の表現

> 例　次の英文の誤りを訂正しなさい。
> It is cold outdoors. Wear your coat.
> （外は寒いよ。コートを着なさい）

答　Wear → Put on

wear のような状態を表す動詞は、命令文にすることもできない。「着る」という動作を表すには put on を使う。このような使い分けが必要なものが、テストでは問われやすい。

POINT　状態と動作の対比

状態を表す表現	動作を表す表現
■ see（〜が見える）	□ look at（〜に目を向ける） □ watch（〜を見（つめ）る）
■ hear（〜が聞こえる）	□ listen to（〜に耳を傾ける）
■ wear（〜を身につけている）	■ put on*（〜を身につける）
□ be asleep（眠っている）	□ fall asleep（寝入る）
□ be in bed（寝ている）	□ go to bed（寝る）
□ be awake（目覚めている）	□ wake up（目覚める） □ get up（寝床から出る）
□ be tired（疲れている）	□ get tired（疲れる）

(12) 再帰代名詞と結びつく動詞

(A) seat oneself型の表現

> 例 ( ) 内に入る正しい語句を選びなさい。
> I ( ) on the chair.（私はいすに座った）
> (A) seated (B) seated myself (C) seated down

答 (B)

　seat は「〜を座らせる」という意味を持つ他動詞であり，seat *oneself* の形で「自分自身を座らせる」→「座る（sit）」の意味になる。このように，oneself（再帰代名詞）を目的語として「○○する」（自動詞）の意味を表す動詞のグループ（再帰動詞）がある。

□ absent *oneself* from A	Aを欠席する（格式語）
□ adapt *oneself* to A □ adjust *oneself* to A	Aに順応する
□ address *oneself* to A	Aに話しかける（格式語）
□ amuse *oneself*	楽しむ
□ apply *oneself* to A □ *dedicate *oneself* to A ■ *devote *oneself* to A	Aに専念する
□ *assure *oneself* of A □ *convince *oneself* of A	Aを確信する，納得する
□ avail *oneself* of A	Aを利用する（格式語）
■ behave *oneself*	行儀よくする
□ burn *oneself*	やけどする
□ collect *oneself*	気を落ち着ける
■ *commit *oneself* to A	Aに専心する

□ cry *oneself* to sleep	泣き疲れて眠る
□ eat [drink] *oneself* sick	食べ［飲み］すぎて病気になる
□ work *oneself* to death	働きすぎて死ぬ
□ *engage (*oneself*) in A	Aに従事する
■ enjoy *oneself*	楽しく過ごす
□ exert *oneself*	努力する
□ express *oneself*	自分の考えを述べる
□ flatter *oneself*	うぬぼれる
□ gather *oneself* up /together	緊張する
■ help *oneself* to A	Aを自由に取って飲食する
□ *indulge (*oneself*) in A	A<快楽など>にふける
■ lay *oneself*	横になる（lie）
□ present *oneself* at A	Aに出席する（格式語）
□ pride *oneself* on A	Aを自慢する
□ pull *oneself* together	元気を取り戻す
□ History repeats itself.	歴史は繰り返す
■ *seat *oneself*	座る
□ show *oneself*	姿を現す
■ take care of *oneself*	体に気をつける

【参考】He overworked (himself) and got sick.（彼は働きすぎて病気になった）の himself は省略可能。overeat（食べすぎる）・oversleep（寝過ごす）なども同様。

(B) be dressed型の表現

> 例（　）内に入る正しい語句を選びなさい。
> She（　　）in white.（彼女は白い服を着ていた）
> (A) dressed　(B) was dressed　(C) was dressing

答　(B)

p.42の例問で，I *seated myself*. を受動態にすると，I *was seated*.（私は（自分自身によって）座らされた→私は座った）という文ができる。このように，再帰動詞ではしばしば〈 V＋*oneself* ＝ be＋Vpp 〉という言い換えが成り立つ。**(A)の表の動詞のうち＊印のものがこれに当たる。**

上の問いの場合，dress *oneself*（in ～）で「自分自身に服を着せる→（～を）着る」の意味になる。be dressed（in ～）は「着せられている→（～を）着ている」。〈V＋*oneself*〉が**動作**（～する）の意味で用いられるのに対して，〈be＋Vpp〉は**状態**（～している）の意味でも用いられる。次の例も参照。

・He *devoted himself* to his study.（彼は研究に専念した）《動作》
・He *was devoted* to his study.（彼は研究に専念していた）《状態》

また，She *got dressed* quickly.（彼女はすばやく服を着た）のようにbe動詞の代わりにgetを用いて動作を表すこともできる。

(13) しばしば受動態で使う動詞

> 例　次の英文の誤りを訂正しなさい。
> More than ten people injured in the accident.
> （その事故で10人以上が負傷した）

答　injured → were injured

injureは「負傷させる」という意味の他動詞で，be injured（受動態）の形で「負傷する，けがをする」の意味を表す。

POINT　日本語の「～する」の意味を受動態で表す動詞に注意。

● 〈be動詞＋過去分詞（＋前置詞）〉の例

□ **be absorbed in A** = Aに没頭している [æbsɔ́ːrbd]

　□ **be lost in A** = Aに没頭している [lɔ́ːst]

　　He *is absorbed in* watching TV.（彼はテレビを見るのに没頭している）

□ **be accompanied by A** = Aを連れている [əkʌ́mpənid]

　He *was accompanied by* his wife.（彼は妻を連れていた）

■ **be accustomed to A** = Aに慣れている [əkʌ́stəmd]

　get accustomed to A = Aに慣れる

　　I've *got accustomed to eating* [×*eat*] natto.

　　（私は納豆を食べるのに慣れた）（→p.387）

　　POINT 〈to（前置詞）＋Ving（動名詞）〉の形に注意。

□ **be acquainted with A** = Aと知り合いである [əkwéintid]

　get acquainted with A = Aと知り合いになる

　　I *got acquainted with* the journalist.

　　（私はその記者と知り合いになった）

□ **be addicted to A** = Aにふけっている [ədíktid]

　He *is addicted to* gambling.（彼はギャンブル中毒だ）

□ **be attached to A** = Aに愛着を感じている [ətǽtʃt]

　I'm *attached to* this old desk.（私はこの古い机に愛着を感じている）

■ **be based on A** = Aに基づく [béist]

　His argument *is based on* a misunderstanding.

　（彼の議論は誤解に基づいている）

□ **be bored with A** = Aに飽きている

　□ **be fed up with A** = Aに飽き飽きしている [féd]

　　I'm *bored with* this novel.（この小説には飽きた）

　　I'm *fed up with* his complaints.（彼のぐちにはうんざりだ）

■ **be [get] caught in A** = Aにあう

　We *were caught in* a traffic jam.（我々は交通渋滞にあった）

☐ **be clogged (with A)** = 〈管などに〉(Aが) 詰まっている [klágd]

The drainpipe *is clogged with* garbage.

(排水管にゴミが詰まっている)

☐ **be committed to A** = Aに専心する (→p.42)

☐ **be composed of A** = Aから成る [kəmpóuzd]

This class *is composed of* 30 students.

(このクラスは30人の生徒から成る)

書換 This class *consists of* 30 students.

☐ **be confronted with A** = Aに直面する [kənfrʌ́ntid]

We *were confronted with* many difficulties.

= Many difficulties confronted us.

(我々は多くの困難に直面した)

☐ **be covered with A** = Aでおおわれている [kʌ́vərd]

The table *was covered with* flour. (テーブルは小麦粉だらけだった)

☐ **be crowded (with A)** = (Aで) 混雑する [kráudid]

The subway *was crowded* (*with* commuters).

(地下鉄は (通勤客で) 混雑していた)

■ **be delayed** = 遅れる

My flight *was delayed* because of the fog.

(私の乗る便は霧のために遅れた)

☐ **be entitled to A** = Aの資格がある

I'*m entitled to* a pension. (私には年金受給資格がある)

■ **be filled with A** = Aでいっぱいだ

The bucket *is filled with* water.

(バケツには水がいっぱい入っている)

☐ **be intended for A** = A向けに作られている

This novel *is intended for* young women.

(この小説は若い女性向けだ)

- ■ **be interested in A** = Aに興味がある

    I'm *interested in* history.（私は歴史に興味がある）

- □ **be loaded with A** = Aが積んである ［lóudid］

    The truck *is loaded with* a heap of hay.

    （そのトラックには干し草の山が積んである）

- ■ **be located** =（〜に）位置する

    My office *is located* in the center of the town.

    （私の職場は町の中心にある［位置している］）

- ■ **be made of A** = A〈材料〉でできている

    - ■ **be made from A** = A〈原料〉から作られる

    - □ **be made into A** = A〈製品〉に加工される

        This desk is *made of* wood.（この机は木製です）

        Cheese is *made from* milk.（チーズは牛乳から作られる）

        Milk can be *made into* cheese.（牛乳はチーズに加工できる）

        【参考】of は材料（形が残っている場合），from は原料（原形をとどめていない場合）に用いる。

- □ **be pleased with A** = Aが気に入っている

    I'm *pleased with* this tie.（私はこのネクタイが気に入っている）

- □ **be possessed of A** = Aを所有している ［pəzést］

    He *is possessed of* a large fortune.（彼は大きな財産を所有している）

- □ **be preoccupied with A** = Aに熱中している ［priɑ́kjupàid］

    He *is preoccupied with* Internet auction.

    （彼はネットオークションに熱中している）

- □ **be promoted to A** = Aに昇進する ［prəmóutid］

    She *was promoted to* chief.（彼女は主任に昇進した）

- □ **be related to A** = Aに関連がある ［riléitid］

    The fall in the cost of living *is related to* the drop in oil prices.

    （生活費の減少は石油価格の低下に関係がある）

- ■ **be satisfied with A** = Aに満足している

    I'*m satisfied with* this result.（この結果に満足だ）

- □ **be shaped like A** = Aの形をしている ［ʃéipt］

    This ball *is shaped like* an egg.（このボールは卵の形をしている）

    ※an egg-shaped ball（卵形のボール）のようにも使う。

- □ **be taken ill** = 病気になる（fall ill）

    He *was taken ill* during the trip.（彼は旅行中に病気になった）

- □ **be transferred to A** = Aへ転勤になる

    He *was transferred to* a branch.（彼は支店に転勤した）

● 〈be動詞＋過去分詞＋to V〉の例

- □ **be inclined to V** = ～したい気がする ［inkláind］

    - □ **be disposed to V** = ～したい気がする

    I'*m* not *inclined* to *see* the movie.（その映画は見る気になれない）

    書換 I don't *feel like seeing* the movie.

- □ **be determined to V** = ～する決心をしている

    I'*m determined* to *marry* her.

    （ぼくは彼女と結婚する決心をしている）

- ■ **be forced to V** = ～せざるを得ない

    I *was forced* to *consent* to it.（私はむりやりそれに同意させられた）

- □ **be scheduled to V** = ～する予定である ［skédʒuːld］

    We *are scheduled* to *leave* this afternoon.

    （我々は今日の午後出発する予定です）

- ■ **be supposed to V** = ～することになっている

    You *are supposed* to *refrain* from smoking here.

    （ここでは喫煙はお控えください）

●その他

- **a boiled egg** = ゆで卵

    ※「ゆでられた卵」の意味。*fried* chicken（揚げられた鶏肉）なども同様。

- **fallen leaves** = 落ち葉

    ※「落ちてしまった葉」の意味。名詞の前に置かれる自動詞の過去分詞は「完了」を表す。*retired* politician（引退した政治家）なども同様。

- **a large-sized** shirt = Lサイズのシャツ

    ※名詞（size）に（e)dがついて形容詞化したもの。four-legged animal（四足動物）なども同様。

- **a depression-stricken** society = 不況に襲われた社会

    ※strickenはstrike（襲う）の過去分詞。「名詞-stricken」で「～に襲われた…」の意味を表す。

(14) 自動詞と他動詞の識別

(A) discuss 型の動詞

> 例 次の英文の誤りを訂正しなさい。
> We discussed about the problem far into the night.
> （私たちはその問題について夜ふけまで議論した）

答　about → 削除

直後に目的語（（代）名詞）を必要とする動詞を他動詞，必要としない動詞を自動詞と言う。

(a) I *go to* Meiji University.《go=自動詞》

(b) I *attend* Meiji University.《attend=他動詞》

この2文はどちらも「私は明治大学に通っています」という意味だが，(a)は第1文型（SV），(b)は第3文型（SVO）である。一般に次のことが言える。

文の形	動詞の種類
S＋V（＋前置詞＋名詞）．	V＝自動詞 《第１文型》
S＋V＋名詞．	V＝他動詞 《第３文型》

　自動詞と他動詞の区別で最も注意を要するのは，前置詞の有無である。特に，「自動詞と間違えやすい（誤って前置詞をつけやすい）他動詞」が，テストでねらわれやすい。特に，**目的語なのに「〜を」と訳さないものに注意。**

POINT　誤って前置詞を入れやすい他動詞

□ **answer**（✕ _to_）a question	質問に答える
■ **approach**（✕ _to_）the town	その町に近づく
■ **attend**（✕ _to_）the meeting	会議に出席する
■ **discuss**（✕ _about_）the problem	その問題について議論する （talk about the problem）
■ **enter**（✕ _into_）the room	部屋に入る（get into the room）
□ **excel**（✕ _over_）one's rival	競争相手に勝る
□ **follow**（✕ _after_）him	彼について行く
□ **inhabit**（✕ _in_）the island	その島に住む
■ **leave**（✕ _from_）the hotel	ホテルから出発する （start from the hotel）
■ **marry**（✕ _with_）the man	その男性と結婚する
□ **mention**（✕ _about_）the matter	その件について述べる （refer to the matter）
■ **reach**（✕ _at_）the station	駅に到着する （arrive at［get to］the station）
■ **resemble**（✕ _to_）one's mother	母親に似ている
□ **survive**（✕ _than_）one's wife	妻よりも長生きする

(B) graduate 型の動詞

> 例　次の英文の誤りを訂正しなさい。
> My brother graduated high school last year.
> (弟は去年高校を卒業した)

答　graduated → graduated from

目的語はしばしば「～を」と訳されるが，enter the room（部屋に入る）のように「目的語≠～を」の場合がある。逆に，**「～を」と訳すのに目的語ではない場合**もあり，誤って前置詞を落としやすいので注意を要する。

POINT　誤って前置詞を落としやすい自動詞

■ **apologize to** her	彼女にわびる
□ **complain to** me about him	彼のぐちを私にこぼす
□ **depart [start] from** Tokyo	東京を発つ
■ **explain to** him that ...	彼に…と説明する
□ **go on with** one's study	自分の研究を続ける
■ **graduate from** high school	高校を卒業する
■ **hope [wish] for** peace	平和を望む
□ **knock on** a door	ドアをノックする
□ **land at** Haneda	羽田に着陸する
□ **look up at** the tower	塔を見上げる
□ **say to** him that ...	彼に…と言う
■ **suggest [propose] to** them that ...	彼らに…と提案する

○ Will you please *explain to me* the meaning of the proverb?

× Will you please *explain me* the meaning of the proverb?

（私にそのことわざの意味を説明してくれませんか）

※explain A to B の形から，to B に当たる to me が前に出たもの。

(15) 意味・形・用法の紛らわしい動詞

(A) lie/lay など

> 例 (　) 内に入る適語を下から選びなさい。
> He (　) on the grass and looked up at the sky.
> 　(A) lied　(B) lay　(C) laid　(D) lain

答 (B)

lie と lay は，形の紛らわしい動詞の代表格。この文は「彼は草の上に寝て空を見上げた」の意味で，lie の過去形 lay が入る。

動詞	過去形	過去分詞	現在分詞
lie [lái] （横になる，ある）	**lay** [léi]	**lain** [léin]	**lying** [láiiŋ]
lie [lái] （うそをつく）	**lied** [láid]	**lied**	**lying**
lay [léi] （〜を横にする，置く）	**laid** [léid]	**laid**	**laying** [léiiŋ]

I *laid* the bottle on the table.（私はそのビンをテーブルの上に置いた）

A dog is *lying* on the grass.（1匹の犬が草の上で横になっている）

このほか，活用形が紛らわしい動詞には次のようなものがある。

☐ **bind** [báind] 動 結ぶ (bound [báund] -bound)

☐ **bound** [báund] 動 弾む (bounded-bounded)

　She *bound* her hair up.（彼女は髪を束ねた）

　The ball *bounded* into the garden.（ボールは弾んで庭に入った）

☐ **fall** [fɔ́ːl] 動 落ちる (fell [fél] -fallen [fɔ́ːlən])

☐ **fell** [fél] 動 切り倒す (felled-felled)

　He *fell* in love with her.（彼は彼女と恋に落ちた）

　They *felled* down the big tree.（彼らはその大木を切り倒した）

- ☐ **find** [fáind] 動 見つける（found [fáund] -found）
- ■ **found** [fáund] 動 設立する（founded-founded）

    She *found* the missing key.（彼女はなくしていた鍵を見つけた）

    The company was *founded* ten years ago.

    （その会社は10年前に設立された）

- ■ **fly** [flái] 動 飛ぶ（flew [flúː] -flown [flóun]）
- ☐ **flow** [flóu] 動 流れる（flowed-flowed）

    I've never *flown*.（飛行機には乗ったことがない）

    Tears *flowed* down her cheeks.（涙が彼女の頬を流れた）

- ■ **grind** [gráind] 動 すりつぶす，ひく（ground [gráund] -ground）
- ☐ **ground** [gráund] 動 根拠を置く，着陸する（grounded-grounded）

    Wheat is *ground* into flour.（小麦はひかれて小麦粉になる）

    The drama is *grounded* on facts.（そのドラマは事実に基づく）

- ■ **rise** [ráiz] 動 上がる（rose-risen [rízn]）
- ■ **raise** [réiz] 動 ～を上げる（raised-raised）

    Prices are *rising*.（物価が上がりつつある）

    He *raised* his hand and stood up.（彼は手を上げて立ち上がった）

- ☐ **wind** [wáind] 動 巻く，うねる（wound [wáund] -wound）
- ☐ **wound** [wúːnd] 動 負傷させる（wounded-wounded）

    He *wound* up his watch.（彼は時計のねじを巻いた）

    He was *wounded* in the war.（彼は戦争で負傷した）

(B) borrow/rent/use など

> 例 次の英文の誤りを訂正しなさい。
>
> May I borrow the bathroom?（トイレをお借りできますか）

答 borrow → use

borrow は移動できないものには使えない。この場合は「使っていいですか」と考えて，use を用いるのが正しい。「貸す」「借りる」という意味を持つ主な動詞

は，次のとおり。

動詞	意味	移動可？	有料？	対象（例）
■ **borrow** [bárou]	借りる	○	×	物品
□ **hire** [háiər]	借りる	○×	○	車・施設
■ **lend** [lénd]	貸す	○	×	物品
□ **loan** [lóun]	貸す	○	○	お金
■ **rent** [rént]	貸す/借りる	○×	○	家・土地

- *borrow* an umbrella（傘を借りる）

  POINT **borrow** は「借りて持っていく」ものに使う。

- *hire* a theater（劇場を借り上げる）　*cf. hire out*（賃貸する）
- *lend* money（<無利子で>お金を貸す）
- *loan* money（<利子つきで>お金を貸す）

  【参考】《米》では lend の意味でも用いる。

- *rent*［×*borrow*］an apartment（アパートを賃借り［貸し］する）

  POINT **rent** は「お金を払って借りる［貸す］」の意味。

  【参考】a house *for rent*（《米》貸家＝《英》a house *to let*）

このように，類似の意味を持つ動詞の使い分けは，テストでしばしば出題される。また，形と意味が似ている動詞にも注意。

(C) 語法・意味の違いに注意すべきその他の動詞

■ **accept** [æksépt] / ■ **receive** [risí:v]

accept＋O	① Oを受け入れる
receive＋O	② Oを受け取る

① *accept* an invitation（招待を受け入れる）

② *receive* an invitation（招待状を受け取る）

※「receive はしたが accept はしない」という場合もある。

■ appreciate / ■ thank

appreciate＋O	① O〈事柄〉に感謝する
thank＋O（＋for A）	②（A〈事柄〉に対して）O〈人〉に感謝する

① I *appreciate* your support.

=② I *thank* you for your support.（あなたのご支援に感謝します）

POINT appreciate は「事柄に感謝する」，thank は「人に感謝する」。

□ become / ■ fit [fít] / ■ match [mǽtʃ] / □ suit [súːt]

S＋become (s)＋O S＋suit (s)＋O	① S〈物〉は O〈主に人〉に似合う
S＋fit (s)＋O	② S〈物〉は O〈主に人〉に〈寸法が〉合う
S＋match (es)＋O	③ S〈物〉は O〈物〉とつり合う

① This skirt *suits*［*becomes*］you.（このスカートはあなたに似合う）

② This skirt *fits* you.（このスカートはあなたの体に合う）

③ This skirt *matches* your blouse.

（このスカートはあなたのブラウスに合う）

■ celebrate [séləbrèit] / ■ congratulate [kəngrǽtʃulèit]

celebrate＋O	① O〈事柄〉を祝う
congratulate＋O＋on A	② O〈人〉のA〈事柄〉を祝福する

① Let's *celebrate* her birthday.（彼女の誕生日をお祝いしよう）

② We *congratulated* him on his marriage.

（私たちは彼の結婚を祝福した）

POINT celebrateは「事柄を祝う」，congratulateは「人を祝福する」。

|慣用表現|

□ **Congratulations (on A)!** =（～）おめでとう《複数形》

■desire / ■hope / ■want / ■wish

	① desire	② hope	③ want	④ wish
＋to V	○	○	○	○
＋Ving	×	×	○*	×
＋O＋to V	○	×	○	○
＋that 節	○	○	×	○

★〈want＋Ving〉は「《英》～される必要がある」の意味。

① I *hope* [× *want*] *that you will succeed.*
（あなたが成功することを願っています）

② I *want* [× *hope*] *you to attend the meeting.*
（あなたに会合に出席してもらいたい）

③ I *wish* I *could* [× *can*] *join you.*
（あなたとご一緒できればよいのですが）（→p.35）
※ wish に続く節中では仮定法過去［過去完了］を使う。

④ I *desired* that he *accept* [× *accepted*] *my offer.*
（私は彼が私の申し出を受諾するよう強く願った）（→p.34）
※ desire に続く that 節中では仮定法現在を使う。

□dislike ［disláik］ / □hate ［héit］

dislike＋Ving	①～することを嫌う
dislike＋A ('s) Ving	②Aが～することを嫌う
hate＋Ving［to V］	③～することを嫌う
hate＋A ('s) Ving hate＋O＋to V	④Aが～することを嫌う Oが～することを嫌う

① I *dislike drinking* [× *to drink*] with my boss.
＝③ I *hate drinking* [*to drink*] with my boss.（上司と酒を飲むのが嫌いです）

② I *dislike* my boss *smoking* [× *to smoke*] in the office.
＝④ I *hate* my boss *smoking* [*to smoke*] in the office.

（上司が職場でたばこをすうのが嫌いです）

POINT　dislike の後ろには不定詞は（普通）置かない。

□ **doubt** [dáut] / □ **suspect** [səspékt]

doubt ＋ that S V	① …ということを疑う，…ではないと思う
suspect ＋ that S V	② …ではないかと思う

① I *doubt* that he is the criminal.（彼は犯人ではないと思う）

② I *suspect* that he is the criminal.（彼が犯人ではないかと思う）

POINT　that 節の内容を doubt は否定し，suspect は肯定する。

□ **draw** [drɔ́:] / □ **paint** [péint] / □ **write** [ráit]

draw ＋ O	①〈鉛筆・クレヨンなどを使って〉O〈線画〉を描く
paint ＋ O	②〈絵の具を使って〉O〈絵〉を描く
write ＋ O	③〈鉛筆などを使って〉O〈文字など〉を書く

① *draw*［× *paint* / *write*］a map（地図を描く）

　draw a picture（〈線で〉絵を描く）

② *paint* a picture（〈絵の具で〉絵を描く）

③ *write*［× *draw* / *paint*］a letter（手紙を書く）

POINT　「線で絵を描く」は draw で表す。

□ **drop** [drɑ́p] / □ **fall** [fɔ́:l]（fell-fallen）

S ＋ drop (s) / fall (s)	① S は落ちる
S ＋ drop (s) ＋ O	② S は O を落とす

① The rain bagan to *drop*［*fall*］.（雨がぽつぽつ降ってきた）

② I *dropped*［× *fell*］my purse somewhere.（どこかで財布を落とした）

POINT　drop は自動詞・他動詞両方に使えるが，fall は自動詞としてしか使えない。

□ encourage [inkə́ːridʒ] / □ discourage [diskə́ːridʒ]

encourage ＋ O ＋ to V	① Oが〜するよう励ます［促す］
discourage ＋ O ＋ from Ving	② Oが〜するのを思いとどまらせる

① Let's **encourage** him **to try** again.

（もう一度やってみるよう彼を元気づけよう）（→p.32）

② I tried to **discourage** him **from going** out.

（私は彼が外出するのをやめさせようとした）（→p.350）

POINT 目的語の後ろに置く形の違いに注意。

□ forbid [fərbíd] / □ prohibit [prouhíbit]

forbid ＋ O ＋ to V	① Oが〜するのを禁止する
prohibit ＋ O ＋ from Ving	② Oが〜するのを禁止する

① The school **forbids** the students **to work** part-time.

（学校は生徒がアルバイトをするのを禁じている）

② The law **prohibits** teenagers **from smoking**.

（法律は十代の若者の喫煙を禁止している）（→p.350）

POINT 目的語の後ろに置く形の違いに注意。

■ get on / ■ get into / ■ ride

乗り物など	乗る	降りる
bus/train/plane/escalator	get on	get off
car/taxi/elevator	get into	get out of
bicycle/bike/coaster	ride	get off

※たとえばエスカレーターは「上に乗る」から get on，エレベーターは「中に乗り込む」から get intoを使う。

get on a bus［train］（バス［列車］に乗る）

get into a car（車に乗る［乗り込む］）

ride a bicycle［coaster］（自転車［コースター］に乗る）

☐ meet / ☐ see

meet ＋ O	① Oと（申し合わせて）面会する
see ＋ O	② Oに（偶然）出会う

① I *met* him at the coffee shop.（私は喫茶店で彼と面会した）

② I *saw* him at the coffee shop.（私は喫茶店で彼を見かけた）

※ meetは「会って話をする」の意味を含む。単に見かけただけならseeを使う。

☐ object [əbdʒékt] / ☐ oppose [əpóuz]

object ＋ to A [Ving]	① A [～すること] に反対する
oppose ＋ O	② Oに反対する

① He *objected to* the plan.＝ ② He *opposed* (✗ *to*) the plan.

（彼はその計画に反対した）

cf. He *was opposed* [形] *to* the plan.（彼はその計画に反対だった）

POINT 前置詞の使い方に注意。

☐ refuse [rifjúːz] / ☐ reject [ridʒékt]

refuse ＋ O [to V]	① O [～すること] を拒む
reject ＋ O	② Oを拒絶する

① He *refused* [✗ *rejected*] *to sign* the contract.

（彼はその契約書に署名するのを拒んだ）

POINT reject の後ろに不定詞は置けない。

■ rob [ráb] / ■ steal [stíːl]

rob ＋ O ＋ of A	① O〈人など〉からA〈物・金など〉を奪う
steal ＋ O ＋ from A	② A〈人など〉からO〈物・金など〉を盗む

① They *robbed the bank of* a large sum of money.

（彼らは銀行から大金を奪った）

② They *stole the data from* the computer.

（彼らはパソコンからそのデータを盗んだ）

POINT 前置詞と目的語の違いに注意。

■ say / ■ speak / ■ talk / ■ tell

	① say	② speak	③ talk	④ tell
―	○	○	○	△
＋O	○	○	△	○
＋O_1＋O_2	×	×	×	○
＋that 節	○	×	×	×
＋O＋to V	×	×	×	○

(注) △は形としては正しいが、「言う」「話す」という意味ではない（または慣用表現に限られる）もの。

① He *said* that he won't go.（行かない，と彼は言った）

② They *spoke* in a low voice.（彼らは小声で話した）

③ Let's *talk* about our schedule.（予定について話そう）

④ (a) The CEO *told* [× *said*] them that he would resign.
   （辞職するとCEOは彼らに言った）

   (b) The CEO *said* [× *told*] that he would resign.
   （辞職するとCEOは言った）

POINT say の後ろには that 節を置く。speak・talk は自動詞として使うのが基本。tell の後ろには〈人〉を置くのが原則。

□ win [wín] / □ beat [bíːt]（beat-beat(en)）

win ＋O	① O〈試合など〉に勝つ
beat ＋O	② O〈人・競争相手〉に勝つ（defeat）

① Our team *won* [× *beat*] the game.（わがチームは試合に勝った）

② Our team *beat* [× *won*] our rival.（わがチームはライバルに勝った）

POINT 「試合に勝つ」は win，「相手に勝つ」は beat で表す。

(16) 動詞と名詞の結びつき

(A) 日本語からの類推で誤りやすい動詞

> 例 次の英文の誤りを訂正しなさい。
> Let's open a welcome party for him.
> (彼のために歓迎会を開こう)

> 答 open → have [hold]

openは「開ける」の意味。「パーティーを開く」という場合には，have・hold・give・throwなどを用いる。このように，日本語からの類推で誤った動詞を選びやすいケースに注意。

日本語	英語
損害を与える	■ **do** [× *give*] damage (→p.110)
スープを飲む	□ **eat** [× *drink*] soup ※カップスープならdrinkを使う。
大学に合格する	□ **enter** [× *pass*] a university ※be admitted to a universityとも言う。 　passは「〈試験など〉に合格する」。
夢を見る	□ **have** [× *see*] a dream
クラブに入る	□ **join** [× *enter*] a club ※enterは「〈場所〉に入る」。
幸福な生活を送る	■ **lead** [× *send*] a happy life
サラダを作る	□ **make** [× *cook*] a salad ※cookは加熱する調理に使う。
〜の要求を満たす	□ **meet** [× *fill*] 〜's demand ※meetは「〜に応じる」の意味。
アパートを借りる	■ **rent** [× *borrow*] an apartment (→p.54)
医者にみてもらう	■ **see** [× *meet*] a doctor
薬を飲む	■ **take** [× *drink*] medicine ※水薬ならdrinkを使う。

風呂に入る	☐ **take/have** [× *enter*] a bath
私に道を教える	■ **tell** [× *teach*] me the way（→p.186） ※案内して連れていく場合はshow。

(B)〈動詞＋名詞〉のコロケーション

　コロケーション（collocation）とは，連語（関係）のこと。たとえば「パーティーを開く＝have［hold］a party」のように，単語同士の慣用的な結びつきを言う。〈動詞＋名詞〉の慣用表現は，市販の熟語集などに掲載されていないことが多いので特に注意。基本動詞と名詞の結びつきの例を挙げておく。

● give＋名詞

☐ **give (O) an answer [a reply]** =（O〈人〉に）返答をする
☐ **give O a break** = O〈人〉を大目に見る
☐ **give O a call** = O〈人〉に電話をかける
☐ **give a cry [shout]** = 叫ぶ
☐ **give (O) a discount** =（O〈人〉に）値引きする
■ **give O a hand** = O〈人〉に手を貸す
☐ **give (O) a lecture** =（Oに）講義をする
■ **give O a ride** = O〈人〉を車に乗せてやる
　Give me a ride to the station.（駅まで車に乗せてよ）
☐ **give (O) a smile** =（O〈人〉に）ほほえむ
☐ **give it a try** = やってみる
☐ **give birth to A** = Aを生む
☐ **give rise to A** = Aを引き起こす
■ **give way (to A)** =（Aに）屈服する（give in, yield）
　I *gave way to* his persuasion.（私は彼の説得に負けた）
☐ **give *one's* (best) regards to A** = A〈人〉によろしくと伝える
　= ☐ **say hello to A** = A〈人〉によろしくと伝える

● have＋名詞

- □ **have an accident** = 事故にあう
- □ **have an argument（with A）** =（A〈人〉と）議論する
- □ **have a fever** = 熱がある
- ■ **have a headache [toothache]** = 頭［歯］が痛い
- ■ **have a cold** = 風邪をひいている
  - ■ **catch [get] (a) cold** = 風邪をひく
- □ **have a good command of A** = Aを自由に使いこなす
- ■ **have an effect [influence] on A** = Aに影響を与える
- □ **have a narrow escape（from A）** =（Aから）かろうじて逃れる
- □ **have an eye for A** = Aを見る目［鑑賞力］がある
  - □ **have an ear for A** = Aを聞く耳［鑑賞力］がある
- □ **have a gift [talent] for A** = Aの才能がある
- □ **have a good [poor] hand at A** = Aが得意［下手］だ
- ■ **have no idea** = 全然わからない［知らない］

  強調形：**haven't the least [slightest/faintest] idea**
- □ **have [take] an interest in A** = Aに興味を持つ
- □ **have a liking [taste] for A** = Aが好きだ
  - □ **have a weakness for A** = Aに目がない
- □ **have [take] a (good) look (at A)** =（Aを）（よく）見る
- □ **have a good [high] opinion of A** = Aをよく思う，信用する
  - ⇔□ **have a bad [low] opinion of A** = Aを悪く思う，見下げる
- □ **have a [no] say (in A)** =（Aに）口を出す権利がある［ない］
- □ **have a good night's sleep** = 一晩ぐっすり眠る
- □ **have a talk [chat] (with A)** =（Aと）会話［おしゃべり］をする
- □ **have second thoughts** = 再考する
- □ **have a sore throat** = 〈炎症で〉のどが痛い
- ■ **have a good [hard] time** = 楽しい［つらい］時を過ごす（→p.321）

- ■ **have** *one's* **own way** = 思い通りにふるまう
- □ **have (a) connection with A** = Aと関係がある
- □ **have no bearing on A** = Aとは関係がない
- □ **have words with A** = Aと口論する（quarrel）

 I heard her ***having words with*** the boss.

 （彼女が上司と口論しているのが聞こえた）

● keep＋名詞

- □ **keep [observe] the law** = 法律を守る
  - ⇔□ **break [violate] the law** = 法律を破る
- □ **keep a secret** = 秘密を守る
  - ⇔□ **leak a secret** = 秘密を漏らす
- □ **keep** *one's* **promise [word]** = 約束を守る
  - ⇔□ **break** *one's* **promise [word]** = 約束を破る
- □ **keep** *one's* **head [cool]** = 落ち着いている
  - ⇔□ **lose** *one's* **head [cool]** = 気が動転する
- □ **keep** *one's* **temper** = 平静を保つ
  - ⇔□ **lose** *one's* **temper** = 平静を失う，かっとなる
- ■ **keep in contact [touch] (with A)** =（Aと）連絡を取り合っておく
  - ■ **get in contact [touch] (with A)** =（Aと）連絡を取る

 Let's ***keep in touch*** by e-mail.（メールで連絡を取り合おう）

- ■ **keep [bear] O in mind** = Oを心に留めておく

 I'll ***keep*** your advice ***in mind***.

 （あなたの忠告を心に留めておきます）

- □ **keep books** =（会計）帳簿をつける
- □ **keep company with A** = Aと付き合う
- □ **keep a diary** = 日記をつける
- ■ **keep an [*one's*] eye on A** = Aを見張っておく（watch）
- □ **keep early hours** = 早寝早起きをする

- □ **keep good [correct] time** = 〈時計が〉正確に時を刻む
- □ **keep pace with A** = Aに遅れずについて行く

● make＋名詞

- □ **make arrangements (for A)** =（Aの）準備をする
- □ **make an attempt (at A)** =（Aを）試みる
- □ **make *one's* bed** = 寝床を整える
- □ **make a bow (to A)** =（A〈人〉に）おじぎをする
- □ **make a call** = 電話をする
- □ **make a choice** = 選択する
- □ **make coffee [tea]** = コーヒー［お茶］を入れる
- □ **make a comment [remark] (on A)** =（Aについて）意見を述べる
- ■ **make a complaint** = 苦情［クレーム］を言う
- □ **make a contract (with A)** =（Aと）契約する
- ■ **make a decision** = 決定する
- ■ **make a [no] difference** = 差が出る［出ない］

    Your success *makes no difference* to me.
    （君が成功しても私にとっては同じことだ）

- ■ **make efforts [an effort]** = 努力する
- □ **make (both) ends meet** = 赤字を出さずにやっていく
- □ **make an excuse** = 言い訳をする
- □ **make faces [a face]** = しかめつらをする（frown）
- □ **make [build] a fire** = 火をおこす
- ■ **make friends (with A)** =（A〈人〉と）仲良くなる（→p.298）
- □ **make a fool of A** = Aを笑いものにする
- □ **make fun of A** = Aをからかう（ridicule）
- □ **make a fuss (about A)** =（Aのことで）大げさに騒ぐ
- □ **make a guess** = 推測する
- □ **make a habit of Ving** = 〜することにしている

- ■ **make an impression on A** = Aに印象［感銘］を与える

    The film *made a* deep *impression on* me.

    （その映画は私に深い印象を与えた）
- □ **make a killing** = 大もうけする
- □ **make [earn] a [*one's*] living** = 生計を立てる
- □ **make a mess (of A)** = (Aを) めちゃくちゃにする
- ■ **make a mistake** = 間違える
- ■ **make [earn] money** = 金をもうける
- □ **make a noise** = 音を立てる
- □ **make a presentation** = プレゼンをする
- ■ **make progress** = 進歩する
- ■ **make a promise** = 約束する
- ■ **make a reservation** = 予約する
- □ **make room (for A)** = (Aのために) 場所をあける
- ■ **make sense** = 意味をなす

    - □ **make sense of A** = Aを理解する
- ■ **make a speech** = スピーチをする
- ■ **make use of A** = Aを利用する
- ■ **make *one's* way** = 進む

    ※makeの代わりにさまざまな動詞を使える。

    ・**elbow *one's* way** = ひじでかきわけて進む

    ・**feel *one's* way** = 手探りで進む

    ・**fight *one's* way** = 奮闘しながら進む

    ・**push *one's* way** = 押し分けて進む

    ・**work *one's* way through college** = 働きながら大学を出る

● take＋名詞

- □ **take account of A** = Aを考慮に入れる

    - □ **take A into account [consideration]** = Aを考慮に入れる

- ☐ **take action** = 行動を取る
- ■ **take advantage of A** = Aを利用する，Aにつけ込む
- ■ **take [have] a break** = 休憩する
    - Let's *have a* coffee *break*. (休憩してお茶にしよう)
- ☐ **take a bus [taxi]** = バス［タクシー］を利用する
- ■ **take care of A** = Aの世話をする
    - *Take care of* yourself. (体に気をつけてね)
- ☐ **take a chance** = いちかばちかやってみる
- ☐ **take charge of A** = Aを担当する
- ■ **take a day off** = 1日休みを取る
    - ☐ **take a vacation [holiday]** = 休みを取る
        - Why don't you *take a day off*? (1日休みを取るのはどうですか)
- ☐ **take effect** = 効力を生じる
    - ☐ **come into effect** = 実施される
- ☐ **take an examination** = 試験を受ける
- ■ **take [get] exercise** = 運動する
- ☐ **take the floor** = 〈発言のため〉起立する
- ☐ **take a glance (at A)** = (Aを) ちらりと見る
- ☐ **take [catch/get] hold of A** = Aをつかむ，つかまえる
    - ⇔☐ **let go of A** = Aを放す
- ■ **take some measures [steps]** = 何らかの方策を取る
- ☐ **take leave of A** = A〈人〉に別れを告げる
- ☐ **take a message** = 伝言を聞き取る
    - ☐ **leave a message** = 伝言を残す
- ☐ **take a nap** = うたた寝する
- ☐ **take notice [note] of A** = Aに注意する
- ☐ **take offence (at A)** = (Aに対して) 怒る
- ☐ **take pains** = 骨を折る，苦労する

- ■ **take part (in A)** =（Aに）参加する（participate）
- ■ **take a picture [photo]** = 写真を撮る
- ■ **take place** = ① 起こる（happen, occur）② 行われる（be held）
    - ① How did the accident **take place**?（その事故はなぜ起きたのか）
    - ② The conference **took place** in Chicago.（会議はシカゴで行われた）
- □ **take pleasure in A** = Aを楽しむ
- ■ **take A's place** = Aの代理を務める
- □ **take pride in A** = Aを誇りに思う（be proud of）
- ■ **take the responsibility (for A)** =（Aの）責任を取る
- ■ **take a rest** = 休憩する
- □ **take root** = 根付く，定着する
- ■ **take a seat** = 座る
- □ **take shelter [refuge] (from A)** =（Aから）避難する
- □ **take a shower** = シャワーを浴びる
- □ **take stock** = 棚卸しをする
- □ **take *one's* time** = ゆっくりやる
- ■ **take a walk** = 散歩する

● その他

- □ **bear fruit** = 実を結ぶ
- □ **blow *one's* nose** = 鼻をかむ
- □ **break the ice** = 話の口火を切る
- □ **break into laughter [tears]** = 突然笑い［泣き］出す
- □ **bridge [fill] a gap** = ギャップを埋める
- □ **call the roll** = 出席をとる
- □ **carry weight** = 重要である，意味を持つ
- □ **cast a vote** = 投票する
- □ **catch [draw] A's attention** = A〈人〉の注意を引きつける
- □ **catch fire** = 火がつく

- ■ **catch sight of A** = Aを見つける（find）
  - ⇔■ **lose sight of A** = Aを見失う（miss）
- ■ **catch a train** = 列車に間に合う
  - ⇔■ **miss a train** = 列車に乗り遅れる
- □ **change hands** = 持ち主が変わる
- ■ **change trains** = 列車を乗り換える（→p.297）

    I'll *change train**s*** at Shibuya.（渋谷で乗り換えます）
- ■ **change *one's* mind** = 心変わりする
- □ **change for the better［worse］** = 好転［悪化］する
- □ **charge a battery** = 充電する
- ■ **claim damages** = 損害賠償を請求する
- □ **clap *one's* hands** = 拍手する
- □ **clear *one's* throat** = 咳払いをする
- □ **close the book** = 決算する
- □ **come to an end** = 終わる
  - □ **put an end to A** = Aを終わらせる
- □ **come to light** = 明るみに出る
  - □ **bring A to light** = Aを明るみに出す
- □ **come to terms with A** = Aと折り合いがつく
- □ **command a fine view** = 眺めがよい
- ■ **commit a crime** = 罪を犯す
  - □ **commit suicide** = 自殺する
- ■ **consult a lawyer** = 弁護士に相談する
  - □ **consult a dictionary** = 辞書をひく
- □ **corner the market** = 市場を独占する
- □ **crack［make］a joke** = 冗談を言う
- □ **cut［skip］a class** = 授業をさぼる
- □ **cut corners** = 近道する，手を抜く

- ☐ **cut a (fine) figure** = 頭角を現す
- ☐ **deliver a speech** = 演説をする
- ☐ **deposit money in a bank** = 銀行に預金する
    - ⇔☐ **draw money from a bank** = 銀行から金を引き出す
- ☐ **dig a hole** = 穴を掘る
- ☐ **direct a movie** = 映画を監督する
- ☐ **do business with A** = Aと取引をする
- ■ **do the dishes** = 皿を洗う
    - I've got to *do the dishes*.（お皿を洗わなくちゃ）
    - ※特定の名詞と結びついて「〜を始末する」の意味を表す。do the laundry（洗濯物を洗う），do the room（部屋の掃除をする）なども同様。
- ■ **do *one's* best** = 最善を尽くす
- ☐ **do *one's* duty** = 義務を果たす
- ☐ **do [comb] *one's* hair** = 髪をとかす
- ☐ **draw a conclusion** = 結論を引き出す
    - ☐ **jump to a conclusion** =（性急に）結論に飛びつく
- ☐ **draw a line** = 線を引く
- ☐ **draw lots** = くじを引く
- ☐ **drive (in) a nail** = 釘を打つ
- ☐ **drop O a line** = O〈人〉に便りを書く
    - Please *drop me a line*.（私に一筆お便りください）
- ☐ **fall in love with A** = Aに恋する
- ■ **fasten *one's* seat belt** = シートベルトを締める
- ☐ **file a (law)suit** = 訴訟を起こす
- ☐ **fill a vacancy** = 欠員を埋める
- ■ **find fault with A** = Aのあら探しをする
- ■ **fold *one's* arms** = 腕組みをする
- ☐ **follow suit** = 先例にならう

- ☐ **foot the bill** = 勘定を支払う
- ☐ **gain ground** = 優勢になる
  - ⇔☐ **lose ground** = 劣勢になる
- ☐ **gain [put on] weight** = 太る
  - ⇔■ **lose weight** = やせる
- ☐ **get the better of A** = Aに勝つ（beat）
- ■ **get a (pay) raise** = 昇給する
- ☐ **get a refund** = 払い戻しを受ける
- ■ **get rid of A** = Aを免れる，Aを取り除く（remove）
- ☐ **get into shape** = 体調を整える
- ■ **give up [stop] smoking** = 禁煙する
- ☐ **grab a bite** = 軽く食事をする
- ☐ **hit bottom** = 〈株価などが〉底を打つ
- ■ **hold the line** = 電話を切らずに待つ
- ☐ **hold [catch]** *one's* **breath** = 息を殺す，かたずをのむ
- ☐ **hold** *one's* **tongue** = 口をつぐむ
- ☐ **honk [blow] a horn** = クラクションを鳴らす
- ☐ **hunt for a job** = 職探しをする
- ☐ **kill time (Ving)** = （～して）時間をつぶす
- ☐ **know the ropes** = こつを知っている
- ☐ **launch a rocket** = ロケットを打ち上げる
- ☐ **lay an egg** = 卵を産む
- ☐ **leave school** = 卒業する，退学する
- ☐ **look** *one's* **age** = 年相応に見える
- ☐ **look up a word (in a dictionary)** = （辞書で）単語を調べる
- ☐ **lose** *one's* **way** = 道に迷う
- ■ **make up** *one's* **mind (to V)** = （～する）決心をする
- ☐ **meet a deadline** = 締め切りに間に合う

- ☐ **mind *one's* own business** = 他人のことに口出ししない
- ☐ **miss the boat** = 好機を逃す
- ☐ **mow [cut] a lawn** = 芝を刈る
- ☐ **open an account** = （預金）口座を開く
- ■ **pass an exam** = 試験に合格する
    - ⇔■ **fail (in) an exam** = 試験に落ちる
- ■ **pay [give] attention to A** = Aに注意を払う
- ☐ **pay a visit to A** = Aを訪問する
- ☐ **pay off a loan** = ローンを完済する
- ☐ **pedal a bicycle** = 自転車をこぐ
    - ☐ **row a boat** = ボートをこぐ
- ☐ **pick up a receiver** = 〈電話の〉受話器を取る
    - ☐ **answer a phone** = 電話に出る
- ☐ **pitch a tent** = テントを張る
- ■ **place an order (with A)** = （Aに）注文を出す
    - I *placed an order with* the bookstore for ten copies.
    - （その本屋に10冊注文した）
- ☐ **play catch** [× *catchball*] = キャッチボールをする
    - ☐ **play hide-and-seek** = かくれんぼをする
    - ☐ **play house [doctor]** = ままごと［お医者さんごっこ］をする
- ■ **play a ... part [role] (in A)** = （Aにおいて）…な役割を果たす
    - She *played a* major *part in* the project.
    - （彼女はそのプロジェクトで主要な役割を果たした）
- ☐ **play a trick on A** = Aをだます（cheat）
- ■ **practice law [medicine]** = 弁護士［医者］を開業する
- ☐ **promote sales** = 販売を促進する
- ☐ **pull A's leg** = A〈人〉をからかう，だます

- ■ **put [place/lay] emphasis [stress] on A** = Aを強調する

    (emphasize, stress)
- ■ **raise a fund** = 資金を調達する
- □ **return to normal** = 常態に復する
- ■ **run [put] an ad** = 広告を載せる

    They *ran* a want *ad* in the newspaper.

    （彼らは新聞に求人広告を載せた）
- □ **run [go work] an errand** = お使いに行く
- □ **run [take] a risk (of A)** = （Aの）危険を冒す
- □ **save face** = 面目を保つ
    - ⇔□ **lose face** = 面目を失う
- ■ **see [do] the sights of A** = Aを見物する
- □ **set fire to A** = Aに火をつける
- □ **set sail** = 出帆する
- □ **set to work** = 仕事を始める
- □ **set [lay/spread] the table** = 食卓のしたくをする
    - ⇔□ **clear the table** = 食卓を片付ける
- ■ **shake hands (with A)** = （Aと）握手する（→p.298）

    They *shook hands with* each other.（彼らはお互いに握手した）
- □ **shed tears** = 涙を流す
- □ **shrug *one's* shoulders** = 肩をすくめる

    ※否認・不賛成を表す動作。「首を縦に振る」（承認・賛成の動作）は nod (*one's* head)。
- ■ **solve [work out] a problem** = 問題を解く
- ■ **split the check [bill]** = 割り勘にする
    - □ **go Dutch** = 割り勘にする
- □ **stand a chance of A** = Aの見込みがある
- □ **strike a match** = マッチをする

- ☐ **square a debt** = 借金を清算する
- ■ **suffer damage** = 害を被る
- ■ **support** *one's* **family** = 家族を養う
- ■ **tell (O) a lie** = (O〈人〉に) うそをつく
- ☐ **tell A's fortune** = Aの運勢を占う ＞*fortune-teller* 名 占い師
- ☐ **throw in the towel** = 断念する
- ☐ **turn** *one's* **back on A** = Aを無視する,見捨てる
- ☐ **turn a blind eye to A** = Aが見えないふりをする
  - ☐ **turn a deaf ear to A** = Aが聞こえないふりをする
- ☐ **wash** *one's* **hands (of A)** = (Aから) 手を引く,足を洗う
- ■ **watch** *one's* **step [language]** = 足元[言葉]に気をつける
- ☐ **wave** *one's* **hand** = 手を振る
- ☐ **weave a plan** = 計画をまとめる

(17) 主な動詞の語法

※以下に示すのは主な(テストに出やすい)用法のみであり、各動詞のすべての語法を網羅しているわけではない。

☐ **accuse** [əkjúːz]

＋O＋of A	① A〈事柄〉のことでO〈人〉を非難[告発]する
＋O＋that 節	② …だとO〈人〉を非難[告発]する

① I *accused* the firm *of* fraud. (私はその会社を詐欺で告発した)
② He *accused* me *that* I told a lie. (彼は私がうそをついたと責めた)

☐ **add** [ǽd]

＋O＋to A	① AにOを加える
＋to A	② Aを増す
＋that 節	③ 付け加えて…と言う

① **Add** these names **to** the list. （これらの名前をリストに加えなさい）

② The travel **added to** my knowledge about Australia.

（その旅行はオーストラリアに関する私の知識を増した）

③ He **added** that he was satisfied. （彼は満足だと付け加えた）

□ **address** [ədrés]

+O	①（1）Oに宛て名を書く　（2）Oに話しかける 　（3）Oに（本気で）取り組む
+ *oneself* + to A	② Aに（本気で）取り組む

①(1) **address** a letter wrongly （手紙に間違った宛て名を書く）

(2) He **addressed** the audience. （彼は聴衆に語りかけた）

(3) **address** the problem seriously （その問題に真剣に取り組む）

② He **addressed** himself **to** the task. （彼はその仕事に傾注した）

□ **adjust** [ədʒʌ́st]

－ (+ to A)	①（Aに）順応する
+ *oneself* + to A	② Aに順応する
+O + to A	③ OをAに適合させる
+O + to V	④ Oを〜するよう調節する

①② We have to **adjust** (*ourselves*) **to** changes in the market.

（我々は市場の変化に対応しなければならない）

③ You should **adjust** expenses **to** your income.

（君は支出を自分の収入に合わせるべきだ）

④ I'll **adjust** my schedule **to** meet yours.

（私の予定をあなたの予定に合うよう調整します）

□ **admire** [ædmáiər]

+O (+ for A)	(A〈事柄〉のことで) O〈人〉を賞賛する

The boss **admired** Lisa **for** her punctuality.

（上司はリサの時間の正確さをほめた）（→p.345）

■ admit [ædmít]

＋O	① Oを認める
＋of A	② Aの余地がある
＋Ving	③ 〜する［した］ことを認める
＋having Vpp	④ 〜したことを認める
(＋to A) ＋that 節	⑤ …ということを（Aに対して）認める
＋O＋to A	⑥ OがAに入ることを認める［許可する］

① John *admitted* his guilt.（ジョンは自分の罪を認めた）

　書換 ⑤ John *admitted* that he was guilty.

② Your behavior *admits of* no excuse.（君の行動には弁解の余地はない）

③④ The young man *admitted* stealing ［*having stolen*］ my bike.

　✕ The young man admitted *to steal* ［*to have stolen*］ my bike.

　（その若い男は私の自転車を盗んだことを認めた）

　POINT 〈admit＋to V〉は誤り。（→p.22）

⑤ He *admitted* (*to* me) that he had told a lie.

　（彼はうそをついたと（私に）認めた）

⑥ Kim was *admitted to* the university.（キムはその大学への入学を許可された）

　※この意味では，受動態で使うことが多い。

■ advise [ædváiz]

＋Ving	① 〜することを勧める
＋O＋to V	② O〈人〉に〜するように勧める
＋that 節	③ …ということを勧める

① I *advise* reading the manual carefully.（マニュアルをよく読みなさい）

② I *advise you to stop* smoking.（君は禁煙する方がよいと思う）

③ I *advise that* he *start* ［✕ *started*］ at once.

　（彼はすぐ出発する方がよいと思う）

POINT that 節中では（should＋）動詞の原形を用いる。(→p.34)

■afford [əfɔ́ːrd]

can't afford ＋ O	① O を買う余裕がない
can't afford ＋ to V	② 〜する余裕がない

① I *can't afford* a car. ＝ ② I *can't afford to buy* [× *buying*] a car.
（私には車を買う余裕はない）

POINT can't [cannot] と結びついて，「〜するお金［力・暇］がない」という意味を表す。

■agree [əgríː]

－	① 賛成する
＋with A	② (1) A〈人〉に賛成する 　(2)〈気候などが〉A〈人〉に合う
＋to A	③ A〈計画・提案など〉に同意する
＋on A	④ A〈事柄〉について合意に達する
＋to V	⑤ 〜することに同意する［決める］
＋that 節	⑥ …であることに同意する

①②(1) I *agree* (*with* you). （(あなたに) 賛成です）

　※agree の反意語 disagree（意見が異なる）も，同様に使う。
　　I *disagree* (*with* you). （(あなたに) 賛成しません）

②(2) This climate doesn't *agree with* me.
　　（この気候は私の体に合わない）

③ We *agreed to* his proposal. （私たちは彼の提案に同意した）
　【参考】この場合の agree は proposal・plan などを「承諾する」の意味であり，賛成しているとは限らない。opinion・statement などに「賛成する」ときは agree with を用いる。

④ We *agreed on* the price. （我々はその価格について合意した）

⑤ We *agreed to meet* again. （我々は再び会うことに決めた）

⑥ We *agreed that* the plan was the best.

（我々はその案が最善だということに同意した）

□ aim [éim]

＋at A	① Aをねらう
＋at Ving	② ～することをねらう［目指す］
＋to V	③ ～することをねらう［目指す］

① I *aimed at* the target, but missed. （私は的をねらったが外れた）

② She *aims at becoming* a lawyer. = ③ She *aims to become* a lawyer.

（彼女は弁護士を志している）

■ allow [əláu]

＋O	① Oを許す［与える］
＋Ving	② ～することを許す
＋O₁＋O₂	③ O₁〈人〉にO₂〈事柄〉を許す
＋O＋to V	④ O〈人〉が～するのを許す
＋for A	⑤ Aを考慮に入れる

① This hotel will not *allow* pets.

（このホテルにはペットを連れて入れません）

② *Smoking* is not *allowed* here. （ここは禁煙です）

　書換 You are not *allowed to smoke* here.

③ The boss *allowed* me a two-week vacation.

（上司は私に2週間の休暇を許した）

④(a) Her parents *allowed* her *to study* abroad. （両親は彼女が留学するのを許した）

　　※この意味では〈＋that節〉は不可。次の文は可。

　(b) He *allowed that* he was wrong.

　　（彼は自分が間違っていることを認めた）《allow=admit》

⑤ We should *allow for* her youth. （彼女が若いことを考慮すべきだ）

□ answer [ǽnsər]

＋O	① Oに答える
＋O₁＋O₂	② O₂〈質問〉に対してO₁〈人〉に答える
(＋O)＋that節	③ (O〈人〉に) …と答える
＋for A	④ Aを請け合う

① He didn't *answer* (✗ *to*) my e-mail.

（彼は私のメールに返事をくれなかった）

POINT　「Aに答える」の意味では〈answer＋to A〉とは言わない。

書換　He didn't *give an answer* [名] *to* my e-mail.

【参考】「～に反応する」などの意味でanswer toと言うことはある。

His illness didn't *answer to* medical treatment.　（彼の病気には治療はきかなかった）

② ○ *Answer* me this question. / ✗ *Answer* this question *to me*.

（この質問に対して私に答えなさい）

※O₁とO₂を（前置詞を使って）入れ替えることはできない。（→p.26）

③ I *answered* (him) *that* I wouldn't go to the party.

（私はパーティーには行かないと（彼に）返事をした）

④ I'll *answer for* his honesty.　（彼が正直なことは私が保証します）

■ apologize [əpάlədʒàiz]

＋to A for B	① A〈人〉にB〈事柄〉をわびる ※〈to A〉または〈for B〉がない形も可。
＋(to A) for Ving	②（A〈人〉に）～である［した］ことをわびる

① ○ I *apologized to him for* the delay of payment.

✗ I *apologized him for* the delay of payment.

（私は支払いの遅れを彼に謝罪した）

POINT　〈apologize＋人〉は誤り。（→p.51）

② I *apologize* (*to* you) *for* not *replying* soon.

（早くお返事しなかったことを（あなたに）おわびします）

■ appear [əpíər]

―	① 現れる
S appear(s)＋(to be) C [形/名]	② SはCであるように見える
S appear(s)＋to V	③ Sは〜する［である］ように見える
S appear(s)＋to have Vpp	④ Sは〜した［だった］ように見える
It appears＋that節	⑤ …のように見える

① The moon *appeared* from behind the clouds.

（雲の陰から月が出た）

② The man *appears* (*to be*) rich. （その男性は金持ちらしい）

書換 ⑤ It *appears* (*that*) the man is rich.

③ The dog *appears to like* cat food.

（その犬はキャットフードが好きなようだ）

※この形で使えるのは，状態を表す動詞のみ。

④ He *appears to have been injured* in the accident.

（彼はその事故でけがをしたらしい）（→p.38）

書換 ⑤ It *appears* (*that*) he *was* injured in the accident.

■ apply [əplái]

＋for A	① A〈職など〉に応募する
＋to A	② A〈団体など〉に応募する，Aに当てはまる
＋O＋to A	③ OをAに適用する［当てはめる］

① *apply for* the position （その職に志願する）

② (a) *apply to* Waseda University （早稲田大学に出願する）

　(b) The rule doesn't *apply to* this case.

　　（その規則はこの事例には当てはまらない）

③ You can't *apply* the rule *to* this case.

　（その規則をこの事例に適用することはできない）

■ appoint [əpɔ́int]

＋O＋C [名]	① OをCに任命［指名］する
＋O＋as A	② OをAに任命［指名］する

① They *appointed* Ms. Aoki (× *a*) chairperson.

=② They *appointed* Ms. Aoki *as* (× *a*) chairperson.

（彼らは青木さんを議長に指名した）

POINT 補語として働く（役職を表す）名詞には冠詞をつけない。（→p.507）

■ appreciate [əpríːʃièit]

－	① 価値が上がる
＋O	② (1) 〜の価値を認める　(2) 〜に感謝する

① The dollar continues to *appreciate* against the yen.

（ドルが円に対して上がり続けている）

② (1) I can't *appreciate* the painter's works.

（私にはその画家の作品の価値がわからない）

(2) I *appreciate* your support.（あなたのご支援に感謝します）

　　書換　I *thank* you *for* your support.（→p.345）

慣用表現

■ **I'd appreciate it if you would V.** ＝ 〜していただけるとありがたいのですが

I'd [= *I would*] *appreciate it if* you would help me.

（お手伝いいただけるとありがたいのですが）

【解説】仮定法過去の形を利用して，「(実際にはないでしょうが) もし手伝ってもらえるなら感謝するのですが」のような遠回しの言い方をしたもの。

■ approach [əpróutʃ]

—	① 近づく
＋O	② ～に近づく

① The summer vacation is **approaching**. （夏休みが近づいている）

② The typhoon is **approaching** (✗ _to_) Japan.

（台風が日本に近づいている）

POINT 「～に近づく」の意味では後ろに前置詞は不要。（→p.50）

□ approve [əprúːv]

＋O	① Oに賛成する
＋of A	② Aを承認する

① The committee **approved** the decision. （委員会はその決定に賛成した）

② He didn't **approve** _of_ his daughter working part-time.

（彼は娘がアルバイトをすることを認めなかった）

■ argue [áːrgjuː]

＋about [over] A	① A〈事柄〉について口論する
＋with A	② A〈人〉と口論する
＋for A	③ Aに賛成する
＋that 節	④ …だと主張する（insist）
＋O＋into Ving	⑤ O〈人〉を説得して～させる（persuade）

①② He **argued** (_about_ his son) _with_ his wife.

（彼は（息子のことで）妻と口論した）

POINT 「Aについて論じる」は argue about A。discuss Aとの違いに注意。

③ He **argued** _for_ [_in favor of_] the plan. （彼はその計画に賛成した）

cf. He **argued** _against_ the plan. （彼はその計画に反対した）

④ He **argued** _that_ the plan was unrealistic. （その計画は非現実的だと彼は主張した）

⑤ I tried to **argue** him *into* *giving up* the plan.

(私は彼を説得してその計画を断念させようとした)

cf. I **argued** him *out of* *going* there.

(私は彼を説得してそこへ行くのをやめさせた)

□ **arrive** [əráiv]

＋at A	① A〈建物など比較的狭い場所〉に到着する
＋in A	② A〈町など比較的広い場所〉に到着する

① The bus **arrived** *at* Osaka Station.（バスは大阪駅に到着した）

② We **arrived** *in* Osaka at 11.（我々は11時に大阪に到着した）

■ **ask** [ǽsk] ※第3・4・5文型で使う。

（＋O）＋ about A	① Aについて（O〈人〉に）尋ねる
（＋O）＋ for A	②（O〈人〉に）Aを求める
＋O	③ (1) O〈人〉に尋ねる　(2)〈事柄〉を尋ねる
＋O_1＋O_2 ＋O_2＋of O_1	④ O_1〈人〉にO_2〈質問〉を尋ねる
＋O＋to V	⑤ O〈人〉に〜するよう頼む
＋O＋not to V	⑥ O〈人〉に〜しないよう頼む
＋O＋if [whether] 節	⑦ O〈人〉に…かどうか尋ねる
＋O＋疑問詞節	⑧ O〈人〉に…を尋ねる

① I **asked** (the teacher) *about* my son's grades.

(私は息子の成績について（先生に）尋ねた)

② I **asked** *for* his advice. = I **asked** him *for* advice.（私は彼の助言を求めた）

③ (1) **Ask** someone else.（誰か他の人に尋ねなさい）

　(2) May I **ask** a question?（一つ質問していいですか）

④ I **asked** him a question. = I **asked** a question *of* him.

(私は彼に一つの質問をした)

【参考】右の文は日常的には使われない。また，question 以外の名詞ではO_1とO_2を入れ替えることはできない。

○ I asked **him his name**. / ✕ I *asked his name of him*.

（私は彼に名前を尋ねた）

⑤ I **asked** him *to help* me. （私は手伝ってくれるよう彼に頼んだ）

書換 I *said to* him, "*Help* me, please."

⑥ I **asked** him **not to** *use* my computer.

（私は彼に私のパソコンを使わないよう頼んだ）

書換 I *said to* him, "*Don't* use my computer, please."

⑦ I **asked** her *if* she was free Friday evening.

（金曜日の晩は空いているかと私は彼女に尋ねた）

書換 I *said to* her, "*Are you* free Friday evening?"

⑧ I **asked** him *what time* it was. （今何時かと私は彼に尋ねた）

書換 I *said to* him, "*What time* is it?"

□ associate [əsóuʃièit]

＋with A	① Aと交際する
＋O＋with A	② OをAと結びつける，OからAを連想する

① You'd better not **associate** *with* them.

（彼らとは付き合わない方がいい）

② I **associate** France *with* wine. （私はフランスからワインを連想する）

□ assume [əsú:m]

＋O	① Oを引き受ける
＋that節	② …だと仮定する

① Who will **assume** the responsibility? （その責任を誰が引き受けるのか）

② Let's **assume** that the story is true. （その話が本当だと仮定してみよう）

慣用表現

□ assuming that ... = …だと仮定して，…だとすれば

Assuming that the news is true, what should we do?
（その知らせが本当だとすれば，我々は何をすべきだろうか）

□ assure [əʃúər]

assure ＋O＋ of A	① O〈人〉にA〈事柄〉を保証する［確信させる］
assure ＋O＋ that節	② O〈人〉に…ということを保証する［確信させる］
be assured ＋ of A	③ Aを確信している
be assured ＋ that節	④ …ということを確信している

① I *assure* you *of* its truth.（それが本当であることは君に保証するよ）

書換 ② I *assure* you *that* it is true.

③ I'm *assured of* his success.（私は彼の成功を確信しています）

書換 ④ I'm *assured that* he will succeed.

□ attempt [ətémpt]

＋O	① Oを試みる
＋to V	② ～しようと試みる

① She *attempted* suicide.（彼女は自殺を試みた）

② We *attempted to climb* the mountain.（我々はその山への登頂を試みた）

【参考】to climb の代わりに climbing も使えるが，不定詞の方が普通。

書換 We *made an attempt* [名] *to climb* the mountain.

■ attend [əténd]

＋O	①（1）Oに出席する （2）O〈人〉の世話をする
＋to A	② Aを注意して聞く
＋on [to] A	③ A〈人〉の世話をする

①（1）I *attended*（✕ *to*) the conference.（私はその会議に出席した）

POINT　「～に出席する」の意味では前置詞は不要。（→p.50）

① (2) ③ Who is *attending* (*on*) your grandmother?

(誰がおばあさんの世話をしていますか)

② *Attend to* what I'm saying. （私が言っていることをよく聞きなさい）

□ **attribute** [ətríbjuːt] 同 **ascribe** [əskráib]

＋O＋to A	Oの原因をAに帰する

I *attribute* [*ascribe*] his success *to* his effort.

（彼の成功は努力のおかげだと思う）

■ **avoid** [əvɔ́id]

＋Ving	～することを避ける

Avoid eating [✕ *to eat*] too much. （食べすぎるのは避けなさい）

POINT 〈avoid＋to V〉は誤り。（→p.22）

■ **become** [bikám] (**became** [bikéim] -**become**) ※第2・3文型で使う。

＋C [名/形]	①Cになる
＋O	②O〈人〉に似合う［ふさわしい］

① The song is *becoming* (✕ *to be*) popular.

（その曲は人気になりつつある）

cf. How did you *come* [✕ *become*] *to know* her?

（どうして彼女を知るようになったのですか）

POINT 〈become＋to V〉は誤り。

② (a) Does this tie *become* me? （このネクタイは私に似合うかい）

(b) It doesn't *become* you to cry. （泣くなんて君らしくもない）

慣用表現

□ What ... become of A? ＝ Aはどうなるか

What has *become of* the retired president?

（引退した社長はどうなりましたか）

□ begin [bigín] (began [bigǽn] -begun [bigʌ́n])

—	① 始まる
＋ to V	② 〜し始める
＋ Ving	③ 〜し始める

① (a) The festival **begins on** [× *from*] May 3.

（お祭りは5月3日から始まる）

(b) Today we **begin at** [× *from*] page 21.

（今日は21ページから始めます）

POINT 〈begin from A〉は誤り。

②③ It **began** *to rain*. = It **began** *raining*.（雨が降り出した）

|慣用表現|

■ to begin with = まず第一に（first of all）

To begin with, we need to fix the date.

（まず第一に，日取りを決める必要がある）

■ believe [bilíːv]

believe ＋ O	① Oを信じる
believe ＋ in A	② Aの存在［正しさ・人柄］を信じる
believe ＋ that 節	③ …だと信じる
believe ＋ O ＋ (to be) C [名/形]	④ OがCだと信じる
be believed ＋ to V	⑤ 〜すると信じられている
be believed ＋ to have Vpp	⑥ 〜したと信じられている
It is believed ＋ that 節	⑦ …だと信じられている

① (a) I can't **believe** him.（彼（の言うこと）は信じられない）

(b) I can't **believe** my eyes [ears].（自分の目［耳］が信じられない）

② (a) Do you **believe *in*** God?（あなたは神（の存在）を信じますか）

(b) Many people **believe *in*** democracy.

（多くの人々が民主主義を支持する）

③ I *believe* (*that*) he is honest.（私は彼が正直だと信じている）

書換 ④ I *believe* him (*to be*) honest.

⑤ A monster *is believed to live* in the lake.

（怪物がその湖に住むと信じられている）

※この形で使うのは，be動詞または状態を表す動詞。

書換 ⑦ It *is believed* that a monster lives in the lake.

⑥ The author *is believed* **to have killed** himself.

（その作家は自殺したと信じられている）（→p.38）

書換 ⑦ It *is believed* that the author *killed* himself.

■ belong [bilɔ́ːŋ]

＋to A	Aに所属する

○ I *belong* **to** the sales department.

× I *am belonging to* the sales department.

（私は営業部に所属しています）

POINT 進行形にはできない。（→p.40）

■ blame [bléim]

＋O (＋for A)	①（A〈事柄〉のことで）O〈人〉を非難する
＋O＋on A	② O〈事柄〉をA〈人〉のせいにする

① They *blamed* him **for** the loss.

（彼らはその損害のことで彼を責めた）（→p.345）

② They *blamed* the loss **on** him.（彼らはその損害を彼のせいにした）

慣用表現

☐ (be) to blame (for A) ＝（Aに対して）責任がある，悪い

　　Who do you think is **to blame** (**for** it)?

　　（誰に（それに対する）責任があると思いますか）

　　【参考】to blameは「非難されるべき」という受動の意味を含む。

■ bother [bάðər]

bother ＋ O	① O〈人〉を悩ます［困らせる］
be bothered ＋ with A	② Aで悩む［困る］
bother ＋ O ＋ to V	③ 〜してくれと言ってO〈人〉を困らせる
bother ＋ about［with］A	④ Aのことで悩む
bother ＋ to V	⑤ わざわざ〜する

① (a) I'm sorry to *bother* you, but ...（お手数ですが…）

　(b) The noise *bothered* me.（その騒音は私を悩ませた）

　　　= ② I was *bothered with* the noise.（私はその騒音に悩まされた）

③ Don't *bother* me *to lend* money.

　（私に金を貸してくれとせがんで困らせるな）

④ Don't *bother about* such a thing.（そんなことで悩むな）

⑤ Don't *bother to call* me back.

　（わざわざ折り返し電話していただかなくてかまいません）

□ break [bréik]（broke [bróuk] -broken [bróukn]）※第1・3文型で使う。

―	① 壊れる，〈夜が〉明ける
＋ into［to］A	② 壊れてAになる
＋ O（＋ into A）	③ Oを壊す［壊してAにする］

① The day *broke*.（夜が明けた）

② The glass *broke to* pieces.（コップは粉々に割れた）（→p.391）

③ (a) Who *broke* the window?（窓ガラスを割ったのは誰だ）

　(b) I *broke* a dollar bill *into* change.（1ドル札をくずして小銭にした）

□ bring [bríŋ] (brought [brɔ́:t] -brought) ※第3・4文型で使う。

＋O	① Oを持って［連れて］くる
＋O₁＋O₂ ＋O₂＋for [to] O₁	② O₁〈人〉にO₂〈物など〉を持ってくる
＋oneself＋to V	③ 〜する気になる

① Please **bring** your son next time.

　（次回は息子さんを連れてきてください）

② **Bring** me a knife. = **Bring** a knife **for** [**to**] me.（私にナイフを持ってきてくれ）

③ I can't **bring** myself to believe it.

　（それはどうしても信じる気になれない）

□ build [bíld] (built [bílt] -built) ※第3・4文型で使う。

＋O	① Oを建てる
＋O₁＋O₂ ＋O₂＋for O₁	② O₁〈人〉にO₂〈建物など〉を建ててやる

① This temple was **built** about 300 years ago.

　（この寺は約300年前に建てられた）

② I **built** my son a new house. = I **built** a new house **for** my son.

　（私は息子に新しい家を建ててやった）

■ buy [bái] (bought [bɔ́:t] -bought) ※第3・4文型で使う。

＋O＋for A	① O〈品物〉をA〈値段〉で買う
＋O₁＋O₂ ＋O₂＋for O₁	② O₁〈人〉にO₂〈物など〉を買ってやる

① I **bought** this camera for 15,000 yen.

　（このカメラは1万5千円で買った）

　書換　I **paid** 15,000 yen **for** this camera.

　POINT 目的語の違いに注意。

cf. I ***bought*** this camera ***at*** a low price. （このカメラは安い値で買った）

② I'll ***buy*** you a ring. = I'll ***buy*** a ring ***for*** you.

（君に指輪を買ってあげよう）

■ call [kɔ́ːl] ※第1・3・4・5文型で使う。

－	① 呼ぶ
＋O	② Oを呼ぶ，Oに電話をかける
＋O₁＋O₂ ＋O₂＋for O₁	③ O₁〈人〉にO₂〈物など〉を呼んでやる
＋O＋C [名]	④ OをCと呼ぶ

① I ***called***, but nobody answered. （私は呼んでみたが，返事がなかった）

② The boss is ***calling*** you. （社長が君を呼んでいるよ）

③ Please ***call*** me a taxi. = Please ***call*** a taxi ***for*** me.

（私にタクシーを1台呼んでください）

④ We ***call*** this flower "bara" in Japanese.

（この花は日本語で「バラ」と言います）

　書換　This flower ***is called*** "bara" in Japanese.

□ care [kéər]

＋about A	① Aのことを心配する
＋for A	②（1）Aの世話をする （2）Aを好む
＋to V	③ ～したい
＋疑問詞 [if/whether] 節	④ …でも気にしない《否定文で》

① He doesn't ***care about*** his future.

（彼は将来のことを気にかけていない）

　POINT　「気にする」の意味では否定文・疑問文で使うことが多い。

②（1） She's ***caring for*** her sick husband.

（彼女は病気の夫の世話をしている）

(2) I don't *care for* horror movies very much.

　　（ホラー映画はあまり好きじゃない）

③ I don't *care to see* [× *seeing*] the movie.

　（その映画は見たくない）

④ (a) I don't *care if* it rains. （雨が降ってもかまわない）

　　(b) I don't *care what* he says. （彼が何を言おうと平気だ）

|慣用表現|

　　□ **Who cares?** = 誰がかまうものか，どうでもいい

■ catch [kǽtʃ] （caught [kɔ́ːt] -caught）

catch ＋ O	① (1) Oをつかまえる［つかむ］ (2) O〈乗り物〉に間に合う (3) Oを引っかける，はさむ
catch ＋ O ＋ Ving	② Oが〜しているところを見つける［捕らえる］
be caught ＋ in A	③ A〈雨など〉にあう，Aに陥る

① (1) He *caught* me *by the sleeve*. （彼は私のそでをつかんだ）（→p.505）

　(2) I managed to *catch* the train. （どうにか列車に間に合った）

　(3) I *caught* my jacket on a nail. = A nail *caught* my jacket.

　　（上着を釘に引っかけた）

② The clerk *caught* a boy *stealing* [× *steal*] an orange.

　（店員は少年がオレンジを盗んでいるところを見つけた）

　POINT 知覚動詞ではないので，動詞の原形は置けない。

③ I *was* [*got*] *caught in* a shower on my way home.

　（帰り道でにわか雨にあった）（→p.45）

|慣用表現|

　　□ **Catch you later.** = さようなら

■ cause [kɔ́ːz]

+O	① O を引き起こす
+O + to V	② O が〜する原因となる

① The dry weather *caused* a shortage of water.

（乾いた天気が水不足を引き起こした）

② The dry weather *caused* the river *to dry up*.

（乾いた天気のために川が干上がった）

□ cease [síːs]

－	① 終わる
+ to V	② 〜し終える
+ Ving	③ 〜し終える

① The war *ceased* in 1945.（戦争は1945年に終わった）

② It has *ceased* *to rain*.＝ ③ It has *ceased* raining.

（雨が降りやんだ）

POINT 後ろに不定詞・動名詞の両方を置ける。（beginと同様）

□ change [tʃéindʒ]

－	① 変わる
+ into A	② A に変わる
+O + into A	③ O を A に変える
+O + for A	④ O を A と交換する

① The signal *changed* from red to green.（信号が赤から青に変わった）

② I want to *change* *into* a new shirt.（新しいシャツに着替えたい）

③ Heat *changes* water *into* steam.（熱は水を蒸気に変える）

④ Can I *change* yen *for* dollars?（円をドルと交換できますか）

☐ charge [tʃɑ́ːrdʒ]

＋O	① Oを請求する
＋O₁＋O₂ ＋O₂＋to O₁	② O₁〈人〉にO₂〈金額〉を請求する
＋O＋with A	③ (1) AをO〈人など〉に委ねる (2) AのことでO〈人など〉を非難［告発］する (3) OにAを詰める

①② The restaurant *charged* (me) $100 for the dinner.

（レストランは（私に）ディナーの料金を100ドル請求した）

③(1) He *charged* his secretary *with* the task.

（彼はその仕事を秘書に任せた）

(2) He *charged* the company *with* fraud.

（彼はその会社を詐欺で告発した）

(3) His brain *is charged with* a huge amount of information.

（彼の頭の中には大量の情報が詰め込まれている）

☐ cheat [tʃíːt]

－	① カンニングをする
＋O＋into Ving	② O〈人〉をだまして〜させる
＋O＋(out) of A	③ O〈人〉をだましてAを取り上げる

① Eric *cheated* on the exam. （エリックは試験でカンニングをした）

② The salesman *cheated* him *into* buying the pot.

（販売員は彼をだましてその壺を買わせた）

③ She *cheated* the millionaire (*out*) *of* his fortune.

（彼女はその百万長者をだまして財産を奪った）

□ choose [tʃúːz] (chose [tʃóuz] -chosen [tʃóuzn])

※第3・4・5文型で使う。

＋between A and B	①AとBのどちらかを選ぶ
＋O	②Oを選ぶ
＋to V	③〜することに決める（decide）
＋that 節	④…ということを選ぶ
＋O_1＋O_2 ＋O_2＋for O_1	⑤O_1〈人〉にO_2〈物など〉を選んでやる
＋O＋(to be) C [名]	⑥OをCに選ぶ
＋O＋as A	⑦OをAとして選ぶ

① I have to *choose* [× *select* / *elect*] *between* French *and* German.

（フランス語とドイツ語のどちらかを選ばねばならない）

　　※ select は「（多数の中からよいものを）選ぶ」，elect は「選挙で選ぶ」。

② *Choose* one among these cards.

（これらのカードの中から1枚選びなさい）

③ I *chose to take* the basic course.

（私は基礎コースを取ることに決めた）

④ We *chose that* one of us (should) stay there.

（我々は誰か一人がそこにとどまることに決めた）

⑤ She *chose* him a tie. = She *chose* a tie *for* him.

（彼女は彼にネクタイを1本選んだ）

⑥ They *chose* Sam (*to be*) captain.

= ⑦ They *chose* Sam *as* captain.（彼らはサムを主将に選んだ）

□ claim [kléim]

＋O	①Oを要求する
＋to V	②〜することを主張する
＋that 節	③…ということを主張する

① He *claimed* a share of the profit.（彼は利益の分け前を要求した）

② He *claimed* to be the owner of the land.

= ③ He *claimed* that he was the owner of the land.

（彼は自分がその土地の所有者だと主張した）

□ clear [klíər]

＋O＋of A	OからAを取り除く

They *cleared* the road *of* snow.

（彼らは道路から雪を取り除いた）（→p.365）

■ come [kʌ́m]（came [kéim] -come） ※第1・2文型で使う。

＋to A	① A〈相手のところ〉へ行く
＋(and) V [原形]	② 〜しに来る
＋to V	③ (1) 〜しに来る (2) 〜するようになる
＋Ving	④ 〜しながら来る
＋C	⑤ 〜になる

① What time shall I *come* [× *go*] to your office?

（何時にそちらの事務所へうかがいましょうか）

POINT　「相手のところへ行く」は go ではなく come で表す。

②③ (1) Please *come* (*and*) [*to*] *see* us anytime.

（いつでも遊びに来てください）

③ (2) That's how I *came* [× *became*] *to know* her.

（そんなわけで私は彼女を知るようになった）（→p.86）

④ My cousin *came* running to meet me.

（いとこは走って私を迎えに来た）

慣用表現

■ come true = 実現する

⑤ Your dream will *come true*.（君の夢は実現するだろう）

■ **when it comes to A [Ving]** = Aの［～するという］ことになると

He gets excited **when it comes to *talking*** ［× *talk*］ about soccer.

（サッカーの話をすることになると彼は興奮する）

POINT to（前置詞）＋Ving（動名詞）の形に注意。（→p.387）

☐ **comment** [kάment]

＋on［about］A	① Aについて意見を述べる
＋that 節	② …だと論評する

① The lawyer didn't **comment on** the sentence.

（弁護士はその判決について意見を述べなかった）

② The reporter **commented** *that* the mayor was to blame.

（記者は市長に責任があると論評した）

☐ **commit** [kəmít]

commit ＋ O	① O〈過失など〉を犯す
commit ＋ O ＋ to A	② OをAに委ねる
commit ＋ *oneself* ＋ to A be committed ＋ to A	③ Aを誓う，Aに専心する
commit ＋ *oneself* ＋ to V be committed ＋ to V	④ ～すると誓う，～することに専心する

① I **committed** a serious error.（私は重大な間違いをした）

② We **committed** the sale *to* the local agent.

（我々は販売を地元の代理店に委託した）

③ They *are* **committed** *to* the project.

（彼らはそのプロジェクトに熱心に取り組んでいる）

④ He **committed** *himself to do* his best.

（彼は最善を尽くすと誓った）

□ compare [kəmpéər]

＋O＋to A	① OをAと比べる，OをAにたとえる
＋O＋with A	② OをAと比べる

①② *Compare* the copy *to* [*with*] the original. （コピーを原本と比べなさい）

① Man's life is often *compared to* a voyage.

（人の人生はしばしば航海にたとえられる）

慣用表現

■ compared with [to] A ＝ Aと比べて

This car is fuel-efficient *compared with* [*to*] mine.

（この車は私の車と比較して燃費がいい）

□ compensate [kámpənsèit]

＋for A	① Aの埋め合わせをする
＋O＋for A	② O〈主に人〉にAの埋め合わせをする
＋O＋with A	③ OをAで埋め合わせる

① Nothing can *compensate for* her death.

（彼女の死を埋め合わせることのできるものは何もない）

② I want to *compensate* him *for* his trouble.

（彼に手間をかけた埋め合わせをしたい）

③ He *compensated* the loss *with* his savings.（彼はその損失を貯金で埋め合わせた）

□ complain [kəmpléin]

(＋to A)＋about [of] B	① B〈事柄〉のことで（A〈人〉に）不平を言う
(＋to A)＋that節	② …だと（A〈人〉に）不平を言う

① He *complained* (*to* me) *about* [*of*] his low salary.

（彼は月給が安いと（私に）不平を言った）

書換 ② He *complained* (*to* me) *that* his salary was low.

POINT 〈complain＋人〉は誤り。（→p.51）

concentrate [kάnsəntrèit] 同 focus [fóukəs]

＋on A	① Aに集中する
＋O＋on A	② OをAに集中する

① She is *concentrating* [*focusing*] *on* her study.

（彼女は勉強に集中している）

② We *concentrated* [*focused*] our efforts *on* the project.

（我々はその企画に努力を集中した）

■ consider [kənsídər]

＋O	① Oを考慮する
＋Ving	② ～しようかと考える
＋that 節	③ …だと思う
＋O＋(to be) C [名/形]	④ OをCだと思う
＋O＋as A	⑤ OをAだと思う
＋it＋C [名/形]＋to V	⑥ ～することはCだと思う
＋it＋C [名/形]＋that 節	⑦ …ということはCだと思う

① We should *consider* our budget. （予算を考慮すべきだ）

② I'm *considering* *studying* [× *to study*] abroad. （私は留学を考えています）

POINT 〈consider＋to V〉は誤り。（→p.22）

③ I *consider* (*that*) he is a coward. （彼は臆病者だと思う）

書換 ④ I *consider* him (*to be*) a coward.

書換 ⑤ I *consider* him *as* a coward.

⑥ I *consider it* best *to keep* silent. （黙っているのが最善だと思う）

⑦ I *consider it* natural *that* he is angry. （彼が怒るのは当然だと思う）

慣用表現

■ considering A ＝ Aを考慮すれば

Considering his age, he is not to blame for his conduct.

（彼の年齢を考えれば，彼の行いは責められない）

■ **all things considered** = あらゆることを考慮すれば

All things considered, he is a good teacher.

（あらゆることを考慮に入れれば，彼はよい教師だ）

※if all things are consideredの意味の分詞構文。

■ consist [kənsíst]

＋of A	Aから成る［構成される］

○ The club *consists of* 20 members.

× The club *is consisting* of 20 members.

× The club *is consisted* of 20 members.（そのクラブは20人の会員から成る）

POINT 進行形や受動態にするのは誤り。

書換　The club *is composed of* 20 members.

【参考】consist inは「〈本質的なものが〉～に存する」の意味を表すが，日常的に使う表現ではない。

□ continue [kəntínjuː]

－	① 続く
＋O	② Oを続ける
＋to V	③ ～し続ける
＋Ving	④ ～し続ける

① The discussion *continued* for two hours.（議論は2時間続いた）

② He *continued* his study. ＝ ③④ He *continued* to study［*studying*］．

（彼は勉強を続けた）

POINT 後ろには不定詞も動名詞も置ける。

□ contribute [kəntríbjuːt]

＋to A	①（1）Aに貢献する　（2）Aに寄付する 　　（3）A〈雑誌など〉に寄稿［投書］する
＋O＋to A	② OをAに寄付［寄稿］する

① (1) The scientist *contributed to* the progress of science.

（その科学者は科学の進歩に貢献した）

① (2) ② I *contributed* (100 dollars) *to* the charity.

（私はその慈善事業に（100ドルを）寄付した）

(3) I sometimes *contribute to* the readers' column.

（私は時々読者欄に投書する）

② He *contributed* an essay *to* the magazine.

（彼はその雑誌に随筆を寄稿した）

□ **convert** [kənvə́ːrt]

＋O＋into A	OをAに変える［交換する］

I want to *convert* this room *into* my study.

（この部屋を私の書斎に変えたい）

□ **convince** [kənvíns] 同 **assure** [əʃúər]

convince ＋O＋of A	① O〈人〉にA〈事柄〉を確信［納得］させる
convince ＋O＋that 節	② O〈人〉に…ということを確信［納得］させる
be convinced ＋of A	③ Aを確信している
be convinced ＋that 節	④ …ということを確信している
convince ＋O＋to V	⑤ 〜するようO〈人〉を説得する

① I tried to *convince* him *of* the importance of the data.

（私はそのデータの重要性を彼に納得させようとした）

書換 ② I tried to *convince* him *that* the data was important.

③ I'm *convinced of* the importance of the data.

（私はそのデータの重要性を確信している）

書換 ④ I'm *convinced that* the data is important.

⑤ I tried to *convince* him *to change* his mind.

（私は彼を説得して決心を変えさせようとした）

101

■ **cost** [kɔ́ːst] (cost-cost) ※第3・4文型で使う。

S cost (s) ＋ O	① S は O〈費用〉がかかる
S cost (s) ＋ O₁ ＋ O₂	② S は O₁〈主に人〉に O₂〈費用/犠牲〉を要する
It cost (s) (＋ O₁) ＋ O₂ ＋ to V	③ (O₁〈主に人〉が) 〜するのに O₂〈費用〉がかかる

①② The repair *cost* (me) 30,000 yen.

　　(その修理に(私は) 3万円かかった)

② The accident *cost* him his life. (その事故で彼は命を落とした)

③ *It cost* (me) 50 dollars *to have* my watch repaired.

　　(時計を修理してもらうのに(私は) 50ドルかかった)

> **POINT** It cost (人) 金額 to V. =〈人が〉〜するのに…の金額がかかる

□ **count** [káunt]

ー	① 重要である
＋O	② O を数える
＋on A (＋for B)	③ (B〈事柄〉について) A〈主に人〉を当てにする

① His opinion does not *count*. (彼の意見は聞くに値しない)

② *Count* ten. (10数えなさい)

③ You can *count on* me (*for* help).

　　(君は私(の援助)を期待してよい)

□ **cover** [kʌ́vər]

＋O	① O をおおう, カバーする
＋O ＋with A	② O を A でおおう

① (a) Their studies *cover* a wide field.

　　(彼らの研究は広範囲に及ぶ)

(b) Dust ***covered*** the desk.（ほこりが机をおおっていた）

　　=The desk *was **covered** with* dust.（机はほこりでおおわれていた）

② ***Cover*** the table ***with*** this cloth.

　（テーブルをこの布でおおいなさい）

□ **dare** [déər]

dare [動] ＋ to V	① あえて〜する
dare [助動] ＋ V [原形]	② あえて〜する
don't [doesn't] dare [動] ＋ to V	③ 〜する勇気がない
dare [助動] ＋ not V [原形]	④ 〜する勇気がない

①② I ***dared*** (***to***) *ask* him the question.

　（私は思い切って彼にその質問をした）

③ I ***don't dare to*** *ask* her to go out with me.

=④ I ***dare not*** *ask* her to go out with me.

　（彼女をデートに誘う勇気がない）

【参考】dareには助動詞の用法もあるが、今日では一般動詞として使うのが普通。

|慣用表現|

　□ **How dare S V** [原形]**?** = よくもまあ〜できるものだ

　　How dare you *say* such a thing to me*?*

　　（よくも私にそんなことが言えたものだ）

□ **deal** [díːl] (**dealt** [délt] -**dealt**)

＋ in A	① Aを商う
＋ with A	② Aを扱う

① The company ***deals in*** used cars.

　（その会社は中古車を商っている）

② We should ***deal with*** this matter carefully.

　（この問題は慎重に取り扱うべきだ）

■ decide [disáid]

＋on A	① Aを決定する
＋to V	② ～する決心［決定］をする
＋that 節	③ …ということを決定する

① We ***decided on*** the date.（我々は日取りを決めた）

② ○ She ***decided*** *to study* abroad.

① ○ She ***decided*** *on studying* abroad.

　　× She *decided studying* abroad.（彼女は留学する決心をした）

POINT 〈decide＋Ving〉は誤り。（→p.23）

書換　③ She ***decided that*** she would study abroad.

■ delay [diléi]

delay ＋O	① Oを遅らせる
be delayed	② 遅れる

① Heavy snow ***delayed*** the train.（大雪が列車を遅らせた）

＝② The train ***was delayed*** because of heavy snow.

　　（大雪で列車が遅れた）

POINT 受動態（be delayed）で「遅れる」の意味を表す。

■ demand [dimænd]

＋O	① Oを要求する
＋O ＋of [from] A	② A〈人〉にOを要求する
＋that 節	③ …ということを要求する
＋to be Vpp	④ ～されることを要求する

① The situation ***demands*** your immediate action.

　　（状況は君がすぐに行動することを必要としている）

② They ***demanded*** an apology *of* [*from*] him.

　　（彼らは彼に謝罪を要求した）

③ ○ They *demanded* that he (*should*) *apologize*.

× They *demanded* that he *would apologize*.

× They *demanded* *him to apologize*.

(彼らは彼が謝罪するよう要求した)

POINT that 節中では，(should＋) 動詞の原形を使う。(→p.34)

POINT 〈demand＋O＋to V〉は誤り。(→p.35)

④ He *demanded* *to be allowed* to go home.

(彼は帰宅を許可されることを要求した)

■ deny [dinái]

＋O	① Oを否認する
＋Ving	② 〜であることを否認する
＋having Vpp	③ 〜したことを否認する
＋that 節	④ …ということを否認する

① The CEO *denied* the rumor. (CEOはそのうわさを否定した)

② He *denied* *being* [× *to be*] the criminal.

(彼は自分が犯人ではないと言った)

書換 ④ He *denied* that he was the criminal.

③ ○ He *denied* *having signed* the contract.

× He *denied* *to have signed* the contract.

(彼はその契約書に署名してはいないと言った)

POINT deny の後ろに不定詞を置くことはできない。(→p.22)

書換 ④ He *denied* that he had signed the contract.

■ depend [dipénd]

＋on A	① Aに頼る，Aに左右される
＋on A ＋for B	② B〈事物〉をA〈人など〉に頼る
＋on it ＋that 節	③ …ということを当てにする

① Your success *depends on* how much effort you make.

（君の成功は君がどれくらい努力するかによって決まる）

② I *depend on* my parents *for* school expenses. （私は学費を親に頼っています）

③ You may *depend on it that* he will help you.

（彼が君を助けてくれることを当てにしてよい）

※itはthat以下を受ける形式目的語。

慣用表現

■ depending on A = A次第で

We'll change our schedule, *depending on* the weather.

（私たちは天気次第で予定を変更します）

□ That［It］(all) depends. = 時と場合による，ケースバイケースだ

□ deprive [dipráiv]

＋O ＋of A	OからAを奪う

○ The war *deprived her of her son*.

✕ The war *deprived her son of her*. （戦争は彼女から息子を奪った）

POINT 「〜から」に当たる語が目的語になる点に注意。

□ deserve [dizə́:rv]

＋O	① Oに値する
＋to be Vpp	② 〜されるに値する
＋Ving	③ 〜されるに値する

① His behavior *deserves* praise. （彼の行為は賞賛に値する）

書換 ② His behavior *deserves* to be praised.

③ His behavior *deserves praising* [× *to praise*].

POINT 〈deserve＋to V〉は誤り。

desire [dizáiər]

＋O	① Oを望む
＋to V	② 〜したい
＋O＋to V	③ Oに〜してもらいたい
＋that 節	④ …ということを望む

① I *desire* marriage.（私は結婚を望んでいる）

② I *desire to marry* her.（私は彼女と結婚したい）

③ I *desire* her *to come*.（私は彼女に来てもらいたい）

＝ ④ I *desire* that she *come* [× *came*].

POINT that 節中では，(should＋)動詞の原形を使う。（→p.34）

慣用表現

☐ **leave nothing to be desired** ＝ 申し分ない

leave much [a lot] to be desired ＝ 大いに不満がある

This hotel *leaves nothing to be desired*.（このホテルは申し分ない）

determine [dité:rmin]

determine＋O	① Oを決定する
determine＋to V	② 〜する決心をする
determine＋that 節	③ …ということを決定［決心］する
be determined [形] ＋to V	④ 〜する決心をしている

① One's character *is* often *determined* by circumstances.

（人の性格はしばしば環境によって決定される）

② I *determined to go* [× *going*] to America to study.

（私はアメリカへ留学する決心をした）

書換 ③ I *determined* that I would go to America to study.

④ I'm *determined* to *study* abroad.（私は留学することに決めている）

□ **develop** [divéləp]

—	① 発達する
＋into A	② 発達［進展］してAになる
＋O	③ Oを発展させる［開発する］

① The Chinese economy is ***developing*** rapidly.
（中国経済は急速に発展しつつある）

② The storm ***developed into*** a hurricane.（嵐はハリケーンに発達した）

③ They ***developed*** a new device.（彼らは新しい装置を開発した）

□ **devote** [divóut] 同 **dedicate** [dédikèit]

devote ＋O＋to A	① OをAに捧げる
devote *oneself* ＋to A be devoted ＋to A	② Aに専念する

① (a) She ***devoted*** all her energy ***to*** the study.
　　（彼女は全精力をその研究に傾けた）

　(b) I ***dedicate*** this book ***to*** the late Mr. Brown.
　　（本書を故ブラウン氏に捧げます）

② (a) She ***devoted*** herself ***to*** the study.
　　= She ***was devoted to*** the study.（彼女はその研究に専念した）

　(b) She ***was devoted to*** *taking* [× take] care of her sick son.
　　（彼女は病気の息子の世話に専念した）

POINT　〈to（前置詞）＋Ving（動名詞）〉の形に注意。（→p.387）

□ **differ** [dífər]

＋from A	① Aとは異なる
＋in A	② Aの点で異なる

① My opinion *differs from* yours.（私の意見は君の意見とは違う）

② The brothers *differ in* their looks.（その兄弟は顔つきが違う）

POINT 前置詞の違いに注意。

□ discriminate [diskrímənèit]

＋against A	Aを差別する

You must not *discriminate against* foreigners.（外国人を差別してはいけない）

■ discuss [diskʌ́s]

＋O (＋with A)	Oについて（Aと）議論する

(a) We *discussed*（× *about*）the matter. ＝ We *talked about* the matter.

（我々はその問題について話し合った）

POINT 他動詞なので，後ろに前置詞は不要。（→p.50）

(b) I have something to *discuss* [*talk about*] *with* you.

（あなたと話し合いたいことがあります）

□ dispose [dispóuz]

dispose ＋ of A	① Aを処分する
be disposed ＋ to V	② 〜したい気がする (be inclined ＋ to V)

① I want to *dispose of* the old books.（古い本を処分したい）

② I'm not *disposed to invite* him.（彼を誘う気にはなれない）

□ distinguish [distíŋgwiʃ] 同 discern [disə́ːrn]

＋O ＋from A	① OをAと区別する
＋between A and B	② AとBを区別する

① Can you *distinguish* [*tell*] Tom *from* his brother?

（トムを弟と見分けることができますか）

② Can you *distinguish between* a salmon *and* a trout?

（サケとマスを区別することができますか）

■divide [diváid]

+O+among A	① OをAの間で分ける
+O+by A	② OをAで割る
+O+into A	③ OをAに分ける

① ***Divide*** the money ***among*** you. （そのお金は君たちの間で分けなさい）

　※二人で分ける場合は between you。

② Twelve ***divided by*** three is four. （12÷3は4です）

③ Let's ***divide*** the cake ***into*** eight pieces. （ケーキを8切れに分けよう）

■do [dúː] (did [díd] -done [dán]) ※第1・3・4文型で使う。

do	① する
do＋O	② Oをする
do＋O₁＋O₂ do＋O₂＋to O₁	③ O₁〈人〉にO₂〈利害など〉を与える

① ***Do*** as I told you. （私が言ったとおりにしなさい）

② I'll ***do*** my homework after supper. （夕食後に宿題をやります）

POINT　doが「与える」の意味になる表現

■ **do A good / do good to A** = Aに利益を与える、Aのためになる

　③ Moderate exercise will ***do*** [× *give*] you good.

　　= Moderate exercise will ***do*** *good to* you.

　　（適度の運動は体によいでしょう）　※good 名 利益

■ **do A damage / do damage to A** = Aに損害を与える

　■ **do A harm / do harm to A** = Aに害を与える

　　Smoking ***does*** you a lot of ***harm***. （喫煙はあなたの体に大いに有害だ）

□ **do A a favor** = Aに好意［親切］を与える

　Will you ***do*** me ***a favor***? （お願いがあるのですが）

□ **do A justice / do justice to A** = Aを公平に扱う

　This picture does not ***do justice to*** her. （この彼女の写真は写りが悪い）

- ☐ do A honor / do honor to A = Aの名誉となる
  - ☐ do A credit / do credit to A = Aの名誉となる
    The work will *do* him *credit*. （その作品は彼の名誉になるだろう）

慣用表現

- ☐ make do with A = A〈手近な物〉で間に合わせる
  Let's *make do with* this case. （この箱で間に合わせよう）
- ☐ what ... do with A = Aをどう処理するか
  What have you *done with* that money?
  （あのお金はどうした［何に使った］の？）
- ■ will do (for A) = （Aに）間に合う，役に立つ
  (a) Any magazine *will do*. （どの雑誌でもかまいません）
  (b) This box *will do for* a chair. （この箱はいすに使える）

■ doubt [dáut]

doubt ＋ O	① Oを疑う
doubt ＋ if [whether] 節	② …かどうかを疑う
doubt ＋ that 節	③ …ではないと思う
don't doubt ＋ that 節	④ 確かに…だと思う

① I *doubt* his innocence. （私は彼の無実を疑う）

＝ ② I *doubt if* [*whether*] he is innocent. （私は彼が無実かどうかを疑う）

③ I *doubt that* he is innocent. （彼は無実ではないと思う）

④ I *don't doubt that* he is innocent. （彼はきっと無実だ）

☐ draw [drɔ́ː] (drew [drúː] -drawn [drɔ́ːn])

| draw / be drawn | ① 〈試合が〉引き分ける |
| draw ＋ O | ② (1) Oを引く (2) O〈預金〉を引き出す
(3) O〈線画〉を描く |

① The game *drew* [*was drawn*]. （その試合は引き分けだった）

111

② (1) *Draw* the curtain. （カーテンを引きなさい）

　(2) I *drew* [*withdrew*] 50,000 yen from the bank.

　　（銀行から5万円引き出した）

　(3) The girl is *drawing* a picture. （少女は絵を描いている）

□ dream [drí:m]

＋about［of］A	① Aの夢を見る
＋of Ving	② ～することを夢見る
＋that 節	③ …ということを夢見る

① I'm *dreaming about*［*of*］my honeymoon.

　（ハネムーンのことを夢見ています）

② I never *dreamed of seeing*［✕ *to see*］him there.

＝③ I never *dreamed* (*that*) I would see him there.

　（そこで彼に会うとは夢にも思わなかった）

POINT 〈dream＋to V〉は誤り。

■ dress [drés]

dress	① 服を着る
dress ＋O	② Oに服を着せる
dress *oneself*（＋in A）	③ （Aの）服を着る
be dressed ＋in A	④ Aを着ている
get dressed	⑤ 服を着る

① I got up and *dressed* quickly. （私は起きてすばやく服を着た）

② She *dressed* her son for the ceremony.

　（彼女は息子に式典用の服を着せた）

③ He *dressed himself* as Santa Claus. （彼はサンタクロースのかっこうをした）

④ She *was dressed in* black. （彼女は黒い服を着ていた）

⑤ I *got dressed* and went out. （私は服を着て外出した）

□ drive [dráiv] (drove [dróuv] -driven [drívn])

－	① 〈車を〉運転する
＋O	② (1) O〈車など〉を運転する 　　(2) O〈人〉を車に乗せていく
＋O＋to A	③ O〈人〉をAに駆り立てる
＋O＋to V	④ O〈人〉を駆り立てて〜させる

① I *drive* to work.（私は車で通勤しています）

②(1) I can't *drive* a car.（車は運転できません）

　(2) I'll *drive* you home.（車で家まで送るよ）

③④ Poverty *drove* him *to stealing*［*steal*］.（貧困に耐えかねて彼は盗みを働いた）

　　【参考】to stealing は「前置詞＋動名詞」、to steal は不定詞。

□ drown [dráun]

drown	① おぼれる、溺死する
be drowned drown *oneself*	② おぼれる、溺死する

① A *drowning* man will catch at a straw.（おぼれる者はわらをもつかむ）

①② I came near *drowning*［*being drowned*］.

　　（あやうくおぼれる［おぼれ死ぬ］ところだった）

　　【参考】《米》では be drowned は「溺死させられる」の意味。

■ elect [ilékt] ※第3・5文型で使う。

＋O＋C［名］	① OをCに選ぶ
＋O＋as A	② OをAとして選ぶ

① We *elected* Sam (× *a*) captain.

＝② We *elected* Sam *as* (× *a*) captain.（ぼくたちはサムを主将に選んだ）

　　POINT　electの補語になる（役職を表す）名詞は無冠詞。（→p.507）

　　【参考】We elected Sam to (be) captain. と言う場合もある。

■ enable [inéibl]

＋O＋to V	Oが～することを可能にする

The Internet **enables** us **to know** what is going on in the world.

（インターネットのおかげで私たちは世界の出来事がわかる）

cf. disable ＋O＋from Ving = Oが～するのをできなくする （→p.350）

□ end [énd]

＋in A	① 終わりがAになる
＋with A	② Aで終わる
＋by Ving	③ ～することで終わる
＋up Ving	④ 結局～することになる

① The negotiation **ended in** failure.（交渉は失敗に終わった）

② The party **ended with** his speech.

　　（パーティーは彼のスピーチで終わった）

③ He **ended by** apologizing to them.（彼は結局彼らに謝った）

④ I **ended up** losing the money.（私は結局その金を失った）

　　cf. The burglar **ended up** in prison.（強盗は結局投獄された）

□ engage [ingéidʒ]

engage ＋in A	① Aに従事する［している］
be engaged ＋in A engage *oneself* ＋in A	② Aに従事している
be engaged ＋to A	③ Aと婚約している

① Many people **engage** *in* the research.

= ② Many people **are engaged** [**engage themselves**] *in* the research.

　　（多くの人々がその研究に従事している）

③ Tom **is engaged to** Mary.（トムはメアリと婚約している）

■ enjoy [indʒɔ́i]

＋Ving	① ～するのを楽しむ
＋ oneself	② 楽しく過ごす

① We *enjoyed singing* [✗ *to sing*] karaoke.

（私たちはカラオケを歌うのを楽しんだ）

POINT　〈enjoy＋to V〉は誤り。（→p.22）

② ◯ We *enjoyed ourselves* at the party.

　　✗ We *enjoyed* at the party.（私たちはパーティーで楽しく過ごした）

POINT　自動詞としては使わない。（→p.43）

cf. We *enjoyed* the party.（私たちはパーティーを楽しんだ）

□ enter [éntər]

＋O	Oに入る（get into）

She *entered*（✗ *into*）the fitting room.（彼女は試着室に入った）

POINT　他動詞なので後ろに前置詞は不要。（→p.50）

【参考】enter into a discussion（討論を始める）のような言い方もあるが，「〈場所〉に入る」の意味では前置詞はつけない。

□ entitle [intáitl]

＋O＋to A	① O〈人など〉にAの資格を与える
＋O＋to V	② O〈人など〉に～する資格を与える

① This ticket *entitles* you *to* a free drink.

（このチケットがあれば無料のドリンクがもらえます）

② You're *entitled to use* this room.（あなたにはこの部屋を使う資格があります）

□ envy [énvi]

＋O（＋for A）	① O（のA）をうらやむ
＋O_1＋O_2	② O_1〈人〉のO_2〈事物〉をうらやむ

① I *envy* you（*for* your good luck）.（君（の幸運）がうらやましい）

② I *envy* you your good luck. （君の幸運がうらやましい）

POINT 第3文型のほか，第4文型でも使う。（→p.26）

【参考】you を後ろに回して I envy your good luck to [for/of] you. などと言うことはできない。

□ equip [ikwíp] 同 furnish [fə́ːrniʃ]

＋O＋with A	OにAを備え付ける

(a) The car is *equipped* *with* snow tires.

（その車にはスノータイヤが装備されている）

(b) Each room is *furnished* *with* an air conditioner.

（各部屋にはエアコンが備え付けられています）

□ escape [iskéip]

＋O	① Oを免れる
＋from A	② Aから逃れる
＋being Vpp	③ 〜されることを免れる

① I *escaped* dismissal. ＝ ③ I *escaped* *being* [× to be] dismissed.

（私は解雇（されるの）を免れた）

POINT 〈escape＋to V〉は誤り。（→p.22）

② I *escaped* *from* the danger. （私はその危険から逃れた）

□ exchange [ikstʃéindʒ]

＋O＋for A	① OをAと交換する
＋O＋with A	② O《複数形の名詞》をA〈主に人〉と交換する

① I want to *exchange* yen *for* dollars. （円をドルと交換したい）

② We *exchanged* gifts *with* each other.

（私たちはお互いにプレゼントを交換した）

□ excuse [ikskjúːz] 同 forgive [fərgív] (forgave-forgiven)

＋O＋for A	① O〈人〉のAを許す
＋O＋for Ving	② O〈人〉が～するのを許す
＋A ('s) Ving	③ A〈人〉が～するのを許す

① He *excused* me *for* my impoliteness. = He *excused* my impoliteness.

（彼は私の非礼を許してくれた）

② Please *excuse* me *for calling* so late.

= ③ Please *excuse* my *calling* so late.

（こんな遅くに電話してすみません）

|慣用表現|

■ Excuse me for Ving. = ～してすみません

Excuse me for being late. （遅れてすみません）

■ expect [ikspékt]

expect ＋O＋ of A	① A〈人〉にOを期待する
expect ＋to V	② ～することを期待する
expect ＋O＋to V	③ Oが～することを期待する
expect ＋that 節	④ …ということを期待する
be expected ＋to V	⑤ ～することが期待されている
It is expected ＋that 節	⑥ …ということが期待されている
be expecting	⑦ 出産予定である

① I don't *expect* very much *of* you. （君には多くを期待していない）

② I *expect to get* an e-mail from her.

（彼女からメールがもらえるのを期待している）

③ I *expect* him *to come* to see me. （彼は私に会いに来てくれると思う）

|書換| ④ I *expect* (*that*) he would come to see me.

⑤ The film *is expected to win* the award.

（その映画は賞を取ることが期待されている）

書換 ⑥ It is **expected** that the film will win the award.

⑦ She is **expecting** (a baby) in July. （彼女は 7 月に出産の予定だ）

■ explain [ikspléin]

＋O（＋to A）	① O を（A に）説明する
（＋to A）＋that 節	② …ということを（A に）説明する
（＋to A）＋疑問詞 ...	③ …を（A に）説明する

① ○ Please **explain** *to* me the meaning of this proverb.

○ Please **explain** the meaning of this proverb *to* me.

× Please *explain me* the meaning of this proverb.

（このことわざの意味を私に説明してください）

POINT 第 4 文型（SVOO）では使えない。（→p.51）

② I **explained** (*to* my boss) *that* I had another appointment.

（私は別の約束があることを（上司に）説明した）

③ Please **explain** (*to* me) *why* you were late.

（あなたがなぜ遅れたかを（私に）説明してください）

□ expose [ikspóuz]

＋O＋to A	O を A にさらす

Don't **expose** your skin *to* the sun for a long time.

（長時間肌を日光にさらしてはいけない）

□ face [féis]

face ＋O	① O に面する，O の方を向く
be faced ＋with A	② A に直面している

① This room **faces** south.（この部屋は南向きだ）

② We **are faced** *with* a lot of problems.（我々は多くの問題に直面している）

■ fail [féil]

＋O	① Oに失敗する，Oの役に立たない
＋in A	② Aに失敗する
＋in Ving	③ 〜することに失敗する
＋to V	④ 〜しそこねる，〜できない

① My memory *failed* me.（どうしても思い出せなかった）

①② I *failed* (*in*) the exam.（私は試験に失敗した）

【参考】この文では in のない方が普通。

③ I *failed in* persuading him.（私は彼を説得することに失敗した）

④ I *failed to persuade* him.（私は彼を説得できなかった）

慣用表現

■ never fail to V ＝ 必ずVする

（a）He ***never fails*** *to come* on time. ＝ He *always* comes on time.

（彼はいつでも時間通りに来る）

（b）***Don't*** [× *Never*] ***fail*** *to come* by six.（必ず6時までに来なさい）

※ never は習慣的な行動に用いる。

□ fall [fɔ́ːl]（fell [fél] -fallen [fɔ́ːln]） ※第1・2文型で使う。

−	①（1）落ちる（2）倒れる
＋C [形]	② 〜になる（become）

①（1）Stock prices have *fallen* sharply.（株価が急落した）

（2）I *fell* (*down*) on the ice.（私は氷の上で転んだ）

② I *fell sick* during my trip.（私は旅行中に病気になった）

慣用表現

■ fall asleep ＝ 眠り込む

I *fell asleep* while watching TV.

（私はテレビを見ているうちに眠り込んだ）

□ feed [fíːd] (fed [féd] -fed)

＋on A	①〈動物が〉Aをえさにする
＋O	②O〈動物〉にえさをやる，Oを養う
＋O＋with A	③OにAを供給する
＋O＋into A	④OをA（の中）に供給する

① Cows *feed* *on* hay.（牛は干し草を常食とする）

※主語が人間の場合は live on を使う。

② Have you *fed* the dog?（犬にえさをやったの？）

③ She forgot to *feed* the copier *with* paper.

＝ ④ She forgot to *feed* paper *into* the copier.

（彼女はコピー機に紙を入れるのを忘れた）

|慣用表現|

□ be fed up with A ＝ Aにうんざりする

I'*m fed up with* her complaints.（彼女のぐちにはうんざりだ）

■ feel [fíːl] (felt [félt] -felt) ※第1・2・3・5文型で使う。

＋C [形]	①Cに感じられる
＋O	②Oを触ってみる
＋that 節	③…だと感じる，思う
＋O＋(to be) C [名/形]	④OがCだと感じる
＋O＋V [原形]	⑤Oが～するのを感じる
＋O＋Ving	⑥Oが～しているのを感じる
＋like Ving	⑦～したい気がする
＋as if S V	⑧まるでSがVするかのように感じる
＋for A	⑨Aを手探りする

① The air *feels* fresh.（空気がさわやかに感じられる）

② The doctor *felt* my pulse.（医者は私の脈をみた）

③ I *felt* (*that*) his idea was impractical.

= ④ I *felt* his idea (*to be*) impractical.（彼の考えは非現実的だと感じた）

⑤ ○ I *felt* my heart *beat* violently.

⑥ ○ I *felt* my heart *beating* violently.

　× I *felt* my heart *to beat* violently.

　（私は心臓が激しく打つ［打っている］のを感じた）

POINT 〈feel＋O＋to V〉は誤り。

⑦ I don't *feel like cooking* [× *to cook*] this evening.

　（今夜は料理をしたくない）

⑧ I *felt as if* I were dreaming.（まるで夢を見ているような感じだった）

⑨ I *felt for* the key in my pocket.

　（私はポケットの中の鍵を手探りした）

☐ fill [fíl]

＋O＋with A	OをAで満たす

(a) *Fill* this bottle *with* water.（このびんに水をいっぱいに入れなさい）

(b) The hall *was filled with* guests.（ホールは客でいっぱいだった）

■ find [fáind]（found [fáund] -found）※第1・3・4・5文型で使う。

＋O	① Oを見つける
＋O₁＋O₂ ＋O₂＋for O₁	② O₁〈主に人〉にO₂〈物など〉を見つけてやる
＋that 節	③ …ということがわかる
＋O＋(to be) C [名/形]	④ OがCだとわかる
＋O＋Ving	⑤ Oが～しているのを見つける
＋O＋Vpp	⑥ Oが～されているのを見つける
＋it＋C [形]＋to V	⑦ ～することはCだとわかる
＋it＋C [形]＋that 節	⑧ …ということはCだとわかる

① I *found* the key under the bed.（ベッドの下に鍵を見つけた）

② My uncle *found* me a job. = My uncle *found* a job *for* me.

（おじが私に仕事を見つけてくれた）

③ I *found* (*that*) he was hardworking.（私は彼が勤勉だとわかった）

書換 ④ I *found* him (*to be*) hardworking.

④ I *found* the book *easy*.（その本は（読んでみると）易しかった）《SVOC》

　cf. ① I *found* the book *easily*.

（私はその本を容易に見つけた）《SVO＋副詞》

⑤ I *found* a letter *lying* on the table.（テーブルの上に手紙があるのを見つけた）

⑥ I *found* my bike *stolen*.

（私は自転車が盗まれているのを見つけた）

⑦ I *found it* important *to save* money.

（私は貯金することが大切だとわかった）

書換 ⑧ I *found it* important *that* I should save money.

慣用表現

■ **find O out*** ＝ Oを発見する，知る

(a) I *found out* that the answer was wrong.

（私は答えが間違っているのがわかった）

(b) I *found* [× *found out*] the missing key.

（私はなくしていた鍵を見つけた）

※ find out は調査や考察などによって事実などを知る場合に使う。探し物を見つけるような場合には使わない。

☐ **fine** [fáin]

＋O₁ ＋O₂ (＋for A)	(A〈違反など〉に対して) O₁〈人〉に O₂〈金額〉の罰金を科す

The judge *fined* me 100 dollars (*for* speeding).

（判事は私に（スピード違反で）100ドルの罰金を科した）

■ finish [fíniʃ]

S ＋ finish (es)	① Sは終わる
S ＋ finish (es) ＋ Ving	② Sは〜し終える
S ＋ is finished	③ Sは終わっている

① The game *has finished*. = ③ The game *is finished*.

（試合は終わった）

② I've *finished cleaning* [✗ *to clean*] my room.

（私は部屋の掃除を終えました）

POINT 〈finish＋to V〉は誤り。（→p.22）

□ follow [fálou]

follow ＋ O	① Oについて行く, 従う
It follows (＋ from A) ＋ that 節	②（Aから考えて）…ということになる

① The detective *followed* (✗ *after*) him. （刑事は彼の後をつけた）

POINT 他動詞なので後ろに前置詞は不要。（→p.50）

② *It follows from* the fact *that* he isn't the criminal.

（その事実から考えて彼は犯人ではないことになる）

■ force [fɔ́ːrs] 同 compel [kəmpél] / oblige [əbláidʒ]

S force (s) ＋ O ＋ to V S force (s) ＋ O ＋ into Ving	① SはOに〜することを強制する
S is forced ＋ to V S is forced ＋ into Ving	② Sはむりやり〜させられる

① They *forced* me *to sign* [*into signing*] the contract.

（彼らは強制的に私に契約書に署名させた）

書換 ② I *was forced to sign* [*into signing*] the contract.

（私はむりやり契約書に署名させられた）

■ forget [fərgét] (forgot [fərgát] -forgotten [fərgátn])

＋O	①（1）Oを忘れる （2）Oを置き忘れる
＋Ving	②〜したことを忘れる
＋to V	③〜し忘れる
＋that 節	④…ということを忘れる

①（1）I *forget* [I've *forgotten*] my password.（パスワードを忘れた）

　　　【参考】I *forgot about* my promise.（約束のことを忘れていた）のようにも使う。

　（2）（a）I *forgot* my umbrella.（傘を置き忘れた）

　　　（b）I *left* [× *forgot*] my umbrella in the bus.（バスに傘を置き忘れた）

　　　※場所を表す言葉があるときは forget は使えない。

② I'll never *forget seeing* her.（彼女と会ったことは決して忘れません）

③ I *forgot to lock* the door.（ドアに鍵をかけ忘れた）

POINT　〈＋Ving〉は「既に行った動作」を，〈＋to V〉は「まだ行っていない動作」を表す。（→p.24）

④ I *forgot* (*that*) I had promised to call her.

　（彼女に電話すると約束していたのを忘れていた）

■ get [gét] (got [gát] -got (ten) [gát(n)]) ※第1・2・3・4・5文型で使う。

＋to A	① Aに到着する
＋C [形/Ving/Vpp]	② Cになる
＋O	③ Oを手に入れる
＋to V	④ 〜するようになる
＋O_1＋O_2 ＋O_2＋for O_1	⑤ O_1〈主に人〉に O_2〈物など〉を取ってくる
＋O＋C [形]	⑥ OをCの状態にする
＋O＋Ving	⑦ Oを〜している状態にする
＋O＋Vpp	⑧（1）O〈物など〉を〜された状態にする 　（2）O〈体の一部〉を〜される

	(3) O〈物〉を〜される［してもらう］
＋O＋to V	⑨O〈人〉に〜させる［してもらう］

① I *got* *to* the hotel at nine.（私は9時にホテルに着いた）

　　書換 I *arrived at*［*reached*］the hotel at nine.

　　cf. I *got* *there*［*home*］at nine.（私は9時にそこ［家］に着いた）

② I *got* sick［injured］．（気分が悪くなった［けがをした］）

③ I *got* this ticket for free.（この切符はただで手に入れた）

④ You'll soon *get* *to like* this town.（すぐにこの町が好きになりますよ）

⑤ *Get* me the scissors. ＝ *Get* the scissors *for* me.

　　（はさみを取ってきてくれ）

⑥ I'll *get* the bath *ready*.（お風呂をわかします）

⑦ I can't *get* the engine *working*.（エンジンがかからない）

⑧ (1) You have to *get* this work *finished* by noon.

　　　　（君は正午までにこの仕事を終わらさねばならない）

　　(2) I'll *get*［*have*］my hair *done* at the beauty shop.

　　　　（美容院で髪を結ってもらいます）

　　(3) I *got* my fingers *caught* in the door.

　　　　（ドアに指をはさまれた）

　　　　※ (1)(3) の意味では get を使うが，くだけた表現では have も可。

⑨ ○ I *got* my teacher *to correct* my composition.

　　✕ I *had my teacher correct* my composition.（先生に作文を添削してもらった）

　　　※〈have＋人＋V［原形］〉の形は，目上の人には普通使わない。

■ give ［gív］（gave ［géiv］ -given ［gívn］）※第3・4文型で使う。

give ＋ O₁ ＋ O₂ give ＋ O₂ ＋ to O₁	O₁〈主に人〉にO₂〈物など〉を与える

(a) I *gave* my nephew my PC. ＝ I *gave* my PC *to* my nephew.

　　（私はおいにパソコンをやった）

(b) She ***gave*** me a friendly smile. = She ***gave*** a friendly smile ***to*** me.

（彼女は私に親しげにほほえんだ）

|慣用表現|

☐ **given A** = Aがあれば［あるので］

Given the circumstances, we have no other choice.

（状況を考えると，他に選択肢はない）

■ **go** [góu]（**went** [wént] **-gone** [gɔ́ːn]） ※第1・2文型で使う。

go (＋to A)	①（Aへ）行く
go ＋ (and) V	②〜しに行く《現在形で》
have [has] gone ＋ to A	③Aへ行ってしまった
be gone [形]	④去って［なくなって］しまった
go ＋ Ving	⑤〜しに行く
go ＋ for [on] A	⑥Aをしに行く
go ＋ C [形]	⑦〜になる
be going ＋ to V	⑧〜だろう，〜する予定だ（→p.516）

① I ***go to*** school by bus.（私はバスで学校へ通います）

② ***Go*** (***and***) ***get*** some milk.（ミルクを買いに行きなさい）

POINT　go (and) V＝go to V（〜しに行く）。andはしばしば省略される。

③ He ***has gone to*** America.（彼はアメリカへ行ってしまった）

※「行ってしまってここにはいない」の意味。

【参考】《米》では「〜へ行ったことがある」の意味で使われることもある。

④ I found that my bag ***was gone***.（私のバッグはなくなっていた）

⑤ We ***went shopping at*** [× <u>to</u>] the department store.

（私たちはデパートへ買い物に行った）

※「デパートで買い物をしに」＋「行った」と考える。

POINT　go ＋ Ving（〜しに行く）の後ろにto（〜へ）は置けない。

⑥ Let's ***go for*** a walk.（散歩に行こう）

POINT ⑤と⑥の使い分けに注意。

＋Ving	*go camping* in the mountain（山へキャンプに行く）
	go jogging in the park（公園へジョギングに行く）
	go skiing in Hokkaido（北海道へスキーをしに行く）
	go swimming in the sea（海へ泳ぎに行く）
＋for A ＋on A	*go*（*out*）*for* a walk（散歩に行く［出かける］）
	go（*out*）*for* a drive（ドライブに行く［出かける］）
	go on a trip（旅行に行く）
	go on a picnic（ピクニックに行く）

⑦ This milk has *gone* bad.（このミルクは腐っている）

|慣用表現|

　□ **as A** [複数形] **go** = 普通のAと比較すれば

　　He is very short *as* basketball players *go*.

　　（彼はバスケットボールの選手としてはとても背が低い）

□ **graduate** [ɡrǽdʒuèit]

＋from A	Aを卒業する

My brother *graduated from* Waseda University.

（兄は早稲田大学を卒業しました）（→p.51）

【参考】口語では from を省いて他動詞として使うこともある。

cf. My brother is a *graduate* [名] *of* Waseda University.

　（兄は早稲田大学の卒業生です）

□ **grant** [ɡrǽnt]

grant ＋ O_1 ＋ O_2 grant ＋ O_2 ＋ to O_1	① O_1〈人〉に O_2〈物など〉を授与する
grant ＋ that 節	② …ということを認める

127

take ＋ O ＋ for granted	③ O を当然のことと考える
take it for granted ＋ that 節	④ …ということを当然だと考える

① The college *granted* her a degree of education.

(大学は彼女に教育学の学位を与えた)

② I *grant* that you are right. (あなたが正しいと認めます)

③ I *take* his failure *for granted*. (彼が失敗したのは当然だと思う)

※「Oを認められた（granted）ものとして受け取る」ということ。

④ I *take it for granted that* she was elected captain.

(彼女が主将に選ばれたのは当然だと思う)

慣用表現

☐ granting [granted] that ... ＝ 仮に…だとしても

Granted that he's in trouble, I won't help him.

(彼が困っているとしても，私は彼を助けるつもりはない)

■ **grow** [gróu] (**grew** [grú:] -**grown** [gróun]) ※第1・2・3文型で使う。

ー	① 育つ，大きくなる
＋副詞句	② 育って〜になる
＋C [形]	③ Cになる
＋O	④ Oを栽培する

① This plant *grows* in the desert. (この植物は砂漠で育つ)

② (a) The seedling has *grown into* a big tree. (苗木は大木に育った)

(b) The baby has *grown out of* her clothes.

(赤ん坊は育って服が小さくなった)

③ It's *growing* dark. (暗くなってきた)

④ They *grow* beans in this field. (この畑では豆を栽培している)

■ happen [hǽpən] 同 chance [tʃǽns]

S happen(s)(＋to A)	① Sが（Aに）起こる
S happen(s)＋to V	② Sはたまたま〜する
It happens＋that 節	③ たまたま…する

① What *happened to* your hand?（手をどうしたの？）

② I *happened* to be watching TV then.（そのときたまたまテレビを見ていた）

書換 ③ It (so) *happened* that I was watching TV then.

■ have [hǽv]（had [hǽd] -had）

have＋O	①（1）Oを持っている （2）Oを食べる
have got＋O	② Oを持っている
have＋O＋Vpp	③ O〈自分の持ち物〉を〜される［してもらう］
have＋O＋V [原形]	④（1）O〈人〉に〜させる［してもらう］ （2）O〈人・物〉に〜される
have＋Vpp	⑤（完了形）
have＋to V	⑥ 〜しなければならない（→p.520）

①（1）A week *has* seven days.（1週間は7日ある）

　　書換 *There are* seven days in a week.

（2）I'm *having* lunch now.（今昼食を食べている）

　POINT　「持っている」の意味では進行形にしない。「食べる」の意味では進行形にできる。

② I've *got* a cold. = I *have* a cold.（風邪をひいています）

　POINT　have got は have（持っている）の意味で使う。

cf. I've *got to* go.（行かなくちゃ）（→p.520）

③ ○ I *had my bike stolen*. / × I *was stolen my bike*.

　（私は自転車を盗まれた）

　POINT　「自分の持ち物を〜される」は，〈have＋物＋過去分詞〉で表す。

【参考】get はこの意味では使わない。（× I *got my bike stolen*.）

④(1) I *had* my son *wash* my car.

（息子に車を洗わせた［洗ってもらった］）

書換 I *got* my son *to wash* my car.

(2) He *had* his only son *die*.（彼は一人息子に死なれた）

【参考】have＋O＋Ving（O〈人〉に～させておく）という形もあるが，テストで問われることは少ない。

I won't *have you doing* such a thing.（君にそんなことはさせておかない）

■hear [híər]（**heard** [hə́ːrd] **-heard**）※第1・3・5文型で使う。

hear ＋ from A	① Aから便りがある
hear ＋ of［about］A	② Aのうわさを聞く
hear ＋ O	③ Oが聞こえる，Oを聞く
hear ＋ that 節	④ …ということを聞く
hear ＋ O ＋ V［原形］	⑤ Oが～するのが聞こえる
hear ＋ O ＋ Ving	⑥ Oが～しているのが聞こえる
hear ＋ O ＋ Vpp	⑦ Oが～され（てい）るのが聞こえる
be heard ＋ to V	⑧ ～するところを聞かれる
be heard ＋ Ving	⑨ ～しているところを聞かれる

① I haven't *heard from* him yet.（彼からはまだ便りがない）

② Have you *heard of* him recently?（最近彼のうわさを聞いた？）

③ I *hear* [× *am hearing*] a song.（歌が聞こえる）

POINT　「聞こえる」の意味では進行形にしない。

【参考】I'm hearing a song. を I'm listening to a song. の意味で使うことはできる。

④ I *hear* [*heard*]（*that*）he bought a new car.

（彼は新しい車を買ったそうだ）

⑤ I *heard* someone *call* my name.

（誰かが私の名前を呼ぶのが聞こえた）

書換 ⑦ I *heard my name called*（by someone）.

（自分の名前が（誰かに）呼ばれるのが聞こえた）

⑤⑥ We *heard* a girl *cry*［*crying*］for help.

（少女が助けを求めて叫ぶ［叫んでいる］のが我々に聞こえた）

書換 ⑧⑨ A girl *was heard to cry*［*crying*］for help.

POINT 原形不定詞を受動態にするとtoがつく。

■ help [hélp]

＋O	①（1）O〈人〉を助ける［手伝う］ 　（2）Oを避ける
＋O＋with A	②O〈人〉のA〈仕事など〉を手伝う
＋O＋副詞（句）	③O〈人〉を助けて〜（の状態）にさせる
＋(to) V [原形]	④〜するのに役立つ
＋O＋(to) V [原形]	⑤Oが〜するのを助ける［手伝う］
＋Ving	⑥〜するのを避ける

①（1） Shall I *help* you?（手伝いましょうか）

（2） He speaks to nobody *if he can help it*［*if it can be helped*］.

（彼はそうせずにすむ場合は誰にも話しかけない）

※it は「誰かに話しかけること」を指す。

POINT help には「避ける（avoid）」の意味がある（前に can [can't] を置く）。

② ○ Let me *help* you *with* your work.

× Let me *help your work*.（あなたの仕事を手伝いましょう）

POINT help（手伝う）の目的語は「人」でなければならない。

③ She *helped* her son *on*［*off*］with his sweater.

（彼女は息子を手伝ってセーターを着せて［脱がせて］やった）

④ This exercise *helps* (*to*) *lose* weight.

（この運動は体重を減らすのに役立つ）

⑤ Shall I *help* you (*to*) *copy* the documents?

（書類をコピーするのを手伝いましょうか）

※④⑤とも，アメリカ英語では to をつけないのが普通。

|慣用表現|

■ help *oneself* to A = A を自由に取って飲食する

　Please *help yourself to* some fruit.

　（果物を自由に取って食べてください）

　【参考】この help は「〈食べ物を〉給仕する，盛る」の意味。helping は「〈食べ物の〉一杯，お代わり」。

■ can't help ＋ Ving = 〜せざるを得ない

　⑥ I *could not help feeling* sorry for him.

　（私は彼を気の毒に思わないではいられなかった）

　【参考】直訳は「私は彼を気の毒に思うことを避けられなかった」。

POINT　「Sは〜せざるを得ない」の意味を表すその他の表現

☐ S cannot［can't］(help) but V.

☐ S have［has］no choice［alternative］but to V.

　　He *had no choice but to* give up.（彼はあきらめるしかなかった）

☐ S is forced［obliged/compelled］to V.

　　I *was forced to* follow him.（彼に従わざるを得なかった）

☐ All S can do is (to) V.

　　All I could do was wait for him.（彼を待つより仕方がなかった）

☐ There is nothing for it but to V.

☐ hesitate [hézətèit]

＋to V	〜するのをためらう

Don't *hesitate to ask*［× *asking*］me any questions.

（遠慮なく私に何でも質問してください）

POINT　〈hesitate＋Ving〉は誤り。（→p.23）

132

□ hold [hóuld] (**held** [héld] -**held**)

―	① 持ちこたえる，続く（keep）
＋O	②（1）Oを手に持つ　（2）Oを催す
＋O＋(to be) C [名/形]	③OをCだとみなす（consider）

① The fine weather will *hold* for a few days.

　（よい天気が数日続くだろう）

②（1）*Hold* the rope.（ロープを握りなさい）

　（2）The meeting was *held* on Friday.（会議は金曜日に開かれた）

③ They *hold* me (*to be*) responsible for it.

　（その責任は私にあると彼らは思っている）

■ hope [hóup]

＋for A	① Aを望む
＋to V	② ～することを望む
＋for A＋to V	③ Aが～することを望む
＋that 節	④ …ということを望む

① I *hope for* his return to Japan.（私は彼の帰国を望んでいる）

＝③ I *hope for* him *to return* to Japan.

＝④ I *hope* (*that*) he will return［returns］to Japan.

　※ that 節中では現在形を使うこともある。

　✕ I *hope him to return* to Japan.

　POINT　〈hope＋O＋to V〉は誤り。（→p.56）

② I *hope to see* him again.（彼にまた会いたい）

□ identify [aidéntəfài]

＋O	①Oの身元を確認する
＋O＋as A	②OをAだと確認する
＋O＋with A	③OをAとみなす［同一視する］

① Do you have anything to *identify* yourself?

（身分を証明できるものをお持ちですか）

② The bag was *identified as* his by the name card in it.

（そのバッグは入っていた名刺によって彼のものだと確認された）

③ Some people *identify* success *with* making more money.

（成功とはより多くの金をもうけることだと考える人もいる）

□ impose [impóuz] 同 inflict [inflíkt]

＋O＋on A	OをAに押しつける

Don't *impose* your opinions *on* others.

（自分の意見を他人に押しつけてはならない）

□ increase [inkríːs]

S＋increase (s)	①S〈数量〉が増加する
S＋increase (s)＋O	②SはOを増やす

① ○ *The number of* cell phone users *has increased* .

　✕ *Cell phone users* have increased.

　　（携帯電話利用者（の数）は増加した）

POINT　「増加する」の主語は，数量の意味を持つ名詞。

※反意語の decrease [dikríːs]（減少する）も同様。

　書換 Cell phone users have *increased in number*.

　　（携帯電話利用者は数の点で増加した）

　　More (*and more*) *people* have used cell phones.

　　（ますます多くの人々が携帯電話を使っている）

※同様に，income（収入）・population（人口）・rate（比率）・weight（体重）などは increase/decrease の主語として使えるが，たとえば「観光客が増えている」を *Tourists are increasing*. とは言えない（*Tourists are increasing in number*. なら正しい）。

② Nuclear weapons have ***increased*** the danger of war.
（核兵器は戦争の危機を増大させた）

□ **inform** [infɔ́ːrm]

＋O＋of A	① O〈人〉にA〈事柄〉を知らせる
＋O＋that 節	② O〈人〉に…ということを知らせる
＋O＋疑問詞 ...	③ O〈人〉に…を知らせる

※tell（伝える）に近い意味を表すが，tellよりも硬い表現。

① (a) I ***informed*** *her of* the accident.（私は彼女にその事故のことを知らせた）

> **POINT** 目的語として「人」を必要とする。

(b) She isn't ***informed*** *of* the accident.
（彼女はその事故のことを知らされていない）

② I ***informed*** her *that* her son had an accident.
（私は彼女に息子さんが事故にあったと知らせた）

③ The e-mail ***informed*** me *where* he was staying.
（そのメールは彼がどこに滞在しているかを私に知らせてきた）

■ **injure** [índʒər] 同 **hurt** [hɔ́ːrt] / **wound** [wúːnd]

injure ＋O	① Oを傷つける
be [get] injured	② 負傷している［する］

① I ***injured*** [× *was injured*] my finger.（私は指にけがをした）

② He *was* seriously [× *very*] ***injured*** in the accident.
（彼はその事故で大けがをした）

> **POINT** 「けがをする」の意味は受動態（be injured）で表す。（→p.44）

☐ inquire [inkwáiər]

(＋of A)＋O	① (A〈人〉に) Oを尋ねる
＋疑問詞 / if [whether] 節	② …を尋ねる
＋about A	③ Aについて尋ねる
＋after A	④ Aの安否を尋ねる
＋for A	⑤ Aを求めて問い合わせる
＋into A	⑥ Aを調査する

※ ask に近い意味を表すが，ask よりも硬い表現。

① He *inquired* (*of* the policeman) the short cut to the station.
　(彼は (警官に) 駅への近道を尋ねた) ※of AをOの後ろに置いてもよい。

② I *inquired* where I should get off. (私はどこで下車すべきか尋ねた)

③ I *inquired about* the accident. (私はその事故のことを尋ねた)

④ I *inquired after* her health. (私は彼女の健康を心配して尋ねた)

⑤ I *inquired for* the book at the store. (私は店にその本があるか問い合わせた)

⑥ We need to *inquire into* the matter. (その件は調査する必要がある)

■ insist [insíst]

＋on A	① Aを主張する [言い張る]
＋on (A ('s)) Ving	② (Aが) 〜することを主張する
＋that 節	③ …だと主張する

① He *insisted on* immediate payment. (彼は即時の支払いを主張した)

② ○ I *insisted on* her *staying* with us.
　✕ I *insisted on* her *to stay* with us.
　(私は彼女にぜひ泊まっていくようにと勧めた)

　POINT　insist の後ろに不定詞は置けない。

③ I *insisted* that they *take* [✕ *took*] the responsibility for it.
　(私は彼らがその責任を取るべきだと主張した)

　POINT　that 節中では (should＋) 動詞の原形を使う。(→p.34)

|慣用表現|

□ **if you insist** = どうしてもとおっしゃるなら

I'll go with you *if you insist*.

(どうしてもとおっしゃるならご一緒しましょう)

■ intend [inténd]

intend ＋ to V	① ～するつもりだ
intend ＋ O ＋ to V	② O〈人〉に～してもらうつもりだ
intended ＋ to have Vpp	③ ～するつもりだったのに
be intended ＋ for A	④ A向けに作られている

① I *intend* to carry out the plan. (その計画を実行するつもりです)

② I *intend* him to take my place.

(彼に私の代理を務めてもらうつもりです)

③ I *intended to have* gone to the concert last week.

= I *had intended to* go to the concert last week. 《普通の言い方》

(先週のコンサートには行くつもりだったのに[行けなくて残念だ])

④ This manual *is intended for* beginners.

(このマニュアルは初心者向けです)

□ interfere [ìntərfíər]

＋ with A	① Aを妨害する (obstruct)
＋ in A	② Aに干渉する (meddle in)

① The accident *interfered with* the progress of the project.

(その事故が事業の進行を妨害した)

② Don't *interfere in* other people's affairs.

(他人の問題に干渉してはいけない)

□ introduce [ìntrədjúːs]

＋O	① O を紹介［導入］する
＋O＋to A	② O を A に紹介［導入］する

① The factory *introduced* new technology from abroad.

（その工場は海外から新技術を導入した）

② Let me *introduce* Ms. Oda *to* you.

（小田さんをご紹介します）

□ involve [inválv]

involve ＋O	① O を〈必然的に〉伴う
be involved ＋ in A	②（1）A に巻き込まれる　（2）A に関係している （3）A に没頭している

① This job *involves* stress.（この仕事はストレスを伴う）

②（1）We *were*［*got*］*involved in* an accident.

（私たちは事故に巻き込まれた）

（2）He *was* deeply *involved in*［*with*］the crime.

（彼はその犯罪に深くかかわっていた）

（3）He *is involved in*［*with*］his girlfriend.（彼は恋人に夢中だ）

□ join [dʒɔ́in]

＋in A	① A に参加する
＋O	② O に参加する

① I *joined in* the discussion.（私はその議論に加わった）

　※「活動に（積極的に）参加する」の意味では join in を使う。

②（a）Why don't you *join* us?（一緒に行こうよ）

　（b）I want to *join*（✗ *in*）the soccer club.（ぼくはサッカー部に入りたい）

　　※「仲間になる」の意味では他動詞として使う。

■keep [kíːp]（kept [képt] -kept）※主に第1・2・3・5文型で使う。

－	①〈食べ物などが〉長持ちする
＋C [形]	②Cのままである
＋O	③Oを保つ
＋O＋C [形]	④OをCのままにしておく
＋O＋Ving	⑤Oを～しているままにしておく
＋O＋Vpp	⑥Oを～され（てい）るままにしておく
＋O＋from Ving	⑦Oが～するのを妨げる［防ぐ］
＋(on) Ving	⑧～し続ける

① This fish won't *keep* overnight.（この魚は明日まで持たないだろう）

② He *kept*［*remained*］*silent* [形].（彼は黙ったままだった）《SVC》

③ He *kept*［× *remained*］*silence* [名].（彼は黙ったままだった）《SVO》

　　【参考】SVOOの形をとることもある。(主に《英》)
　　　　Please keep *me some dinner*.
　　　　= Please keep *some dinner for me*.
　　　　(私に夕食を少しとっておいてください)

④ *Keep* the door *open*.

　（ドアを開けておきなさい）

⑤ I'm sorry to have *kept* you *waiting* for such a long time.

　（長いことお待たせしてすみません）

⑥ Please *keep* me *informed* of the matter.

　（その件については常に私に知らせるようにしてください）

⑦ The heavy rain *kept* me *from* *going* out.

　（大雨で私は外出できなかった）

⑧ I *kept* (*on*) *laughing* during his speech.

　（私は彼のスピーチの間ずっと笑っていた）

　　POINT **keep の後ろに不定詞は置けない。**

■ know [nóu] (knew [njú:] -known [nóun])

know ＋ O	① Oを知っている
know ＋ about [of] A	② Aについて知っている
know ＋ that 節 / 疑問詞節	③ …ということを知っている
be known ＋ as A	④ Aとして知られている
be known ＋ for A	⑤ Aで知られている
be known ＋ to A	⑥ A〈主に人〉に知られている
be known ＋ by A	⑦ Aによってわかる

① (a) Do you *know* the name of the President of France?

　　（フランスの大統領の名前を知っていますか）

　　※Do you know the President of France? だと「フランスの大統領と面識がありますか」の意味になる。

　(b) I was shocked to *learn* [× *know*] the truth.

　　（私は真実を知ってショックを受けた）

　　POINT　「知る（ようになる）」は **learn** で表す。

② I *know* (a little) *about* the event.

　（その事件については（少し）知っている）

③ Do you *know* (*that*) Mr. Honda had a car accident?

　（本田さんが自動車事故にあったのを知ってる？）

④ Kyoto *is known as* the ancient capital of Japan.

　（京都は日本の古都として知られている）

⑤ Kyoto *is known for* old temples and shrines.

　（京都は古いお寺や神社で知られている）

⑥ Kyoto *is known to* foreign tourists.

　（京都は外国人観光客に知られている）

⑦ A man *is known by* the company he keeps.

　（人は付き合う仲間を見れば判断できる）

☐ lack [lǽk]

lack ＋ O	① Oを欠いている
be lacking [形] ＋ in A	② Aを欠いている

① He **lacks** [× *lacks in*] experience.

= ② He *is* **lacking** *in* experience. （彼には経験が欠けている）

POINT 前置詞の有無に注意。

■ lead [líːd] (**led** [léd] -**led**) ※第1・3・5文型で使う。

－（＋ in A）	①（Aにおいて）先頭である
＋O（＋ in A）	②（Aにおいて）Oの先頭に立つ
＋ to A	③ Aに通じる
＋O＋ to A	④ OをAへ導く
＋O＋ to V	⑤ O〈人〉を～する気にさせる

①② The company **leads** (the world) *in* the cell phone industry.

（その会社は携帯電話産業では（世界の）先頭に立っている）

③④ This road **leads** (you) *to* the city hall.

（この道路は市役所に通じています）

⑤ His explanation **led** me *to join* the club.

（彼の説明を聞いて私はそのクラブに入る気になった）

☐ learn [lə́ːrn]

－（＋ from A）	①（Aから）習う
＋O（＋ from A）	② Oを（Aから）習う［知る］
＋ to V	③ ～することを習う，～するようになる
＋ how to V	④ ～のしかたを習う
＋ that 節	⑤ …ということを知る

① **Learn** *from* your mistakes. （失敗から学びなさい）

② I **learned** the news *from* him. （その知らせは彼から聞いた）

③④ I want to *learn* (*how*) *to use* this software.

　　（このソフトの使い方を習いたい）

⑤ I *learned* *that* our bonus is going to be cut.

　　（ボーナスがカットされそうだと聞いた）

■ leave [líːv] (left [léft] -left) ※第 1・3・4・5 文型で使う。

ー（＋for A）	①（Aに向けて）出発する
＋O（＋for A）	②（Aに向けて）Oを出発する
＋O＋to A	③OをA〈人〉に任せる
＋O₁＋O₂ ＋O₂＋to O₁	④O₁〈主に人〉にO₂〈金・物など〉を残す
＋O＋to V	⑤O〈人〉に〜させておく
＋O＋C [形]	⑥OをCのままに放っておく
＋O＋Ving	⑦Oを〜しているままに放っておく
＋O＋Vpp	⑧Oを〜されるままに放っておく
＋O＋un-Vpp	⑨Oを〜されないままに放っておく

① He *left for* London.（彼はロンドンへ向けて出発した）

② He *left* (✗ *from*) Japan *for* London.

　　= He **started from** Japan *for* London.（彼はロンドンに向けて日本を出発した）

　　POINT　「Oを発つ」の意味では後ろに前置詞は不要。（→p.50）

③ I'll *leave* this task *to* you.（この仕事は君に任せるよ）

④ He *left* his son a large fortune. = He *left* a large fortune *to* his son.

　　（彼は息子に大きな財産を残した）

⑤ She *left* her children *to do* as they liked.

　　（彼女は子どもたちに好きなようにさせておいた）

⑥ Don't *leave* the door *open*.（ドアを開けっ放しにするな）

⑦ Who *left* the water *running*?（水を流しっ放しにしたのは誰？）

⑧ Don't *leave* things half *done*.（物事を中途半端にしておくな）

⑨ You should *leave* it *unsaid*.（それは言わずにおいた方がいい）

 cf. leave＋O＋*undone* = Oをしないでおく

 leave＋O＋*unfinished* = Oを終わらせないでおく

☐ lend [lénd]（lent [lént] -lent）

＋O₁＋O₂ ＋O₂＋to O₁	O₁〈主に人〉にO₂〈物・金など〉を貸す

He *lent* me an umbrella. = He *lent* an umbrella *to* me.

（彼は私に傘を貸してくれた）

■ let [lét]（let-let）

let＋O＋V [原形]	① Oに～させる
Let me＋V [原形]	② 私に～させてください
Let us [Let's]＋V [原形]	③ ～しましょう
let＋O＋C [形]	④ OをC（の状態）にする

① He *let* his daughter *study* [× *to study*] abroad.

 = He *allowed* his daughter *to study* abroad.（彼は娘を留学させた）

 cf. He *made* his daughter *study* hard.

  = He *forced* his daughter *to study* hard.（彼は娘に猛勉強させた）

> **POINT** let は「～するのを許しておく」，make は「むりやり～させる」の意味で使う。

【参考】let＋O＋be Vpp の形もある。

 Let it *be done* at once. = Do it at once.（すぐにそれをやりなさい）

② *Let me* introduce myself.（自己紹介させてください）

③ *Let's* go to the movies.（映画を見に行こう）

④ *Let* [*Leave*] me *alone*.（一人にして [放って] おいて）

[慣用表現]

 ☐ Let me [Let's] see. = ええと

☐ like [láik]

like ＋ Ving	① ～することを好む
like ＋ to V	② ～することを好む
would like ＋ O	③ Oがほしい（want＋O）
would like ＋ to V	④ ～したい（want＋to V）

① I *like playing* tennis. = ② I *like to play* tennis.

（私はテニスをするのが好きです）

③ I'*d like* a glass of water.（水が1杯ほしい）

④ I'*d like to buy* [✕ *buying*] a new bike.（新しい自転車を買いたい）

※ ③④ は I would を I'd のように短縮形で表すのが普通。

> **POINT** like の後ろでは Ving も to V も使えるが，would like の後ろでは to V しか使えない。

☐ locate [lóukeit]

be located ＋場所	～にある［位置している］

My office *is located* in the center of the town.

（私の職場は町の中心にある）

> **POINT** 受動態で「（～に）位置している」の意味を表す。

☐ long [lɔ́ːŋ]

＋ for A	① Aを熱望する
＋ to V	② ～することを熱望する

① The children are *longing for* Christmas.

（子どもたちはクリスマスを待ちわびている）

② She is *longing to see* you.（彼女は君に会いたがっている）

■ look [lúk] ※第1・2・3文型で使う。

＋at A	① Aを見る
＋C [形]	② Cに見える
＋like A	③ Aのように見える
＋O＋副詞句	④ O〈人〉の〜を見る

① ***Look at*** the picture on the wall.（壁の絵を見なさい）

② The teacher ***looks*** (× *to be*) angry.（先生は怒っているように見える）

> **POINT** 〈look＋to be C〉は誤り。（→p.27）

　cf. The teacher ***appears*** (*to be*) angry.

　　（先生は怒っているようだ）

③ ○ That cloud ***looks like*** a sheep.

　× That cloud *looks a sheep*.

　（あの雲はヒツジのように見える）

> **POINT** 後ろに名詞を置くときは look like を使う。（→p.27）

④ She ***looked*** (× *at*) me ***in the eye***.（彼女は私の目を見た）

　※〈look＋人＋in the eye [face]〉などの表現では、look の後ろに at は入らない。（→p.505）

□ lose [lúːz]（**lost** [lɔ́ːst] -**lost**）

lose＋O	① Oを失う、Oに負ける
lose *oneself* get lost [形]	② 道に迷う
lose *oneself*＋in A be lost [形]＋in A	③ Aに夢中になる［である］

①（a）I ***lost*** my purse somewhere.（どこかで財布をなくした）

　（b）Our team ***lost*** the game.（我々のチームは試合に負けた）

② I ***got lost*** on the way.（途中で道に迷った）

　cf. I'm ***lost***.（道に迷っている）

145

③ He *is lost in* thought.（彼は物思いにふけっている）

|慣用表現|

□ **give O up* for lost** = Oを死んだものとしてあきらめる

■ make [méik]（**made** [méid] **-made**）※主に第3・4・5文型で使う。

make ＋ O	① Oを作る
make ＋ O₁ ＋ O₂ make ＋ O₂ ＋ for O₁	② O₁〈主に人〉にO₂〈物など〉を作ってやる
make ＋ O ＋ C [名/形]	③ Oを〜にする
make ＋ O ＋ V [原形]	④ Oに（むりやり）〜させる
make ＋ O ＋ Vpp	⑤ Oが〜されるようにする
make ＋ it ＋ C [名/形] ＋ to V	⑥ 〜することをCにする
make ＋ it ＋ C [名/形] ＋ that 節	⑦ …ということをCにする
be made ＋ to V	⑧ 〜させられる

① Can you *make* a paper crane?（折り鶴を作れますか）

② I'll *make* you some coffee. = I'll *make* some coffee *for* you.

　（あなたにコーヒーを入れてあげる）

③ The invention *made* him *rich*.（その発明が彼を金持ちにした）

④ The boss *made* him *work* overtime.（上司は彼に残業させた）

　|書換| ⑧ He *was made to work* overtime（by the boss）.

　　　　（彼は（上司に）残業させられた）

POINT 原形不定詞を受動態にすると to がつく。

⑦ He *made it clear that* he had nothing to do with it.

　（彼は自分がそれに何の関係もないことを明らかにした）

|慣用表現|

■ **make *oneself* understood** = 自分の意思を通じさせる

⑤ I could not *make myself understood* in English.

　（私の英語は通じなかった）

※O (myself) とC (understood) の間に受身の主述関係が成立している。直訳は「自分自身が理解されるようにする」。

■ make *oneself* heard = 自分の声を届かせる

⑤ I could not *make myself heard* above the noise.

（騒音で私の声は届かなかった）

■ make it a rule to V = 〜することにしている

⑥ I *make it a rule* to *walk* for 30 minutes every day.

（私は毎日30分散歩をすることにしている）

書換 I'*m in the habit of walking* for 30 minutes every day.

■ manage [mǽnidʒ]

+O	① Oを経営する（run）
+to V	② どうにか〜できる

① My uncle *manages* a bakery.（おじはパン屋を経営している）

② I *managed to pass* [× *passing*] the math test.

（私は数学のテストにどうにか合格できた）

■ marry [mǽri]

marry +O	① Oと結婚する
be married [形] +to A	② Aと結婚している［する］
get married [形] +to A	③ Aと結婚する

① Ann *married*（× *with*）a lawyer. = ③ Ann *got married to* a lawyer.

（アンは弁護士と結婚した）

POINT with とは結びつかない。（→p.50）

② My sister *is married to* a lawyer.（姉は弁護士と結婚している）

■ matter [mǽtər]

It doesn't matter (＋to A) ＋疑問詞 [whether] 節	…は（Aにとって）重要ではない

(a) *It doesn't matter* (*to me*) *whether* you agree with me or not.

（君が私に賛成しようとすまいと，（私には）どちらでもよい）

　　書換 It *makes no difference* (*to me*) whether you agree with me or not.

(b) *It doesn't matter* who helps me.

（誰が私を手伝ってくれるのでもかまわない）

POINT 「たとえ〜でも」の意味を表す節とともに用いる。

【参考】文頭のitは，形式主語とも漠然と状況を表すitとも解釈される。疑問詞［whether］節中の動詞は，未来の内容であっても現在形を用いるのが普通。

■ mean [míːn] (meant [mént] -meant)

＋O	① Oを意味する，Oのつもりで言う
＋to V	② 〜するつもりだ
＋that 節	③ …ということを意味する

① That's what I *mean*.（それが私の言いたいことです）

② I don't *mean* *to criticize* [× *criticizing*] you.

（君を批判するつもりはない）

③ The sign *means* *that* there is a crossing ahead.

（その看板は前方に交差点があることを意味する）

慣用表現

　■ **What do you mean by that?** = それはどういう意味ですか

　□ **I mean what I say. / I mean it.** = 私は本気だ

□ meet [míːt] (met [mét] -met)

＋O	① (1) Oに出会う，Oを出迎える 　　(2) O〈要求など〉に応じる
＋with A	② Oに出会う

① (1) I'll **meet** you at the station.（駅までお迎えに行きます）

　(2) I'm sorry I can't **meet** your request.

　　（申し訳ありませんがご要望にはお応えできません）

② His proposal **met with** fierce opposition.

　（彼の提案は激しい反対にあった）

　※ meet with A は「A〈人・事故など〉に偶然出会う」「A〈親切・非難など〉を経験する」の意味。

■ mention [ménʃən]

＋O	① ～について述べる（refer to）
(＋to A)＋that 節	② …だと（Aに）言う

① I didn't **mention**（✗ about）the matter. ＝ I didn't **refer to** the matter.

　（私はその件について触れなかった）

　　POINT 他動詞なので，後ろに前置詞は不要。（→p.50）

② He **mentioned**（**to** me）that everything was going well.

　（万事順調に進んでいると彼は（私に）言った）

慣用表現

　□ **as mentioned above**［**before**］＝ 上で［前に］述べたとおり

　□ **not to mention A** ＝ Aは言うまでもなく

　　She can use Access, **not to mention** Excel.

　　（彼女はエクセルは言うまでもなくアクセスも使える）

■ mind [máind]

＋Ving	① ～するのをいやがる
＋A ('s) Ving	② Aが～するのをいやがる

① I don't *mind sleeping* [✗ *to sleep*] on the floor.

（私は床の上で眠るのは平気です）

POINT 〈mind＋to V〉は誤り。（→p.22）

② I don't *mind your using* my computer.

（君が私のパソコンを使ってもかまわない）

慣用表現

□ **Never mind.** ＝ 心配するな，気にするな

■ **Would [Do] you mind Ving?** ＝ ～してもらえますか

Would you mind turning off your cell phone?

（携帯電話の電源を切ってもらえますか）

※「あなたは～することがいやでしょうか」という遠回しな言い方で，丁寧な依頼の意味を表す。

■ **Would [Do] you mind if I V?** ＝ ～してもかまいませんか

■ **Would [Do] you mind my [me] Ving?** ＝ ～してもかまいませんか

(a) *Do you mind if I sit* here? ＝ *Do you mind my [me] sitting* here?

（ここに座ってもいいですか）

※「もし私がここに座ったら，あなたはいやでしょうか」の意味。

(b) "*Would you mind if I sat* here?" "*Of course not.*"

（「ここに座ってもかまいませんか」「いいですよ」）

【参考】Would の方が丁寧な言い方。Will you mind ～?とは言わない。仮定法過去の文なので，if節中では過去形（sat）を使う。

POINT 「かまいません［いいですよ］」は否定の形で答える。

【参考】理屈から言えば，No, I don't (mind). で「ええ，かまいません」の意味を表すことになる（No, not at all. などとも言う）。ただし実際の会話では，Sure. や All right. のような答え方でもかまわない。

■ miss [mís]

＋O	①（1）Oを逃す （2）Oが（い）なくて寂しく思う［困る］
＋Ving	②～しそこなう

① (1) We shouldn't *miss* this chance.
（我々はこの機会を逃すべきではない）

(2) We will *miss* you badly when you're gone.
（君がいなくなると我々は非常に寂しくなる）

② He narrowly *missed* *winning* [✗ *to win*] the contest.
（彼は惜しくもコンテストに勝てなかった）

※barely・narrowly・just などの副詞とともに使う。

POINT 〈miss＋to V〉は誤り。（→p.22）

□ mistake [mistéik]（mistook [mistúk] -mistaken [mistéikn]）

＋O＋for A	OをAと間違える

I *mistook* [*took*] Lisa *for* her sister.（私はリサを妹と間違えた）

■ name [néim] ※第3・5文型で使う。

＋O	①Oの名を挙げる，指定する
＋O＋C [名]	②OをCと名づける［呼ぶ］
＋O（＋C [名]）＋after [for] A	③AにちなんでOを（Cと）名づける

① *Name* your price.（希望の値段を言ってください）

② We *named* the cat Tama.（私たちはそのネコをタマと呼んだ）

I have a cat *named* Tama.（私はタマという名のネコを飼っている）

POINT 〈A named B〉の形で「Bという名のA」の意味を表す。

③ The baby was *named* Elizabeth *after* [*for*] her grandmother.
（その赤ん坊は祖母にちなんでエリザベスと名づけられた）

■need [níːd]

need [動] ＋ to V	① 〜する必要がある
need [助動] ＋ V [原形]	② 〜する必要がある
don't [doesn't] need [動] ＋ to V	③ 〜する必要はない
need [助動] ＋ not V [原形]	④ 〜する必要はない
need [助動] ＋ not have Vpp	⑤ 〜する必要はなかったのに

①② You **need** (**to**) go.（君は行く必要がある）

　【参考】〈need＋動詞の原形〉は硬い言い方で，今日では need を一般動詞として使う方が普通。

③ He **doesn't need to** apologize to me.《普通の言い方》

＝ ④ He **need** [× <u>needs</u>] **not** apologize to me.

　　（彼は私に謝罪する必要はない）

⑤ You **need not have** come so early.

　　（君はそんなに早く来る必要はなかったのに）（→p.516）

□occur [əkə́ːr]

S occur (s)	① Sが起こる
S occur (s) ＋ to A	② S〈考えなど〉がA〈人〉の頭に浮かぶ
It occurs ＋ to A ＋ that 節	③ …という考えがA〈人〉の頭に浮かぶ

① The earthquake **occurred** in Chile.（その地震はチリで起きた）

② A good idea **occurred to** me.（いい考えが私の頭に浮かんだ）

　　書換 I **hit on** [**came up with**] a good idea.（私はいい考えを思いついた）

③ **It occurred to me that** she might not come.

　　（彼女は来ないかもしれないという考えが私の頭に浮かんだ）

■order [ɔ́ːrdər]（→p.557）

＋O＋from A	① O〈品物など〉をA〈店など〉に注文する
＋O＋to V	② O〈主に人〉に〜するよう命じる
＋that 節	③ …ということを命じる

① I *ordered* the book *from* [× *to*] Amazon.

（その本をアマゾンに注文した）

POINT　「〜に（注文する）」は from で表す。

② The doctor *ordered* him *to stop* drinking.

（医者は彼に酒を飲むのをやめるよう命じた）

書換　③ The doctor *ordered that* he *stop* [× *stopped*] drinking.

POINT　that 節中では（should＋）動詞の原形を使う。（→p.34）

☐ **owe** [óu]

＋O₁＋O₂ ＋O₂＋to O₁	O₁〈主に人〉にO₂〈金など〉の借り［恩］がある

(a) I *owe* him 10,000 yen. ＝ I *owe* 10,000 yen *to* him.

（私は彼に1万円借りている）

(b) I *owe* my success *to* you. （私の成功は君のおかげだ）

慣用表現

■ **owing** [óuiŋ] **to A** ＝ Aのために，Aのせいで

Owing to the depression, many people lost their jobs.

（不況のせいで多くの人々が職を失った）

☐ **participate** [pɑːrtísəpèit]

＋in A	Aに参加する

I want to *participate in* the volunteer activity.

書換　I want to *take part in* the volunteer activity.

（私はそのボランティア活動に参加したい）

□ pass [pǽs]

—	① 過ぎる，通る
＋for [as] A	② Aとして通用する
＋O	③ Oを通り過ぎる，〜に合格する
＋O₁＋O₂ ＋O₂＋to O₁	④ O₁〈主に人〉にO₂〈物〉を回す

① Time *passes* like an arrow.（時は矢のように過ぎる）

② She could *pass for* [*as*] 20.（彼女は20歳と言っても通用するだろう）

③ She *passed* the entrance examination.（彼女は入試に合格した）

④ *Pass* me the salt, please.（塩を取ってください）

□ pay [péi]（**paid** [péid] -paid）

—	① 割に合う
＋for A	② A〈品物など〉の代金を支払う
＋O＋for A	③ A〈品物など〉の代金としてO〈金額〉を支払う
＋O₁＋O₂ ＋O₂＋to O₁	④ O₁〈主に人〉にO₂〈金など〉を支払う

① Honesty doesn't always *pay*.（正直がいつも割に合うとは限らない）

② I haven't *paid for* it yet.（まだそれの代金を払っていません）

③ I *paid* 2,000 yen *for* it.（それの代金を2千円払った）

　書換 I *bought* it *for* 2,000 yen.（2千円でそれを買った）

④ I *paid* the driver 10 dollars. = I *paid* 10 dollars *to* the driver.

　（私は運転手に10ドル払った）

□ permit [pərmít]

＋O＋to V	Oが〜するのを許す

My boss *permitted* me *to leave* the office early.

（上司は私が職場を早退するのを許した）

【参考】My boss permitted my leaving ... も可能。

書換 I *was **permitted** to leave* the office early (by my boss).
（私は（上司によって）職場を早退するのを許された）

■ **persuade** [pərswéid]

＋O＋to V	① Oを説得して〜させる
＋O＋into Ving	② Oを説得して〜させる
＋O＋out of Ving	③ Oを説得して〜するのをやめさせる
＋O＋that 節	④ …ということをO〈人〉に納得させる

① I ***persuaded*** him *to give up* the plan.（私は彼を説得してその計画を断念させた）
【参考】「実際に彼はその計画を断念した」という意味を含む。

② The sales clerk ***persuaded*** [***talked***] her ***into*** *buying* the bag.
（店員は彼女を説得してそのバッグを買わせた）

③ I tried to ***persuade*** her ***out of*** *buying* the bag.
（私は彼女を説得してそのバッグを買うのをやめさせようとした）

④ I tried to ***persuade*** him *that* the report was true.
（私はその報告が真実だと彼に納得させようとした）

□ **play** [pléi]

－	① 遊ぶ
＋O	② (1) O〈スポーツなど〉をする (2)〈楽器〉を演奏する (3) O〈テープなど〉を再生する

① Some boys are ***playing*** on the playground.
（数人の男の子が運動場で遊んでいる）

② (1) Let's ***play*** *tennis* together.（一緒にテニスをしよう）
※球技など楽しんでするスポーツにはplayを使うが，武道（judo, karateなど）にはdo・practiceを使う。冠詞はつけない。

(2) She can *play* the violin.（彼女はバイオリンがひける）

> **POINT** *play* に続く楽器名の前にはtheをつける。

(3) I can't *play* this CD.（このCDは再生できない）

　　　cf. **rewind**（巻き戻す），**fast-forward**（早送りする）

□ **postpone** [poustpóun]

＋Ving	～することを延期する（put off）

I *postponed* [*put off*] *paying* [× *to pay*] the money.

（私はその金を支払うのを延期した）

> **POINT** 〈postpone [put off] ＋to V〉は誤り。（→p.22）

■ **practice** [præktis]

＋Ving	～することを練習する

You have to *practice* *speaking* [× *to speak*] English.

（君は英語を話す練習をしなければならない）

> **POINT** 〈practice＋to V〉は誤り。（→p.22）

■ **prepare** [pripɛ́ər] ※第1・3・4文型で使う。

prepare ＋O	①Oの準備をする
＋O₁＋O₂ ＋O₂＋for O₁	②O₁〈主に人〉にO₂〈食事〉のしたくをする
prepare ＋for A prepare ＋to V	③Aの準備をする 　～する準備をする
prepare ＋O＋for A prepare ＋O＋to V	④OにAの準備をさせる 　Oに～する準備をさせる
＋*oneself*＋for A ＋*oneself*＋to V	⑤Aの準備［覚悟］をする 　～する準備［覚悟］をする
be prepared ＋for A be prepared ＋to V	⑥Aの準備［覚悟］ができている 　～する準備［覚悟］ができている

① ③ We are *preparing* (*for*) the presentation.

（私たちはプレゼンの準備をしています）

② She is *preparing* us lunch. = She is *preparing* lunch *for* us.

（彼女が私たちに昼食のしたくをしてくれている）

④ The boss *prepared* the staff *for* the campaign.

（社長はスタッフにキャンペーンの準備をさせた）

⑤ We need to *prepare* ourselves *to give up* the plan.

（我々は計画を断念することを覚悟すべきだ）

⑥ I'*m prepared for* the worst.（最悪の事態の覚悟はできている）

□ **press** [prés]

＋O	① Oを押す
(＋O) ＋ for A	② (O〈主に人〉に) Aをせがむ［迫る］
＋O＋to V	③ O〈主に人〉に〜するよう迫る

① *Press* this button in an emergency.

（非常時にはこのボタンを押しなさい）

② They *pressed* (the manager) *for* a raise.

（彼らは（経営者に）昇給を迫った）

③ He *pressed* me *to pay* the money.（彼は私にその金を払うよう迫った）

□ **pretend** [priténd]

＋to V	① 〜であるふりをする
＋not to V	② 〜ではないふりをする
＋that 節	③ …のふりをする

① I *pretended to be* [× *being*] sick.（私は病気のふりをした）

　書換 ③ I *pretended* that I was sick.

② She *pretended not to* know it.（彼女はそれを知らないふりをした）

　書換 ③ She *pretended* that she didn't know it.

■ prevent [privént] 同 hinder [híndər]

＋O＋from Ving	① Oが〜するのを妨げる［防ぐ］
＋A ('s) Ving	② Aが〜するのを妨げる［防ぐ］

① The heavy rain **prevented** me *from* *going* out.

= ② ○ The heavy rain **prevented** me [*my*] *going* out.

✕ The heavy rain *prevented* *me to go out*.

（大雨で私は外出できなかった）

POINT 〈prevent＋O＋to V〉は誤り。（→p.350）

■ prohibit [prouhíbit]

＋O＋from Ving	Oが〜するのを禁止する

○ We are **prohibited** *from* *smoking* on campus.

✕ We are *prohibited* *to smoke* on campus.

（大学構内では喫煙を禁じられています）

POINT 〈prohibit＋O＋to V〉は誤り。（→p.350）

【参考】ただし、〈be prohibited to V〉の形は使われることもある。

□ promise [prámis] ※第3・4文型で使う。

（＋O）＋to V	① 〜することを（O〈人〉に）約束する
（＋O）＋that 節	② …ということを（O〈人〉に）約束する
＋O₁＋O₂ ＋O₂＋to O₁	③ O₁〈主に人〉にO₂〈事物〉をやると約束する

① I **promised** (her) *to write* a letter.

（私は手紙を書くと（彼女に）約束した）

② I **promised** (him) *that* I would visit his office.

（私は彼の事務所を訪ねると（彼に）約束した）

③ I **promised** her a present. = I **promised** a present *to* her.

（私は彼女にプレゼントをあげると約束した）

■ propose [prəpóuz]

＋to A	① A〈人〉に求婚する
＋O	② Oを提案する
(＋to A)＋that 節	③ …するよう（Aに）提案する

① I *proposed to* her, but I was rejected.

（ぼくは彼女にプロポーズしたけれど，断られた）

② I *proposed* a new idea to my boss.

（私は上司に新しい考えを提案した）

【参考】〈propose＋to V [Ving]〉は「～することをもくろむ」の意味を表す。

I *propose to persuade* [*persuading*] him. （私は彼を説得するつもりだ）

③ ○ I *proposed* (*to* him) *that* he *see* a doctor.

　×I *proposed* (*to* him) *that* he *saw* a doctor.

　×I *proposed him that* he see a doctor.

　×I *proposed him to see* a doctor.

（彼は医者にみてもらうべきだと私は提案した）

POINT that 節中では（should＋）動詞の原形を使う。（→p.35）

POINT 〈propose＋人＋...〉は誤り。（→p.51）

■ prove [prúːv] ※第2・3・5文型で使う。

＋(to be) C [名/形]	① Cだとわかる（turn out）
＋O	② Oを証明する
＋that 節	③ …ということを証明する
＋O＋(to be) C [名/形]	④ OがCだと証明する

① The rumor *proved* [*turned out*] (*to be*) true.

（そのうわさは本当だとわかった）

② The fact will *prove* his innocence.

（その事実が彼の無実を証明するだろう）

書換 ③ The fact will **prove** that he is innocent.

④ The fact will **prove** him (to be) innocent.

■ provide [prəváid]

provide ＋ for [against] A	① Aに備える
provide ＋ O ＋ with A	② O〈主に人〉にA〈物など〉を供給する
provide ＋ O ＋ for [to] A	③ O〈物など〉をA〈主に人〉に供給する
provided ＋ that 節 providing ＋ that 節	④ もし…なら (if)

① We must **provide for** [**against**] a shortage of food.

（我々は食糧不足に備えねばならない）

② The company **provides** the employees **with** uniforms.

（会社は社員に制服を支給する）

書換 ③ The company **provides** uniforms **for** [**to**] the employees.

※②③ の provide は supply で言い換えられる。

④ I'll lend you the money **provided** (that) you return it within a week.

（もし1週間以内に返してくれるなら，その金を君に貸そう）

□ put [pút] (put-put)

＋ O ＋ 場所	① Oを～に置く
＋ O ＋ into A	② OをAに翻訳する (translate)

① **Put** the case **on** the table.（その箱をテーブルの上に置きなさい）

② **Put** the following sentence **into** Japanese.（次の文を日本語に直しなさい）

慣用表現

■ **to put it ＋ 副** = ～な言い方をすれば

To put it briefly, he lacks musical ability.

（端的に言って，彼には音楽の才能がない）

※この put は「述べる (say)」の意味。

□ quit [kwít] (quit (ted) -quit (ted))

—	① やめる, 退職する
＋O	② Oをやめる
＋Ving	③ ～するのをやめる

①② He decided to *quit* (his job). (彼は退職することに決めた)

③ I *quit smoking* [× *to smoke*] last month. (私は先月禁煙しました)

POINT 〈quit＋to V〉は誤り。

■ reach [ríːtʃ] ※第1・3・4文型で使う。

＋for A	① Aを取ろうと手を伸ばす
＋O	② (1) Oに到着する (2) Oに連絡を取る
＋O_1＋O_2 ＋O_2＋for O_1	③ O_1〈人〉にO_2〈物〉を取ってやる

① Nancy *reached for* the box on the shelf.

(ナンシーは棚の上の箱を取ろうと手を伸ばした)

②(1) I *reached* (× *to*) the hotel at six. (私は6時にホテルに着いた)

書換 I *arrived at* the hotel at six. / I *got to* the hotel at six.

POINT reach A = arrive at [in] A = get to A = Aに到着する

【参考】「延長して達する」の意味では reach to と言う。

My pay *reached to* 3,000 dollars. (私の給料は3,000ドルに達した)

(2) How can I *reach* him? (どうすれば彼に連絡を取れますか)

③ Could you *reach* me the pen on the desk?

=Could you *reach* the pen on the desk *for* me?

(机の上のペンを私に取ってくれませんか)

□ recognize [rékəgnàiz]

＋O	①Oが本人だと見分けがつく
＋O＋as A	②OがAだと認める
＋that 節	③…ということを認める

① I didn't *recognize* her because she had changed a lot.

（彼女はとても変わっていたので，本人だとはわからなかった）

② They *recognized* Ms. Smith *as* their leader.

＝ ③ They *recognized* that Ms. Smith was their leader.

（彼らはスミスさんをリーダーとして認めた）

■ recommend [rèkəménd]

＋O＋to V	①O〈人〉に～するよう勧める
（＋to A）＋that 節	②（A〈人〉に）…ということを勧める
＋O₁＋O₂ ＋O₂＋to O₁	③O₁〈人〉にO₂〈事物〉を薦める

① I *recommend* you *to try* the new restaurant.

（その新しいレストランに行ってみるのをお勧めします）

書換 ② I *recommend* that you *try* [× <u>tried</u>] the new restaurant.

POINT that 節中では（should＋）動詞の原形を使う。（→p.35）

③ I *recommend* you this novel. ＝ I *recommend* this novel *to* you.

（君にこの小説を薦めるよ）

□ refer [rifə́ːr]

＋to A	①（1）Aに言及する（mention）　（2）Aを参照する
＋to A as B	②AをBと呼ぶ

①（1）He didn't *refer to* his family.（彼は家族のことを話さなかった）

　（2）He *referred to* his guidebook.（彼は旅行案内を参照した）

② This city *is* **referred** *to as* little Kyoto.

＝They *refer to* this city *as* little Kyoto.（この都市は小京都と呼ばれる）

□ refrain [rifréin]

| ＋from Ving | 〜するのを差し控える |

Please **refrain** *from* smoking here.（ここでは喫煙は控えてください）

□ refuse [rifjú:z]

| ＋to V | 〜することを拒否する |

He **refused** *to answer* [× *answering*] my question.

（彼は私の質問に答えるのを拒んだ）

POINT 〈refuse＋Ving〉は誤り。（→p.23）

□ regard [rigá:rd]

| ＋O＋as A | OをAとみなす |

We **regard** the dove *as* a symbol of peace.

（私たちはハトを平和の象徴とみなす）

■ regret [rigrét]

＋Ving ＋having Vpp	① 〜したことを後悔する
＋that 節	② …ということを後悔する
＋to V	③ 残念ながら〜する

① He **regrets** *being* [*having been*] idle when he was young.

（彼は若いころに怠け者だったことを後悔している）

書換 ② He **regrets** *that* he *was* idle when he was young.

【参考】regret や remember（覚えている）の後ろには「既に行われた行為」が続くことが意味上明らかなので、having＋Vpp（完了動名詞）の代わりに Ving を使うこともできる。

③ I **regret** *to say* that I cannot accept your offer.

（残念ですが、あなたのお申し出は受け入れられません）

□ relieve [rilíːv]

relieve ＋ O ＋ of A	① O〈人〉からA〈苦痛など〉を取り除く
be relieved ＋ to V	② ～して安心する

① The medicine **relieved** me *of* my headache.

　（その薬を飲んだら頭痛が治った）（→p.365）

② I was **relieved** *to hear* the news.（その知らせを聞いて安心した）

□ rely [rilái]（**relied-relied**）

＋ on A（＋ for B）	① B〈事物〉をA〈主に人〉に頼る
＋ on A ＋ to V	② Aが～することを当てにする

① I **rely** *on* his financial help. = I **rely** *on* him *for* his financial help.

　（私は彼の金銭的援助に頼っている）

　【参考】「Aに頼る，Aを当てにする」を意味する表現には，他に depend on, count on, turn to, look to などがある。

② I **rely on** him *to help* me.（私は彼が助けてくれると当てにしている）

■ remain [riméin] ※第1・2文型で使う。第3文型では使わない。

－	① 残る
＋C [名/形/Ving/Vpp]	② Cのままである
＋ to be Vpp	③ まだ～されていない

① He went to China, but his wife **remained** in Japan.

　（彼は中国へ行ったが，妻は日本に残った）

② (a) He **remained** unmarried all his life.（彼は一生未婚のままだった）

　(b) He **remained** [*kept*] silent.（彼は黙ったままだった）　《SVC》

　　　cf. He **kept** [× *remained*] silence.（彼は黙ったままだった）　《SVO》

③ The problem **remains** *to be solved*.

　（その問題はまだ解決されていない）

■ remember [rimémbər]

＋Ving	① 〜したことを覚えている
＋to V	② 〜することを覚えておく
＋that 節	③ …ということを覚えている

① I *remember seeing* him before.（彼に以前会ったのを覚えている）

書換 ③ I *remember* (*that*) I saw him before.

【参考】I remember having seen him before. とも言うが，「覚えている」のが過去の事実なのは意味の上から明らかなので，seeing を使うことが多い。

② *Remember to call* me.（私に電話するのを覚えておきなさい）

POINT 〈＋Ving〉は「既に行った動作」を，〈＋to V〉は「まだ行っていない動作」を表す。（→p.24）

【参考】同意語の recollect は「（努力して）思い出す」の意味。remember もこの意味で使う。

・I don't *remember* his name.（彼の名前を覚えていない）

・I can't *recollect* [*remember*] his name.（彼の名前を思い出せない）

慣用表現

□ **Remember me to A.** ＝ A〈人〉によろしく伝えてください

Please *remember me to* your family.《英》

＝ Please *say hello to* your family.《米》（ご家族によろしく）

■ remind [rimáind]

＋O＋of A	① OにAを思い出させる
＋O＋to V	② Oに〜することを気づかせる
＋O＋that 節	③ Oに…ということを気づかせる

① This photo always *reminds* me *of* my father.

（この写真を見ると私はいつも父を思い出す）

書換 *Whenever* I see this photo, I *remember* my father.

I *never* see this photo *without* remembering my father.

② Would you *remind* me *to call* him?

（彼に電話するのを忘れていたら注意してください）

③ You must *remind* them *that* smoking isn't allowed here.

（ここは禁煙だと君は彼らに教えねばならない）

|慣用表現|

□ **That reminds me.** = ああ，それで思い出しました

□ **repent** [ripént]

＋(of) A	① Aを後悔する
＋of having Vpp	② ～したことを後悔する
＋that 節	③ …ということを後悔する

① He *repented* (*of*) his carelessness.（彼は自分の軽率さを後悔した）

② He *repented of having said* such a thing to her.

（彼は彼女にそんなことを言ったのを後悔した）

|書換| ③ He *repented that* he *had said* such a thing to her.

□ **replace** [ripléis]

＋O	① Oに取って代わる
＋O＋with A	② OをAと取り替える

① Who will *replace* Mr. Arai as chairman?

（荒井氏に代わって議長になるのは誰だろう）

② We need to *replace* this old desk *with* a new one.

（この古い机は新しいのと取り替える必要がある）

□ **reply** [riplái] (**replied-replied**)

＋to A	① Aに返事をする
＋that 節	② …と返事をする

① He didn't *reply to* my question.（彼は私の質問に答えなかった）

POINT answer a questionとreply to a questionの違いに注意。

② I *replied that* I couldn't go.（私は行けないと返事をした）

□ report [ripɔ́:rt]

S report(s) ＋ to A	① SはAに直属する
S report(s) ＋ O (＋ to A)	② SはOを（Aに）報告する
S report(s) (＋ to A) ＋ that 節	③ Sは（Aに）…ということを報告する
S is reported ＋ to V	④ Sは〜する［である］と報告されている
S is reported ＋ to have Vpp	⑤ Sは〜した［だった］と報告されている
It is reported ＋ that 節	⑥ …だと報告されている

① This position **reports to** the general manager.
（このポストは総責任者の直属です）

POINT ①の意味に注意。

② You should **report** it **to** the police.（それは警察に届ける方がいい）

③ He **reported** that his train had been delayed.
（彼は自分の乗った列車が遅れたと報告した）

④ The weather **is reported** to be fine in Osaka.（大阪の天気は晴れだそうだ）

　書換 ⑥ **It is reported** that the weather is fine in Osaka.

⑤ The typhoon **is reported** to have gone.（台風は去ったそうだ）

　書換 ⑥ **It is reported** that the typhoon has gone.

POINT 〈to have＋Vpp〉は，be reported の時点から見た過去または現在完了を表す。（→p.38）

■ request [rikwést]

request ＋ O	① Oを要求する
request ＋ O ＋ to V	② Oに〜するよう要求する
be requested ＋ to V	③ 〜することになっている
request ＋ that 節	④ …ということを要求する

① I **requested** a song from Keiko.（私はケイコに1曲歌うよう求めた）

② We **requested** him to make a speech.
（私たちは彼にスピーチをしてくれるよう求めた）

書換 ④ We *requested* that he *make* [× *made*] a speech.

POINT that 節中では（should＋）動詞の原形を使う。(→p.34)

③ The audience *are* **requested** to *refrain* from smoking.
（観客の皆様にはおたばこはご遠慮いただくようお願いします）

■ require [rikwáiər]

require ＋ O	① Oを必要とする［要求する］
require ＋ O ＋ to V	② Oに〜するよう要求する
be required ＋ to V	③ 〜することになっている
require ＋ that 節	④ …ということを要求する

① The plan will *require* approximately 50,000 dollars.
（その計画にはおおよそ5万ドルが必要だろう）

【参考】〈require＋to V [Ving]〉で have to の意味を表す場合もある。
I *require to go* [*going*] there.（私はそこへ行かねばならない）

② We *required* them *to indemnify* us for our losses.
（我々は彼らに損害を賠償するよう要求した）

書換 ④ We *required* that they *indemnify* [× *indemnified*] us for our losses.
（我々は彼らが損害を賠償するよう要求した）

POINT that 節中では（should＋）動詞の原形を使う。(→p.34)

③ You're *required* to *show* your passport here.
（ここではパスポートを見せてください）

■ resemble [rizémbl]

＋O	Oに似ている

○ Kenji *resembles* his father.

× Kenji *resembles to* his father.

× Kenji *is resembling* his father.（ケンジはお父さんに似ている）

POINT 他動詞なので，後ろに前置詞は不要。(→p.50)

POINT 「似ている」の意味では進行形にはできない。

【参考】「ケンジはお父さんに（だんだん）似てきている」の意味で、Kenji *is resembling* his father. と言うことは可能。

書換 Kenji *takes after* his father.

【参考】take after は「目上の直系親族（親・祖父母など）に似ている」の意味。

☐ resolve [rizálv]

＋ to V	① 〜する決心をする
＋ on Ving	② 〜する決心をする

① She ***resolved to become*** [✕ *becoming*] a tour conductor.

＝② She ***resolved on*** *becoming* a tour conductor.

（彼女はツアーコンダクターになる決心をした）

POINT 〈resolve＋Ving〉は誤り。

☐ result [rizʌ́lt]

＋ from A	① Aから生じる
＋ in A	② Aの結果になる

① His death ***resulted from*** overwork.（彼の死は過労から生じた）

② Their efforts ***resulted in*** failure.（彼らの努力は失敗に終わった）

☐ return [ritə́ːrn]

―	① 戻る，帰る
＋ O	② Oを戻す

① I've just ***returned*** home.（ちょうど帰宅したところです）

② ***Return*** the book to the library.（その本を図書館に返却しなさい）

☐ ride [ráid] (rode [róud] -ridden [rídn])

＋ on A	① Aに乗る
＋ O	② Oに乗る

①② Have you ever ***ridden*** (*on*) a horse?（馬に乗ったことがありますか）（→p.58）

□ rumor [rúːmər]

S is rumored ＋ to V	① Sは～する［である］と言われている
S is rumored ＋ to have Vpp	② Sは～した［だった］と言われている
It is rumored ＋ that 節	③ …だとうわさされている

① The company *is* **rumored** *to be* going bankrupt.

（その会社は倒産しそうだとうわさされている）

書換 ③ It *is* **rumored** *that* the company *is* going bankrupt.

② He *is* **rumored** *to have lost* his job.（彼は失業したとうわさされている）

書換 ③ It *is* **rumored** *that* he (*has*) *lost* his job.

POINT 受動態（be rumored）で使うのが普通。

■ run [rʌ́n]（ran [rǽn] -run）※第1・2・3文型で使う。

－	① 走る，流れる
＋C［形］	② C〈悪い状態〉になる
＋O	③ Oを動かす，経営する

① Tears **ran** down her cheeks.（涙が彼女の頬を流れ落ちた）

② The well **ran** dry.（その井戸は枯れた）

③ (a) I can't **run** the engine.（エンジンを動かせない）

(b) I want to **run** a company of my own.（自分の会社を経営したい）

■ save [séiv]

＋O	①（1）Oを救う （2）Oを蓄える
＋O₁＋O₂	② O₁〈主に人〉からO₂〈時間など〉を省く

①（1）The doctor **saved** his life.（その医者が彼の命を救った）

（2）I've **saved** 100,000 yen.（私は10万円ためました）

② The new copier **saved** *us* a lot of time and trouble.

（新しいコピー機が私たちから多くの時間と手間を省いてくれた）

POINT 第4文型（SVOO）で使える。（→p.26）

■ say [séi] (said [séd] -said)

構文	意味
S say(s) ＋ O	① SはOを言う
S say(s)（＋ to A）＋ that 節	② Sは（Aに）…だと言う
S is said ＋ to V	③ Sは〜する［である］と言われている
S is said ＋ to have Vpp	④ Sは〜した［だった］と言われている
They say ＋ that 節	⑤ …だそうだ
It is said ＋ that 節	⑥ …だと言われている

① The boss *said* nothing.（上司は何も言わなかった）

② (a) He *said*(*to me*) *that* he had a cold.

　　（風邪をひいていると彼は（私に）言った）

　(b) *The newspaper says*(*that*) the minister resigned.

　　（新聞によれば，その大臣は辞任したそうだ）

> **POINT** 新聞・天気予報など＋say(s) …＝〜によれば…だ

　　書換 *According to* the newspaper, the minister resigned.

③ Ms. Morita *is said to be leaving* [× *to leave*] our school.

　（森田先生は学校をやめるそうだ）

　　※この形で使えるのは，be 動詞または状態を表す動詞（live, knowなど）のみ。

　書換 ⑥ *It is said that* Ms. Morita *is* going to leave our school.

④ Ms. Morita *is said to have got* married.

　（森田先生は結婚したそうだ）

　書換 ⑤ They *say*(*that*) Ms. Morita (*has*) *got* married.

　　　⑥ *It is said that* Ms. Morita (*has*) *got* married.

> **POINT** 〈to have＋Vpp〉は，be said の時点から見た過去または現在完了を表す。（→p.38）

■ search [sə́ːrtʃ]

＋for A	① A〈物など〉を探す
＋O＋for A	② A〈物など〉を求めてO〈場所〉を探す

① She **searched *for*** the scissors.（彼女ははさみを探した）

② She **searched** the drawers ***for*** the scissors.

　（彼女ははさみがないかと引き出しを探した）

　POINT ②の使い方に注意。

■ seat [síːt]

seat＋O	① Oを座らせる
seat *oneself* be seated	② 座る

① This theater **seats** 1,000 people.（この劇場は千人を収容できる）

② (a) He **seated** himself on the chair.（彼はいすに座った）

　(b) Please **be seated**. = Please *sit down*.（着席してください）

　POINT seat は他動詞。「座る（sit）」の意味はない。（→p.43）

■ see [síː]（**saw** [sɔ́ː] **-seen** [síːn]）※第1・3・5文型で使う。

－	① 見える，わかる
＋O	② Oが見える［わかる］，Oを見る
＋O＋as A	③ OをAだと考える
＋that 節	④ …ということがわかる
(＋to it)＋that 節	⑤ …するよう注意する
＋if [whether] 節	⑥ ～かどうか確かめる
＋O＋V [原形]	⑦ Oが～するのが見える
＋O＋Ving	⑧ Oが～しているのが見える
＋O＋Vpp	⑨ Oが～され（てい）るのが見える

① I *see*. (わかりました)

② (a) Can you *see* that tower? (あの塔が見えますか)

　(b) I want to *see* the movie. (その映画を見たい)

　(c) I *see* what you mean. (おっしゃることはわかりました)

③ I don't *see* him *as* a liar. (彼がうそつきだとは思わない)

④ Did you *see* (*that*) he was angry?

　(彼が怒っているのがわかったかい)

⑤ *See* (*to it*) *that* all the windows are closed.

　(窓は全部閉めておくようにしなさい)

⑥ I'll go and *see* *if* the mail has arrived.

　(郵便が届いたかどうか確かめてきます)

⑦ I *saw* a boy *cross* [× *to cross*] the street.

　(少年が通りを横切るのが見えた)

　POINT　〈see＋O＋to V〉は誤り。

　書換 A boy *was seen to cross* the street. 《受動態》

　POINT　原形不定詞を受動態にするとtoがつく。

⑧ I *saw* a boy *shoplifting* a book.

　(少年が本を万引きしているのが見えた)

　書換 A boy *was seen shoplifting* a book. 《受動態》

⑨ I *saw* Ben *scolded* by the teacher.

　(ベンが先生に叱られているのが見えた)

慣用表現

■ See you (again/later). = じゃあまたね 《別れのあいさつ》

□ seeing (that) ... = …ということを考えると, …だから

　Seeing (*that*) he wears a mask, he probably has a cold.

　(マスクをしているのを見ると, 彼はたぶん風邪をひいている)

□ seek [síːk] (sought [sɔ́ːt] -sought)

＋O	① Oを探し求める
＋for [after] A	② Aを探し求める
＋to V	③ 〜しようと努める

① She is **seeking** romance.（彼女はロマンスを追い求めている）

② He is **seeking** *for* a better job.（彼はよりよい仕事を探し求めている）

③ He **sought** *to persuade* the leader.（彼は指導者を説得しようとした）

■ seem [síːm]

S seem (s) ＋ (to be) C [形/名]	① SはCであるように思われる
S seem (s) ＋ to V	② Sは〜する[である]ように思われる
S seem (s) ＋ to have Vpp	③ Sは〜した[だった]ように思われる
It seems ＋ that 節	④ …であるように思われる

① The boss **seems** (*to be*) angry.（上司は怒っているらしい）

書換 ④ It **seems** *that* the boss is angry.

② He **seems** *to know* the secret.（彼はその秘密を知っているようだ）

※この形で使えるのは状態を表す動詞のみ。

③ He **seems** *to have passed* the test.（彼はテストに合格したらしい）

書換 ④ It **seems** *that* he (*has*) *passed* the test.

POINT 〈to have＋Vpp〉は，seem の時点から見た過去または現在完了を表す。（→p.38）

□ sell [sél] (sold [sóuld] -sold)

―	①（よく）売れる
＋O	② Oを売る
＋O₁＋O₂ ＋O₂＋to O₁	③ O₁〈主に人〉にO₂〈物など〉を売る

② They *sell* stationery at that store. = *That store sells* stationery.
（あの店では文房具を売っている）

③ I *sold* him the old dictionary. = I *sold* the old dictionary *to* him.
（私はその古い辞書を彼に売った）

慣用表現

■ sell well ＝ よく売れる

① This novel *is selling* [× *sold*] *well*. （この小説はよく売れている）

※この文の sell には，受動の意味が含まれる（能動受動態）。

□ send [sénd] (sent [sént] -sent)

＋O	① Oを送る
＋O₁＋O₂ ＋O₂＋to O₁	② O₁〈主に人〉にO₂〈物など〉を送る
＋for A	③ Aを呼びに［取りに］やる

① *Send* this by express. （これを速達で送りなさい）

② I'll *send* you an e-mail. = I'll *send* an e-mail *to* you.
（あなたにメールを送ります）

③ Shall I *send for* a doctor? （医者を呼びにやりましょうか）

□ shake [ʃéik] (shook [ʃúk] -shaken [ʃéikn])

－	① 揺れる，震える
＋O	② Oを揺らす，振り動かす

① I felt the ground *shaking*. （地面が揺れているのを感じた）

② The boss *shook* his head. （社長は首を横に振った［不同意だった］）

□ share [ʃέər]

＋O＋with A	① OをAと分かち合う［共有する］
＋in A	② Aを共にする［分担する］

① I *share* the job *with* him.（私は彼とその仕事を分担している）

② We should *share in* the responsibilities.

（我々は責任を分かち合うべきだ）

□ show [ʃóu]（showed-shown [ʃóun]）※第1・3・4文型で使う。

—	① 見える，上映される
＋O	② Oを見せる
＋O₁＋O₂ ＋O₂＋to O₁	③ O₁〈主に人〉にO₂〈物など〉を見せる
＋that 節	④ …ということを示す

① Where is the movie *showing*?

（その映画はどこで上映されていますか）

②③ *Show* (me) your student ID, please.（（私に）学生証を見せてください）

④ The evidence *shows* that he is innocent.

（その証拠は彼が無実だということを示している）

■ smell [smél] ※第1・2・3文型で使う。

＋at A	① Aのにおいをかぐ
＋C [形]	② 〜なにおいがする
＋of [like] A	③ Aの（ような）においがする
＋O	④ Oのにおいをかぐ［においがする］

① The dog is *smelling at* the flower.（その犬は花のにおいをかいでいる）

② 〇 This rose *smells sweet*.

　× This rose *is smelling* sweet.

　× This rose *smells sweetly*.

（このバラは甘いにおいがする）

POINT　「〜なにおいがする」の意味では進行形にはしない。後ろには形容詞を置く。

③ This soap *smells of* [*like*] a lemon.

　（この石けんはレモンの（ような）香りがする）（→p.27）

④ I can *smell* something burning.（何かこげているにおいがする）

■ sound [sáund] ※第1・2・3文型で使う。

—	① 鳴る
＋C [形]	② Cに聞こえる
＋like A	③ Aのように聞こえる
＋O	④ Oを鳴らす

① The fire alarm began to *sound*.（火災報知器が鳴り出した）

② The report *sounds* true.（その報告は本当らしく聞こえる）

③ The explosion *sounded like* thunder.

　（その爆発は雷のように聞こえた）

④ The train *sounded* a whistle.（列車は汽笛を鳴らした）

慣用表現

　□ **Sounds great.** = いい考えだ，そうしよう

　　"How about going for a drive?" "*Sounds great.*"

　　（「ドライブに行くのはどう？」「いいね」）

■ spare [spέər] ※第3・4文型で使う。

＋O	① Oを省く，割愛する
＋O_1＋O_2 ＋O_2＋for O_1	② O_1〈主に人〉にO_2〈時間など〉を割く

① I have no time to *spare*.（暇な時間はありません）

② Can you *spare* me a few minutes?

　=Can you *spare* a few minutes *for* me?

　（2，3分時間を割いてもらえますか）

□ speak [spíːk] (spoke [spóuk] -spoken [spóukn])

—	① 話す
＋O	② O〈言語〉を話す
＋to A	③ A〈人〉に話しかける

① We *spoke* in a low voice.（私たちは小声で話した）

② She *speaks* English well.（彼女は英語を上手に話す）

【参考】speak English（英語を話す）と speak in English（英語で話す）はどちらも可能。

③ A stranger *spoke to* me.（見知らぬ人が私に話しかけてきた）

慣用表現

■ generally speaking = 概して言えば

Generally speaking, women live longer than men.

（概して言えば，女性は男性より長生きだ）

※generally の代わりに，**strictly**（厳密に）・**roughly**（大ざっぱに）・**correctly**（正確に）・**frankly**（率直に）・**figuratively**（比喩的に）なども使える。

■ May [Can] I speak [talk] to A? = Aさんをお願いします《電話で》

Hello. This is Takeshi. *May I speak to* Eri?

（もしもし。タケシです。エリさんをお願いします）

□ so to speak = いわば

He is, *so to speak*, a walking encyclopedia.

（彼はいわば歩く百科事典だ）

□ speak ill [well] of A = Aを悪く［よく］言う

Don't *speak ill of* others.（他人の悪口を言うな）

□ speaking of A = Aと言えば（talking of）

Speaking of soccer, which team do you support?

（サッカーと言えば，あなたはどのチームを応援していますか）

■ spend [spénd] (spent [spént] -spent)

＋O＋on A	① O〈金・労力など〉をA〈事物〉に費やす
＋O＋Ving	② 〜してO〈時間〉を過ごす

① They *spent* a large amount of money *on* the project.

（彼らはその事業に多額の金を費やした）

② I usually *spend* Sundays *reading* [× *to read*] books.

（私はふだん日曜日は本を読んで過ごします）

POINT 〈spend＋O＋to V〉は誤り。

□ stand [stǽnd] (stood [stúd] -stood) ※第1・3文型で使う。

－	① 立つ，立っている
＋O	② Oをがまんする

① (a) A boy *is standing* at the gate.（少年が門の所に立っている）

(b) Our school *stands* on a hill.（わが校は丘の上に立っている）

POINT 「〈建物が〉立っている」の意味のときは進行形にしない。

【参考】(a) の stand は「（自分の意志で）一時的に立っている」の意味。(b) は（school には意志はなく）「立っている」という状態を表すので進行形にできない。（→p.40）

② I can't *stand* this heat.（この暑さには耐えられない）

□ stare [stéər]

＋at A	① Aを見つめる
＋O＋副詞句	② O〈人〉の〜〈身体の部分〉を見つめる

① Don't *stare at* me.（じろじろ見ないでよ）

② She *stared* me in the face.（彼女は私の顔をじっと見た）（→p.505）

□ start [stá:rt]

＋from A	① Aから出発する
＋for A	② Aに向けて出発する
＋O	③ Oを始める
＋Ving	④ 〜し始める
＋to V	⑤ 〜し始める

①② We **started** *from* Narita *for* New York.

　　（我々は成田からニューヨークへ向けて出発した）

③ I'm going to **start** a new business.（新しい商売を始めます）

④⑤ It **started** raining ［*to rain*］.（雨が降り出した）

□ stay [stéi]（**stayed-stayed**）

－	① 滞在する
＋C [形/Vpp]	② Cのままである

① I **stayed** *with* my uncle. = I **stayed** *at* my uncle's (house).

　　（私はおじの家に泊まった）

② I'll go for a walk if the weather **stays** fine.

　　（よい天気のままなら，私は散歩に行きます）

慣用表現

　　□ **Stay tuned.** = チャンネルを変えずにお楽しみください

■ stop [stáp]

－	① 止まる
＋Ving	② 〜するのをやめる
＋to V	③ 〜するために立ち止まる［手を休める］
＋O＋(from) Ving	④ Oが〜するのをやめさせる

① My taxi **stopped** suddenly.（私の乗ったタクシーは突然止まった）

② It **stopped** *raining* ［✗ *to rain*］.（雨は降りやんだ）

180

POINT 「〜するのをやめる」の意味では〈stop＋to V〉は誤り。(→p.22)

③ (a) I ***stopped*** *to smoke*.（私はたばこをすうために立ち止まった）

　　※自動詞の stop の後ろに，目的を表す不定詞を置いた形。

(b) Let us ***stop*** *to think* how much we depend upon atomic energy.

　（我々がどれほど原子力に頼っているかを落ち着いて考えてみよう）

④ Nothing will ***stop*** him *from* carrying out the plan.

　= Nothing will ***stop*** him［his］carrying out the plan.

　（何があっても彼はその計画を実行するだろう）

☐ **strike** [stráik]（**struck** [strʌ́k] -struck）

strike（＋副詞（句））	① ぶつかる
strike ＋ O	②（1）Oを打つ［たたく］ （2）〈災害などが〉Oを襲う （3）O〈人〉に感銘を与える
strike ＋ O ＋ C [形]	③ Oを打って［襲って］Cにする
It strikes ＋ O ＋ that 節	④ …という考えがO〈人〉に浮かぶ

① His car ***struck*** head-on against the wall.

　（彼の車は壁に正面衝突した）

②（1）Someone ***struck*** me on the head.（誰かが私の頭を殴った）

（2）A hurricane ***struck*** the coastline suddenly.

　　（ハリケーンが突然海岸線に襲来した）

（3）His speech ***struck*** us.（私たちは彼の演説に感銘を受けた）

③ The criminal ***struck*** him dead.（犯人は彼を殴り殺した）

　cf. The sight ***struck*** us to silence.（その光景を見て我々は黙り込んだ）

④ ***It struck*** me *that* he might have told a lie.

　（彼はうそをついたのかもしれないという考えが浮かんだ）

　cf. A good idea ***struck*** me.（いい考えが私に浮かんだ）

☐ substitute [sʌ́bstətjùːt]

＋for A	① Aの代理を務める
＋O＋for A	② Aの代わりにOを使う

① Shall I *substitute for* you while you are away?

（君がいない間，私が君の代わりをしようか）

② I *substitute* margarine *for* butter.

（私はバターの代わりにマーガリンを使います）

■ succeed [səksíːd]

＋in Ving	① ～することに成功する
＋to A	② Aを相続する［引き継ぐ］
＋O	③ Oを引き継ぐ

① I *succeeded in persuading* [× *to persuade*] him.

（私は彼を説得することに成功した）

POINT 〈succeed＋to V〉は誤り。

② He *succeeded to* his father's fortune.（彼は父親の財産を相続した）

③ He *succeeded* Mr. Tanaka as sales manager.

（彼は田中氏の後継の販売部長になった）

☐ suffer [sʌ́fər]

＋O	① O〈損害など〉を被る（incur）
＋from A	② Aで苦しむ

① They *suffered* a great loss.（彼らは大きな損害を被った）

② I'm *suffering from* a bad cold.（ひどい風邪で苦しんでいます）

■ suggest [səgdʒést]

＋Ving	① ～することを提案する
（＋to A）＋that 節	② …するよう（Aに）提案する

① I *suggested* *going* [× *to go*] to the movies.

（私は映画を見に行こうと提案した）

POINT 〈suggest＋to V〉は誤り。（→p.22）

② (a) ○ He *suggested* that they *start* immediately.

× He *suggested* that they *started* immediately.

（彼らがすぐに出発することを彼は提案した）

POINT that 節中では（should＋）動詞の原形を使う。（→p.35）

(b) ○ I *suggested* *to* him that he (should) stop smoking.

× I *suggested* *him* that he (should) stop smoking.

（禁煙してはどうかと私は彼に言った）

POINT 〈suggest＋人 ...〉は誤り。（→p.51）

■ supply [səplái]（supplied-supplied）

＋O＋with A	① O〈主に人〉にA〈物など〉を供給する
＋O＋for [to] A	② O〈物など〉をA〈主に人〉に供給する

① The power plant *supplies* this area *with* electricity.

（その発電所はこの地域に電気を供給する）

書換 ② The power plant *supplies* electricity *to* this area.

■ suppose [səpóuz]

suppose＋that 節	① …だと思う
suppose＋O＋(to be) C [形/名]	② OがCだと思う
be supposed＋to V	③ (1) 〜することになっている (2) 〜すべきだ
Suppose＋that 節 Supposing＋that 節	④ …と仮定すれば，もし…なら

※①②の suppose は think で言い換えられる。

① I *suppose* that she is an efficient clerk.（彼女は有能な店員だと思う）

書換 ② I *suppose* her *to be* an efficient clerk.

③ (1) The plane *is supposed to arrive* at 9:30.

(飛行機は9時30分に到着することになっている)

(2) You *are supposed to take off* your shoes here.

(ここでは靴を脱いでください)

④ *Suppose* [*Supposing*] (*that*) it rains, what shall we do?

(もし雨が降ったら，どうしましょうか)

□ survive [sərváiv]

| ＋O | Oを生き延びる，Oよりも長生きする |

They *survived* (× *after*) the war. (彼らはその戦争を生き延びた)

POINT 他動詞なので後ろに前置詞は不要。(→p.50)

■ take [téik] (took [túk] -taken [téikn])

＋O	① Oを取る，Oを要する
＋O＋to A	② OをAへ持って［連れて］いく
＋O₁＋O₂	③ O₁〈主に人〉にO₂〈時間など〉を要する
＋O＋for A	④ OをAだと考える［間違える］

① (a) *Take* whatever you like. (何でも好きなものを取りなさい)

(b) He *took* me by the hand. (彼は私の手をつかんだ)

② (a) He *took* his son *to* the zoo. (彼は息子を動物園へ連れていった)

(b) Ten minutes' walk *took* me *to* the beach.

(10分歩くと私は海岸に着いた)《無生物主語構文》

書換 I *got to* the beach after walking for ten minutes.

①③ This job *took* (me) a day *to finish*. (この仕事を終えるのに（私は）1日かかった)

書換 *It took* (me) a day *to finish* this job.

It took a day (for me) *to finish* this job.

I *took* a day *to finish* this job.

> **POINT** It takes〈人〉時間 to V. =〈人が〉〜するのに…の時間がかかる

④ I ***took*** her ***for*** her sister.（彼女をお姉さんと間違えた）

■ talk [tɔ́ːk]

―	① 話す
＋with［to］A	② Aと話す
＋about［of］A	③ Aについて話す
＋O＋into A［Ving］	④ Oを説得してAさせる
＋O＋out of A［Ving］	⑤ Oを説得してA［〜するの］をやめさせる

① (a) She ***talks*** very much.（彼女はおしゃべりだ）《very much=副詞》

(b) She ***speaks***［✕ ***talks***］English.（彼女は英語を話す）

> **POINT** 「話す」の意味では自動詞として使うのが普通。

　　【参考】talk nonsense（ばかげたことを言う）のような使い方もある。

② May I ***talk***［***speak***］***to*** Ken?（ケンをお願いします）《電話で》

③ Let's ***talk about*** our schedule.（スケジュールについて話そう）

④ Tom ***talked*** his father ***into*** buying a new bicycle.

　（トムは父親を説得して新しい自転車を買ってもらった）

⑤ I'll ***talk*** him ***out of*** the plan.（彼を説得してその計画をやめさせるつもりだ）

■ taste [téist] ※第2・3文型で使う。

＋C［形］	① Cの味がする
＋O	② Oを味わう

① ○ This fruit ***tastes sweet***.

　✕ This fruit ***is tasting*** sweet. / ✕ This fruit tastes ***sweetly***［***sweetness***］.

　（この果物は甘い味がする）（→p.27）

> **POINT** 「〜な味がする」の意味では進行形にはしない。後ろには形容詞を置く。

② Let me ***taste*** the soup.（スープの味見をさせてよ）

□ teach [tíːtʃ] (taught [tɔ́ːt] -taught)

＋O₁＋O₂ ＋O₂＋to O₁	① O₁〈人〉にO₂〈事物〉を教えてやる
＋O＋to V	② Oに～することを教える

① (a) Mr. Hara **teaches** us math. = Mr. Hara **teaches** math *to* us.

　　（原先生は私たちに数学を教えています）

　(b) Would you *tell* [× *teach*] me *the way* to the stadium?

　　（スタジアムへ行く道を教えてもらえますか）

　　　POINT teach は道を教えるような場合には使えない。

② She **taught** her children (*how*) *to write* the alphabet.

　　（彼女は子どもたちにアルファベットの書き方を教えた）

■ tell [tél] (told [tóuld] -told) ※第1・3・4文型で使う。

－	① 知らせる，影響する
＋O	② O〈人〉に言う［伝える］
＋O₁＋O₂ ＋O₂＋to O₁	③ O₁〈人〉にO₂〈事物〉を言う［伝える］
＋O＋to V	④ Oに～するように言う［命じる］
＋O＋not to V	⑤ Oに～しないように言う［命じる］
＋O＋that 節	⑥ Oに…と言う［伝える］
＋O＋from A	⑦ OをAと区別する

① Hard work is **telling** *on* his health. （重労働が彼の健康にこたえてきている）

②③ Don't **tell** (me) a lie. （（私に）うそをつくな）

③ **Tell** me the truth. = **Tell** the truth *to* me. （私に真実を話しなさい）

④ The teacher **told** them *to clean* the classroom.

　　（先生は彼らに教室を掃除するように言った）

　　書換　The teacher *said to* them, "*Clean* the classroom."

⑤ He **told** me *not to* enter his room. （部屋に入るなと彼は私に言った）

書換 He *said to* me, "*Don't* enter my room."

⑥ He **told** me *that* he was sick. （具合が悪いと彼は私に言った）

書換 He *said to* me, "*I'm sick.*"

⑦ I can't **tell** Kaori *from* her twin sister. （私はカオリを双子の妹と区別できない）

☐ **tempt** [témpt]

＋O＋to V	① Oを誘惑して〜させる
＋O＋into Ving	② Oを誘惑して〜させる

① The fine weather **tempted** me *to go out* for a walk.

（よい天気に誘われて私は散歩に出かけた）

② The salesman's words **tempted** him *into* buying it.

（販売員の言葉にそそのかされて彼はそれを買った）

☐ **tend** [ténd]

＋to V	〜する傾向がある

Women **tend** *to like* [× *liking*] sweets. （女性は甘いものを好む傾向がある）

■ **thank** [θǽŋk]

＋O	① O〈人〉に感謝する
＋O＋for A	② O〈人〉のAに感謝する

① I can't **thank** you enough. （お礼の申しようもありません）

② I **thanked** him *for* his help. （私は彼の援助に感謝した）

書換 I *appreciated* [× *thanked*] his help.

POINT thank は〈人〉を目的語にとる。〈thank＋事柄〉は不可。

慣用表現

■ Thank you for A [Ving]. ＝ Aを［〜してくれて］ありがとう

Thank you for inviting me. （ご招待いただいてありがとう）

■ thanks to A ＝ Aのおかげで

Thanks to the equipment, our productivity improved.
（その装置のおかげで，我々の生産性は向上した）

■ think [θíŋk]（thought [θɔ́ːt] -thought） ※第1・3・5文型で使う。

―	① 考える
＋ that 節	② …だと思う
＋ O ＋ (to be) C [形/名]	③ OがCだと思う
＋ it ＋ C ＋ to V	④ 〜することはCだと思う
＋ it ＋ C ＋ that 節	⑤ …ということはCだと思う
＋ of [about] A	⑥ Aのことを考える
＋ of [about] Ving	⑦ 〜しようかと考える
＋ of A as B	⑧ AをBだと考える
It is thought ＋ that 節	⑨ …だと考えられている

① *Think* before you act.（行動する前に考えなさい）

② (a) I *think* (*that*) the rumor is true.（そのうわさは本当だと思う）

　　書換 ③ I *think* the rumor (*to be*) true.

　(b) I *don't think* (*that*) the rumor is true.

　　（そのうわさは本当ではないと思う）

POINT 「〜ではないと思う」は，think の方を否定して表すことが多い。

　(c) ○ *Who do you think* will win the election?

　　× *Do you think who* will win the election?

　　（選挙には誰が勝つと思いますか）

POINT 疑問詞は do you think の前に置く。（→p.451）

④ I *think it* important (*for us*) *to save* energy.

　（エネルギーを節約することは（我々にとって）大切だと思う）

　※ it は不定詞を受ける形式目的語。

⑤ I *think it* natural that he was fired.（彼がくびになったのは当然だと思う）

※ it は that 節を受ける形式目的語。

書換 I **think** (*that*) it was natural that he was fired.

⑥ What are you **thinking about**？（何を考えているの？）

⑦ ○ I'm **thinking about** [*of*] **buying** a new computer.

　× I *think to buy* a new computer.（新しいパソコンを買おうかと思っています）

POINT 「〜するつもりだ」の意味で〈think＋to V〉とは言えない。

⑧ I **thought** *of* her *as* your sister.（彼女を君のお姉さんだと思った）

⑨ **It is** generally **thought** that urban life is exciting.

　= *They* [*People*] generally *think that* urban life is exciting.

　（都会の生活は刺激的だと一般に考えられている）

□ **threaten** [θrétn]

＋to V	① 〜するおそれがある
＋O＋into Ving	② O〈人〉を脅して〜させる

① It **threatens** *to rain*.（雨になりそうだ）

② The gangster **threatened** him *into buying* the ticket.

　（暴力団員は彼を脅してそのチケットを買わせた）

□ **trouble** [trʌ́bl]

＋O	① O〈人〉に面倒をかける
＋to V	② わざわざ〜する
＋O＋to V	③ O〈人〉に面倒をかけて〜してもらう
＋O＋for A	④ O〈人〉に面倒をかけてAを（取って）もらう

① I'm sorry to **trouble** you, but ...（ご面倒でしょうが…）

② Don't **trouble** *to come* all the way.

　（わざわざ来ていただかなくてかまいません）

③ May I **trouble** you *to close* the door?（ドアを閉めてもらえますか）

④ Can I **trouble** you *for* the newspaper?（新聞を取ってもらえますか）

■ **try** [trái] (**tried-tried**)

＋Ving	① 試しに〜してみる
＋to V	② 〜しようとする
＋not to V	③ 〜しないようにする
＋and V	④ 〜しようとする（try to V）《現在形で》

① I **tried** *standing* on my head.（私は試しにさか立ちしてみた）

② I **tried** *to stand* on my head.（私はさか立ちしようと試みた）

POINT 後ろに不定詞・動名詞の両方を置けるが，意味が異なる。
（→p.24）

※ ①は「実際にやってみた」の意味。②は「やろうとした」だけ。

【参考】①が②の意味で使われることもある。

③ **Try** *not to* be late.（遅刻しないようにしなさい）

④ Let's **try** *and* chase that car.（あの車を追いかけてみよう）

■ **turn** [tə́ːrn] ※第1・2・3・5文型で使う。

－	① 回る，振り向く
＋C [形/名]	② Cに変わる
＋O	③ Oを回す，Oを曲がる
＋O＋C [形/名]	④ OをCに変える
＋into A	⑤ Aに変わる
＋O＋into A	⑥ OをAに変える

① The earth **turns** around the sun.（地球は太陽の周りを回っている）

② The signal **turned** red.（信号が赤になった）

③ (a) He **turned** the wheel to the right.（彼はハンドルを右へ切った）

　(b) The car **turned** that corner.（その車はあの角を曲がった）

④ The hot weather **turned** the milk bad.（暑い天気でミルクが腐った）

⑤ Water **turns** *into* steam.（水は蒸気に変わる）

⑥ Heat **turns** water *into* steam.（熱は水を蒸気に変える）

□ urge [ə́ːrdʒ]

＋O	① Oをせき立てる
＋O＋to V	② 〜するようOをせき立てる

① He *urged* me into the car.（彼はむりやり私を車に押し込んだ）

② The boss *urged* them *to work* harder.

（上司はもっと熱心に働くよう彼らをせき立てた）

□ vote [vóut]

＋against A [Ving]	① A [〜すること] に反対の投票をする
＋for A [Ving]	② A [〜すること] に賛成の投票をする

① I *voted against* the plan.（私はその案に反対の投票をした）

② I *voted for* abandoning the rule.（私はその規則を廃止することに賛成の投票をした）

□ wait [wéit]

＋for A	① Aを待つ
＋for A＋to V	② Aが〜するのを待つ
＋to V	③ 〜するのを待つ
＋on A	④ Aの給仕をする

① I'm *waiting for* her reply.（彼女の返事を待っている）

② I'm *waiting for* her *to come*.（彼女が来るのを待っている）

③ I'm *waiting to hear* from her.（彼女から便りがあるのを待っている）

④ I was *waited on* by her at dinner.（夕食で彼女に給仕してもらった）

■ want [wánt]

＋O	① Oがほしい
＋to V	② 〜したい
＋O＋to V	③ Oに〜してほしい
＋O＋Vpp	④ Oが〜されることを望む

① I *want* more time. （もっと時間がほしい）

② I *want* to be rich. （金持ちになりたい）

【参考】イギリス英語では，want を need の意味で次のように使うこともある。
These shoes *want* [*need*] washing. （この靴は洗う必要がある）

③ ◯ I *want* him *to help* me. / ✕ I *want that* he will help me.

（彼に手伝ってもらいたい）

POINT 〈want＋that節〉は誤り。（→p.56）

④ I *want* the wall *painted* white. （その壁を白く塗ってほしい）

■ **warn** [wɔ́ːrn]

＋O＋to V	① O〈人〉に～するよう警告する
＋O＋not to V	② O〈人〉に～しないよう警告する
＋O＋against A [Ving]	③ A [～すること] に対する警告をO〈人〉に与える
＋O＋that 節	④ …ということに対してO〈人〉に警告する

① I *warned* him *to be* punctual. （私は彼に時間を守るよう警告した）

② I *warned* him *not to* work too much. （私は彼に働きすぎないよう警告した）

書換 ③ I *warned* him *against* working too much.

④ The teacher *warned* him *that* he should not be late again.

（先生は彼に再び遅刻しないよう警告した）

□ **watch** [wátʃ] ※第3・5文型で使う。

＋O	① Oを（注意して）見る
＋O＋Ving	② Oが～しているのを見る
＋O＋V [原形]	③ Oが～するのを見る

① Please *watch* this baggage while I'm away.

（私がいない間，この荷物を見張っていてください）

②③ We *watched* a strange object *flying* [*fly*] in the sky.

（私たちは奇妙な物体が空を飛んでいる [飛ぶ] のを見た）

■ **wear** [wéər] (**wore** [wɔ́ər] -**worn** [wɔ́ːrn]) ※第1・3・4文型で使う。

—	① 使用に耐える，持つ
＋O	② Oを身につけている
＋O＋C [形]	③ OをCの状態で身につけている

① This T-shirt *wears* well.（このTシャツは長持ちする）

　cf. This T-shirt *washes* well.（このTシャツは洗っても長持ちする）

②(a) She *wears* [✕ *is wearing*] glasses.（彼女はめがねをかけている）

　　　POINT 普通は進行形にしない。（→p.40）

　　【参考】一時的状態を強調して「今はOを身につけている」と言うときは，She is wearing a long skirt. のように進行形を使うこともある。

　(b) *Put on* [✕ *Wear*] your sweater.（セーターを着なさい）

　　　POINT 「身につける」「着る」の意味ではput onを使う。（→p.41）

③ She *wears* her hair long.（彼女は髪を伸ばしている）

■ **win** [wín] (**won** [wʌ́n] -**won**) ※第1・3・4文型で使う。

—	① 勝つ
＋O	② (1) O〈戦いなど〉に勝つ (2) O〈勝利など〉を勝ち取る
＋O_1＋O_2 ＋O_2＋for O_1	③ O_1〈主に人〉にO_2〈名声など〉を得させる

① Which is *winning*?（どっちが勝ってるの？）

②(1) Tom *won* the race.（トムはそのレースに勝った）

　(2) Tom *won* first prize in the race.（トムはそのレースで1等賞をもらった）

POINT win の目的語になる名詞

Oに勝つ	battle（戦い）・contest（コンテスト）・election（選挙）・game（試合）・match（試合）・war（戦争）など
Oを勝ち取る	championship（優勝）・fame（名声）・prize（賞（金））・scholarship（奨学金）・victory（勝利）など

③ The novel *won* him fame. = The novel *won* fame *for* him.

（その小説で彼は名声を得た）

■ **wish** [wíʃ] ※第1・3・4・5文型で使う。

＋O₁＋O₂	① O₁〈主に人〉のためにO₂〈幸運など〉を祈る
＋for A	② Aを望む（hope for）
＋to V	③ ～したい
＋O＋to V	④ O〈主に人〉に～してもらいたい
＋S V［過去形］	⑤ （今）～ならよいのに
＋S had Vpp	⑥ （過去に）～ならよかったのに

① I *wish* you good luck.（ご幸運をお祈りします）

② We *wish for* world peace.（私たちは世界平和を望む）

③ I *wish to live* [× *living*] in a house of my own.

（私はマイホームに住みたい）

④ I *wish* you *to come*.（君に来てほしい）

⑤ I *wish* he *would* [× *will*] help me.《仮定法過去》

（彼が私を手伝ってくれればよいのに）

　　POINT that 節中では仮定法を使う。（→p.35）

【参考】thatは省略されるのが普通。

⑥ I *wish* you *had been* with me then.《仮定法過去完了》

（君があのときぼくと一緒にいればなあ）

■ **wonder** [wʌ́ndər]

＋about A ［Ving］	① A［～すること］に思いを巡らす，疑わしく思う
＋疑問詞節	② …だろうかと思う
＋if［whether］節	③ …かしらと思う

① I *wonder about* his honesty.（彼が正直かどうか怪しい）

② (a) I *wonder where* the key is.（鍵はどこにあるのだろうか）

(b) I'm *wondering* (*about*) *how* I should persuade him.

（どうやって彼を説得しようかと考えているところだ）

③ I *wonder* *if* he is single.（彼は独身だろうか）

【参考】I wonder that he is single. は可能。ただし、「彼が独身だとは驚きだ」という意味になる。

□ **work** [wə́ːrk]

－	①（1）働く　（2）効果がある
＋ for A	② A〈会社〉に勤める
＋ O	③ O を働かせる

①（1）(a) I *work* part-time at the store.

（私はその店でアルバイトをしています）

(b) The copier stopped *working* [× *moving*].

（コピー機が動かなくなった）

POINT work は「〈機械などが〉正常に働く」の意味で使う。

(2) This drug *works* like a charm.（この薬は魔法のように効く）

② I *work* *for* a construction company.（私は建設会社に勤めています）

【参考】company はもともと「仲間の集まり」の意味なので、for（〜のために）が使われる。「仕事をする場所」としてとらえれば、work at a company とも言える。

③ Our boss *works* us too hard.（上司は我々を酷使する）

□ **worry** [wə́ːri]

worry（＋ about A）	①（A のことを）心配する，気にする
worry ＋ that 節	② …ということを心配する
be worried ＋ about A	③ A のことを心配している

① Don't *worry* (*about*) it.（(そのことは）気にするな）

② I *worried* *that* I might be late for the train.

（私は列車に遅れるのではないかと心配した）

③ I'm *worried* *about* the results of my checkup.（健康診断の結果が心配だ）

※「心配している」《状態》の意味は be worried で表すことが多い。

□ write [ráit]（wrote [róut] -written [rítn]）

－	① 書く
＋ to A	② A〈人〉に手紙を書く
＋ O₁ ＋ O₂ ＋ O₂ ＋ to O₁	③ O₁〈主に人〉に O₂〈手紙など〉を書く

① (a) Do you have something to **write with**?

　　（何か書く道具を持ってる？）

　(b) Do you have something to **write on**?

　　（何か書く紙を持ってる？）

　　　cf. **write with** a pen（ペンで書く）/ **write in** ink（インクで書く）

② I **wrote to** her.（彼女に手紙を書いた）

③ I **wrote** her a letter. ＝ I **wrote** a letter **to** her.

　（彼女に手紙を書いた）

練習問題（PART1）（正解はp.621）

[A] （　　）内の動詞を適切な形に変えなさい。

☐ 1　Avoid （eat） too much, or you'll become overweight.

☐ 2　I noticed that I had forgotten （lock） the door.

☐ 3　Keep the door （lock） and don't let anyone in.

☐ 4　She suggested that he （see） a doctor as soon as possible.

[B]　空所に入る適切な語句を選びなさい。

☐ 1　I （　　） this apartment at 700 dollars a month.

① lend　② rent　③ borrow　④ loan

☐ 2　I tried to discourage him （　　） undertaking the task.

① at　② from　③ into　④ of

☐ 3　The machine （　　） its inventor a science fair award.

① won　② enabled　③ made　④ provided

☐ 4　I （　　） him that the deadline was drawing near.

① apologized　② suggested　③ explained　④ reminded

[C]　空所に入れることのできない語句を1つ選びなさい。

☐ 1　He （　　） having stolen the money.

① admitted　② denied　③ pretended　④ regretted

☐ 2　I was （　　） at the result of the test.

① informed　② amazed　③ relieved　④ disappointed

☐ 3　I （　　） our sales campaign to be successful.

① want　② believe　③ hope　④ expect

☐ 4　Manufacturers are （　　） to label products with a warning.

① demanded　② required　③ requested　④ supposed

PART 2
形容詞の語法

(1) 形容詞の基本的用法

形容詞には，次の2つの用法がある。

用法名	働き	例
限定用法	名詞を修飾する	This is a ***big*** house. （これは大きな家だ）
叙述用法	補語（C）として働く	This house is ***big***. （この家は大きい）

句や節が形容詞の働きをすることがある。

- 不定詞句：something *to drink*（何か飲むもの）
- 分詞（句）：a girl *singing a song*（歌を歌っている少女）
- 前置詞句：an old man *with a cane*（つえをついた老人）
- 関係詞節：a book *I bought yesterday*（私がきのう買った本）

(2) 形容詞の語順

(A) 形容詞と名詞の語順

例（　　）内の語を正しい順に並べ替えなさい。
（present / the / all / people）were surprised at the news.
（居合わせた人々はみんな，その知らせに驚いた）

答 All the people present

1語の形容詞は普通は名詞の前に置くが，「名詞＋形容詞」の場合もある。この例では，people（who were）present で「居合わせた［出席していた］人々」の意味になる。また，2語以上の場合は**「名詞＋形容詞句」**の順になる。

- Mr. Tanaka is a gentleman *worthy of respect*.
  （田中氏は尊敬に値する紳士です）

- I'd like **something** *cold* ［× *cold something*］ to drink.
  （何か冷たい飲み物がほしい）

POINT something・anything・nothingを修飾する形容詞は，後ろに置く。

・This is the best *chance possible*.（これは絶好の機会だ）

POINT -ible, -ableで終わる形容詞は，しばしば名詞の後ろに置く。

※possible（可能な）・available（入手できる）・imaginable（考えうる）などがこれに当たる。

(B) 形容詞を並列する場合の語順

・「冠詞・所有格＋数量形容詞＋性質形容詞」の語順が原則。
・性質形容詞を並べるときは，「大小＋形状＋性質・色・状態＋年齢・新旧＋材料・所属」が原則。

・his *big white two-story* house（彼の大きな白い二階建ての家）

(3) 数量を表す形容詞①

> 例（　）内に適切な語を入れなさい。
> Quite a (　) money is necessary to carry out the plan.
> （その計画を実行するには，相当な額の金が必要だ）

答 little

quite a littleは「全く少ない」ではなく「かなり多くの」の意味を表す。数量を表す形容詞に関しては，次の区別が最も基本的。

	＋可算名詞	＋不可算名詞
多くの～	many	much
少し～（がある）	a few	a little
ほとんど（～ない）	few	little

・Do you have *many* friends?（たくさんの友人を持っていますか）
・Do you have *much* money?（たくさんのお金を持っていますか）
・We have *a few* days left.（日数が少し残っている）

・We have *little* time left.（時間がほとんど残っていない）

さらにいくつかの表現を加えて示すと、次のようになる。

意味	＋可算名詞	＋不可算名詞
多くの〜	a lot of / lots of / plenty of	
多くの〜	many a number of a great* number of not [quite] a few	a great* deal of a great* amount of a great* quantity of not [quite] a little
少しの（〜がある）	a few a small number of	a little a small amount of
ほとんど（〜ない）	(only a) few hardly [scarcely] any	(only a) little hardly [scarcely] any
まずほとんど〜ない	few, if any	little, if any

*great の代わりに large や good も使える。

・*many*［*a lot of* / *a large number of*］ people（大勢の人々）
・*much*［*a lot of* / *a great amount of*］ money（多額の金）

（4）数量を表す形容詞②

> 例（ ）内から適切な語を選びなさい。
> How（ many / much / large ）is the population of this city?
> （この市の人口はどのくらいですか）

答 large

population（人口）などの「数量を表す名詞」の前に、many や much などの「数量を表す形容詞」を置くことはできない。たとえば much population だと「数量の多い＋人の数」のように、両者に含まれる数量の概念が重複するため。そこで、「多い人口」は *large* *population*（大きな「人の数」）と表現する。

同様の理屈は、price にも当てはまる。「安い値段」を cheap（安い＝値が低

い）＋price（値段）と表現すると，cheapとpriceにそれぞれ含まれる「値段」の概念が重複する。したがって「**安い[高い]値段**」はcheap[expensive] priceではなく *low* [*high*] priceと言う。

POINT　「多い」「少ない」を large・small や high・low で表す名詞

名詞	多い	少ない
audience（聴衆）・population（人口）・number（数）・amount（量）・sum（金額）	large	small
income（収入）・salary（給料）	large high	small low
expense（出費）	large great	small little
price（値段）	high	low

○ There was a *large* audience in the hall.

× There was *much* [*a lot of*] audience in the hall.

　（ホールには多くの聴衆がいた）

○ I can't live on such a *small* [*low*] salary.

× I can't live on such a *few* [*little* / *cheap*] salary.

　（私はこんな安い給料では暮らしていけない）

（5）特殊な比較変化

> 例（　）内から適切な語を選びなさい。
> 　The war broke out in the (later / latter) half of the 19th century.
> 　（その戦争は19世紀後半に起こった）

答　latter

　どちらも late の比較級で，**later** は「より遅く，後で」，**latter** は「後半の，後者（の）」の意味を表す（「前者（の）」は former）。（→p.269）

次のような形容詞（・副詞）は，特殊な比較級・最上級を作る。

形容詞・副詞	比較級	最上級
many・much	more	most
little	less	least
good・well	better	best
bad・ill	worse	worst
late	later（より遅い）	latest（最も遅い）
late	latter（後者の）	last（最後の）
far	farther/further（より遠い）	farthest/furthest（最も遠い）

※more, most は，比較級・最上級を作る記号としても使う。

（6）awake 型の形容詞

例（　）内から正しい方を選びなさい。
　Can you cook (a live / an alive) fish?
　（生きている魚を料理できますか）

答　a live

POINT 接頭辞の a- で始まる形容詞は，名詞の前には置けない。

- □ afraid（恐れている）
- ■ alive（生きている）
- ■ asleep（眠っている）
- ■ alike（似ている）
- □ alone（一人で）
- □ awake（目覚めている）

　形容詞には限定用法・叙述用法の2つの用法がある（→p.200）が，これらの形容詞は叙述用法でしか使えない。上の問いの場合も，alive fish は誤り。live [láiv]（生きている）を使うのが正しい。

叙述用法	限定用法
The fish is *alive* [× *live*]. （その魚は生きている）	a *live* [× an *alive*] fish （生きている魚）
The houses are *alike* [*similar*]. （その家々は似ている）	*similar* [× *alike*] houses （似ている家々）
The baby is *asleep* [*sleeping*]. （その赤ん坊は眠っている）	a *sleeping* [× an *asleep*] baby （眠っている赤ん坊）

そのほか，どちらか一方の用法しか持たない形容詞には次のようなものがある。

- **叙述用法のみ** = **glad**（喜んで）・**well**（元気な）など
- **限定用法のみ** = **drunken**（酔った）・**elder**（年上の）・**mere**（単なる）・**upper**（上の）・**wooden**（木製の）など

　　○ This is a *wooden* table. / × This table *is wooden*.
　　　（これは木製のテーブルです）

なお，叙述用法と限定用法とで意味が異なる形容詞にも注意。

形容詞	叙述用法	限定用法
☐ **able**	可能な，〜できる	有能な〜
☐ **certain**	確かな	確かな〜／ある〜
☐ **due**	（〜する）はずだ	正当な〜
☐ **late**	遅い［遅れて］	遅い［遅れた］〜 最近の〜／故〜
☐ **present**	出席して［居合わせて］	現在の〜
☐ **right**	正しい	正しい〜／右の〜

- Were you *present* at the party?《叙述用法》

　（君はパーティーに出席していたかい）

- I don't know her *present* address.《限定用法》

　（私は彼女の現在の住所を知らない）

- It is *certain* that he will succeed.《叙述用法》

　（彼が成功することは確実だ）

- He is trustworthy to a *certain* extent.《限定用法》

（彼はある程度まで信頼できる）

（7） glad 型の形容詞

> 例 （　　）内に入れることのできない語句を下から選びなさい。
> I was surprised (　　　).
> 　(A) to see the big cat　　(B) of seeing the big cat
> 　(C) that a big cat appeared　　(D) at the big cat

答　(B)

　　(A) と (D) は「その大きなネコを見て驚いた」、(C) は「大きなネコが現れたので驚いた」の意味。(B) は誤った形。

POINT **感情を表す形容詞の後ろには、その原因を表す不定詞または that 節を置くことができる。**

- I'm *glad to see* you.（お会いできてうれしいです）
- I'm *glad that* I was promoted.（昇進してうれしい）
- I was *surprised to hear* the news.（その知らせを聞いて驚いた）
- He was *disappointed that* his proposal was rejected.

（彼は自分の提案が拒絶されて落胆した）

この形で使う主な形容詞には、次のようなものがある。

- **anxious・worried**（心配している）
- **disappointed**（失望している）
- **glad・pleased**（喜んでいる）
- **satisfied**（満足している）
- **sorry**（気の毒に思っている）
- **surprised**（驚いている）

(8) apt 型の形容詞

> 例（　）内から正しい方を選びなさい。
> He is sure (to succeed / of succeeding).
> （彼はきっと成功するだろう）

答 to succeed

〈be sure＋to V〉は「必ず〜するだろう」の意味。一方、〈be sure＋of Ving〉は「〜することを確信している」の意味を表す。

POINT 後ろに不定詞を置く形容詞

■ **be able＋to V** = 〜することができる [éibl]

□ **be unable＋to V** = 〜することができない [ʌnéibl]

・You may be *able* to *persuade* him.
　（君は彼を説得することができるかもしれない）

・I was *unable* to *persuade* him.（私は彼を説得できなかった）

■ **be about＋to V** = まさに〜するところだ [əbáut]

・When I was *about* to *go* out, it began to rain.
　（私がまさに出かけようとしたとき、雨が降り出した）

　※be going to よりも改まった言い方で、より差し迫った未来を表す。

□ **be afraid＋to V** = 恐くて〜できない（→p.232）

□ **be apt＋to V** = 〜しがちだ [ǽpt]

□ **be liable＋to V** = 〜しがちだ [láiəbl]

・We are *apt* to *waste* electricity.（私たちは電気を無駄使いしがちだ）

・I'm *liable* to *get* angry easily.（私はすぐかっとなる傾向がある）

□ **be eager [anxious] ＋to V** = しきりに〜したがる（→p.240）

□ **be free [welcome] ＋to V** = 自由に〜してよい（→p.243）

■ **be likely＋to V** = 〜しそうだ（→p.246）

□ **be unlikely＋to V** = 〜しそうにない

- □ **be quick＋to V** = 〜するのが早い［kwík］
  - □ **be slow＋to V** = なかなか〜しない［slóu］
    - ・Children are *quick* to *master* foreign languages.
      （子どもは外国語を身につけるのが早い）
    - ・He is *slow* to *take* offense.（彼はなかなか腹を立てない）
- □ **be ready＋to V** = 進んで〜する（→p.251）
  - □ **be reluctant＋to V** = いやいや〜する［rilʌ́ktənt］
    - ・She was *reluctant* to *marry* him.（彼女はいやいや彼と結婚した）
- ■ **be sure［certain］＋to V** = きっと［必ず］〜する（→p.252）
- ■ **be willing＋to V** = 喜んで〜する［wíliŋ］
  - □ **be unwilling＋to V** = 〜するのは気が進まない［ʌ̀nwíliŋ］
    - ・I'm *willing* to *accept* your kind invitation.
      （親切なご招待を喜んでお受けします）
    - ・He seemed *unwilling* to *go* to the amusement park.
      （彼は遊園地には行きたくないようだった）

(9) afraid 型の形容詞

(A) 後ろに that 節を置ける形容詞

> 例（　　）内に入る適切な語を下から選びなさい。
> We are (　　) that this product is highly marketable.
> 　(A) considerate　(B) convenient　(C) confident　(D) consistent

答　(C)

「この製品には高い市場価値があると我々は確信している」の意味。(A)「思いやりがある」、(B)「都合がよい」、(D)「首尾一貫した」。

POINT　〈＋that 節〉の形で「…ということを〜している」の意味を表す形容詞

- be *afraid+that節 = …を恐れている
- be *ashamed+that節 = …を恥じている
- be *aware+that節 = …に気づいて [を意識して] いる
  - be *conscious+that節 = …に気づいて [を意識して] いる
- be *confident+that節 = …に自信がある
- be *proud+that節 = …を誇りに思っている
- be sorry+that節 = …を残念に [すまなく] 思っている
- be *sure [certain] +that節 = …だと確信している

(B) 動名詞を使った that 節の言い換え

例 2つの文がほぼ同じ意味になるように, ( ) 内に適切な語を入れなさい。
(a) I'm sure that he will come to help me.
(b) I'm sure (　　) his (　　) to help me.

答 of, coming

「彼が私を手伝いに来てくれることを私は確信している」の意味。〈be sure＋that 節〉を〈be sure＋of A〉で書き換える。Aの位置には名詞句を置く。ここでは his coming（彼が来ること）という「意味上の主語＋動名詞」の形。

POINT 〈+that 節〉を〈（前置詞＋）Ving〉で言い換える語

言い換えの形	その形をとる語の例
of+Ving	形 (A)の*の形容詞 動 boast（自慢する）・repent（後悔する） 名 同格のthat節をとる名詞（chance・doubt・fact・hope・newsなど）（→p.302）
for+Ving	形 sorry（残念に [すまなく] 思っている）
on+Ving	動 insist（主張する）
Ving	動 admit（認める）・deny（否認する）・remember（覚えている）・regret（後悔する）

- I am *afraid* that I will die. = I am *afraid* of dying.

    （私は死ぬのが恐い）

- I'm *sorry* that I broke my promise.

    = I'm *sorry* for having broken my promise.

    （約束を破ってすみません）

    ※「すまなく思っている」のは現在，「約束を破った」のは過去のこと。その時間のずれを**完了動名詞**（having＋Vpp）で表す。

●主な形容詞の後ろに置く形（まとめ）

形容詞	＋to V	＋that 節	＋前＋Ving
afraid	○	○	○ (of)
aware/conscious	―	○	○ (of)
glad	○	○	―
likely	○	○	―
proud	―	○	○ (of)
sorry	○	○	○ (for)
sure/certain	○	○	○ (of)
willing	○	―	―

(10) essential 型の形容詞

> 例 (　) 内から正しい方を選びなさい。
> It was essential that we (meet / met) the deficit.
> (我々はその赤字を埋めることが不可欠だった)

答 meet

POINT 要求・必要・願望などを表す〈It is＋形容詞＋that 節〉の形では，〈should＋〉動詞の原形を使う。

- ☐ **it is desirable＋that節** = …が望ましい
  - ☐ **it is advisable＋that節** = …が望ましい
- ■ **it is essential＋that節** = …が絶対に必要だ
  - ■ **it is imperative＋that節** = …が絶対に必要だ
- ☐ **it is appropriate＋that節** = …が妥当だ
  - ☐ **it is proper＋that節** = …が妥当だ
- ☐ **it is important＋that節** = …が重要だ
- ☐ **it is necessary＋that節** = …が必要だ

○ It is *desirable* that he *start* [*should start*] immediately.

✕ It is *desirable* that he *starts* immediately.

(彼はすぐに出発することが望ましい)

【参考】動詞の原形は，仮定法現在の用法。要求・提案などを表す動詞に続くthat 節中でも同様の形を使う。(→p.34)

なお，**感情・判断**などを表す次のような形容詞（や名詞）も，形式主語の it を使った形が可能。

- ・it is natural [no wonder] ＋ that 節 = …するのは当然だ
- ・it is regrettable [a pity] ＋ that 節 = …するとは残念だ
- ・it is strange＋that 節 = …するとは不思議だ
- ・it is surprising＋that 節 = …するとは意外だ

これらの that 節中では**直説法**を用いる。

・It is **strange** that he **hasn't** come yet.

（彼がまだ来ていないのは不思議だ）

(11) careless 型の形容詞

> 例（　）内に適切な語を入れなさい。
> It was careless (　　) you to forget your password.
> （自分のパスワードを忘れるとは，君は不注意だった）

答 of

POINT 人の性格を表す次のような形容詞は，〈It is ＋形容詞＋of＋人＋to V.〉の形で，「～するとは〈人〉は…だ」の意味を表す。

- ■ **careless**（不注意な）
- ■ **clever・smart**（利口な）　　■ **foolish・stupid**（愚かな）
- ■ **honest**（正直な）　　　　　■ **kind・nice**（親切な）
- ■ **polite**（礼儀正しい）　　　　■ **rude・impolite**（無作法な）

for を使った形式主語構文との違いに注意。

・It is kind *of* you to help me.《下線部＝副詞用法の不定詞》

（私を手伝ってくれるとは君は親切だ）

・It is difficult *for* me to help you.《下線部＝名詞用法の不定詞》

（私が君を手伝うのは難しい）

(12) easy 型の形容詞

> 例（　　）内に入る語を下から選びなさい。
> The book is (　　) to become a bestseller.
> (A) possible　(B) interesting　(C) unlikely　(D) difficult

答　(C)（その本はベストセラーにはなりそうにない）(→p.207)

POINT 次のような形容詞は，原則として〈人 is ＋形容詞＋to V.〉の形では使えない。（形式主語の It を使って表す）

■ **easy**（たやすい）	■ **difficult・hard**（難しい）
■ **possible**（可能な）	■ **impossible**（不可能な）
□ **important**（重要な）	■ **necessary**（必要な）
□ **natural**（当然の）	□ **strange**（不思議な）　など

○ *It is necessary for you* to pay the money.
× You *are necessary* to pay the money.
　（君はそのお金を払う必要がある）

　上の問いはこれと同じ構造なので，空所に possible や difficult を入れることはできない。ただし，〈人 is easy＋to V.〉のような形が可能な場合がある。

(A)　○ It is *easy* to persuade John.

　　 ○ John is easy to persuade.
　　　　（ジョンを説得するのは簡単だ）

(B)　○ It is *necessary* to persuade John.

　　 × John is *necessary to persuade*.
　　　　（ジョンを説得する必要がある）

　John を主語にする文が(A)では○，(B)では×である点に注意。これは，easy と necessary の語法の違いによる。

POINT 文尾の目的語を文頭の It（形式主語）と置き換えることができる形容詞

- **comfortable**（心地よい）
- **difficult・hard**（難しい）
- **impossible**（不可能な）
- **dangerous**（危険な）
- **easy**（たやすい）
- **pleasant**（楽しい） など

　これらの形容詞は，(A) のような言い換えが可能な場合には，人が主語であっても正しい文になる。次の文も同様。

　$\boxed{\text{This river}}$ is *dangerous* to swim in.（この川で泳ぐのは危険だ）
　　= It is *dangerous* to swim in $\boxed{\text{this river}}$.

(13) excited/exciting 型の形容詞

例（　　）内から正しい方を選びなさい。
The (exciting / excited) crowd didn't leave the stadium.
（興奮した観客は競技場を去らなかった）

答 excited

excite（〈人を〉興奮させる）は，次のように使う。

(a) We were *excited* at the game.（私たちはその試合に興奮した）
(b) It was an *exciting* game.（それはわくわくする試合だった）

(a) は，The game excited us.（その試合は私たちを興奮させた）という文を受動態にした形。

POINT 「人に～の感情を起こさせる」という意味を表す他動詞の分詞は，次のように形容詞として使われる。

(a) 過去分詞 → 「〈人が〉～の感情を抱いている」
(b) 現在分詞 → 「〈物が〉人に～の感情を起こさせるような」

このタイプの動詞には，次のようなものがある。

動詞	人が主語	物が主語
☐ amaze [əméiz]	amazed	amazing
☐ astonish [əstániʃ]	astonished	astonishing
■ surprise [sərpráiz]	surprised	surprising
(〈人を〉驚かせる)	(驚いている)	(驚くべき)
☐ amuse [əmjúːz]	amused	amusing
(〈人を〉楽しませる)	(楽しんでいる)	(楽しい)
☐ annoy [ənɔ́i]	annoyed	annoying
(〈人を〉悩ます)	(いらついている)	(いらだたしい)
☐ bother [báðər]	bothered	bothering
(〈人を〉悩ます)	(悩んでいる)	(煩わしい)
■ bore [bɔ́ːr]	bored	boring
(〈人を〉退屈させる)	(退屈している)	(退屈な)
☐ charm [tʃáːrm]	charmed	charming
☐ fascinate [fǽsənèit]	fascinated	fascinating
(〈人を〉魅了する)	(魅了されている)	(魅力的な)
☐ confuse [kənfjúːz]	confused	confusing
(〈人を〉当惑させる)	(当惑している)	(紛らわしい)
☐ depress [diprés]	depressed	depressing
(〈人を〉落胆させる)	(落胆している)	(憂うつな)
■ disappoint [dìsəpɔ́int]	disappointed	disappointing
(〈人を〉失望させる)	(失望している)	(期待外れの)
☐ disgust [disgʌ́st]	disgusted	disgusting
(〈人を〉うんざりさせる)	(うんざりしている)	(うんざりする)
☐ disturb [distə́ːrb]	disturbed	disturbing
(〈人を〉不安にする)	(不安な)	(平静を乱す)

PART 2 形容詞の語法

☐ **embarrass** [imbǽrəs] (〈人を〉困惑させる)	**embarrassed** (困惑している)	**embarrassing** (ばつの悪い)
■ **excite** [iksáit] (〈人を〉興奮させる)	**excited** (興奮している)	**exciting** (わくわくする)
☐ **frighten** [fráitn] (〈人を〉恐がらせる)	**frightened** (恐がっている)	**frightening** (恐い)
☐ **frustrate** [frʌ́streit] (〈人を〉失望させる)	**frustrated** (落胆している)	**frustrating** (期待外れの)
☐ **interest** [íntərəst] ☐ **intrigue** [intríːg] (〈人の〉興味を引く)	**interested** **intrigued** (興味がある)	**interesting** **intriguing** (興味深い)
☐ **irritate** [írətèit] (〈人を〉いらつかせる)	**irritated** (いらついている)	**irritating** (腹立たしい)
☐ **move** [múːv] ☐ **strike** [stráik] ☐ **touch** [tʌ́tʃ] (〈人を〉感動させる)	**moved** **struck** **touched** (感動している)	**moving** **striking** **touching** (感動的な)
☐ **reassure** [rìːəʃúər] ☐ **relieve** [rilíːv] (〈人を〉安心させる)	**reassured** **relieved** (安心している)	**reassuring** **relieving** (安心できる)
☐ **refresh** [rifréʃ] (〈人を〉元気回復させる)	**refreshed** (気分爽快な)	**refreshing** (すがすがしい)
☐ **relax** [rilǽks] (〈人を〉くつろがせる)	**relaxed** (くつろいでいる)	**relaxing** (くつろげる)
☐ **scare** [skέər] (〈人を〉恐がらせる)	**scared** (恐がっている)	**scaring** (恐い)
☐ **shock** [ʃʌ́k] (〈人に〉衝撃を与える)	**shocked** (衝撃を受けている)	**shocking** (衝撃的な)

□ **thrill** [θríl]〈〈人を〉ぞくぞくさせる）	**thrilled**（ぞくぞくしている）	**thrilling**（ぞくぞくする）

※過去分詞に続く前置詞は，動詞によって by のほか with・at・about などが使われる。

- I was *annoyed by* the noise.（私はその音にいらだった）
- The noise is *annoying*.（その音がうるさい）

- I was *bored with* the lesson.（私はその授業に退屈した）
- I don't like the *boring* lesson.（私はその退屈な授業が嫌いだ）

- I was *disappointed at* his speech.（私は彼のスピーチに失望した）
- His speech was *disappointing*.（彼のスピーチは期待外れだった）

- I was *frightened by* the barking dog.（私はほえる犬にびっくりした）
- It was a *frightening* sight.（それはぞっとする光景だった）

- I am *interested in* history.（私は歴史に興味があります）
- History is an *interesting* subject.（歴史はおもしろい科目です）

- I was *irritated at* his remarks.（私は彼の言葉にいらいらした）
- His remarks were *irritating* to me.（彼の言葉は私をいらつかせた）

- I feel *refreshed by* the shower.（シャワーを浴びてすっきりした）
- I feel a *refreshing* breeze.（すがすがしいそよ風を感じる）

- I feel *relaxed* in this room.（この部屋ではくつろいだ気分になる）
- This is a *relaxing* room.（これはくつろげる部屋だ）

- We were *shocked at* the news.
  （私たちはその知らせを聞いてショックを受けた）
- It was *shocking* news. = The news was *shocking*.
  （その知らせは衝撃的だった）

- I was *surprised at* the news.（私はその知らせに驚いた）
- The news was *surprising* to me.（その知らせは私には意外だった）

(14) pleasant 型の形容詞

> 例（　　）内から正しい方を選びなさい。
> The news made them（ pleased / pleasant ）．
> （その知らせは彼らを喜ばせた）

答 pleased

　make＋O＋C（OをCにする）の形から，Cの位置には「OがCである」という関係になる語が入る。please（〈人を〉喜ばせる）の過去分詞 *pleased* は「〈人が〉喜んでいる」の意味を表すので，これが正解。*pleasant* は pleasing と同じ意味で，「人を喜ばせるような→楽しい」ということ。このように，過去分詞・現在分詞以外で使い分けが必要な形容詞には，次のようなものがある。

動詞	人が主語	物が主語
□ **attract** [ətrǽkt] （〈人を〉魅了する）	**attracted** （魅了されている）	**attractive** （魅力的な）
□ **delight** [diláit] （〈人を〉喜ばせる）	**delighted** （喜んでいる）	**delightful** （喜ばしい）
□ **impress** [imprés] （〈人に〉感銘を与える）	**impressed** （感銘を受けている）	**impressive** （印象的な）
■ **please** [plíːz] （〈人を〉喜ばせる）	**pleased** （喜んでいる）	**pleasing** **pleasant** （楽しい）
■ **regret** [rigrét] （後悔する）（→p.224）	**regretful** （後悔している）	**regrettable** （残念な）
■ **respect** [rispékt] （尊敬する）（→p.224）	**respectful** （敬意を表す）	**respectable** （尊敬すべき，立派な）
■ **satisfy** [sǽtisfài] （〈人を〉満足させる）	**satisfied** （満足している）	**satisfying** **satisfactory** （十分な）

cf. □ doubt [dáut]	doubtful	doubtful
（疑う）	（疑っている）	（疑わしい）

I'm *satisfied* with the result.（私はその結果に満足している）

The result is *satisfactory* to me.（その結果は私には十分だ）

※接尾辞の -able には，「～されるに値する」「～されることができる」という（受動の）意味が含まれる。

・He is *reliable*. = He *can be relied on*.（彼は信頼のおける人だ）

・He is a *respectable* man.（彼は尊敬できる［立派な］人だ）

（15）意味の紛らわしい形容詞

> 例（　）内に入る適切な語を下から選びなさい。
> You've got the （　） number.（電話番号をお間違えですよ）
> （A）bad　（B）wrong　（C）false　（D）mistaken

答　(B)

意味の似た形容詞の区別を問う問題。答えや番号などが間違っている場合に使う形容詞は wrong。

● 「早い」「速い」

□ **early** [ə́ːrli]	〈時期が〉早い ⇔ late（遅い）
□ **fast** [fǽst]	〈動きが〉速い
□ **quick** [kwík]	〈動きが〉素早い ⇔ slow（ゆっくりした）
□ **rapid** [rǽpid]	〈変化などが〉急速な

Eric is an *early* riser.（エリックは早起きだ）

Beth is a *fast* runner.（ベスは走るのが速い）

The dancer's movements were *quick*.（ダンサーの動きは素早かった）

You've made *rapid* progress in English.（君の英語は急速に進歩した）

● 「普通の」など

■ common [kámən]	共通の，ありふれた
□ ordinary [ɔ́ːrdənèri]	普通の，通常の
□ general [dʒénərəl]	一般的な，全体の
□ normal [nɔ́ːrməl]	正常な，標準の
■ popular [pápjulər]	人気がある

This misspelling is *common* [× *popular*] to students.

（このつづりミスは，学生にはよく見られる）

POINT common（共通の）と popular（人気がある）を混同しないこと。

The film describes the life of *ordinary* people.

（その映画は普通の人々の生活を描いている）

A *general* meeting of the students was held.

（生徒総会が開かれた）

慣用表現

□ **have A in common** = Aを共有する

　　The twins *have* many things *in common*.

　　（その双子には多くの共通点がある）

□ **back to normal** [名] = 常態に復する

　　Things were *back to normal*. （事態は常態に復した）

● 「本当の」など

□ real [ríːəl]	実際［実物］の ＞**reality** 名 現実
□ genuine [dʒénjuin]	本物の ⇔ **false** 形 にせ物の
□ true [trúː]	真実の ＞**truth** 名 真実
□ actual [ǽktʃuəl]	現実の ＞**actually** 副 実際は
□ virtual [vɔ́ːrtʃuəl]	事実上の ＞**virtually** 副 事実上

※ real・true・genuine は，しばしば交換可能。

This is a *real* [*genuine* / *true*] diamond. （これは本物のダイヤです）

You are my *real* [*genuine* / *true*] friend.（君はぼくの真の友人だ）

What he said is *true*.（彼が言ったことは本当です）

The *actual* [*real*] cost will be higher.（実際の費用はもっと多いだろう）

Mr. Mori is their *virtual* leader.（森氏が彼らの事実上の指導者だ）

【参考】virtual は「名目上ではなく実質的な」の意味。コンピューター用語では「仮想の」の意味で使う（例：virtual reality = 仮想現実）。

● 「正しい」「正確な」

□ **right** [ráit]	正しい［誤りがない］
□ **correct** [kərékt]	正しい［誤りがない］
□ **accurate** [ǽkjurət]	正確な
□ **exact** [igzǽkt]	正確な
□ **precise** [prisáis]	正確な

※ accurate・exact・precise は、しばしば交換可能。

Your answer is *right* [*correct*].（君の答えは正しい）

I need *accurate* [*exact* / *precise*] information.（正確な情報が必要だ）

● 「間違っている」

■ **wrong** [rɔ́ːŋ]	正しくない
□ **false** [fɔ́ːls]	本当ではない
□ **mistaken** [mistéikən]	〈考えなどが〉誤って［誤解して］いる

I took a *wrong* bus.（私は乗るバスを間違えた）

⇔ I took the *right* bus.（私は乗るバスを間違えなかった）

The rumor was *false*.（そのうわさは間違いだった）

【参考】false hair [tooth]（かつら［義歯］）のようにも使う。

I was *mistaken* about him.（私は彼を誤解していた）

My answer was *mistaken* [*wrong*].（私の答えは間違っていた）

(16) 形の紛らわしい派生形容詞

> 例（　　）内から正しい方を選びなさい。
> It's more (economic / economical) to go by bus than by taxi.
> （タクシーで行くよりバスの方が安上がりだ）

答 economical

economy（経済）という名詞から派生した形容詞には，economic（経済の）・economical（倹約的な）の2つがある。こうした紛らわしい意味を持つ形容詞の区別が問われやすい。

☐ **comparable** [kάmpərəbl] 形 比較できる，匹敵する

☐ **comparative** [kəmpǽrətiv] 形 比較の，かなりの

　There is no search engine ***comparable*** to Google.
　（グーグルに匹敵する検索エンジンはない）
　The operation of this machine is ***comparatively*** easy.
　（この機械の操作は比較的簡単です）

☐ **considerable** [kənsídərəbl] 形 かなりの

☐ **considerate** [kənsídərət] 形 思慮深い，思いやりがある

　a ***considerable*** amount of money （かなりの額の金）
　She is ***considerate*** of others. （彼女は他人に思いやりがある）

☐ **economic** [èkənάmik] 形 経済（学）の

■ **economical** [èkənάmikəl] 形 経済的な，安上がりの

　I support the new ***economic*** policy. （新しい経済政策を支持します）
　The second plan is more ***economical***. （第2案の方が安上がりだ）

☐ **favorable** [féivərəbl] 形 有利な，好意的な

■ **favorite** [féivərit] 形 大好きな

　We are in a ***favorable*** position. （我々は有利な立場にいる）
　What are your ***favorite*** subjects? （好きな学科は何ですか）

☐ **historic** [histɔ́ːrik] 形 歴史上重要な

☐ **historical** [histɔ́ːrikəl] 形 歴史に関する，歴史上の

    I like visiting *historic* spots. （私は史跡を訪ねるのが好きだ）

    I engage in *historical* research. （私は歴史研究に携わっている）

■ **imaginable** [imǽdʒənəbl] 形 想像できる，考えうる

■ **imaginary** [imǽdʒənèri] 形 想像上の，架空の

■ **imaginative** [imǽdʒənətiv] 形 想像力の豊かな

    I tried every method *imaginable*. （私は考えうる方法を全部試した）

    A dragon is an *imaginary* animal. （竜は架空の動物である）

    She is an *imaginative* writer. （彼女は想像力の豊かな作家だ）

☐ **industrial** [indʌ́striəl] 形 産業の，工業の

☐ **industrious** [indʌ́striəs] 形 勤勉な （diligent）

    industrial waste pollution （産業廃棄物汚染）

    an *industrious* student （勤勉な学生）

■ **literacy** [lítərəsi] 名 使いこなす力

■ **literal** [lítərəl] 形 文字通りの

■ **literally** [lítərəli] 副 文字通り

■ **literary** [lítərèri] 形 文学の

■ **literate** [lítərət] 形 読み書きのできる

    computer *literacy* （コンピューターを使いこなす能力）

    He was poor in the *literal* sense of the word.

    = He was *literally* poor. （彼は文字通り貧乏だった）

    My father is a *literary* man. （私の父は文筆業です）

    Some people are *illiterate*. （読み書きのできない人もいる）

- **regretful** [rigrétfəl] 形 後悔している
- **regrettable** [rigrétəbl] 形 残念な

  I am *regretful* for what I have done. = I *regret* what I have done.
  (私は自分のしたことを後悔している)

  It is *regrettable* that the singer died young.
  (その歌手が若くして死んだのは残念だ)

- **respectable** [rispéktəbl] 形 尊敬できる、立派な
- **respectful** [rispéktfəl] 形 敬意を表して
- **respective** [rispéktiv] 形 それぞれの（each）

  He is a *respectable* leader.（彼は立派な指導者だ）

  Be *respectful* to your seniors.（目上の人には敬意を払いなさい）

  We expressed our *respective* views.（我々は各自の見解を表明した）

- **sensible** [sénsəbl] 形 分別のある
- **sensitive** [sénsətiv] 形 敏感な

  It is *sensible* of you to give up smoking.（禁煙するとは君は賢明だ）

  The manager is *sensitive* to criticism.（部長は批判に敏感だ）

  【参考】このほか、紛らわしい語に sensuous（心地よい）、sensual（官能的な）、sensory（知覚の）があるが、テストでこれらの語が正解として問われることはほとんどない。

- **successful** [səksésfəl] 形 成功して
- **successive** [səksésiv] 形 引き続いた（consecutive）

  He was *successful* in the exam.（彼はその試験に受かった）

  It rained for five *successive* days.（5日続いて雨が降った）

  ※次のような関係になる。

動詞	名詞	形容詞
succeed	success	successful
（成功する）	（成功）	（成功して）
succeed	succession	successive
（継ぐ，続く）	（継続）	（引き続いた）

(17) 形容詞と名詞のコロケーション

> 例 (　　　) 内から正しい方を選びなさい。
> This apartment is too (narrow / small) for us to live in.
> (このアパートは私たちが住むには狭すぎる)

答 small

narrow は「幅が狭い」の意味。「面積が狭い」は small で表す。この例では，「狭いアパート[部屋]＝a small apartment [room]」のように，「形容詞＋名詞」をセットで覚えておくとよい。次のような形容詞と名詞の結びつきにも注意。

英語	日本語
□ a **blind** alley	袋小路
□ a **blue** chip	優良株［企業］
□ a **busy** street	往来の多い通り
■ a **capital** [× *big*] letter	大文字
□ a **close** call	危機一髪
□ a **dead** end	行き詰まり
□ **dead** stock	売れ残り
■ **down** payment	頭金，手付金
■ a **due** date	支払い期日
■ an **even** number	偶数
□ an **odd** number	奇数
□ a **fitting** room	試着室
□ a **flat** rate	均一料金
□ a **flat** refusal	断固とした拒絶
□ a **general** meeting	総会
■ (a) **heavy** rain	大雨
■ **heavy** [× *much*] traffic	激しい交通
■ an **initial** [× *head*] letter	頭文字

■ a **listed** company	株式上場企業
☐ a **local** train	普通列車
☐ in a **loud** voice	大声で
■ a **low** [× *cheap*] price (→p.203)	安い値段
■ a **narrow** escape	危機一髪
☐ a **paid** holiday	有給休暇
☐ a **practical** joke	悪ふざけ
☐ a **raw** material	原料
☐ **real** estate	不動産
■ a **reasonable** price	手ごろな値段
☐ **reckless** driving	無謀運転
■ a **senior** citizen	高齢者
■ a **serious** [× *heavy*] disease	重病
■ a **short** [× *near*] cut	近道
■ a **slight** cold	軽い風邪
■ a **soft** spot	弱点
■ a **sore** throat	のどの痛み
■ **strong** [× *thick*] coffee ■ **weak** [× *thin*] coffee	濃いコーヒー 薄いコーヒー
☐ a **tall** order	法外な注文
☐ a **tight** schedule	詰まった予定
☐ a **tough** negotiator	手強い交渉相手
☐ an **urgent** business	急用
■ a **used** car	中古車
☐ a **vicious** circle	悪循環

(18) 形容詞と前置詞のコロケーション

〈be good at A〉（Aが得意だ）のようなタイプの慣用表現のうち，p.232以下で取り上げていないものをまとめて示しておく。

■ **be absent from A** = Aを欠席する［ǽbsənt］

　I was ***absent from*** school yesterday.（私はきのう学校を休んだ）

☐ **be abundant in A** = Aが豊富だ［əbʌ́ndənt］

　■ **be rich in A** = Aが豊富だ［rítʃ］

　This river is ***abundant in*** salmon. = This river ***abounds in*** salmon.

　（この川はサケが豊富だ）

　The island is ***rich in*** marine products.（その島は海産物が豊富だ）

☐ **be adjacent to A** = Aに隣接している［ədʒéisnt］

　My office is ***adjacent to*** the city hall. = My office ***adjoins*** the city hall.

　（私の職場は市役所に隣り合っている）

☐ **be angry with A** = A〈人〉に怒っている［ǽŋgri］

　Why is she ***angry with*** you?（なぜ彼女は君に腹を立てているのか）

　cf. What is she ***angry about***［*at*］?（彼女は何に腹を立てているのか）

　※感情を表す形容詞の多くは，上のように前置詞を使い分ける。annoyed・bothered・irritated・confused・embarrassed・puzzled なども同様。

☐ **be blind to A** = Aに気づかない［bláind］

　They are ***blind to*** their own faults.（彼らは自分の欠点に気づかない）

☐ **be characteristic of A** = Aの特徴である（characterize）［kæ̀riktərístik］

　Such pronunciation is ***characteristic of*** Australians.

　（そのような発音はオーストラリア人の特徴だ）

☐ **be clear of A** = Aがない［klíər］

　This street is ***clear of*** traffic at night.（この通りは夜は車や人が通らない）

■ **be close to A** = Aに近い［klóus］

　My house is ***close to*** the bus stop.（私の家はバス停に近い）

☐ **be conditional on A** = A次第である [kəndíʃnl]
　Your success is *conditional on* your efforts.
　（君の成功は君の努力次第である）

☐ **be consistent with A** = Aに一致する [kənsístənt]
　His conduct isn't *consistent with* his words.
　（彼の行動は言葉と一致しない）

■ **be content with A** = Aに満足している [kəntént]
　I'm *content with* my life.（私は生活に満足している）

☐ **be crazy about A** = Aに夢中だ [kréizi]
　She is *crazy about* the young actor.（彼女はその若い俳優に夢中だ）

☐ **be critical of A** = Aに批判的である [krítikəl]
　The minister is *critical of* the new policy.（その大臣は新政策に批判的だ）

☐ **be curious about A** = Aを知りたがっている [kjúəriəs]
　I'm *curious about* his past.（私は彼の過去が知りたい）

☐ **be deficient in A** = Aが乏しい [difíʃənt]
　Your diet is *deficient in* vitamin.（あなたの食事にはビタミンが乏しい）

☐ **be dependent on A (for B)** =（Bを）Aに依存している [dipéndənt]
　He is *dependent on* his parents (*for* school expenses).
　（彼は（学費を）両親に頼っている）

☐ **be doubtful of A** = Aを疑っている（doubt）[dáutfəl]
　The policeman is *doubtful of* the driver.
　（警官はその運転手を疑っている）

☐ **be eligible for A** = Aに適格である [élidʒəbl]
　He is *eligible for* chairman of the board.（彼は委員長に適格だ）

☐ **be envious of A** = Aをうらやんでいる（envy）[énviəs]
　She is *envious of* your beauty.（彼女はあなたの美しさに嫉妬している）

■ **be essential to A** = Aに不可欠である [isénʃəl]
　☐ **be indispensable to A** = Aに不可欠である [ìndispénsəbl]

Moderate exercise is **essential** [***indispensable***] *to* good health.

（適度の運動は健康にとって不可欠である）

☐ **be exempt from A** = Aを免除されている ［igzémpt］

The student is ***exempt from*** tuition.（その学生は授業料を免除されている）

■ **be fond of A** = Aを好む ［fánd］

I'm ***fond of*** singing karaoke.（私はカラオケを歌うのが好きです）

☐ **be fresh from A** = Aを出たばかりだ

She is a teacher ***fresh from*** the university.

（彼女は大学を出たばかりの教師だ）

■ **be full of A** = Aでいっぱいである ［fúl］

The bottle is ***full of*** water.（そのびんには水がいっぱい入っている）

☐ **be grateful to A (for B)** =（B〈事柄〉のことで）A〈人〉に感謝している ［gréitfəl］（thankful・obliged）

I'm ***grateful to*** you *for* the precious information.

（貴重な情報をいただき感謝します）

☐ **be guilty of A** = Aの罪を犯している ［gílti］

　☐ **be innocent of A** = Aの罪を犯していない ［ínəsənt］

We have been ***guilty of*** a serious blunder.

（我々は重大な失策の罪を犯している）

☐ **be ignorant of A** = Aを知らない ［ígnərənt］

He was ***ignorant of*** the news.（彼はその知らせを知らなかった）

■ **be independent of A** = Aから独立している ［indipéndənt］

I want to become ***independent of*** my parents.

（私は両親から独立したい）

■ **be indifferent to A** = Aに無関心である ［indífərənt］

Some young employees are ***indifferent to*** promotion.

（若い社員の中には昇進に無関心な者もいる）

■ **be inferior to A** = Aより劣っている ［infíəriər］

■ **be superior to A** = Aより優れている [səpíəriər]

This battery is *superior* [*inferior*] *to* the others in quality.

（この電池は品質の点で他の電池よりも優れて［劣って］いる）

■ **be junior to A** = Aより年下だ [dʒúːnjər]

■ **be senior to A** = Aより年上だ [síːnjər]

I'm two years *junior to* him.（私は彼より2歳年下です）

書換 I'm two years *his junior*. ※ junior 名 年下の人

I'm two years *younger than* he (is).

I'm *younger than* he (is) *by* two years.

■ **be late for A** = Aに遅れる [léit]

■ **be in time for A** = Aに間に合う

I was *late for* the meeting.（会議に遅れた）

I was *in time for* the train.（列車に間に合った）

☐ **be partial to A** = Aを特に好む [páːrʃəl]

I'm *partial to* puppies.（私は子犬が大好きです）

■ **be particular about A** = Aの好みがうるさい [pərtíkjulər]

He is *particular about* food.（彼は食べ物の好みがうるさい）

☐ **be popular with [among] A** = Aに人気がある [pápjulər]

The singer is *popular among* young girls.

（その歌手は若い女の子に人気がある）

☐ **be proficient in A** = Aに熟達している [prəfíʃənt]

She is *proficient in* speaking English.（彼女は英会話に熟達している）

☐ **be proof against A** = Aに耐える [prúːf]

This watch is *proof against* water.（この時計は防水です）

☐ **be proportional to A** = Aに比例する [prəpɔ́ːrʃənl]

Your bonus is *proportional to* your achievements.

（あなたのボーナスは業績に比例する）

☐ **be relevant to A** = Aに関連がある [réləvənt]

She was *relevant to* the case.（彼女はその事件に関係していた）

☐ **be respectful of A** = Aを尊重する（respect）[rispéktfəl]

Some people are very *respectful of* tradition.

（伝統を非常に尊重する人々もいる）

cf. Be *respectful to* your seniors.（目上の人には敬意を払いなさい）

■ **be responsible for A** = Aに対して責任がある [rispánsəbl]

☐ **be to blame for A** = Aに対して責任がある [bléim]

Parents are *responsible for* their children.

（親は子どもに対して責任がある）

■ **be sensitive to A** = Aに敏感だ [sénsətiv]（→p.224）

I'm *sensitive to* smells.（私はにおいに敏感だ）

☐ **be short for A** = Aの略である [ʃɔ́:rt]

TV is *short for* television.（TVはテレビの略だ）

■ **be short of A** = Aが不足している

■ **run short of A** = Aが不足する

We are *short of* funds.（資金が足りない）

We are *running short of* funds.（資金が足りなくなってきた）

cf. We've *run out of* funds.（資金が尽きた）

■ **be subject to A** = Aを受けやすい [sʌ́bdʒikt]

Japan is very *subject to* earthquakes.

（日本は地震の害を非常に受けやすい）

■ **be suitable for A** = Aに適している [sú:təbl]

☐ **be fit for A** = Aに適している [fít]

☐ **be proper for A** = Aに適している [prápər]

This drill is *suitable for* beginners.（このドリルは初心者に適している）

He is *proper for* the job.（彼はその仕事に適任だ）

☐ **be suspicious of A** = Aを疑っている [səspíʃəs]

I'm *suspicious of* his intentions.（私は彼の意図を疑っている）

- □ **be (sick and) tired of A** = Aに飽きている [táiərd]
  - □ **get tired of A** = Aに飽きる
    - I'm ***tired of*** doing the same work. (同じ仕事をするのには飽きた)
    - *cf.* I'm ***tired from*** walking for a long time. (長い間歩いて疲れた)
- □ **be typical of A** = Aを代表している (typify) [típikəl]
  - He was most ***typical of*** the times in which he lived.
  - (彼はその生きた時代を最もよく象徴する人だった)
- □ **be unique to A** = Aに特有である [juːníːk]
  - The disease is ***unique to*** this area. (その病気はこの地域特有だ)
- □ **be vulnerable to A** = Aに弱い [vʌ́lnərəbl]
  - This flower is ***vulnerable to*** heat. (この花は暑さに弱い)

(19) 意味に注意すべき形容詞

- □ **in** [ín] 形 流行している
  - Short skirt is ***in*** this year. (今年は短いスカートが流行している)
- ■ **off** [ɔ́ːf] 形 〈仕事などが〉休みだ
  - I'm ***off*** on Wednesdays. (私は水曜日は休みです)
- ■ **over** [óuvər] 形 終わっている
  - The game is going to be ***over*** before we arrive.
  - (私たちが着く前にゲームが終わりそうだ)

(20) 主な形容詞の語法

■ **afraid** [əfréid]

＋that節	① …ということを恐れている
＋of (A) Ving	② (Aが) ～することを恐れている
＋to V	③ 恐くて～できない

① I'm *afraid that* I will fail again.（私は再び失敗するのが恐い）

書換 ② I'm *afraid of* failing again.

③ I am *afraid to see* the movie.（私は恐くてその映画を見られない）

慣用表現

■ **I'm afraid (that) ...** = 残念ながら…（ではないかと思う）

I'm afraid I can't go.（申し訳ありませんが行けません）

I'm afraid he won't come.（彼は来ないのじゃないだろうか）

※好ましくないことを述べるときに使う。好ましいことには hope を使う。

cf. *I hope* (*that*) he'll come.（彼は来てくれるだろう）

■ alike [əláik]

S [複数形] **are alike**	Sは似ている

(a) The two houses are *alike*.（その2軒の家は似ています）

(b) We can see two *similar* [× *alike*] houses.（2軒の似た家が見えます）

POINT 名詞の前には置けない。（→p.204）

■ alive [əláiv]

S **is alive**	Sは生きている

(a) This fish is *alive*.（この魚は生きています）

(b) Do you eat a *live* [× an *alive*] fish?（生きている魚を食べますか）

POINT 名詞の前には置けない。（→p.204）

■ asleep [əslíːp]

S **is asleep**	Sは眠っている

(a) The baby is *asleep* [*sleeping*].（その赤ん坊は眠っている）

(b) Look at the *sleeping* [× *asleep*] baby.

（眠っている赤ん坊を見なさい）

POINT 名詞の前には置けない。（→p.204）

■ anxious [ǽŋkʃəs]

＋about A	① Aのことを心配している
＋for A	② Aを切望している
＋to V	③ ～することを切望している

① I'm *anxious about* my future.（ぼくは自分の将来が心配だ）

② I'm *anxious for* a letter from her.（ぼくは彼女からの手紙を待ち望んでいる）

③ I'm *anxious to go* out with her.（彼女とデートしたくてたまらない）

□ ashamed [əʃéimd]

＋that 節	① …ということを恥じている
＋of (A) Ving	②（Aが）～することを恥じている

① I'*m ashamed that* I *was* lazy.（私は怠けたことを恥ずかしく思っている）

　書換 ② I'm *ashamed of having been* lazy.（→p.209）

■ aware [əwéər]

＋that 節	① …ということを意識して [に気づいて] いる
＋of (A) Ving	②（Aが）～することを意識して [に気づいて] いる

① She was *aware that* her boss was irritated.

　（彼女は上司がいらついていることに気づいていた）

　書換 ② She was *aware of* her boss *being* irritated.

□ best [bést]

good の最上級	① 最もよい
well の最上級	② 最も上手に《副詞》

① Meg is *the best* singer in my class.

＝ ② Meg sings (*the*) *best* in my class.（メグはクラスで一番歌が上手だ）

慣用表現

　□ make the best [名] of A ＝ Aをせいぜい [最大限に] 利用する

I'll *make the best of* this dictionary.（この辞書で間に合わせます）

☐ at (the) best [名] = よくても，せいぜい

My grade will be 70 *at* (*the*) *best*.（ぼくの点数はせいぜい70点だろう）

☐ better [bétər]

good の比較級	① よりよい
well の比較級	② (1) より元気な《形容詞》 　 (2) より上手に《副詞》

① This juice tastes ***better*** than mine.（このジュースはぼくのよりおいしい）

② (1) She looks ***better*** than she was yesterday.

　　　（彼女はきのうより元気そうだ）

　 (2) She speaks English ***better*** than I do.（彼女はぼくより上手に英語を話す）

慣用表現

■ had better V = 〜する方がよい（→p.520）

■ know better than to V = 〜しないだけの分別を持つ

　I *know better than to lend* Jim my money.

　（ジムに金を貸すほどばかじゃないよ）

■ like A better than B = BよりもAの方が好きだ

　I *like* tea *better than* coffee.（私はコーヒーよりお茶が好きです）

　書換 I *prefer* tea *to* coffee.

☐ bound [báund]

＋for A	① 〈乗り物が〉A行きである
＋to V	② (1) きっと〜するだろう（be certain to V） 　 (2) 〜する義務がある（ought to V）

① This train is ***bound*** *for* Hakata.（この列車は博多行きです）

② (1) He is ***bound*** *to succeed*.（彼はきっと成功するだろう）

　 (2) He is ***bound*** *to pay* the money back to you.

　　　（彼はその金を君に返す義務がある）

■ busy [bízi]

＋Ving	① 〜するのに忙しい
＋with A	② Aで忙しい

① I am **busy doing** [× <u>to do</u>] my homework.

＝② I am **busy with** my homework. （私は宿題をするのに忙しい）

POINT 〈busy＋to V〉は誤り。

【参考】Ving は、「補語的な働きをする現在分詞」「動名詞（busy の後の in が省略されたもの）」の両方の解釈が可能。

■ capable [kéipəbl] ⇔ □ incapable 形 できない

＋of Ving	〜することができる

This bicycle is **capable of running** [× <u>to run</u>] at a speed of 180km an hour.

（この自転車は時速180キロの速さで走ることができる）

POINT 〈capable＋to V〉は誤り。

□ careful [kéərfəl]

＋of [about] A	① Aに気をつける
＋not to V	② 〜しないよう気をつける
＋that 節	③ …であるよう気をつける

① Be **careful of** your health. （健康に注意しなさい）

② Be **careful not to be** late.

＝③ Be **careful** (*that*) you aren't late. （遅れないよう気をつけなさい）

□ careless [kéərlis]

It is careless ＋of A ＋to V.	〜するとはA〈人〉は不注意だ

It was **careless of** [× <u>for</u>] you to forget your passport.

（パスポートを忘れてくるとは君は不注意だった）

POINT 後ろに置く前置詞は of。（→p.212）

書換 You were careless to forget your passport.

■ certain [sə́ːrtn]

S is certain ＋ that 節	① Sは…ということを確信している
S is certain ＋ of (A) Ving	② Sは（Aが）〜することを確信している
S is certain ＋ to V	③ Sはきっと〜する（だろう）
It is certain ＋ that 節.	④ …ということは確実だ
a certain ＋ 名	⑤ ある〜《限定用法》

① I'm *certain that* he will accept the offer.

　（彼はきっとその申し出を受け入れるだろう）

　書換 ② I'm *certain of his accepting* the offer.

③ This novel is *certain to become* a bestseller.

　書換 ④ *It is certain that* this novel will become a bestseller.

　　（この小説はきっとベストセラーになるだろう）

⑤ I couldn't go for *a certain* reason. （私はある理由で行けなかった）

□ concerned [kənsə́ːrnd]

concerned ＋ with A	① Aと関係している
concerned ＋ about A	② Aを心配している
名 ＋ concerned	③ 関係している〜

① I'm not *concerned with* the project. （私はそのプロジェクトに関与していない）

② I'm *concerned about* the future of our company.

　（私はわが社の将来を心配している）

③ All *the parties concerned* gathered. （当事者たちは全員集まった）

□ confident [kάnfədənt]

＋ that 節	① …ということを確信している
＋ of (A) Ving	② （Aが）〜することを確信している
＋ in A	③ Aに自信がある

① I'm *confident that* I will succeed. （私は成功を確信している）

書換 ② I'm *confident of* my succeeding.

③ He is *confident in* his abilities.

(彼は自分の能力に自信を持っている)

■ conscious [kánʃəs]

＋that 節	①…ということを意識して［に気づいて］いる
＋of (A) Ving	②（Aが）〜することを意識して［に気づいて］いる

① He was *conscious that* someone was following him.

(彼は誰かが自分の後ろをついて来ていることに気づいていた)

書換 ② He was *conscious of* someone following him.

■ convenient [kənvíːnjənt] ⇔ □ inconvenient 形 都合が悪い

S is convenient ＋for［to］A	①S〈事物〉はA〈人〉にとって都合がよい
It is convenient ＋for［to］A（＋to V）．	②（〜することは）A〈人〉にとって都合がよい

① ○ *Friday is convenient for*［*to*］me.

× *I'm* convenient on Friday.（金曜日なら都合がいいです）

② ○ Please come to see me whenever *it is convenient for*［*to*］you.

× Please come to see me whenever *you are convenient*.

(都合のいいときにはいつでも会いに来てください)

POINT 人間は主語にできない。

□ desirable [dizáiərəbl] 同 advisable [ædváizəbl]

It is desirable ＋that節．	…ということが望ましい

It is *desirable* that he *start*［× *starts*］immediately.

(彼はすぐに出発することが望ましい)

POINT that 節中では（should＋）動詞の原形を使う。（→p.211）

■different [dífərənt]

＋from A	①Aとは異なる
＋in A	②Aの点で異なる

① My opinion is **different** *from* yours.（私の意見は君とは違う）

② These boxes are **different** *in* color.（これらの箱は色が異なる）

POINT 前置詞の違いに注意。

■difficult [dífikʌ̀lt] / ■hard [hάːrd]

It is difficult [hard]（＋for A）＋to V.	①（A〈人〉が）～するのは難しい
S is difficult [hard]（＋for A）＋to V	②（A〈人〉が）S〈人・事物〉を～するのは難しい

① ○ *It is difficult* (*for me*) *to persuade* him .

　　（(私が) 彼を説得することは難しい）

書換 ② ○ He *is difficult* (*for me*) *to persuade*.

　　× *I am difficult* to persuade him.

POINT ②の形は「Sが～するのは難しい」の意味では使えない。（→p.213）

□due [djúː]

S is due	①(1) Sは支払い期日が来ている［満期だ］ 　(2) Sは到着予定だ 　(3) S〈子ども〉は生まれる予定だ
S is due ＋ to A	②SはAのせいである
due ＋ to A	③Aのせいで，Aのために 《副詞句を作る》

① (1) The bill is **due** next week.（この手形は来週が支払い日です）

　(2) The bus is **due** at ten.（バスは10時に到着する予定です）

　(3) When is your baby **due**?（お子さんの予定日はいつですか）

② The delay was **due** *to* an accident.（遅れたのは事故のせいです）

③ **Due** *to* inflation, they are in danger of bankruptcy.

　（インフレのせいで彼らは倒産の危機にさらされている）

☐ eager [íːgər] 同 anxious, curious, dying, hungry, thirsty

＋for A	① Aを切望している
＋to V	② 〜することを切望している

① He is *eager for* fame.（彼は名声をしきりに求めている）

② He is *eager to hear* the result of the game.

（彼は試合の結果をしきりに聞きたがっている）

■ easy [íːzi]

It is easy (＋for A) ＋to V.	① (A〈人〉が) 〜するのは簡単だ
S is easy (＋for A) ＋to V	② (A〈人〉が) S〈人・事物〉を〜するのは簡単だ

① *It is easy to drive* this car.（この車は運転しやすい）

書換 ② ○ This car *is easy to drive*. / ✕ *You are easy to drive* this car.

POINT ②の形は「Sが〜するのは簡単だ」の意味では使えない。（→p.213）

cf. ✕ This car is *easy to skid*.（この車はスリップしやすい）

☐ equal [íːkwəl]

＋to A	①(1) Aに等しい (2) Aの能力がある
＋in A	② 〜の点で等しい

①(1) Three times two is *equal to* six.（2の3倍は6に等しい）

(2) I think you are *equal to* our leader.

（私はあなたが我々のリーダーに適任だと思います）

② The two lines are *equal in* length.（2本の線は長さが等しい）

■ essential [isénʃəl]

S is essential ＋to A	① SはAに不可欠だ
It is essential ＋that 節.	② …ということが不可欠だ

① Leadership is *essential to* a manager.

（管理者にはリーダーシップが不可欠である）

② It was **essential** that we *reduce* [× *reduced*] labor cost.

（我々は人件費を減らすことが不可欠だった）

POINT that 節中では（should＋）動詞の原形を使う。（→p.211）

■ familiar [fəmíljər]

A is familiar ＋ with B	① A〈人〉はB〈事物〉をよく知っている
B is familiar ＋ to A	② B〈事物〉はA〈人〉によく知られている

① I'm *familiar with* this town.（私はこの町をよく知っています）

② Your name is *familiar to* me.（あなたのお名前はよく知っています）

POINT 前置詞の違いに注意。

■ famous [féiməs]

＋ as A	① Aとして有名である
＋ for A	② Aで有名である

① Kyoto is *famous as* an old capital of Japan.

（京都は日本の古い都として有名だ）

② Kyoto is *famous for* old temples and shrines.

（京都は古いお寺や神社で有名だ）

POINT 前置詞の違いに注意。

■ far [fáːr]

far [形] ＋ 名	① 遠くの〜
動 ＋ far [副]	② 遠くに
far [副] ＋ 比較級	③ （…よりも）ずっと［はるかに］〜
by far [副] ＋ 最上級	④ 断然最も〜

① He is standing at the *far end* of the line.（彼は列の一番遠くの端に立っている）

【参考】「駅はここから遠い」は，The station is a long way from here.。farは肯定文中で〈S is far〉の形では使わないのが普通。

② Did you *go* so *far*?（そんなに遠くへ行ったの？）
③ China is *far larger* than Japan.（中国は日本よりずっと広い）
　※比較級の前だけでなく，程度を強調する場合にも使える。
　　cf. This room is *far too* small for us.
　　　（この部屋は私たちにはあまりにも小さすぎる）
④ Ayumi is *by far the best* singer in my class.
　　（アユミはクラス中で断然一番歌が上手だ）

POINT 比較級・最上級の形に注意。（→p.204）

☐ **farther** [fáːrðər] / ☐ **further** [fə́ːrðər] 形/副 より遠くの［に］，さらに
☐ **farthest** [fáːrðist] / ☐ **furthest** [fə́ːrðist] 形/副 最も遠くの［に］

I want to study the subject *farther* [*further*].
（その課題をさらに研究したい）【参考】どちらを使ってもよい。

慣用表現

　☐ **far away (from A)** =（Aから）遠く離れて
　　He lives *far away from* his hometown.
　　（彼は故郷の町から遠く離れて暮らしている）

　■ **far from ～** = 決して～ではない（anything but）
　　This report is *far from* satisfactory.
　　（この報告書は決して十分ではない）

　☐ **Far from it.** = とんでもない，全くそうではない
　　"Are you disappointed?"　"*Far from it.*"
　　（「がっかりした？」「とんでもない」）

　■ **How far is it ...?** = …どのくらい離れていますか
　　How far is it from here to the station?
　　（ここから駅までどのくらい離れていますか）

　☐ **so far** = 今までのところ
　　So far, so good.（今のところは順調です）

■ few [fjúː]

a few ＋ 名	① 少しの〜（がある）
few ＋ 名	② 〜がほとんどない

① There were *a few problems* I couldn't solve.

（解けなかった問題が少しあった）

② There were *few problems* I couldn't solve.

（解けなかった問題はほとんどなかった）

POINT 数えられる名詞の複数形を後ろに置く。（→p.201）

慣用表現

■ quite [not] a few A = かなり多くのA

I made *quite a few* mistakes.（私はかなり多くの間違いをした）

☐ few, if any, A = Aはまずほとんどない

There are very *few*, *if any*, mistakes in his report.

（彼の報告には誤りはまずほとんどない）

☐ fortunate [fɔ́ːrtʃənət]

It is fortunate ＋ that 節.	① …ということは幸運だ
S is fortunate ＋ to V	② Sは〜して幸運だ

① *It was fortunate that* I found an empty seat.

（私が空席を見つけたのは幸運だった）

書換 ② *I was fortunate to find* an empty seat.

= *Fortunately* I found an empty seat.（幸運にも空席を見つけた）

☐ free [fríː]

＋ 名	① 無料の〜 《限定用法》
＋ of [from] A	② Aがない，Aを免れている
＋ to V	③ 自由に〜してよい

① I have a *free* ticket for the theater.（私はその劇場の無料入場券を持っている）

② I am *free of* [*from*] debt now.（今は私には借金はない）

③ You are *free to do* anything you like.

　（好きなことを何でもしてよろしい）

□ **glad** [glǽd]

＋to V	① ～してうれしい
＋that 節	② …ということがうれしい

① I'm *glad to hear* the news.（私はその知らせを聞いてうれしい）

② I'm *glad that* my son passed the entrance examination.

　（私は息子が入試に合格してうれしい）

□ **good** [gúd]

＋名	① 十分な～《限定用法》
＋at A	② Aが得意だ
＋for A	③ Aの役に立つ

① Take *good* care of your health.（健康に十分気をつけなさい）

② My mother is *good at* cooking.（母は料理が得意だ）

　　cf. I'm *bad* [*poor*] *at* singing.（私は歌うのは苦手です）

③ Moderate exercise is *good for* your health.

　（適度の運動は健康によい）

慣用表現

　□ as good as ～ = ～も同然だ

　　This car looks *as good as* new.（この車は新品同様に見える）

　□ good and ～ = 非常に～（very）

　　This curry is *good and* hot.（このカレーはとても辛い）

　□ make good = 成功する（succeed）

　　We *made good* in the sales campaign.

　　（我々の販売キャンペーンはうまくいった）

■ happy [hæpi]

S is happy ＋ to V	① S〈人〉は～してうれしい
S is happy ＋ that 節	② S〈人〉は…ということがうれしい

① I'm *happy* [*fortunate*] *to have* good friends.

（私にはよい友人たちがいてうれしい）

書換 ② I'm *happy* [*fortunate*] *that* I have good friends.

It is fortunate [× *happy*] *that* I have good friends.

POINT 〈It is happy＋that 節〉は誤り。

□ imperative [impérətiv]

It is imperative ＋ that 節.	…ということが絶対に必要だ

It was imperative that we *meet* [× *met*] the deficit.

（我々はその赤字を埋めることが絶対に必要だった）

POINT that 節中では（should＋）動詞の原形を使う。（→p.211）

□ important [impɔ́ːrtənt]

It is important（＋ for A）＋ to V.	①（Aが）～することが大切だ
It is important ＋ that 節.	② …ということが大切だ

① *It is important for him to read* many books.

（彼にとって，多くの本を読むことが大切だ）

書換 ② *It is important that* he *read* [× *reads*] many books.（→p.211）

■ impossible [impásəbl]

It is impossible（＋ for A）＋ to V.	①（A〈人〉が）～することは不可能だ
S is impossible（＋ for A）＋ to V	②（A〈人〉が）S〈人・事物〉を～することは不可能だ
It is impossible ＋ that 節.	③ …ということはありえない

① *It is impossible*（*for us*）*to carry out* the plan .

（その計画を実行することは（我々にとって）不可能だ）

書換 ② The plan *is impossible* (*for us*) *to carry out*.

　　　　We are unable [× *impossible*] *to carry out* the plan.

POINT　②の形は「Sが〜するのは不可能だ」の意味では使えない。

③ *It is **impossible** that* he told me a lie.

　（彼が私にうそをついたということはありえない）

書換 He *can't have told* me a lie.　(→p.515)

■ last [lǽst]

＋ 名 ＋ to V	(1) …する最後の〜 (2) 最も…しそうにない〜

(1) He was *the last* (*person*) *to leave* the office.

　（彼が職場を出た最後の人だった）

(2) She is *the last person to be deceived*.

　（彼女は決してだまされそうにない人だ）

□ liable [láiəbl]

＋ for A	① Aの責任がある
＋ to V	② 〜しがちだ，しそうだ (apt to V)

① You are *liable for* damages.（あなたには損害賠償の責任がある）

　【参考】「〈負債などに対して〉法律上の責任がある」の意味でしばしば使われる。

② I'm *liable to catch* a cold.（私は風邪をひきやすい）

■ likely [láikli] ⇔ ■ unlikely [ʌnláikli] 形 〜しそうにない

It is likely ＋ that 節.	① …しそうだ
S is likely ＋ to V	② Sは〜しそうだ
S will likely [副] ＋ V	③ Sは〜しそうだ

① *It is likely that* the team will win the game.（そのチームが試合に勝ちそうだ）

書換 ② The team *is likely to win* the game.

　　　③ The team *will likely win* the game.

□ live [láiv]

＋名	生きている〜

I can't cook *live* [× *alive*] *fish*.（生きた魚は料理できません）

cf. This fish *is alive* [× *live*].（この魚は生きている）

POINT be 動詞の補語にはなれない。（→p.204）

□ natural [nǽtʃərəl]

It is natural（＋ for A）＋ to V.	① Aが〜するのは当然だ
It is natural ＋ that 節.	② …ということは当然だ

① *It is **natural** for her to think* of changing jobs.

（彼女が転職を考えるのは当然だ）

書換 ② *It is **natural** that* she thinks of changing jobs.

■ necessary [nésəsèri]

It is necessary（＋ for A）＋ to V.	①（Aが）〜することが必要だ
It is necessary ＋ that 節.	② …ということが必要だ

① ○ *It is **necessary** for him to pass* this test.

× *He is necessary to pass* this test.

（彼はこのテストに合格する必要がある）

POINT 人間を主語にすることはできない。（→p.213）

書換 ② *It is **necessary** that* he *pass* [× *passes*] this test.

POINT that 節中では（should＋）動詞の原形を使う。（→p.211）

□ nice [náis]

It is nice ＋ of A ＋ to V.	〜するとはAは親切だ

*It is **nice** of* [× *for*] *you to come* all the way.

（わざわざ来ていただいてご親切さまです）

※この文の nice は kind の意味。（→p.212）

only [óunli]

the only [形] ＋ [名]	① ただ１つの〜 《限定用法》
only [副] 〜	② ただ〜だけ，〜にすぎない

① (a) She was **the only** student that got full marks.

(彼女は100点を取った唯一の生徒だった)

(b) He is **an only** child. (彼は一人っ子だ［兄弟姉妹がいない］)

※ only の前には原則として the をつけるが，この文は「only child のうちの（不特定の）１人だ」の意味なので an をつける。

② I spent **only** 2,000 yen at the bar.

= I **only** spent 2,000 yen at the bar.

(私はそのバーで２千円しか使わなかった)

POINT 副詞の only は，修飾する語の直前に置くのが普通。名詞の前にも置ける。

※述部の要素（この場合は2,000 yen）を修飾するときは，動詞の前に置くこともできる。次の例も同様。

I **only** heard of this today. (このことは今日聞いたばかりだ)

慣用表現

☐ **only have to V** = 〜しさえすればよい（→p.521）

■ **... only to V** = …したが結局〜

I rushed into the room **only to find** that the meeting was over.

(私は部屋に急いで入ったが，会合は終わっていた)

☐ **only too 〜** = この上なく〜，（残念ながら）あまりにも〜

He was **only too** glad to come with you.

(彼はあなたとご一緒できてとても喜んでいました)

□ opposite [ápəzit]

opposite ＋ 名	① 反対の〜《限定用法》
be opposite ＋ to A	② Aに向かい合っている
opposite [副] ＋ to A	③ Aの向かいに
opposite [前] A	④ Aの向かいに
the opposite [名] ＋ of A	⑤ Aの反対（語）

① There is a bank on the *opposite* side of the street.

　（通りの向かい側に銀行がある）

② My house is *opposite to* that grocery.

　（私の家はあの食料品店の向かい側です）

③④ She sat *opposite* (*to*) me.（彼女は私の向かいに座った）

⑤ "Poor" is *the opposite of* "rich."（poor は rich の反意語です）

■ pleasant [plézənt]

S is pleasant	① S〈事物〉は楽しい
It is pleasant (＋ for A) ＋ to V.	②（Aにとって）〜することは楽しい
S is pleasant (＋ for A) ＋ to V	③（Aにとって）S〈人・事物〉を〜することは楽しい

① The party was *pleasant*.（パーティーは楽しかった）

　cf. I was *pleased* [× *pleasant*].（私は楽しかった）

　POINT 原則として，人間を主語にすることはできない。

② *It is pleasant to talk to* [him].（彼と話すのは楽しい）

　書換 ③ [He] *is pleasant to talk to*.

　POINT ② の形から，文尾の目的語を文頭の It と置き換えることができる。その場合は人間を主語にできる。（→p.214）

■ possible [pásəbl]

It is possible (＋for A) ＋ to V.	① (A〈人〉が) 〜することは可能だ
It is possible ＋ that 節.	② …の可能性がある

① ○ *It is possible for him to finish* the work in a day.

　✕ *He is possible to finish* the work in a day.

　（彼が1日でその仕事を終えることは可能だ）

　POINT 人間を主語にすることはできない。(→p.213)

② *It is possible that* the book will become a bestseller.

　（その本はベストセラーになる可能性がある）

□ present [préznt]

present ＋ 名	① 現在の〜《限定用法》
S is present	② Sは出席して［居合わせて］いる《叙述用法》

① This is my *present address*. （これが私の現住所です）

② A lot of people *were present* at the party.

　（パーティーには大勢の人が出席していた）

■ proud [práud]

＋ that 節	① …ということを誇りに思っている
＋ of (A) Ving	② (Aが) 〜することを誇りに思っている

① Jim is *proud that* he is a graduate of the university.

　（ジムは自分がその大学の卒業生であることを誇りに思っている）

　書換 ② Jim is *proud of* being a graduate of the university.

　　　　Jim *takes pride in* being a graduate of the university.

　　　　Jim *prides himself on* being a graduate of the university.

　　　POINT 前置詞の違いに注意。

☐ ready [rédi]

+ for A	① Aの準備［覚悟］ができている
+ to V	② 進んで～する

① I'm *ready for* departure.（出発の準備はできています）

② I'm *ready to help* you.（喜んでお手伝いします）

■ same [séim]

the same ＋ 名 ＋ as A	Aと同じ～

(a) This is *the same* watch *as* mine.（これは私のと同じ時計だ）

(b) This is *the same* picture *as* I saw at his house.

（これは私が彼の家で見たのと同じ絵だ）

POINT 〈the same ～ as ...〉で「…と同じ～」の意味を表す。

【参考】(a) の as は前置詞、(b) の as は関係代名詞。

|慣用表現|

☐ **all the same** [名] =（1）同じことだ （2）それでもなお

(1) It is *all the same* to me where he goes.

（彼がどこへ行こうと私には同じことだ［どうでもよい］）

(2) I apologized honestly. I was punished *all the same*.

（私は正直に謝った。それでもなお私は罰せられた）

■ similar [símələr]

+ 名	① 似た～《限定用法》
+ to A	② Aに似ている

① These are *similar* [× *alike*] triangles.（これらは相似三角形だ）

② The climate of this island is *similar to* that of Hawaii.

（この島の気候はハワイの気候に似ている）

■ sorry [sɔ́ːri]

＋that 節	① …ということを残念［気の毒］に思う
＋for A	② Aを残念に［申し訳なく］思う
＋for Ving	③ 〜することを残念に［申し訳なく］思う
＋for having Vpp	④ 〜したことを残念に［申し訳なく］思う
＋to V	⑤ (1) 〜することを残念に［申し訳なく］思う 　(2) 〜して気の毒に思う
＋to have Vpp	⑥ 〜したことを残念に［申し訳なく］思う

① I'm **sorry** (*that*) I'm late. ＝ ③ I'm **sorry** *for being* late.

　（お待たせしてすみません）

　※ I'm sorry <u>to be</u> late. とは普通言わない。

② I'm **sorry** *for* what I have done. （自分のしたことを申し訳なく思います）

④ I'm **sorry** *for having done* such a thing.

　（そんなことをして申し訳なく思います）

⑤ (1) I'm **sorry** *to trouble* you. （ご迷惑をおかけしてすみません）

　(2) I'm **sorry** *to hear* that. （それを聞いてお気の毒に思います）

⑥ I'm **sorry** *to have kept* you waiting long.

　（長いことお待たせしてすみません）

■ sure [ʃúər]

＋that 節	① …ということを確信している
＋of (A) Ving	② (Aが) 〜することを確信している
＋to V	③ きっと〜する（だろう）

① (a) I am **sure** (*that*) she will be promoted to manager.

　（私は彼女が部長に昇進すると確信している）

　　書換 ② I am **sure** *of* her being promoted to manager.

　　　　※ her は動名詞（being）の意味上の主語。

　　書換 ③ She is **sure** *to be* promoted to manager.

She will ***surely*** *be promoted* to manager.

（彼女はきっと部長に昇進するだろう）

(b) ○ It is ***certain*** that she will be promoted to manager.

× It is *sure* that she will be promoted to manager.

（彼女が部長に昇進することは確実だ）

POINT 〈It is sure＋that 節.〉は誤り。

慣用表現

■ **Be sure to V.** = 必ず～しなさい

Be sure *to turn off* the computer before you leave.

（帰る前に必ずパソコンの電源を切りなさい）

☐ **make sure of A** = Aを確かめる

■ **make sure (that) S V** = …ということを確かめる

Did you ***make sure of*** his arrival? （彼の到着を確かめましたか）

Make sure that ［× *whether*］ all the windows are shut.

（窓が全部閉まっているかどうか確かめなさい）

☐ true [trúː]

＋of A	① Aに当てはまる
＋to A	② Aに忠実である（faithful, loyal）

① This rule is not ***true of*** every case.

（この規則はすべての場合に当てはまるわけではない）

② He is ***true to*** his faith. （彼は自分の信念に忠実だ）

慣用表現

☐ **hold true** = 当てはまる

It doesn't ***hold true*** in this case. （それはこの場合には当てはまらない）

☐ **it is true (that) ～, but ...** = 確かに～ではあるが…

It is true (***that***) he is rich, ***but*** he isn't happy.

（確かに彼は金持ちだが，幸福ではない）

■ used [júːst]（→p.526）

be used ＋ to Ving	① ～することに慣れている
get used ＋ to Ving	② ～することに慣れる

① I'm *used to getting* [× *get*] up early.

（私は早起きするのに慣れている）

② You'll soon *get used to living* [× *live*] in the city.

（君は都会暮らしにすぐに慣れるだろう）

POINT　〈to（前置詞）＋Ving（動名詞）〉の形に注意。（→p.387）

□ well [wél]

S is well [形]	① Sは元気だ
動 ＋ well [副]	② 上手に

① All my family are *well*.（私の家族はみんな元気です）

② She speaks French *well*.（彼女はフランス語を上手に話す）

慣用表現

■ **as well (as A)** =（Aと）同様に

She speaks Chinese *as well as* English.

（彼女は英語だけでなく中国語も話す）

書換 She speaks *not only* English *but* (*also*) Chinese.

□ **do well** = うまくいく，成功する

I think I *did well* in the test.（テストはうまくいったと思う）

□ **may well V** = ～するのも当然だ（→p.522）

□ **well off** = 裕福だ（rich）

I'm *better off* than I was ten years ago.

（私は10年前よりも裕福だ）

□ worse [wə́ːrs] / □ worst [wə́ːrst]

worse ＋ 名 (＋ than A) S is worse (＋ than A)	① (Aよりも)(具合が)悪い〜 Sは(Aよりも)(具合が)悪い
the worst ＋ 名 S is the worst	② 最も(具合が)悪い〜 Sは最も(具合が)悪い

① The patient is **worse** [× *more ill*] today than yesterday.

　（その患者は今日はきのうよりも具合が悪い）

　POINT worse/worstは，badまたはillの比較級・最上級。(→p.204)

② Today was **the worst** day of my life. （今日は人生最悪の日だった）

|慣用表現|

　□ **to make matters worse** = さらに悪いことに（what is worse）

　　To make matters worse, the manager fell sick.

　　（さらに悪いことに，経営者が病気になった）

■ worth [wə́ːrθ]

＋ 名	① 〜の価値がある
＋ Ving	② 〜される価値がある

① The museum is well **worth** *a visit*.

　（その美術館は行ってみる価値が十分ある）

② This book is **worth** *reading* [× *to read*]. （この本は読む価値がある）

　POINT 〈worth＋to V〉は誤り。

　【参考】It is worth (your) while reading [to read] this book. と言い換えられる。

☐ worthy [wɚ́ːrði]

＋of A	① Aの価値がある
＋of Ving	② 〜される価値がある
＋to V	③ 〜される価値がある

① This picture is **worthy of** praise.（この絵は賞賛の価値がある）

② This book is **worthy *of reading***.

= ③ This book is **worthy *to read***.（この本は読む価値がある）

　書換 This book **deserves** reading.

練習問題（PART2）（正解はp.621）

[A] 空所に入る適切な語句を選びなさい。

☐ 1　The author is (　　) to win a Nobel Prize.

① possible　② difficult　③ likely　④ pleasant

☐ 2　I'd like my coffee (　　).

① thick　② heavy　③ deep　④ strong

☐ 3　They are poor in the (　　) sense of the word.

① literal　② literate　③ literally　④ literary

☐ 4　How rude (　　) him to say such a thing to you!

① for　② of　③ with　④ to

☐ 5　The doctor said that it was imperative that he (　　) drinking.

① stop　② stops　③ stopped　④ would stop

☐ 6　Bees are (　　) insects found everywhere in the world.

① popular　② general　③ common　④ normal

[B] 空所に入れることのできない語句を1つ選びなさい。

☐ 1　It is (　　) that she will be promoted to chief.

① likely　② possible　③ sure　④ certain

☐ 2　They spent a great (　　) of money on the project.

① number　② amount　③ deal　④ sum

☐ 3　The shoes have a (　　) price attached.

① small　② cheap　③ low　④ reasonable

☐ 4　He wasn't (　　) that he had broken the rule.

① willing　② sorry　③ aware　④ ashamed

PART 3
副詞の語法

(1) 副詞の基本的用法

● 副詞は，次のような意味を表す。

意味	例
時	now（今），tomorrow（明日），early（早く），ago（～前）
場所	here（ここに［で］），near（近くに），outdoors（戸外で）
様態	well（上手に），fast（速く），slowly（ゆっくり）
程度	very（非常に），almost（ほとんど），only（ただ～だけ）
頻度	always（常に），once（一度），never（一度も～ない）
その他	probably（たぶん），rather（むしろ），too（～もまた）

● 副詞は，動詞・形容詞・他の副詞・文全体を修飾する。

・The car stopped *suddenly*. 《動詞を修飾》

　（車は突然止まった）

・The scenery was *absolutely* beautiful. 《形容詞を修飾》

　（その風景は本当に美しかった）

・He can speak English *fairly* well. 《他の副詞を修飾》

　（彼はかなり上手に英語を話せる）

・*Certainly* he promised to come. 《文全体を修飾》

　（確かに彼は来ると約束した）

● 副詞が名詞・代名詞を修飾することがある。

・*Even* a child knows that.

　（子どもでもそんなことは知っている）

・You can get *literally* everything at this market.

　（この市場では文字通り何でも手に入る）

● 句・節が副詞の働きをすることがある。

・He came home *at five o'clock*.（彼は5時に帰宅した）《副詞句》

・*When she heard the news*, she burst into tears.

　（その知らせを聞いたとき，彼女はわっと泣き出した）《副詞節》

● 副詞が句・節を修飾することがある。

・They started *soon* after the sunrise.

（彼らは日の出後まもなく出発した）《副詞（soon）＋副詞句》

・He did *exactly* as I had told him.

（彼はちゃんと私の言うとおりにした）《副詞（exactly）＋副詞節》

（2）副詞の位置

● 副詞は文中のさまざまな位置に置くことができる。原則的な位置は次のとおり。

副詞の働き		その副詞が置かれる位置
動詞を修飾する	一般の副詞	文尾または動詞の前 （be動詞・助動詞があればその後ろ）
	頻度を表す副詞 （always・oftenなど）	動詞の前 （be動詞・助動詞があればその後ろ）
	時を表す副詞（句）	文尾または文頭
形容詞・副詞を修飾する		その形容詞・副詞の直前
文を修飾する		文頭

・He plays the piano *well*.（彼はピアノを上手にひく）

・He *quickly* shut the door.（彼はすばやくドアを閉めた）

・He *sometimes* cut classes.（彼は時々授業をさぼる）

・He is *sometimes* absent from school.（彼は時々学校を休む）

・I met him *yesterday*. ＝*Yesterday* I met him.（きのう彼に会った）

・He runs *very* fast.（彼はとても速く走る）

・The twins are *much* alike.（その双子はとてもよく似ている）

・*Fortunately*, I passed the test.（幸運にも私はテストに合格した）

【参考】置く位置によって意味が変わる副詞がある。

● 異なる種類の副詞（句）を並べる場合，次の順にする。
- 「場所」と「時」を表す副詞（句）を並べるときは，「場所＋時」の順。
- 「様態」を表す副詞（句）と組み合わせるときは，「場所＋様態＋時」または「様態＋場所＋時」の順。
  - We arrived *here safely yesterday*.
    （我々はきのう無事にここに到着した）《場所＋様態＋時》
  - She works *hard at home every night*.
    （彼女は毎晩家で熱心に勉強している）《様態＋場所＋時》

（3）副詞と語順

（A）副詞の強調によるV＋Sの倒置

例（　）内に適切な語を入れなさい。
Never（　）I dream of seeing him there.
（そんな所で彼に会うとは夢にも思わなかった）

答 did

POINT 主に否定の意味を表す副詞（句）を強調のため文頭に置くと，その後ろは〈V＋S〉の語順（疑問文を作るときと同じ語順）になる。

- ***Never** have I seen* such an exciting movie.
  ← *I have never seen* such an exciting movie.
  （こんなわくわくする映画は，今まで見たことがない）
- ***Little** does he realize* the danger he is in.
  ← *He little realizes* the danger he is in.
  （彼は自分の置かれた危険な立場に全く気づいていない）

※Vが一般動詞のときは，「副詞＋do［does・did］＋S＋動詞の原形」の語順にする。上の例題はその例で，普通の語順なら I never dreamed of seeing him there. となる。

（B）動詞＋代名詞＋副詞

> **例** 英文中の誤りを訂正しなさい。
> It is easy to make a plan, but difficult to carry out it.
> （計画を立てるのは簡単だが，それを実行するのは難しい）

答 carry out it → carry it out

POINT 「動詞＋副詞」が１つの他動詞の意味を表すとき（句動詞），代名詞の目的語（O）は副詞の前に置く。

	V＋副詞＋O	V＋O＋副詞
O＝名詞	○	○
O＝代名詞	×	○

○ She *took her hat off*. / ○ She *took off her hat*.
　（彼女は帽子を脱いだ）

○ She *took it off*. / × She *took off it*. （彼女はそれを脱いだ）

こうした語順をとる句動詞には，次のようなものがある。

- **carry out**（〜を実行する）
- **give up**（〜をあきらめる）
- **put off**（〜を延期する）
- **put on**（〜を着る）
- **see off**（〜を見送る）
- **take off**（〜を脱ぐ）
- **think over**（〜を熟考する）
- **use up**（〜を使い果たす）

【参考】see off（〜を見送る）は，目的語が名詞であってもsee my friend offのように言い，see off my friendとは言わない。

【参考】次の違いに注意。
　　put it on（それを着る）《on＝副詞》／get on it（それに乗る）《on＝前置詞》

（C）So＋V＋S.（Sもまたそうだ）など

> **例** （　）内に適切な語を入れなさい。
> If you don't go to the party, I won't, (　　　).
> （もし君がパーティーに行かないのなら，ぼくも行かないよ）

答 either

POINT 前の発言などに同意する言い方は，次のとおり。

肯定文への同意 （Sもまたそうだ）	① S ＋ V, too. ② So ＋ V ＋ S.
否定文への同意 （Sもまたそうでない）	① S ＋ not V, either. ② Neither [Nor] ＋ V ＋ S.

(a) " I'm tired." " *So am I*. [*I am, too*.] "

（「疲れました」「私もです」）

(b) " I don't like pops." " *Neither do I*. [*I don't, either*.] "

（「私はポップスが好きではありません」「私もです」）

※ (a) では *Me, too.*，(b) では *Me, neither.* という返答も可能。

（4）副詞と形容詞の識別①

（A）形容詞・副詞の両方の品詞を持つ語

● 形容詞としても副詞としても使う語がある。

- **early** 形 早い 副 早く
- **enough** 形 十分な 副 十分に
- **fast** 形 速い 副 速く
- **late** 形 遅い 副 遅く

● -ly で終わる副詞の代わりに使われる形容詞がある。

- **firm** 形 固い 副 固く（firmly）
- **high** 形 高い 副 高く（highly）
- **slow** 形 遅い 副 ゆっくり（slowly）
- **wide** 形 広い 副 広く（widely）

(B) 語尾の -ly と品詞

例（　）内から正しい方を選びなさい。
All the staff are working (hard / hardly).
（全職員が熱心に働いている）

答 hard

どちらも副詞だが，hardは「熱心に」，hardlyは「ほとんど〜ない」の意味。混同しないように。（→p.276）

- He works *hard*.（彼は熱心に働く）
- He *hardly* works.（彼はほとんど働かない）

POINT 一般に，「形容詞＋ly＝副詞」となる場合が多い。

- **kind** 形 親切な → **kindly** 副 親切に
- **easy** 形 たやすい → **easily** 副 たやすく

● -lyで終わる形容詞がある。

- **cleanly** [klénli] 形 きれい好きな（*cf.* cleanly [klíːnli] 副 清潔に）
- **costly** 形 高価な
- **cowardly** 形 臆病な
- **daily/weekly/monthly** 形/副 毎日［週・月］（の）
- **friendly** 形/副 親しい［く］
- **lively** [láivli] 形/副 活発な［に］

● -lyの有無により意味が変わる場合がある。（→p.269）

（5）副詞と形容詞の識別②

(A)〈SVC [=形容詞]〉と〈SV＋副詞〉の識別

例（　）内から正しい方を選びなさい。
The suspect remained (silent, silently).
（容疑者は黙ったままだった）

答 silent

remain（～のままである）はSVC（第2文型）をとり，Cの位置には形容詞を置く。このように，文型に応じて形容詞と副詞のどちらを選ぶかがしばしば問われる。

- This rose *smells sweet*. 形 （このバラは甘く香る）《SVC》
- This bird *sings sweetly*. 副 （この鳥は美しい声で鳴く）《SV》

(B) 〈SVOC [=形容詞]〉と〈SVO＋副詞〉の識別

- I *found the problem easy*. 形

 （その問題は解いてみたら易しかった）《SVOC》

- I *found the hotel easily*. 副

 （私はそのホテルをたやすく見つけた）《SVO》

(6) 副詞と名詞の識別

> 例（　）内から正しい方を選びなさい。
> I've never been (abroad / to abroad).
> （私は外国へ行ったことが一度もない）

答 abroad

abroad は「外国へ［で］」という意味の副詞であり，「～へ」の意味が含まれているので，前置詞の to は不要。

POINT 誤って前に前置詞をつけやすい副詞

■ **abroad** [əbrɔ́ːd] 副 外国へ［で］

○ I'm *going abroad* to study after I graduate.

× I'm *going to abroad* to study after I graduate.

（卒業したら外国へ留学する予定です）

※ただし，次の言い方は可。この abroad は名詞に近い。

He has returned *from abroad*. （彼は外国から帰った）

- ■ **downstairs** [dáunstéərs] 副 下の階へ［で］
- ■ **upstairs** [ʌ́pstéərs] 副 上の階へ［で］

    go **downstairs**（下の階へ行く）/ play **upstairs**（上の階で遊ぶ）

- □ **downtown** [dáuntáun] 副 中心街へ［で］
- □ **uptown** [ʌ́ptáun] 副 山の手へ［で］

    go **downtown**（中心街へ行く）/ live **uptown**（山の手に住む）

- □ **full-time** [fúltáim] 形/副 常勤の［で］
- □ **part-time** [pɑ́:rttáim] 形/副 非常勤の［で］

    work **full-time**（常勤で働く）/ work **part-time**（パートで働く）

- ■ **home** [hóum] 副 家へ［で］ 名/形 家庭（の）

    ○ My father came **home** late last night.
    × My father came to home late last night.
    （父はゆうべ遅く帰った）

    cf. I **stayed (at) home** all day today.（今日は1日中家にいました）

    【参考】stay home の home は副詞, stay at home の home は名詞。

- □ **offshore** [ɔ́:fʃɔ́:r] 副 海外へ［で］ 形 海外の
  - □ **overseas** [òuvərsí:z] 副 海外へ［で］/ [´−−´] 形 海外の

    purchase wheat **offshore**［**overseas**］（小麦を海外で買い付ける）

- □ **online** [ɑ́nláin] 副 インターネットで（on the Web）

    You can get the book **online**.（その本はインターネットで買えます）

- □ **overnight** [óuvərnáit] 副 一晩（で）, 突然 形 一泊の

    stay **overnight**（一泊する）
    become famous **overnight**（一夜にして有名になる）

(7) 部分否定

> 例　2つの文がほぼ同じ意味になるように, (　) 内に適切な語を入れなさい。
> (a) Not all the members agreed to the proposal.
> (b) (　) members didn't agree to the proposal.

答 Some

(a)は「メンバーの全員がその提案に同意したわけではない」の意味。「全員が同意しなかった」と誤解しないように。(b)は「メンバーの中にはその提案に同意しなかった者もいた」という意味にすればよい。このように,「すべてが〜なわけではない」という意味を表す形を「部分否定」と言う。次の例も同様。

- What the dictionary says is *not always* true.
（辞書に書いてあることが常に本当だとは限らない）

POINT　部分否定を表す表現

■ **not+all〔every〕** = すべて〜なわけではない

□ **not+both** = 両方が〜なわけではない

■ **not+always** = 常に〜なわけではない

□ **not+necessarily** = 必ずしも〜ではない

□ **not+quite〔altogether〕** = 全く〜なわけではない

※このほか,「全く」「完全に」の意味を表す副詞 (entirely, wholly, completely, absolutely, exactly, really, fully など) が否定されるときも, 部分否定 (全く〔完全に〕〜というわけではない) の意味を表す。

一方,「すべてが〜でない」という意味を表す形を「全体〔全面〕否定」と言う。全体否定を表す言い方には, 次のようなものがある。

- *No* members agreed to the proposal.
（メンバーは誰もその提案に同意しなかった）

(8) 形の紛らわしい形容詞・副詞

□ **close** [klóus] 形 近い 副 近くに
□ **closely** [klóusli] 副 綿密に，緊密に
　　My house is ***close*** to the station. （私の家は駅に近い）
　　Come ***close*** [× *closely*] to the fire. （火のそばに寄りなさい）
　　Observe its movement ***closely***. （その動きを綿密に観察しなさい）
□ **everyday** 形 毎日の，日常の
□ **every day** 副 毎日
　　everyday life （日常生活） / jog ***every day*** （毎日ジョギングする）
■ **hard** [há:rd] 形 難しい，激しい 形/副 熱心な [に]
■ **hardly** [há:rdli] 副 ほとんど〜ない
　　The wind blew so ***hard*** that I could ***hardly*** walk.
　　（風がとても強く吹いたので，私はほとんど歩けなかった）
□ **indoor** [indɔ́:r] 形 屋内の
□ **indoors** [indɔ́:rz] 副 屋内へ [で]
　　indoor sport （屋内スポーツ） / play ***indoors*** （屋内で遊ぶ）
■ **late** [léit] 形/副 遅い，遅れて
■ **lately** [léitli] 副 最近
　　I was ***late*** for the train. （私は列車に乗り遅れた）
　　I've been sick ***lately***. （最近体の具合が悪い）
□ **later** [léitər] 形 もっと遅い 副 後で
□ **latter** [lǽtər] 名/形 後者 (の) (cf. former 名/形 前者 (の))
　　I'll call you back ***later***. （後でお電話します）
　　the ***latter*** [*first*] half of a game （試合の後 [前] 半）
□ **last** [lǽst] 形 最後の
□ **latest** [léitist] 形 最新の
　　the ***last*** page （最後のページ） / the ***latest*** fashions （最新の流行）

- □ **less** [lés] 形 より少ない（→p.484）
- □ **lesser** [lésər] 形 より劣った［価値が低い］

    less money（より少ない金）/ *lesser* writers（群小作家たち）
- ■ **near** [níər] 形 近い 副/前（〜の）近くに
- □ **nearby** [nìərbái] 形 近くの 副 近くで［に］
- ■ **nearly** [níərli] 副 ほとんど（almost）

    Is there a bakery *near* here? = Is there a bakery *nearby*?
    （この近くにパン屋がありますか）

    a *nearby*［× *near*］station（近くの駅）

    cf. the *nearest* station（最寄りの駅）

    My grandfather is *nearly*［× *near*］80.（私の祖父は80歳近くです）

    慣用表現
    - □ **draw near** = 近づく（approach）

        The summer vacation is *drawing near*.（夏休みが近づいている）
- □ **outdoor** [àutdɔ́ːr] 形 屋外の
- □ **outdoors** [àutdɔ́ːrz] 副 屋外へ［で］

    outdoor activities（野外活動）/ sleep *outdoors*（野宿する）

（9）意味に注意すべき副詞

- □ **actually** [ǽktʃuəli] 副（ところが）実際は

    Actually, I could answer less than half of the questions.
    （実際は，私は質問の半分にも答えられなかった）

    ※予想や見かけとは違うことを強調する場合に用いることが多い。
- □ **badly** [bǽdli] ① 副 悪く ② 副 非常に（very）

    ② I'm *badly* in need of help.（ぜひとも助けが必要です）

- □ **barely** [béərli] 副 かろうじて（cf. bare 形 むき出しの，裸の）

    We could ***barely*** make the deadline.

    （我々はかろうじて納期に間に合った）

    ※肯定的な意味を表すのが普通。

    【参考】hardly（ほとんど～ない）の意味で使われることもある。

- □ **dead** [déd] ① 形 死んでいる ② 形/副 全く（の）

    ② I'm ***dead*** tired.（私は疲れ切っている）

- ■ **fairly** [féərli] ① 副 公正に ② 副 かなり

    ② The exam was ***fairly*** easy.（試験はかなり易しかった）

- ■ **free** [frí:] 副/形 無料で［の］

  慣用表現

    - □ **for free** = 無料で

    - □ **free of charge** = 無料で

        Senior citizens can use these facilities ***for free***［***free of charge***］.

        （高齢者はこれらの施設を無料で利用できる）

  派生語

    - □ **toll-free** 副/形 フリーダイヤルで［の］

        For information please call ***toll-free*** 0120-1234.

        （お問い合わせはフリーダイヤル0120-1234へどうぞ）

- ■ **however** [hauévər] 副 しかし（→p.471）

    I thought it was a good idea. ***However***, the boss didn't accept it.

    （それは名案だと私は思った。しかし，上司は受け入れなかった）

- □ **indeed** [indí:d] ① 副 本当に，全く ② 副 それどころか

    ① Jack is ***indeed*** an honest boy.（ジャックは本当に正直な子だ）

    ② I don't mind. ***Indeed***, I am glad.

    （私は気にしていません。それどころか喜んでいます）

  慣用表現

    - □ **indeed ～, but ...** = 確かに～ではあるが…

Indeed Ms. Ikeda is young, *but* she is very efficient.

（池田さんは確かに若いが，とても有能だ）

☐ **namely** [néimli] 副 すなわち（or/that is (to say)）

Only one student, *namely* Mike, was absent.

（ただ一人の生徒，つまりマイクだけが欠席した）

☐ **narrowly** [nǽrouli] ① 副 狭く ② 副 かろうじて

② I *narrowly* escaped from the danger.（私はかろうじて危機を逃れた）

☐ **occasionally** [əkéiʒənəli] 副 時々（*cf.* occasion 名 場合）

My aunt *occasionally* comes to see me.

（おばは時々私に会いに来る）

■ **pretty** [príti] ① 形 きれいな ② 副 かなり

② Her new album is *pretty* good.

（彼女の新しいアルバムはかなりよい）

☐ **quarterly** [kwɔ́ːrtərli] 形/副 四半期ごとの［に］

Can I make *quarterly* payments?（四半期ごとに支払えますか）

☐ **shortly** [ʃɔ́ːrtli] 副 まもなく，すぐに（*cf.* short 形 短い）

I noticed a mistake *shortly* after I submitted the report.

（私は報告書を提出してまもなく間違いに気づいた）

■ **some** [sʌ́m] 副 約～《数字の前に置く》

It is *some* ten miles from here to the town.

（ここから町までおよそ10マイルです）

☐ **way** [wéi] 副 ずっと，はるかに（→p.308）

There is a police station *way* down the street.

（通りをずっと行ったところに交番があります）

☐ **whatever** [hwʌtévər] 副（少しの）～もない（at all）（→p.469）

There is *no doubt whatever* about it.（それには何の疑いもない）

※〈no ＋ 名詞 ＋ whatever〉の形で用いる。

(10) 基本的な副詞の語法

■ ago [əgóu]

| 時の長さを表す語句 + ago | ～前に |

(a) He *left* an hour *ago*. （彼は1時間前に出た）

(b) She said he *had left* an hour *before* [× *ago*].

（彼は1時間前に出た，と彼女は言った）

POINT ago は過去形の動詞とともに使う。動詞が過去完了形のときは，ago の代わりに before を使う。

■ almost [ɔ́:lmoust]

| almost all [every] + 名 | ① ほとんどすべての～ |
| almost no + 名 | ② ほとんど何も～ない |

① ○ *Almost all* (*of*) *the students* passed the test.

× *Almost students* passed the test.（ほとんどの学生がそのテストに合格した）

POINT 〈almost＋名詞〉は誤り。

書換 *Most students* passed the test.

Most of the students passed the test.

【参考】almost は副詞なので，students（名詞）を修飾できない。almost all の場合は，almost は all（形容詞）を修飾している。almost all（ほとんどすべての～）全体が一つの形容詞として働き，the students を修飾する。

② I remember *almost nothing* about the meeting.

（会議のことはほとんど何も覚えていない）

※このほか，**almost always**（ほとんどいつも～）などの形もある。

□ alone [əlóun]

S is alone [形]	① Sはただ一人だ，Sだけだ
動 + alone [副]	② 一人で～する
名 + alone [副]	③ ～だけ（only＋名）

① (a) I was *alone* in the room.（私はその部屋に一人でいた）

 (b) We were *alone* in the room.（その部屋にいたのは私たちだけだった）

② He went there *alone*.（彼は一人でそこへ行った）

③ *He alone* went there. = *Only* he went there.（彼だけがそこへ行った）

> **POINT** 副詞の alone は，文尾では「一人で」，名詞の後ろでは「～だけ」の意味。

□ **already** [ɔːlrédi]

S have [has] already Vpp	① Sはもう～してしまった
Have [Has] S Vpp already?	② Sはもう～したのですか

① The concert had *already* started when we arrived.

（私たちが到着したとき，コンサートはもう始まっていた）

② Have you finished your work *already*?（もう仕事が終わったのかい）

> **POINT** 「そんなに早く」の意味では疑問文中でも使われる。

【参考】yet を使えば「終わったのかどうか」を尋ねる単なる質問になる。already を使う場合は驚き・不信などの気持ちを表し，肯定の返答（「はい，もう終わりました」）を想定している。

■ **enough** [ɪnʌ́f]

enough [形] ＋ 名 （＋ for A）＋ to V	①（Aが）～するのに十分な…
形/副 ＋ enough [副] （＋ for A）＋ to V	②（Aが）～できるほど十分に…

① I don't have *enough money* [*money enough*] *to buy* the book.

（私はその本を買えるほどのお金を持っていない）

※〈名＋enough to V〉の語順も可能。I don't have money enough. は不可。

② ○ This book is *easy enough for children to read*.

 ✕ This book is *enough easy for children to read*.

（この本は子どもが読めるくらい易しい）

> **POINT** 副詞の enoughは，形容詞・副詞の後ろに置く。

書換 This book is *so easy that children can read it*.

□ even [íːvən] (→p.544)

even 〜	① 〜さえ
even ＋ 比較級	② さらにいっそう〜

① (a) I didn't *even* think of failure.（失敗のことは考えもしなかった）

(b) *Even* a child can do that.（子どもでもそんなことはできる）

※修飾する語の直前に置くのが普通。名詞の前にも置ける。

② It's cold in Sendai, but it's *even colder* in Sapporo.

（仙台は寒いが，札幌はさらに寒い）

■ ever [évər]

疑問文中で	① 今までに
否定語 ＋ ever	② 決して［一度も］〜ない
疑問詞 ＋ ever	③ いったい〜《疑問詞を強調する》
if 節中で	④ いつか

① Have you *ever* been to China?

（今までに中国へ行ったことがありますか）

○ I have been to China (*before*).

✕ I have *ever* been to China.

（（以前）中国へ行ったことがあります）

POINT 肯定文中で「今までに〜したことがある」の意味では使えない。

※ただし，最上級を修飾する節中なら（肯定文でも）使える。

This is *the most exciting* movie I have *ever* seen.

（これは私が今までに見た最も面白い映画です）

② *No* mathematicians have *ever* solved the problem.

（その問題を解いた数学者は今までに一人もいない）

③ *Who ever* said such a thing?（いったい誰がそんなことを言ったのか）

④ *If* I *ever* have another chance, I'll call you.

（もしいつかまた機会があれば，君に電話するよ）

|慣用表現|

- □ as ～ as ever = 相変わらず～

    He works *as* hard *as ever*.（彼は相変わらず熱心に働く）

- □ for ever = 永久に

■hardly [háːrdli] / ■scarcely [skέərsli]

＋動	① ほとんど～しない
＋ever＋動	② めったに～しない（seldom）
＋any＋名	③ ほとんど何も～ない

① I can *hardly* speak English.（英語はほとんど話せません）

② He *hardly ever* smiles.（彼はめったに笑わない）

③ ○ We heard *hardly any noise* in the building.

　✕ We heard *hardly noise* in the building.

　（ビルの中ではほとんど騒音は聞こえなかった）

POINT 〈hardly [scarcely] ＋名詞〉は誤り。

【参考】hardly（副詞）は noise（名詞）を修飾できない。

|慣用表現|

- ■ Hardly [Scarcely] had＋S_1＋V_1pp before [when] S_2＋V_2 [過去形]

    ＝ S_1 が V_1 するかしないかのうちに S_2 が V_2 した

    Hardly had we reached the ballpark *before* the game began.

    ＝ *We had hardly* reached the ballpark *before* the game began.

    （私たちが球場に着くとすぐに試合が始まった）

    POINT 下線部の倒置形に注意。（→p.262）

    【参考】直訳は「試合が始まったとき［始まる前に］私たちはほとんど球場に着いてしまっていないくらいだった」。

□here [híər]

動＋here	① ここへ［で，に］～する
Here is [are]＋A.	② ここにA〈物・人〉がある［いる］

① (a) Look *here*.（ここを見なさい）

 (b) ○ Where *am I*？/ ✗ Where *is here*?（ここはどこですか）

 ※ hereは主語としては使えない。

② *Here is* your bag.（ここに君のかばんがあるよ）

|慣用表現|

■ **Here you are.** = はい，どうぞ（Here it is.）《物を差し出すときの言葉》

 "Pass me the sauce." "OK. *Here you are*."

 (「ソースを取ってよ」「いいよ。はい，どうぞ」)

□ **Here comes A.** = さあ，Aが来たぞ《注意を促すときの言葉》

 Here comes the bus.（さあ，バスが来た）

□ **just** [dʒʌ́st]

just ＋ 名/形/副	① (1) ちょうど，まさしく (2) 単なる〜（only）
have [has] ＋ just ＋ Vpp	② ちょうど（〜したところだ）
過去形の動詞 ＋ just now	③ たった今〜したところだ

① (1) It's *just* ten o'clock.（ちょうど10時だ）

 (2) I'm *just* a high school student.（私はただの高校生です）

② I'*ve just finished* my work.（たった今仕事を終えたところです）

 |書換| ③ I *finished* [✗ I'*ve finished*] my work *just now*.

 POINT just now は現在完了形では使えない。

 【参考】just は過去形とともに使える。I just finished my work. は正しい。

□ **naturally** [nǽtʃərəli]

＋ S V	SがVするのは当然のことだ

Naturally he got angry.（彼が怒ったのは当然だった）

 |書換| *It was natural that* he got angry.

 POINT 副詞が文全体を修飾する場合がある（文修飾副詞）。

※次の例も同様。(allege [əlédʒ] 動 言い立てる)

He was ***allegedly*** involved in the insider trading.
= ***It was alleged that*** he was involved in the insider trading.
(報道によれば，彼はインサイダー取引に関与していた)

■never [névər] 副 決して[どんなときも]〜ない，一度も〜ない

(a) I'll ***never*** forget you. (君のことは決して忘れない)

(b) Don't [× *Never*] forget to mail this letter.
(この手紙を忘れずに投函しなさい)
※neverは「過去・現在・未来のどんなときでも〜でない」という意味なので，1回限りの行為には使えない。
cf. ***Never*** be late for school.
(決して[どんなときも]学校に遅れてはいけない)

(c) ***Never have I seen*** such a beautiful picture.
(こんな美しい絵は今までに見たことがありません)

POINT 〈Never＋V＋S〉の倒置形に注意。(→p.262)

|慣用表現|

□ **Now or never.** = 今が最後のチャンスだ

□ **never ... without Ving** = …すれば必ず〜する《二重否定》
My uncle ***never*** comes to my house ***without giving*** me something.
(おじはわが家に来ると必ず私に何かくれます)
書換 ***Whenever*** my uncle comes to my house, he gives me something.

□once [wʌ́ns]

once ＋ 動	① かつて
動 ＋ once	② 一度
once [接] S V	③ S がいったん V すれば (→p.439)

① I ***once*** lived in Nagoya. = ***Once*** I lived in Nagoya.
(かつて[以前]私は名古屋に住んでいた)

② I have been to Osaka *once* (before).

（私は（以前）大阪へ一度行ったことがある）

POINT 位置によって意味が異なる。

■ otherwise [ʌ́ðərwàiz]

動 ＋ otherwise	① 別の方法で〜する
otherwise, S V	② さもなければ…

① I would do *otherwise*. （私なら違うやり方をするだろう）

② (a) Let's start right now; *otherwise* we'll be late for the train.

（今すぐに出発しよう、さもなければ列車に遅れてしまう）

(b) I took a taxi. ***Otherwise***, I *would have been* late.

（私はタクシーを使った。さもなければ遅れていただろう）

書換 If I hadn't taken a taxi, I would have been late.

POINT 仮定法とともに使われる。

□ possibly [pɑ́səbli]

may possibly V	① ことによると[たぶん]〜するかもしれない
can't possibly V	② どうしても〜できない

① The sales manager *may possibly* resign.

（もしかすると販売部長が辞任するかもしれない）

※類似の意味を持つ副詞を話し手の確信の度合いが弱い順に並べると、

possibly → **perhaps** [pərhǽps] / **maybe** [méibi]（もしかすると、たぶん）→ **probably** [prɑ́bəbli]（おそらく）→ **surely** [ʃúərli] / **certainly** [sə́ːrtnli]（確かに、きっと）となる。

・*Maybe* [*Perhaps*] it is true.（もしかしたらそれは本当かもしれない）

・He will *probably* [*surely*] come.（彼はたぶん[きっと]来る）

② I *can't possibly* remember his name.

（彼の名前がどうしても思い出せない）

□ quite [kwáit]

＋一般の形容詞	① 割に［相当］〜
＋非段階的形容詞	② 全く〜（completely）

① This novel is **quite** interesting.（この小説はなかなか面白い）

② I was **quite** exhausted.（私は全く疲れ切っていた）

　※「非段階的形容詞」とは，very で修飾したり比較級にしたりすることができない形容詞のこと。たとえば，**dead**（死んでいる），**delicious**（実においしい），**exhausted**（疲れ切っている），**huge**（非常に大きい），**impossible**（不可能な），**unique**（唯一の）など。

□ rarely [réərli] / □ seldom [séldəm] 副 めったに〜ない

　Mr. Tanaka **seldom** takes a paid holiday, **does** [× <u>doesn't</u>] **he**?

　（田中さんはめったに有給休暇を取りませんね）

　※否定の意味を含む副詞の後ろに置く付加疑問は，肯定形にする。

[慣用表現]

　□ rarely [seldom], if ever, 〜 ＝ まずめったに〜ない

　　She **seldom, if ever**, makes careless mistakes.

　　（彼女はまずめったに不注意なミスをしない）

□ rather [rǽðər]

rather ＋ 形/副	① かなり〜
＋than 〜	② 〜よりもむしろ…

① The room was **rather** noisy.（その部屋はかなり騒がしかった）

② I want a CD **rather than** a book.（本よりむしろCDがほしい）

[慣用表現]

　■ would rather V ＝（むしろ）〜したい（→p.529）

□ really [ríːəli]

not ＋ really	① 実際には〜でない
really ＋ not	② 〜でないのは本当だ

① He **didn't really** say that.（彼は実際にはそうは言わなかった）

② He **really didn't** say that.（彼がそう言わなかったのは本当だ）

※ ① の really は say を，② の really は文全体を修飾している。actually も同様に使う。

□ recently [ríːsntli] 副 最近

○ I**'ve gained**［I **gained**］weight *recently*.（最近太りました）

× I'*m gaining* weight *recently*.（最近太ってきています）

POINT 現在完了形または過去形とともに用いる。

※同じ意味を表す lately や of late も，同様に使う。

■ so [sóu] 副 それほど，とても（very）

so ＋ 形／副	① それほど［とても］〜
so ＋ 形 ＋ a［an］＋ 名	② それほど［とても］…な〜
So ＋ V ＋ S.	③ S もまたそうだ

※接続詞・代名詞としての用法は，p.440・494を参照。

① (a) I'm **so** sorry.（大変申し訳ありません）

(b) Don't speak **so** fast.（そんなに早口で話さないで）

② (a) Mike isn't **so smart a student** as his brother.

（マイクは兄ほど利口な生徒ではない）

POINT 冠詞（a・an）の位置に注意。

書換 Mike isn't **such a smart student** as his brother.

(b) It was **such**［× *so*］*shocking news* that she fainted.

（それはとても衝撃的な知らせだったので，彼女は卒倒した）

POINT ② の語順には，a［an］が必要。

※後ろに複数形の名詞や不可算名詞があるときは，so ではなく such を用いる。

③ "I like soccer." "*So do I.*"

（「私はサッカーが好きです」「私もです」）

　cf. "It's hot today." "*So it is.*"

（「今日は暑いね」「本当にそうだ」）

※〈So＋S＋V.〉は「Sは本当にそうだ」の意味。

|慣用表現|

- **so as to V** ＝ 〜するために

  I got up early *so as to* see the sunrise.

  （私は日の出を見るために早起きした）

  |書換| I got up early *in order to* see the sunrise.

  　　　I got up early *so that I could* see the sunrise.

- **so 形/副 as to V** ＝ 〜するほど…

  I got up *so* early *as to* see the sunrise.

  （私は日の出が見られるくらい早く起きた）

  |書換| I got up *early enough to* see the sunrise.

□ **soon** [súːn] 副 すぐに，まもなく

I noticed a mistake *soon* after I submitted the report.

（私は報告書を提出した後すぐに間違いに気づいた）

|慣用表現|

- **as soon as S V** ＝ SがVするとすぐに（→p.433）

- **No sooner had＋S_1＋V_1pp than S_2＋V_2** [過去形] ＝ S_1がV_1するとすぐにS_2がV_2した

  No sooner had I left home *than* it began to rain.

  ＝ I *had no sooner left* home *than* it began to rain.

  （私が家を出るとすぐに雨が降り始めた）（→p.262）

■ **still** [stíl] ① 副 今でも ② 副 それでもなお

still [副] ＋ 形/動	① 今でも～だ［～する］
still [副] have [has] n't ＋ Vpp	② 今でも～していない
still [副] ＋ 比較級	③ さらにいっそう～
～, still [副] S V	④ それでもなお…
動 ＋ still [副]	⑤ じっと～する
S is still [形] / still [形] ＋ 名	⑥ Sは静かだ / 静かな～

① (a) I'm ***still*** [× yet] working.（私はまだ仕事をしています）

(b) My brother is ***still*** single.（兄はまだ独身です）

② I ***still*** haven't eaten lunch.（まだ昼食を食べていません）

cf. I haven't eaten lunch ***yet***.（まだ昼食を食べていません）

POINT 否定文にも使うが，yetとの位置の違いに注意。

※ still は否定語の前に置く。② は「昼食を食べていない状態がまだ続いている」の意味を表す。

③ It's cold today, and it will be ***still colder*** tomorrow.

（今日は寒いが，明日はさらに寒くなるだろう）

④ The car is very expensive; ***still*** I want to get it.

（その車はとても高価だが，それでも私はそれを買いたい）

⑤ She was standing ***still***.（彼女はじっと立っていた）

⑥ (a) The sea was as ***still*** as a pond.（海は池のように静かだった）

(b) ***Still*** waters run deep.

（静かな流れは底が深い→口数の少ない人は思慮深い［腹黒い］）

■ **such** [sʌ́tʃ] 副 それほど，そのように

such（＋a [an]）（＋形）＋名	① そんな（…な）〜
such（＋a [an]）（＋形）＋名 ＋as A	② Aのような（…な）〜

① (a) You were careless to make **such** a mistake.

（そんな間違いをするとは君は不注意だった）

(b) I've never seen **such** a beautiful sight.

（こんなに美しい景色は見たことがない）

② Lisa is not **such** a hardworking student **as** her sister.

（リサは姉ほど勉強熱心な生徒ではない）

書換 Lisa is not **so** hardworking a student **as** her sister.

cf. Read **such** books **as** interest you. 《as＝関係代名詞》

（あなたの興味をひくような本を読みなさい）（→p.456）

慣用表現

■ such（＋a [an]）（＋形）＋名 ＋that S V ＝ 大変（…な）〜なのでSはVする

It was **such** a hot day **that** we went swimming.

（とても暑い日だったので，私たちは泳ぎに行った）

書換 It was **so** hot a day **that** we went swimming.

POINT 冠詞（a・an）の位置に注意。

☐ such ＋ that S V ＝ 大変なものなのでSはVする

His grief was **such that** he wanted to kill himself.

（彼は大変悲しかったので自殺したいと思った）《such＝代名詞》

■ such as A ＝ たとえばAのような

I don't like noisy music, **such as** rock.

（私は騒がしい音楽が好きではない，たとえばロックのような）

■ there [ðéər]

動 ＋ there	① そこへ［で，に］〜する
There is [are] ＋ A ＋ 場所を表す副詞句	② 〜にA〈物・人〉がある［いる］

① I went *there* by bus.（私はバスでそこへ行きました）

② (a) *There is a* hotel [× *the hotel*] near the station.

　　（駅前にホテルがあります）

　　POINT　〈There is the 〜.〉という形は誤り。

　　※ Thereで始まる文は，相手に〈新しい情報〉を提供する。(a)は，ホテルのことが初めて話題に上る状況で使われる。特定のホテルが既に話題になっている状況では，次のように言う。

　　cf. *The* hotel [× *A hotel*] is near the station.

　　（そのホテルは駅前にあります）

(b) *There are* lots of swimmers on the beach.

　　（ビーチには大勢の海水浴客がいます）

(c) *There was* an earthquake a while ago.（さっき地震があったよ）

　　※〈場所〉を省いた形もある。

(d) *There is* a stain on the shirt .（シャツにしみがついている）

　　書換　The shirt *has* a stain on it.

　　POINT　There で始まる文は，しばしば have [has] を使って言い換えられる。

(e) *There is* little milk *left* in the refrigerator.

　　＝ Little milk *is left* in the refrigerator.

　　（冷蔵庫にはミルクがほとんど残っていない）

　　POINT　〈There is [are] ＋A＋分詞 ...〉という形がある。

　　※次の例も同様。

　　A boy *is standing* by the tree.

　　＝ *There is* a boy *standing* by the tree.

　　（木のそばに男の子が立っている）

|慣用表現|

- □ **over there** = 向こうに［で］

    We can see a church **over there**.（向こうに教会が見える）

- ■ **There is no Ving** = 〜することはできない

    There is no denying that he is guilty.

    （彼が有罪であることは否定できない）

    |書換| **It is impossible to deny** that he is guilty.

- □ **There is something** ＋ 形 ＋ **about A** = Aにはどこか…なところがある

    There is something noble **about** her.

    （彼女にはどこか上品なところがある）

■ too [túː]

too ＋ 形/副 （＋ for A）＋ to V	① …すぎて（Aには）〜できない
too ＋ 形 ＋ a [an] ＋ 名	② …すぎる〜
S V, too.	③ SもまたVする

① This curry is **too hot for children to eat**.

（このカレーは辛すぎて子どもには食べられない）

|書換| This curry is **so hot that children can't eat it**.

② This is **too** tight **a** skirt for me（to wear）.

（これは私（がはく）にはきつすぎるスカートです）

POINT 冠詞（a・an）の位置に注意。

【参考】a too tight skirt と言うこともある。

③ "I'm tired." "I'm, **too**."（「疲れたよ」「ぼくもだ」）

    cf. "I'm not tired." "I'm not, **either**."（「疲れてないよ」「ぼくもだ」）

☐ **twice** [twáis] 副 2度, 2倍

twice as ... as A	Aの2倍（の）…

(a) This office is ***twice as** large **as*** ours.

（この事務所は我々の事務所の2倍の大きさだ）

(b) He has about ***twice as many*** books ***as*** I have.

（彼は私の約2倍の数の本を持っている）

※ 3倍以上は，**three [four, five] times as ... as A** の形で表す。

・This office is ***three times as** large **as*** ours.

（この事務所は我々の事務所の3倍の大きさだ）

【参考】 ... three times larger than ours. も可。ただし，twice larger than ... とは言わない。

|慣用表現|

☐ **think twice** = 考え直す

You should ***think twice*** before buying it.

（君はそれを買う前に考え直す方がいい）

☐ **very** [véri] 副 非常に

veryとmuchは，次のように使い分ける。

very ＋	形容詞・副詞	現在分詞	原級
much ＋	動詞	過去分詞	比較級・最上級

※ very much は much に準じる。

(a) He runs ***very*** fast. （彼はとても速く走る）《very＋副詞》

(b) ○ I am ***very*** fond of jazz.

　　× I am fond of jazz *very much*.

（私はジャズが大好きです）《very＋形容詞》

POINT 形容詞を **very much** で修飾することはできない。

■ yet [jét]

S have [has] n't Vpp yet	① Sはまだ〜していない
Have [Has] S Vpp yet?	② Sはもう〜しましたか
S is yet to be Vpp	③ Sはまだ〜されていない
〜, (and) yet ...	④ 〜，しかし…

① I haven't finished **yet**.（まだ終わっていません）

② Have you finished **yet**?（もう終わりましたか）

③ The problem is **yet to be solved**.

（その問題はまだ解かれていない）

書換　The problem **still remains unsolved**.

cf. I **have yet to see** the movie.

（私はまだその映画を見ていない）

④ He took great care, (**and**) **yet** he made a mistake.

（彼は細心の注意を払ったが，それでも間違えた）

練習問題（PART3）（正解はp.622）

[A] 空所に入る適切な語句を選びなさい。

☐ 1 (　) my friends are good at singing.

① Almost　② All most　③ Most　④ Most of

☐ 2 I ran to the station; (　) I would have missed the train.

① yet　② still　③ otherwise　④ however

☐ 3 (　) did I know that she had three children.

① Nearly　② Never　③ How　④ Much

☐ 4 I'll drive you (　).

① home　② to home　③ at home　④ for home

☐ 5 It was so noisy that I could (　) hear his voice.

① hard　② hardly　③ near　④ nearly

☐ 6 Come (　) to see this map.

① close enough　② enough close

③ closely enough　④ enough closely

[B] 空所に適切な語を入れなさい。

☐ 1 "I can't ski." — "I can't, (　)."

（「スキーはできません」「私もです」）

☐ 2 She said that her husband had died two years (　).

（夫は2年前に死んだ，と彼女は言った）

☐ 3 It was (　)(　) cold day that I didn't go out.

（とても寒い日だったので私は外出しなかった）

☐ 4 We had planned to play soccer, but we called (　)(　) because of rain.

（サッカーをする予定だったが，雨で中止した）

PART 4
名詞の語法

(1) 名詞の種類

名称	その名詞の性質	例
① 普通名詞	具体的な物や人を表す。同じ種類のものに共通して使える。	book（本）
② 集合名詞	人や物の集合体を表す。	family（家族）
③ 物質名詞	一定の形を持たない天然の物質（または天然素材の製品）を表す。	water（水）
④ 抽象名詞	抽象概念（性質・状態・動作など）を表す。	work（仕事）
⑤ 固有名詞	人名・地名など特定の事物に固有の名前を表す。大文字で始める。	Japan（日本）

(2) 可算名詞と不可算名詞

例　次の英文の誤りを訂正しなさい。
　　I heard a good news.（いい知らせを聞きました）

答　a good news → a piece of good news

　英語には，「数えられる名詞（**可算名詞**）」と「数えられない名詞（**不可算名詞**）とがある。上記の5種類の名詞のうち，原則として①は可算名詞，③④⑤は不可算名詞であり，②には可算・不可算の両方のタイプの名詞が含まれる（次ページを参照）。

可算名詞の例	a book（1冊の本）/ two books（2冊の本）
不可算名詞の例	some money（いくらかのお金）

POINT　**不可算名詞は，前に a［an］をつけたり，複数形にしたりすることはできない。**

(A) 名詞の種類と可算・不可算の関係

名　称		「ひとつの～」	例
可算名詞	普通名詞	a [an] ～	country（国）
		a pair of ～	shoes（靴）
	集合名詞	a [an] ～	family（家族）
不可算名詞		a piece of ～	baggage（荷物）
	物質名詞	a ○○ of ～	bread（パン）
	抽象名詞	（数えない）	peace（平和）
		a piece of ～	news（知らせ）
	固有名詞	（数えない）	China（中国）

POINT　可算名詞と混同しやすい不可算名詞

《集合名詞》**baggage**（荷物），**cattle**（牛），**clothing**（衣類），**furniture**（家具），**laundry**（洗濯物），**stationery**（文房具）

《物質名詞》**chalk**（チョーク），**bread**（パン），**sugar**（砂糖）

《抽象名詞》**advice**（忠告），**fun**（楽しみ），**homework**（宿題），**information**（情報），**lunch**（昼食），**music**（音楽），**news**（知らせ），**software**（ソフト），**weather**（天気）

(B) 可算名詞と不可算名詞の対比

可算名詞	不可算名詞
○ an **advertisement**（広告）	× *an* **advertising**（広告（業））
○ an **e-mail**（電子メール）	× *a* **mail**（郵便物）
○ a **jewel**（宝石）	× *a* **jewelry**（宝石類）
○ a **job**（仕事）	× *a* **work**（仕事）
○ a **machine**（機械）	× *a* **machinery**（機械類）
○ a **poem**（詩）	× *a* **poetry**（詩歌）
○ a **scene**（景色）	× *a* **scenery**（風景）

（3）名詞の数え方に関する注意

> 例 次の英文の誤りを訂正しなさい。
> My glasses is strong.（ぼくのめがねは度が強い）

答 is → are

glasses（めがね）は，物としては１つであっても，複数形なので動詞は複数で受ける。trousers（ズボン）なども同様。

（A）対になる普通名詞の数え方

POINT ２つの部分が対になっている品物などは，a pair of ～（１対の～）で数える。

a pair of shoes（１足の靴）/ *two pairs of* shoes（２足の靴）

このタイプの名詞には，次のようなものがある。

□ **boots**（長靴）	□ **glasses**（めがね）
□ **gloves**（手袋）	□ **jeans**（ジーンズ）
□ **pajamas**（パジャマ）	□ **pants/trousers**（ズボン）
□ **scissors**（はさみ）	□ **shoes**（靴）
□ **socks**（靴下）	□ **stockings**（ストッキング）

（B）不可算名詞の数え方

その名詞自体は複数形にできないので，形・容器・単位などを表す名詞を数える。

- *two pieces*［*articles*］*of furniture*（２点の家具）《集合名詞》
- *two pieces of chalk*（２本のチョーク）《物質名詞》<形>
- *two glasses of milk*（２杯のミルク）《物質名詞》<容器>
- *two pounds of butter*（２ポンドのバター）《物質名詞》<単位>
- *two pieces of news*（２つのニュース）《抽象名詞》

POINT 物質名詞の数え方

- a *cup* of tea = 1杯のお茶
- a *sheet* of paper = 1枚の紙
- a *lump* of sugar = 角砂糖1個
- a *cake* of soap = 石けん1個
- a *slice* of bread = パン1枚

（4）集合名詞の用法

（A）単数形で複数扱いする名詞

> 例（　）内から正しい方を選びなさい。
> The police (is / are) investigating the accident.
> （警察はその事故を調査している）

答 are

（a）My family *is* a large one.（私の家族は大家族だ）

（b）My family *are* all early risers.（私の家族はみんな早起きだ）

※（a）は家族を1つの集団ととらえており，（b）は家族を構成する一人一人に重点を置いている。

POINT 集合名詞は，単数形で複数扱いする場合がある。

この用法を持つのは，**audience**（聴衆），**crew**（乗組員），**family**（家族），**people**（人々），**personnel**（職員），**police**（警察），**staff**（職員）など。police や personnel は常に複数扱いする。

(B) fish 型の集合名詞

次の集合名詞にも，可算・不可算の使い分けがある。

	不可算名詞扱い	可算名詞扱い
fish	魚類全般を表すとき	個々の魚を表すとき
food	食物全般を表すとき	食物の種類に言及するとき
fruit	果物全般を表すとき	果物の種類に言及するとき
sport	スポーツ全般を表すとき	個々の競技を表すとき

(a) You should eat *a lot of* fruit.

　　（果物をたくさん食べた方がいい）《果物全般》

(b) They sell *various* fruits at that store.

　　（あの店ではいろいろな果物を売っている）《果物の種類》

※vegetable（野菜）は普通名詞。複数形（vegetables）で使うのが普通。

（5）名詞の単複に関する注意

> 例（　）内から正しい方を選びなさい。
> There were few (Japanese / Japaneses) in the restaurant.
> （そのレストランには日本人はほとんどいなかった）

答 Japanese

名詞の複数形は，単数形に -s または -es をつけて作るのが原則だが，次のような不規則な複数形を持つものがある。

（A）不規則な複数形

(a) **単複同形**（単数形と複数形とが同じ形の語）

　・**sheep**（羊），**Japanese**（日本人），**yen**（円），**means**（手段）など

(b) **外来複数**（ラテン語に由来する特殊な複数形）

　・medium → **media**（媒体）　　・crisis → **crises**（危機）

　・stimulus → **stimuli**（刺激）　・phenomenon → **phenomena**（現象）

(c) その他

- child → **children**（子ども）
- tooth → **teeth**（歯）
- foot → **feet**（足、フィート）
- mouse → **mice**（ネズミ）

(B) economics 型の名詞

POINT 語尾が -s・-es で終わっていても、単数扱いする名詞がある。

学問名（**economics**・**mathematics**・**politics**など）は、-sで終わっていても単数扱い。そのほか、-sで終わる可算名詞には、**means**（手段）、**series**（ひと続き）、**species**（〈生物の〉種）などがある。

- *Economics is* [× *are*] my favorite subject.（経済学は私が好きな学科です）
- His life was *a series of* misfortunes.（彼の一生は不幸の連続だった）

(C) fire 型の名詞

POINT 可算・不可算の両方で使い、意味が異なる名詞がある。

不可算名詞	可算名詞
fire（火）	**a fire**（火事）
paper（紙）	**a paper**（新聞）
room（余地）	**a room**（部屋）
work（仕事）	**a work**（作品）

(D) shake hands 型の表現

> 例（　）内から正しい方を選びなさい。
> Where should I change (the train / trains) to get to Nara?
> （奈良へ行くにはどこで電車を乗り換えればいいですか）

答 trains

「乗り換える」ためには2つの列車が必要なので、trains（複数形）を使う。このように、2つの物や2人の人を介在して行う動作を表す複数形を「相互複数」と言う。

POINT 相互複数

- [ ] make [be] *friends* with A = Aと仲良くなる［仲がいい］
- [ ] be on good [bad] *terms* with A = Aと仲がいい［悪い］
- [ ] change *seats* with A = Aと席を替わる
- [ ] shake *hands*（with A）=（Aと）握手をする
- [ ] take *turns*（at [in]）Ving = 交替で〜する

(E) goods 型の名詞

POINT 単数形と複数形とで意味が異なる名詞がある。

単数形	複数形
arm（腕）	**arms**（武器）
content（満足）	**contents**（内容）
custom（習慣）	**customs**（関税）
good（利益）	**goods**（商品）
manner（方法）	**manners**（作法）
pain（痛み）	**pains**（苦労）
price（値段）	**prices**（物価）

(F) 不可算名詞が可算名詞に転化した例

前に形容詞がついて種類を表す場合などに、本来は不可算名詞であるものが可算名詞（普通名詞）として扱われることがある。

- There was ***a heavy rain*** yesterday.《物質名詞の普通名詞化》
  （きのう大雨が降った）
- ***Two coffees***, please.《物質名詞の普通名詞化》
  （コーヒーを2つお願いします）
- The party was ***a great success***.《抽象名詞の普通名詞化》
  （パーティーは大成功だった）

- Thank you for your *many kindnesses*. 《抽象名詞の普通名詞化》
  （いろいろとご親切にしていただいてありがとう）
- He was not *a Mozart*. 《固有名詞の普通名詞化》
  （彼はモーツァルト（のような偉大な作曲家）ではなかった）
- *A Mr. Smith* called in your absence. 《固有名詞の普通名詞化》
  （スミスさんという人から，あなたの留守中に電話がありました）
  ※面識のない人を指す表現。a certain Mr. Smithとも言う。A Smithは不可。

（6）名詞の所有格

（A）所有格の作り方

名詞の所有格（「〜の」の意味を表す）は，名詞の末尾に「's」をつけるのが原則。-sで終わる語の場合は，'（アポストロフィ）だけをつける。

- *Tom's* notebook（トムのノート）
- Ten *minutes'* break refreshed me.（10分休んで，私は元気が出た）

無生物の場合はofを使うが，〜'sで表すこともある。

- the roof *of that building*（その建物の屋根）
- *the world's* population（世界の人口）

（B）所有格の後ろの名詞の省略

① その名詞が「家」「店」などの場合
- I had my hair cut at that *barber's*（shop）.
  （私はあの床屋さんで髪を切ってもらった）
- I stayed at my *uncle's*（house）.（私はおじさんの家に泊まった）
  cf. I stayed with my uncle.（私はおじさんの家に泊まった）

② 同じ名詞の反復を避けるために省略する場合
- That bike is *Tom's*（bike）.（あの自転車はトムのです）
  ※このTom'sのような形を「独立所有格」と言う。

(7) 数字に関する表現

(A) 数詞の種類

種類	1	2	3	4
基数詞	one	two	three	four
序数詞（〜番目）	first	second	third	fourth
倍数詞（〜倍[回]）	once	twice	three times	four times

(B) 数の単位を表す名詞

1,234,567,890,123

↑ trillion（一兆）　↑ billion（十億）　↑ million（百万）　↑ thousand（千）

POINT 数の単位を表す語は，原則として複数形にしない。

hundred，thousand，million，dozen（ダース）などがこれに当たる。

- five *dozen* [× *dozens*] pencils（5ダースの鉛筆）
- three *thousand* [× *thousands*] people（3千人の人々）

ただし，およその数字を表す場合は複数形にする。

- *dozens of* boxes（何十個もの箱）
- *hundreds of* students（何百人もの学生）
- *tens of thousands of* birds（何万羽もの鳥）
- *by (the) hundreds* [*thousands*]（何百[千]となく）

（C）さまざまな数字の表し方

数字	表し方（〈 〉内は読み方）
50ドル25セント	$50.25 〈fifty dollars（and）twenty-five cents〉
1万2千円	12,000 yen 〈twelve thousand yen［✗ *yens*］〉
87,654,321	〈eighty-seven million, six hundred（and）fifty-four thousand, three hundred（and）twenty-one〉
3分の2	2/3 〈two-thirds〉 ＊1
0.715	〈zero point seven one five〉
201-4388（電話）	two o(h)［zero］one, four three eight eight
1999年	1999 〈nineteen ninety-nine〉
2011年	2011 〈two thousand eleven〉
1980年代	1980's 〈the nineteen eighties〉
1時間半	an［one］hour and a half / one and a half hours
1.23メートル	1.23 meters 〈one point two three meters〉 ＊2
3歳の男の子	a three-year-old boy ＊3
10［20］代のころに	in *one's* teens［twenties］
第2次世界大戦	World War II 〈World War Two/the Second World War〉
3＋6＝9	〈Three and six are［is/make(s)］nine.〉〈Three plus six equal(s) nine.〉
8－2＝6	〈Two from eight leaves［is］six.〉〈Eight minus two equal(s) six.〉
3×4＝12	〈Three times four is twelve.〉〈Three multiplied by four is twelve.〉
10÷2＝5	〈Two into ten is five. / Ten divided by two is five.〉

POINT ＊1 分数は「分子（基数詞）＋ハイフン＋分母（序数詞）」の形で表す（ハイフンは省略可）。分子が2以上のときは，分母を複数形にする。

- ***one-third***（3分の1） ・ ***two-thirds***（3分の2）
- ***three-fourths***（4分の3 [=three quarters]）

なお，分数を含む名詞が主語のとき，主部が内容的に複数なら動詞は複数で，単数なら動詞は単数で受ける。

- ***Two-thirds*** of my classmates ***wear*** glasses.
  （私のクラスメイトの3分の2は，めがねをかけている）
- ***Two-thirds*** of the surface of the earth ***is*** water.
  （地表の3分の2は水だ）

POINT ＊2 **単位を表す名詞の前につく数字が1より大きいときは，その名詞を複数形にする。1以下のときは単数形となる。**

- 1.2 ***meters***《複数形》/ 0.8 ***meter***《単数形》
- one and a half ***hours*** = one [an] ***hour*** and a half（1時間半）

POINT ＊3 **「数詞＋名詞＝形容詞」のとき，名詞は単数形にする。**

- a ***five-dollar*** bill（5ドル紙幣）
- a ***two-week*** vacation（2週間の休暇）

（8）同格の that 節を後ろに置く名詞

例（　）内に適切な語を入れなさい。
You can't deny the fact（　　）smoking is bad for your health.
（喫煙が体に悪いという事実は否定できない）

答 that

名詞の後ろにその内容を詳しく説明するthat節を置いて，「〜という○○」という意味を表すことがある。この that 節を「同格節」と言う。

同格節は，どんな名詞の後ろにも置けるわけではない。

○ He ***tends to drink*** too much.（彼は飲みすぎる傾向がある）

✕ There is a *tendency that he drinks too much*.

※ tendency の後ろには同格節は置けないので，下の文は誤り。

POINT 同格節は，次のような名詞の後ろに置く。

事実や情報に関する名詞	**fact**（事実）・**news**（知らせ）・**information**（情報）・**rumor**（うわさ）・**sign**（徴候）・**evidence**（証拠）など
思考に関する名詞	**idea/thought**（考え）・**belief**（信念）・**doubt**（疑い）・**impression**（印象）・**opinion**（意見）・**conclusion**（結論）など
可能性に関する名詞	**hope/chance**（見込み）・**possibility**（可能性）・**danger**（危険）など

POINT 同格の that 節は，しばしば〈of＋(動)名詞〉で言い換えられる。
（→p.209）

・I heard *the news **that** he died*.（彼が死んだという知らせを聞いた）
　書換 I heard *the news of his death*.
・There is no *hope **that** we will win*.（我々が勝つ見込みはない）
　書換 There is no *hope of our winning*.

(9) 意味の紛らわしい名詞

> 例（　）内から正しい方を選びなさい。
> I have (a promise / an appointment) with a client at three.
> （3時に顧客と約束があります）

答 an appointment

待ち合わせなどの「約束」には promise ではなく appointment を使う。このように，意味の似た名詞の使い分けが問われやすい。

● 「料金」の意味を表す名詞

■ **charge** [tʃáːrdʒ]　　サービスの料金
■ **fare** [féər]　　運賃
■ **fee** [fíː]　　専門職などへの報酬や手数料
■ **price** [práis]　　物の値段
□ **rate** [réit]　　単位当たりの料金
□ **toll** [tóul]　　通行料・サービス料
□ **tuition** [tjuːíʃən]　　授業料

cover [× <u>table</u>] ***charge***（テーブルチャージ）/ bus ***fare***（バス料金）
hospital ***fees***（入院費）/ fixed ***price***（定価）
telephone ***rates***（電話料金）/ ***toll***-free dial（フリーダイヤル）
college ***tuition***（大学の授業料）

● 「客」の意味を表す名詞

■ **client** [kláiənt]　　〈弁護士などの〉依頼人，顧客
□ **clientele** [klàiəntél]　　〈弁護士などの〉依頼人，顧客
　　　　　　　　　　　　　　※集合名詞（数えられない）
■ **customer** [kʌ́stəmər]　　店の客
■ **guest** [gést]　　招待客
■ **passenger** [pǽsəndʒər]　　乗客

I have an appointment with my ***client***.（依頼人と会う約束がある）
　※clientは，弁護士・会計士・建築士・広告代理店などの顧客のこと。
The shop has lots of ***customers***.（その店は客が多い）
All the ***guests*** came to the party.（招待客は全員パーティーに来た）
A few ***passengers*** were injured.（数人の乗客がけがをした）

(10) 形の紛らわしい派生名詞

■ **advertisement** [ædvərtáizmənt] 名 〈個々の〉広告 (ad)《普通名詞》
■ **advertising** [ǽdvərtàiziŋ] 名 広告(業)《集合名詞》

 put an *ad* [*advertisement*] in a paper（新聞に広告を出す）

 attract customers by *advertising*（広告で顧客を引きつける）

 POINT ad (vertisement) は可算名詞，advertising は不可算名詞。

□ **appliance** [əpláiəns] 名 器具，電気製品 [-s]
□ **application** [æ̀pləkéiʃən] 名 出願，適用

 electrical [medical] *appliances*（電気 [医療] 器具）

 submit an *application* by mail（願書を郵便で提出する）

■ **attendance** [əténdəns] 名 出席
■ **attention** [əténʃən] 名 注意

 There was a poor *attendance* at the theater.

 （劇場は入りが少なかった）

 He paid no *attention* to my words.

 （彼は私の言葉に注意を払わなかった）

 |慣用表現|
  □ Attention, please. = お知らせします《放送》

□ **cloth** [klɔ́:θ] 名 布
□ **clothes** [klóuz] 名 衣服
□ **clothing** [klóuðiŋ] 名 衣類

 lay a table *cloth*（テーブルクロスを敷く）

 change *one's clothes*（着替えをする）

 food, *clothing* and shelter（衣食住）

■ **object** [ábdʒikt] 名 物体
■ **objection** [əbdʒékʃən] 名 反対

■ **objective** [əbdʒéktiv] 名目標

　A UFO stands for an unidentified flying *object*.

　（UFOは未確認飛行物体を表す）

　I have no *objection* to it. （私はそれに反対ではありません）

　We accomplished the *objective*. （我々はその目標を達成した）

□ **observance** [əbzə́ːrvəns] 名遵守

□ **observation** [ὰbzərvéiʃən] 名観察

□ **observatory** [əbzə́ːrvətɔ̀ːri] 名観測所，展望台

　the *observance* of the school rules （校則の遵守）

　make a careful *observation* （注意深く観察する）

　a meteorological *observatory* （気象台）

■ **success** [səksés] 名成功

■ **succession** [səkséʃən] 名継続

　The party was a great *success*. （パーティーは大成功だった）

　Three companies went bankrupt in rapid *succession*.

　（3社が次々に倒産した）

（11）意味に注意すべき名詞

■ **case** [kéis] ① 名箱　② 名場合　③ 名事件　④ 名実情，真相 [the -]

　② What would you do in that *case*? （その場合にはどうしますか）

　③ The police are investigating the murder *case*.

　　（警察はその殺人事件を調査している）

慣用表現

　□ **This [That] is not the case.** = 実はそうではない

　　④ You may think dictionaries are always right, but *that is not the case*.

　　（辞書は常に正しいと思うかもしれないが，実はそうではない）

　　【参考】直訳は「そのこと［＝辞書は常に正しいということ］は真相ではない」。

- □ **as is often the case with A** = Aにはよくあることだが（→p.457）
- ■ **in case S V** = SがVするといけないので（→p.439）

□ **day** [déi] ① 名 日　② 名 昼間（daytime）　③ 名 時代 [-s]

① There are 24 hours in a **day**.（1日は24時間ある）

② They worked **day** and night.（彼らは昼夜を問わず働いた）

③ I should have studied harder in my high school **days**.

（高校時代にもっと熱心に勉強すればよかった）

POINT　「時代」の意味では複数形。

□ **favor** [féivər] 名 好意，世話

慣用表現

- ■ **ask a favor of A** = A〈人〉に頼みごとをする

  May I **ask a favor of** [× to] you?（お願いがあるのですが）
- ■ **do O a favor** = A〈人〉の願いを聞き入れる（→p.110）

  Will you **do** [× give] **me a favor**?（一つお願いしていいですか）

■ **good** [gúd] ① 名 利益，ため　② 名 商品 [-s]

② They deal in imported **goods**.（彼らは輸入品を商っている）

POINT　「商品」の意味では複数形。

慣用表現

- ■ **do O good** = Oのためになる（→p.110）

■ **turn** [tə́ːrn] ① 動 回る，回す　② 名 順番

② It's your **turn** to sing.（今度は君が歌う番だ）

慣用表現

- □ **take turns (at [in]) Ving** = 交替で〜する

  We **took turns driving**.（私たちは交替で運転した）

■ **way** [wéi] ① 名道 ② 名方法 ③ 名点

|慣用表現|

- ☐ (in) this [that] way = この[その]ようにして

    ② (*In*) *this way* he became a millionaire.

    （このようにして彼は百万長者になった）

- ☐ in a way = ある点では

    ③ *In a way*, their criticism is right. （ある点では彼らの批判は正しい）

    cf. The plan is bad *in several ways*.

    （その計画はいくつかの点でよくない）

    POINT　「方法」「点」の意味のwayはinと結びつく。

（12）主な名詞の語法

普=普通名詞　集=集合名詞　物=物質名詞　抽=抽象名詞

☐ **advice** [ædváis] 抽 忠告

I'll give you *a piece of advice* [× *an advice*].

（君に1つ忠告をしてあげよう）※数えるときはa piece of〜を使う。

☐ **amount** [əmáunt] 普 量

(a) He has a *large number* [× *amount*] of books.

（彼はたくさんの本を持っている）

POINT　不可算名詞と結びつく。（→p.202）

(b) The stolen money was a *small* [× *little*] *amount*.

（盗まれた金は少額だった）

※「多い」「少ない」はlarge [great]・smallで表す。

☐ **audience** [ɔ́ːdiəns] 集 聴衆，観客（→p.203）

There was a *large* [× *much*] *audience* in the concert hall.

（コンサートホールには多くの聴衆がいた）

POINT　「多い」「少ない」はlarge・smallで表す。

■ **baggage** [bǽgidʒ] / □ **luggage** [lʌ́gidʒ]　集 手荷物

I have ***two pieces of baggage*** [× ***two baggages***] ．

（手荷物を2つ持っています）

POINT　数えるときはa piece of ～を使う。（→p.293）

□ **cattle** [kǽtl]　集 牛，家畜

The cattle are [× ***is***] grazing in the pasture.

（牛が牧場で草を食べている）※単数形で複数扱いする。

■ **chance** [tʃǽns]　普/抽

＋(for A) to V	①（Aが）～するチャンス
＋of (A) Ving	②（Aが）～するという見込み
＋that 節	③ …という見込み 《同格節》

① This is a good ***chance*** (for us) ***to*** make money.

（これは（我々にとって）金もうけのよいチャンスだ）

② You still have a ***chance of*** succeeding.

（君にはまだ成功する見込みがある）

③ There is little ***chance that*** the patient will get better.

（その患者が回復する見込みはほとんどない）

書換　② There is little ***chance of*** the patient *getting* better.

　　　※ the patient は動名詞（getting）の意味上の主語。

慣用表現

□ (**The**) **chances are** (**that**) ... ＝ たぶん…だろう

The chances are (***that***) they haven't come yet.

（たぶん彼らはまだ来ていないだろう）

□ condition [kəndíʃən] 普

＋that 節	…という条件《同格節》

慣用表現

□ on (the) condition that ... = …という条件で

I'll work overtime *on condition that* I'm paid double.

（2倍払ってくれるという条件なら残業をします）

■ difficulty [dífikʌ̀lti] 抽 困難

慣用表現

■ have difficulty＋Ving = 〜するのに苦労する

I *had no difficulty passing* [× *to pass*] the test.

（私は難なくそのテストに合格した）

□ doubt [dáut] 普 ※動詞としての用法はp.111を参照。

＋if [whether] 節	① …かどうかという疑い
＋that 節	② …という疑い
＋of (A) Ving	③ （Aが）〜するという疑い

① There is some *doubt if* [*whether*] she will come.

（彼女が来るかどうか少し疑わしい）

② I have *no doubt that* the team will win the championship.

＝ ③ I have *no doubt of* the team *winning* the championship.

（そのチームはきっと優勝するだろう）

POINT 〈no doubt＋that ...〉の意味に注意。

書換 *I'm sure* (*that*) the team will win the championship.

□ dozen [dʌ́zn] 普/形 ダース（の）

I bought *two dozen* [× *dozens*] pencils. （私は2ダースの鉛筆を買った）

※前に2以上の数字がついても複数形にしない。（→p.300）

[慣用表現]

□ **dozens of A** = 何十ものA

　Dozens of people were injured in the accident.

　（その事故で何十人もの人がけがをした）

□ **dream** [drí:m] 普 ※動詞としての用法はp.112を参照。

＋that 節	① …という夢
＋of (A) Ving	② （Aが）〜するという夢

① I want to realize my ***dream that*** I would become a soccer player.

= ② ○ I want to realize my ***dream of becoming*** a soccer player.

　　✕ I want to realize my *dream to become* a soccer player.

　　（ぼくはサッカー選手になるという夢を実現したい）

　　※「〜するという（将来の）夢」を〈dream＋to V〉の形で表すことはできない。

■ **fact** [fǽkt] 普

＋that 節	① …という事実《同格節》
＋of A	② Aという事実

① You can't deny **the fact that** smoking is harmful to your health.

　（喫煙が健康に有害であるという事実は否定できない）

② ***The fact of*** his death shocked them.

　（彼が死んだという事実は彼らにショックを与えた）

　[書換] ① ***The fact that*** he (had) died shocked them.

[慣用表現]

□ **The fact is (that) ...** = 実は…だ

　The fact is that she is married.（実は彼女は結婚している）

☐ **family** [fǽməli] 集 家族

(a) My *family consists* of five people. (私の家は5人家族です)
(b) All my *family are* healthy. (私の家族はみんな健康です)
※1つの単位と考えるときは単数扱い，個々の成員に焦点を当てるときは複数扱い。

☐ **fear** [fíər] 普

fear ＋ of A [Ving]	① Aの［〜するという］恐れ
for fear ＋ that 節	② …しないように
for fear ＋ of Ving	③ 〜しないように

① There is no *fear of* an accident. (事故の恐れはない)
② He kept silent *for fear* (*that*) he (should) be scolded.
(彼は叱られないように黙っていた)
書換 ③ He kept silent *for fear of being* scolded.
He kept silent *so that* he *would not* be scolded. (→p.441)

☐ **fire** [fáiər] 物 火　普 火事

There was *a* big *fire* last night. (昨晩大きな火事があった)
POINT 「火事」の意味では数えられる名詞。(→p.297)

☐ **fish** [fíʃ] 普/集 魚

We caught lots of *fish* [× *fishes*].
(私たちはたくさんの（数の）魚をつかまえた［釣った］)
POINT 種類に言及するとき以外は，複数形もfishで表す。(→p.296)

☐ **food** [fúːd] ① 集 食べ物　② 普〈個々の〉食品

① I seldom eat fast *food* [× *foods*].
(ファーストフードはめったに食べません)
POINT 「食べ物」の意味では複数形にしない。(→p.296)

② The shop has various kinds of natural *foods*.

（その店ではさまざまな種類の自然食品を売っている）

■ **fun** [fÁn] 抽 **POINT** **a をつけない。**（→p.293）

It is fun to V.	① ～するのは楽しい
It is fun Ving.	② ～するのは楽しい

① *It is fun* [× *a fun*] *to watch* a baseball game.

=② *It is fun watching* a baseball game.

（野球の試合を見るのは楽しい）

※ Itは後ろの動名詞（watching）を受ける形式主語。Watching a baseball game is fun. とも言える。

■ **furniture** [fə́:rnitʃər] 集 家具

I bought *several* **pieces of** *furniture* [× *several furnitures*] ．

（私は数点の家具を買った）

POINT **数えるときは a piece [an article] of ～を使う。**（→p.294）

□ **glasses** [glǽsiz] 普 めがね（spectacles）

(a) Your *glasses are* [× *is*] on the table.（君のめがねはテーブルの上にあるよ）

POINT **主語として使うときは，動詞は複数で受ける。**

(b) ○ I have **two pairs of glasses**． / × I have *two glasses*.

（私はめがねを２つ持っています）

※数えるときは a pair of ～を使う。

【参考】I have two glasses. は「私はコップを２つ持っています」の意味に解釈される。

□ **homework** [hóumwə̀:rk] 抽 宿題 **POINT** **数えられない。**（→p.293）

Do you have *much* **homework** [× *many homeworks*] ?

（宿題がたくさんあるの？）

PART 4 名詞の語法

■hope [hóup] 抽 ※動詞としての用法はp.133を参照。

＋that 節	① …という見込み 《同格節》
＋of (A) Ving	② (Aが) 〜するという見込み

① There is little **hope that** stock prices will rise.

（株価が上がる（という）見込みはほとんどない）

書換 ② There is little **hope of** stock prices *rising*.

※「見込み」の意味の hope の後ろには形容詞用法の不定詞は置けない。

□idea [aidíə] 普

＋that節	① …という考え 《同格節》
＋of (A) Ving	② (Aが) 〜するという考え

① I have **an idea** that there is another possibility.

（別の可能性がありそうな気がする）

書換 ② I have **an idea of** there *being* another possibility.

慣用表現

■ have no idea = 全くわからない［知らない］

I **have no idea who** broke the door.

（誰がドアを壊したのか全くわからない）

POINT 後ろに疑問詞節を置ける。

【参考】疑問詞の前に as to または about（〜に関して）が省略された形。

□income [ínkʌm] 普 収入

His **income** is nearly twice as *high*［*large*］ as mine.

（彼の収入は私の２倍近い）

POINT 「多い」「少ない」はlarge［high］・small［low］で表す。

（→p.203）

□ information [infərméiʃən] 抽 **POINT** 数えられない。(→p.293)

＋that 節	① …という情報《同格節》
＋of [about] ＋ 名	② 〜に関する情報

① He concealed the ***information that*** they lost the lawsuit.

(彼らが訴訟に負けたという情報を彼は隠した)

② We need to gather more ***information*** [× *informations*] ***about*** it.

(それについてより多くの情報を集める必要がある)

□ intention [inténʃən] 普

intention ＋ of Ving	① 〜するという意図
It is *one's* intention ＋ to V.	② 〜することは〈人〉の意図だ

① I have no ***intention of criticizing*** [× *to criticize*] you.

(あなたを批判するつもりはありません) ※形容詞用法の不定詞は不可。

② *It was his **intention** to go* to England to study.

(イギリスへ留学するのが彼のねらいだった)

※ It は形式主語。不定詞の代わりに that 節を置く場合もある。

□ Japanese [dʒæpəníːz] 普 日本人

There were *lots of **Japanese*** [× *Japaneses*] at the restaurant.

(レストランには大勢の日本人がいた)

POINT 複数形も Japanese（単複同形）。(→p.296)

※Chinese（中国人）など, -eseで終わる名詞も同様。American（米国人）・Korean（韓国人）などには複数形の -sがつく。

■ mail [méil] 集 郵便物

(a) Lots of *mail* has arrived. (たくさんの郵便物が届いている)

(b) Lots of *e-mails* have arrived. (たくさんのメールが届いている)

POINT mail は数えられない。e-mail（電子メール）は数えられる。

※「1通の郵便物」は a piece of mail。「1通のメール」は an e-mail。

□ man [mǽn] 普 男，人間

Man [× *A man*] is mortal.（人間は死ぬ運命にある）

POINT 「人間（一般）」の意味では無冠詞単数形で用いる。

□ means [mí:nz] 普 手段

The subway is *a means* of transportation.

（地下鉄は交通手段の１つである）

POINT 「１つの手段」は a means。（→p.297）

※ means の s は複数形の -s ではない。「２つの手段」は two means。

□ million [míljən] 普/形 百万（の）

The firm lost *three million* [× *millions*] dollars.

（その会社は300万ドルの損失を被った）

※前に２以上の数字がついても複数形にしない。（→p.300）

慣用表現

□ millions of A = 何百万ものA

The loss amounted to *millions of* dollars.

（損害は何百万ドルにも達した）

□ moment [móumənt] 普

| the moment ＋ S V | SがVするとすぐに（as soon as） |

The moment I left the room, the telephone rang.

（私が部屋を出るとすぐに電話が鳴った）

書換 *As soon as* I left the room, the telephone rang.

POINT the moment は接続詞の働きをする。（→p.433）

【参考】 the instant や，副詞の instantly, directly, immediately なども as soon as の意味で使うことがある。

■ **news** [njúːz] 抽

| +that 節 | …という知らせ［ニュース］《同格節》 |

(a) *The news that* the teacher left school surprised us.

（その先生が学校をやめたという知らせは私たちを驚かせた）

(b) I heard *a piece of* good *news*. / ✕ I heard *a good news*.

（いい知らせを聞いたよ）

POINT a news は誤り。（→p.293）

■ **number** [nʌ́mbər] 普 数

(a) A *large* [✕ *many*] *number* of people were injured in the accident.

（その事故で多くの人々がけがをした）

※「多い」「少ない」は large・small で表す。（→p.203）

(b) *The number* of traffic accidents *is* [✕ *are*] increasing.

（交通事故の数が増えつつある）

POINT 主語が the number (of ～) のとき，動詞は単数で受ける。

慣用表現

■ a number of A = いくつかのA，多くのA

There were *a number of* applicants for the job.

（その職には数人［たくさん］の応募者がいた）

□ **paper** [péipər] ① 物 紙　② 普 新聞（newspaper）　③ 普 書類 [-s]

① ○ Give me *a sheet*［*piece*］*of paper*. / ✕ Give me *a paper*.

（紙を1枚ください）

POINT 「紙」の意味では数えられない。

② He's reading *a paper*.（彼は新聞を読んでいる）

③ The important *papers* are kept in the safe.

（大切な書類は金庫に保管されている）

□ people [píːpl] ① 集 人々 ② 普 国民, 民族

② The Japanese are said to be *an* industrious ***people***.

（日本人は勤勉な国民だと言われている）

POINT　「国民, 民族」の意味では可算名詞扱い。

□ pity [píti] 普 同 shame

It is a pity ＋ that 節	…とは残念なことだ

It is a pity [*shame*] *that* the singer died young.

（その歌手が若くして死んだのは残念なことだ）

【参考】died の代わりに should have died を使うこともある（→p.525）。

書換　*I'm sorry* (*that*) the singer died young.

■ police [pəlíːs] 集 警察 [the -]

*The police **are*** [× *is*] looking into the case.

（警察はその事件を調査している）

POINT　単数形で複数扱いする。（→p.295）

※「1人の警察官」は a police officer [policeman]。

■ population [pàpjuléiʃən] 普 人口

The ***population*** of Japan is ***larger*** [× *more*] than that of Britain.

（日本の人口はイギリスの人口よりも多い）

POINT　数の大小は large・small で表す。（→p.203）

□ price [práis] ① 普 値段 ② 普 物価 [-s]

① I bought this at a ***low*** [× *cheap*] ***price***.

（私はこれを安い値段で買った）

POINT　値段の高低は high・low で表す。（→p.203）

② ***Prices*** have gone up recently.（最近物価が上がった）

■reason [ríːzn] 普

＋for A [Ving]	①A［〜すること］の理由
＋for A to V	②Aが〜する理由
＋why S V	③SがVする理由 《why=関係副詞》

① Do you know *the reason for* his resignation?

（彼が辞職した理由を知っていますか）

書換 ③ Do you know *the reason why* he resigned?（→p.467）

② There is no *reason* for me to apologize.（私が謝る理由はない）

※ for me は形容詞用法の不定詞（to apologize）の意味上の主語。

□room [rúːm] ① 普 部屋　② 抽 余地

② This plan leaves lots of *room* [× *rooms*] for improvement.

（この案には大いに改善の余地がある）

POINT　「余地」の意味では数えられない。

□rumor [rúːmər] 普 ※動詞としての用法はp.170を参照。

＋that 節	…といううわさ 《同格節》

The rumor spread *that* the CEO would resign.

（CEOが辞任するといううわさが広がった）

※同格の that 節が動詞（spread）の後ろに置かれた形。

□scenery [síːnəri] 抽 風景　**POINT** 数えられない。（→p.293）

enjoy（× *a*）mountain *scenery*（山の景色を楽しむ）

cf. a beautiful *scene*（(1つの) 美しい景色）

□software [sɔ́ːftwèər] 集 〈パソコンの〉ソフト　**POINT** 数えられない。

I bought（× *a*）new *software*.（新しいソフトを買った）

※ -ware で終わる語は集合名詞（数えられない）。glassware（ガラス製品），tableware（食器類）なども同様。

【参考】application（〈パソコンの〉アプリケーション，ソフト）は可算名詞。

□ species [spíːʃiːz] 普 〈生物の〉種(しゅ)

This is ***an*** endangered ***species***. (これは絶滅危惧種です)

POINT 「1つの種」は **a species**。(→p.297)

【参考】the species は「人類」の意味で使う。

□ staff [stǽf] 集 職員, スタッフ

(a) We have a ***staff*** of eight here. (ここには 8 人の職員がいる)

(b) All the ***staff*** (members) gathered. (全スタッフが集まった)

　　※スタッフ全体を指す。「1人の職員」は **a staff member** または **a member of the staff**。

□ stationery [stéiʃənèri] 集 文房具 **POINT** 数えられない。

That store sells a wide variety of ***stationery*** [× *stationeries*] .

(あの店は多種多様な文房具を売っている)

　　※-(e)ry で終わる名詞の多くは集合名詞（数えられない）。

■ time [táim] 抽

time	① (1) 時, 時間 (2) 時代, 景気 [-s]
数詞 ＋ times	② (1) 〜回 (2) 〜倍
It is (high) time ＋ (that) S V [過去形]	③ （とっくに）〜していてもいいころだ
This is the first time＋S＋have [has]＋Vpp	④ S が V するのはこれが初めてだ
形 ＋ time ＋ S V	《接続詞を作る》 (→p.435)

① (1) (a) ***Time*** is money. (時は金なり) 《諺》

　　(b) I waited ***for a long time***. (私は長時間待った)

　　　※一定の長さの時間を表すときは a がつく。

　(2) ***Times*** are getting worse. (景気が悪くなってきた)

② (1) I've been there ***three times***. (そこへは 3 回行ったことがある)

　(2) ***Four times*** five is twenty. (4 × 5 は 20 です)

③ ***It's*** (*high*) ***time*** you ***returned*** [✗ *return*] to work.

（もう仕事に戻る時間だぞ）

> **POINT** It is (high) time に続く節中では，仮定法過去を用いる。

【参考】「仕事に戻っているはずの時間なのに実際にはそうではない（早く戻れ）」というニュアンス。It is time for you to return to work. とも表現できるが，この文にはそのような非難の含みはない。

④ ***This is the first*** [*second*] ***time I've traveled*** [✗ *I travel*] to Europe.

（ヨーロッパへ旅行するのはこれが初めて［二度目］です）

> **POINT** 「～するのはこれが初めて［二度目］だ」などは，現在完了形で表現する。

【参考】「ヨーロッパへ旅行したことのある最初」のように考える（現在完了は経験を表す）。time の後ろに関係副詞の that が入ることもある（when は不可）。

慣用表現

■ **have a good [hard] time (Ving)** =（～して）楽しい時を過ごす

  We ***had a good time singing*** [✗ *to sing*] karaoke.

  （私たちはカラオケを歌って楽しんだ）

  【参考】singing は「歌いながら」の意味を表す分詞構文。

☐ **kill time (Ving)** =（～して）時間をつぶす

  We ***killed time playing*** cards.（トランプ遊びをして時間をつぶした）

■ **Do you have the time?** = 今何時ですか（What time is it?）

■ **trouble** [trʌ́bl] 抽 苦労，面倒 **POINT** 数えられない。

I'm in (✗ *a*) ***trouble*** now.（私は今困っています）

慣用表現

■ **have trouble Ving** = ～するのに苦労する

  I ***have trouble remembering*** [✗ *to remember*] names.

  （私は人の名前がなかなか覚えられない）

■ **The trouble is that ...** = 困ったことに…

  The trouble is (*that*) he lacks common sense.

  （困ったことに，彼には常識が欠けている）

☐ **trousers** [tráuzərz] 普 ズボン（pants）

(a) *These trousers have* [× *has*] a tear at the knee.

（このズボンはひざのところが破れている）

POINT 主語として使うとき，動詞は複数で受ける。

(b) I bought *two pairs of trousers* [× *two trousers*].

（私はズボンを２本買った）※数えるときはa pair of ～を使う。

■ **use** [júːs] 抽

It is no use ＋ Ving	① ～しても無駄だ
There is no use ＋ (in) Ving	② ～しても無駄だ
What's the use of Ving?	③ ～して何になるのか［無駄だ］

① *It is no use crying* [× *to cry*] over spilt milk.

（こぼれたミルクを嘆いても無駄だ→覆水盆に返らず《諺》）

書換 It is *useless* [*of no use*] *to cry* over spilt milk.

② *There is no use* (*in*) *trying* to persuade him.

（彼を説得しようとするのは無駄だ）

③ *What's the use of discussing* the matter?

（その件を議論して何になるのか［議論しても何にもならない］）

※これらの use は「利益（good）」の意味の名詞。

☐ **watch** [wátʃ] 普 時計

(a) My watch is five minutes *fast* [× *early*].

（私の時計は５分進んでいる）

(b) My watch is five minutes *slow* [× *late*]. （私の時計は５分遅れている）

POINT 「〈時計が〉進んで［遅れて］いる」は fast・slow で表す。

(c) This watch *gains* [*loses*] two minutes a day.

（この時計は１日に２分進む［遅れる]）

※「進む」「遅れる」は gain・lose で表す。

□ **weather** [wéðər] 抽 天気　**POINT** **a をつけない。**（→p.293）

We canceled the event because of (× *a*) bad *weather*.

（我々は悪天候のためにその行事を中止した）

|慣用表現|

　□ **weather permitting** = 天候が許せば（if the weather permits）

　　Weather permitting, our field day will be held next Sunday.

　　（天候が許せば，運動会は今度の日曜日に行われます）

■ **work** [wə́ːrk] ① 抽 仕事　② 普 作品

① Do you have ***much work*** [× *many works*] today?

（今日は仕事がたくさんありますか）

　　POINT　**「仕事」の意味では不可算名詞。**

cf. I have ***many jobs*** to do.（やる仕事がたくさんある）

② The author's ***works*** never fail to sell well.

（その著者の作品は必ずよく売れる）

□ **yen** [jén] 抽 円

I paid 2,000 ***yen*** [× *yens*].（私は2千円払った）

※複数形も yen（単複同形）。（→p.296）

cf. I paid 20 ***dollars*** [× *dollar*].（私は20ドル払った）

練習問題（PART4）（正解はp.623）

[A] 空所に入る適切な語句を選びなさい。

☐ 1 Where should I change (　　) to get to Asakusa?

① train ② the train ③ a train ④ trains

☐ 2 I bought five (　　) pencils at the store.

① dozen ② dozens ③ dozen of ④ dozens of

☐ 3 There is little possibility (　　) the stock will go up.

① that ② which ③ if ④ of

☐ 4 What's the bus (　　) from here to the ballpark?

① price ② cost ③ fare ④ charge

☐ 5 This disease needs careful (　　).

① observation ② observance

③ observatory ④ observer

☐ 6 It is time we (　　) of these old magazines.

① dispose ② will dispose ③ disposed ④ have disposed

☐ 7 I had great trouble (　　) his house.

① find ② finding ③ found ④ to find

[B] 空所に適切な語を入れなさい。

☐ 1 How many (　　) (　　) baggage do you have?

（手荷物はいくつお持ちですか）

☐ 2 There was a (　　) audience in the concert hall.

（コンサートホールには多くの聴衆がいた）

☐ 3 The police (　　) looking into the murder case.

（警察はその殺人事件を調査している）

PART 5
前置詞の語法

前置詞の中には，副詞や接続詞としても使うものがある。主なものをまとめると，次のようになる。

その品詞として使う語の例	前	副	接
after, before, like	○	○	○
as, but, for, since, till, until	○		○
about, above, across, along, (a)round, behind, below, beneath, besides, between, beyond, by, down, in, off, on, out, over, through, throughout, to, under, up, within, without	○	○	
against, among, at, beside, despite, during, except, from, into, of, out of, toward, unlike, with	○		
(参考) ahead, aside, away, forward		○	

(1) 前置詞の基本的用法

> 例 （　　）内から正しい方を選びなさい。
> I'm used to (get / getting) up early.
> （私は早起きするのに慣れている）

答 getting

前置詞の to の後ろに「〜すること」の意味を表す動名詞（Ving）を置く形は，不定詞と混同しやすいので，テストでは特によく出題される。（→p.387）

●前置詞の後ろには，名詞に相当する語句（名詞・代名詞・動名詞）を置く。

- I lent my bike ***to*** *him* [× *he*]．（私は彼に自転車を貸してやった）

  POINT 前置詞の後ろに代名詞を置くときは，目的格にする。

- She is good ***at*** *playing* [× *play*] the guitar.
  （彼女はギターをひくのが上手だ）

  POINT 前置詞の後ろに動詞を置くときは，Ving（動名詞）の形にする。

- 前置詞で始まる句（前置詞句）は，副詞または形容詞の働きをする。
    - A woman came to the hospital ***with** her husband*.
    （1人の女性が夫と一緒にその病院に来た）《下線部=副詞句》
    - A woman ***with** her baby* came to the hospital.
    （赤ん坊を連れた1人の女性がその病院に来た）《下線部=形容詞句》
- 前置詞句が補語の働きをすることがある。
    - He is ***in** France* now.
    （彼は今フランスにいる）《下線部=副詞句（修飾語句）》
    - He is ***in** good health*.
    （彼は健康だ）《下線部=形容詞句（補語）》
- 前置詞を含む語句は，「後ろから訳す」のが原則。
    - go *to school*（学校へ行く）
- 複数の語がまとまって，1つの前置詞の働きをすることがある（群前置詞）。
    - There is a car parked *in front of* the gate.
    （門の前に車が1台止まっている）
- 前置詞が動詞などと結びついて，さまざまなイディオムを作る場合がある。
    - I can't *put up with* this heat.（この暑さには耐えられない）

（2）特に重要な前置詞の語法

※副詞として使われるものを含む。
※各語のすべての意味を網羅しているわけではない。
※慣用表現のうち次のものは，該当ページを参照。
- be動詞＋形容詞＋前置詞 → p.227

■ about [əbáut]

① 前 ~について（の）　② 前/副 （~の）まわり［あちこち］を［に］

③ 副 およそ

① I don't know anything ***about*** the accident.

（私はその事故については何も知りません）

【参考】a book about economy は「経済学についての本」、a book on economy は「経済学に関する本」（on の方が硬い言い方）。

② I walked ***about*** (the streets).（私は（通りを）歩き回った）

※この意味で about を使うのは主に《英》。《米》では around が普通。

③ I left home (at) ***about*** 7:30.（私は 7 時半ごろに家を出た）

※ about を前置詞のようにみなして、at を省略することもできる。

慣用表現 句動詞

□ ask [inquire] about A = Aについて尋ねる（→p.83・136）

■ bring O about* = Oを引き起こす（cause）

What ***brought about*** the company's bankruptcy?

（何がその会社の倒産を引き起こしたのですか）

■ care about A = Aのことを気にかける（→p.91）

□ come about = 起こる（happen）

■ complain about [of] A = Aについて不平を言う（→p.98）

■ know about [of] A = Aのことを知っている（→p.140）

□ set about A = Aに着手する

They ***set about*** the project.（彼らはその計画に着手した）

■ talk about A = Aについて話す（→p.185）

■ think about [of] A = Aについて考える（→p.188）

■ worry about A = Aのことを心配する（→p.195）

慣用表現 その他

□ just about ~ = ほとんど~（almost）

The bath is ***just about*** ready.（お風呂はだいたいわきました）

■ as [ǽz]

前 ～として

(a) She works **as** *a waitress* at the coffee shop.
（彼女はその喫茶店でウエイトレスとして働いている）

(b) He acted *as* [× *a*] *chairman*.（彼は議長を務めた）

> **POINT** as の後ろに置く「役職名を表す名詞」には冠詞をつけない。

※議長・主将など，唯一の役職を表す名詞に限る。（→p.507）

(c) She speaks English *like* [× *as*] a native speaker.
（彼女はネイティブスピーカーのように英語を話す）

> **POINT** as は like（～のように）の代わりには使えない。

※この文で as を使うと，「～として」の意味に解釈されるので不自然。

慣用表現 句動詞

- □ act as A ＝ Aの役を務める
- □ serve as A ＝ Aとして役立つ
- □ classify O as A ＝ OをAとして分類する
- ■ define O as A ＝ OをAと定義する
- □ describe O as A ＝ OをAと表現する
- □ identify O as A ＝ OがAであると確認する
- □ interpret O as A ＝ OをAと解釈する
- □ look up to A as B ＝ AをBとして尊敬する
- ■ refer to A as B ＝ AをBと呼ぶ（→p.162）
- ■ regard [think of / look on] O as A ＝ OをAとみなす（→p.163）
- ■ see [view] O as A ＝ OをAとして見る（→p.172）
- □ take O as A ＝ OをAだと受け取る
- □ treat O as A ＝ OをAとして扱う
- □ use O as A ＝ OをAとして使う

慣用表現 句前置詞

- **as against A** = Aに比べて（compared with A）

    We made a profit of $30 million this year *as against* $12 million last year.

    （当社は昨年の1,200万ドルに比べて今年は3,000万ドルの利益を上げた）

- **as of A** = A現在で

    the sales *as of* Oct. 30（10月30日現在の売り上げ）

■ **as to A** = Aに関して

  - **as for A** = Aに関して

    I have no complaints *as to* the house rent.

    = *As for* the house rent, I have no complaints.

    （家賃については私には不満はありません）

慣用表現 副詞句

- **as a matter of course** = 当然のこととして
- **as a matter of fact** = 実は（in fact）

■ **as a result (of A)** = その［Aの］結果（consequently）

  I ate too much, and *as a result* I had a stomachache.

  （私は食べすぎて、その結果胃が痛くなった）

- **as follows** = 次のとおり

  The ingredients are *as follows*: eggs, milk, flour, ...

  （材料は次のとおり。卵，ミルク，小麦粉…）

- **as is** = 保証なしで，現品で

  The shop sells used motorbikes *as is*.

  （その店では中古バイクを現品で売っている）

■ **as usual** = いつものように

  He was late for school *as usual*.

  （彼はいつものように学校に遅れた）

■ **as well (as A)** =（Aと）同様に，（Aに）加えて

He has knowledge, and experience *as well*.

= He has experience *as well as* knowledge.

（彼には知識があり，加えて経験もある）

■at [ǽt]

① 前 ～で《場所》　② 前 ～に《時》　③ 前 ～に向かって　④ 前 ～を見て［聞いて］　⑤ 前 ～に従事している

① I met Mariko *at* [*in*] the library.（私は図書館でマリコに会った）

※「図書館」を1つの場所と考えるときは at を，「図書館の中で」と考えるときは in を使う。

> **POINT** at は場所や時の一点を表す。in は広がりのある場所や時を表すのに使う。

② I got up *at* six this morning.（けさは6時に起きた）

※時刻は「時の一点」だから at。in the morning（朝［午前中］に）のような幅のある時間は in。ただし，at night のような表現もある。

③ The boy threw a stone *at* the dog.（少年はその犬に向かって石を投げた）

④ I was surprised *at* the news.（私はその知らせを聞いて驚いた）

⑤ The two nations are *at* war.（両国は交戦状態にある）

|慣用表現| 句動詞

☐ **aim at A** = Aをねらう（→p.78）

☐ **catch at A** = Aをつかもうと手を伸ばす

　A drowning man will *catch at* a straw.

　（おぼれる者はわらをもつかむ）《諺》

☐ **glance [glimpse] at A** = Aをちらりと見る

☐ **hint at A** = Aを言外にほのめかす

　She *hinted at* wanting to leave.（彼女は帰りたそうだった）

■ **laugh at A** = Aを（あざ）笑う

- ■ **look at A** = Aを見る（→p.145）
- □ **point at ［to］ A** = Aを指差す
- □ **smile at A** = Aにほほえむ

    The receptionist *smiled at* me.（受付係は私にほほえんだ）

- ■ **stare ［gaze］ at A** = Aを見つめる（→p.179）

|慣用表現| 句前置詞

- ■ **at the age of A** = A歳のときに

    I got married *at the age of* 23.（私は23歳で結婚しました）

- □ **at the back of A** = Aの後ろに
- □ **at the beginning of A** = Aの初めに
    - ⇔□ **at the end of A** = Aの終わりに

        He made a joke *at the beginning of* his speech.

        （彼はスピーチの初めに冗談を言った）

- ■ **at the cost ［expense/price/sacrifice］ of A** = Aを犠牲にして

    It is foolish to smoke *at the expense of* your health.

    （健康を犠牲にしてたばこをすうのは愚かだ）

- □ **at the foot of A** = Aのふもとに
- □ **at the height of A** = Aの絶頂に
- □ **at the mercy of A** = Aのなすがままになって
- ■ **at the rate of A** = Aの割合［速度］で　*cf.* **at full speed**（全速力で）

    The train runs *at the rate of* 80 kilometers an hour.

    （その列車は時速80キロで走る）

- □ **at the risk of A** = Aの危険を冒して
- ■ **at the sight of A** = Aを見て
- □ **at the thought of A** = Aを考えて

    He couldn't sleep *at the thought of* his failure.

    （彼は失敗を考えると眠れなかった）

- □ **at the top of A** = Aの頂点に
  - ⇔ □ **at the bottom of A** = Aの底辺に
    - She cried ***at the top of*** her voice.（彼女は声を限りに叫んだ）

|慣用表現| 形容詞句（*は副詞句としても使う）

- □ (**near** [**close**]) **at hand*** = 近くに，近づいて
- ■ **at home*** = ① 在宅して（いる）② 気楽に（at ease）③ 精通している（familiar）
  - ② Make yourself ***at home***.（楽にしてください）
  - ③ He is ***at home*** with the subject.（彼はそのテーマに通じている）
- □ **at leisure** = 暇だ
- ■ **at a loss** = 途方に暮れている
  - □ (**all**) **at sea** = 途方に暮れている
    - I was ***at a loss*** *what to do*.（当惑してどうしたらよいかわからなかった）

|POINT| 後ろに〈疑問詞＋to V〉の形を置ける。

- □ **at peace** = 平和だ
  - ⇔ □ **at war** = 交戦中だ
- □ **at rest** = 休息している
- ■ **at school*** = 在学している，学校で
- □ **at stake** = 危険にさらされている
- □ **at a standstill** = 静止している
- □ **at (the) table*** = 食事中だ［に］
- □ **at the wheel*** = 車を運転している（ときに）
- □ **at work*** = 働いている，勤め先で

|慣用表現| 副詞句

- ■ **at all** = ① 全く（〜ない）《否定文で》② 一体《疑問文で》③ 仮にも《if節中で》
  - ① I'm *not* hungry ***at all***.（全然空腹じゃない）

PART 5 前置詞の語法

② *Why* are you angry *at all*? (一体なぜ怒っているんだ)

③ If done *at all*, it should be done well.

(やるからにはうまくやらなくてはならない)

☐ **at high interest** = 高い利子で

cf. *at* a 10 percent *discount* (10パーセントの割引で)

☐ **at present** = 今のところ

☐ **at the first opportunity [chance]** = 機会があり次第

cf. at *one's* earliest convenience (都合がつき次第)

■ by [bái]

① 前/副 (〜の)そばに ② 前 〜によって《手段・動作主》 ③ 前 〜までに
④ 前 〜の分だけ《差》 ⑤ 前 〜単位で ⑥ 前 〜ずつ

① Who's that man standing *by* the front gate?

(正門のそば[わき]に立っている男性は誰ですか)

※ beside も使える。少し離れて立っている場合は near (〜の近くに)。

② (a) Let's go *by taxi*. (タクシーで行こう)

(b) He makes his living *by working* part-time.

(彼はパート[アルバイト]の仕事をして生計を立てている)

POINT **by+Ving=〜することによって**

(c) English *is spoken by* many people.

(英語は多くの人々に話されている)

POINT **be 動詞+Vpp+by A=Aによって〜される (受動態)**

cf. a novel *by* Soseki Natsume (夏目漱石による小説)

③ Submit your report *by* Friday. (金曜日までに報告書を提出しなさい)

cf. Will you wait *until* Friday? (金曜日まで待ってくれる？)

POINT **until [till] (〜まで) との混同に注意。**

④ (a) He's older than I *by* 2 years. (彼は私より2歳年上だ)

(b) I missed the train *by* 3 minutes. (3分違いで列車に乗り遅れた)

⑤ (a) Pencils are sold **by** *the dozen*.（鉛筆は１ダース単位で売られる）

　(b) I'm hired **by** *the hour*.（私は時間給で雇われている）

⑥ We were interviewed one **by** one.（私たちは１人ずつ面接された）

|慣用表現| **句動詞**

□ **come by A** = Aを手に入れる

I ***came by*** the new video game.（新しいテレビゲームが手に入った）

□ **drop by (A)** =（Aに）立ち寄る

Please ***drop by*** my office anytime.

（私の事務所にいつでも立ち寄ってください）

□ **go [pass] by (A)** = ①（Aのそばを）通り過ぎる ②〈年月が〉過ぎる

② Time ***passed by*** like an arrow.（時は矢のように過ぎ去った）

□ **lay O by*** = Oを取っておく，蓄える

She ***laid by*** money for college.（彼女は大学の学資を蓄えた）

□ **stand by** = 待機する，キャンセル待ちをする

Our boss told us to ***stand by***.（上司は我々に待機するよう言った）

□ **stand by A** = Aに味方する

We will ***stand by*** him to the last.（我々は最後まで彼の味方をする）

|慣用表現| **句前置詞**

□ **by [through] courtesy of A** = Aの好意により

This photograph is made available ***by courtesy of*** X Museum.

（この写真はX美術館のご好意により使用可能です）

■ **by means of A** = A（の手段）によって

Thoughts are expressed ***by means of*** words.

（思想は言葉によって表現される）

□ **by virtue [dint] of A** = Aのおかげで

I've succeeded ***by virtue of*** your advice.

（あなたの助言のおかげで成功しました）

■ **by way of A** = ① A経由で（via） ② Aのつもりで

① We went to India ***by way of*** Thailand.

（我々はタイを経由してインドへ行った）

|慣用表現| 副詞句

● by が手段を表すもの

■ **by air［plane］** = 空路［飛行機］で

□ **by sea［boat］** = 海路［船］で

■ **by land［car/bus/train］** = 陸路［車/バス/列車］で

□ **by hand** = 手（書き）で，〈機械でなく〉手作りで

This bag was made ***by hand***.（このかばんは手作りだ）

□ **by (tele) phone** = 電話で

□ **by express［special delivery］** = 速達で

■ **by mail［e-mail］** = 郵便［電子メール］で

I'll send this ***by e-mail***.（これはメールで送ります）

□ **by telegram［telegraph/wire］** = 電報で

□ **by word of mouth** = 口コミで

□ **by check** = 小切手で　*cf.* **in cash**（現金で）

Will you pay in cash or ***by check***?

（お支払いは現金ですか，それとも小切手ですか）

□ **by deputy** = 代理で

□ **by rotation** = 輪番で

□ **by turns** = 交替で，順番に

We drove a car ***by turns***.（我々は交替で車を運転した）

□ **by all means** = ① ぜひとも　② どうぞ，もちろんです

① I want to become a manager of a boutique ***by all means***.

（私はぜひともブティックの経営者になりたい）

- **by no means** = 決して〜ない

  The jewel is ***by no means*** expensive.

  (その宝石は決して高くない)

● by が差・単位を表すもの

  □ **by a hair** = 間一髪の差で

  □ **by a minute** = 1分違いで

   He missed the train ***by a minute***.

   (彼は1分違いで列車に乗り遅れた)

  □ **by (the) hundreds** = 何百となく

  ■ **by the dozen** = 1ダース当たりで

   These balls are sold ***by the dozen***.

   (これらのボールは1ダース単位で売られている)

  ■ **by the hour** = 時間ぎめで

  □ **by degrees** = 次第に

   The wind grew stronger ***by degrees***. (風は次第に強くなっていった)

  □ **little by little** = 少しずつ (gradually)

   The patient is recovering ***little by little***.

   (その患者は少しずつ回復している)

   cf. **day by day**（日ごとに）/ **one by one**（1つ［人］ずつ）

  □ **step by step** = 一歩ずつ，着実に

  □ **by leaps and bounds** = とんとん拍子に

● その他

  ■ **by accident [chance]** = 偶然に

   I got this ticket ***by chance***. (この切符は偶然手に入れました)

   I saw my teacher ***by chance*** at the bookstore.

   (私は偶然本屋で先生に会った)

☐ **by any chance** = もしかして，万一

Do you speak Japanese *by any chance*?

（ひょっとして日本語をお話しになりますか）

■ **by far** = はるかに，断然

Soccer is *by far the most popular* sport in the world.

（サッカーは世界で断然最も人気のあるスポーツだ）

POINT 比較級・最上級を強調する。

☐ **by halves** = 中途半端に

My mother always gets mad when I do something *by halves*.

（私が何か中途半端なことをすると決まって母に怒られます）

☐ **by mistake** = 誤って

I have brought her umbrella *by mistake*.

（間違って彼女の傘を持ってきてしまった）

☐ **by nature** = 生まれつき

■ **by the way** = ところで，ついでながら（incidentally）

By the way, have you seen him lately?

（ところで，最近彼に会いましたか）

☐ **by and large** = 全体として，どの点から見ても

By and large, the Japanese are a very industrious people.

（全般的に，日本人はとても勤勉な国民です）

☐ **side by side** = 並んで

We walked *side by side* along the avenue.（我々は並んで並木道を歩いた）

☐ **know O by name**［sight］=〜の名前［顔］は知っている

※この by は「〜については」の意味。**by birth**（生まれは），**by profession**（職業は）なども同じ用法。

My wife is French *by birth*.（妻は生まれはフランス人です）

■ **learn O by heart** = Oを暗記する（memorize）

cf. **know O by heart**（Oを暗記している）

■ down [dáun]

① 前/副 （〜の）下に［へ］　② 前/副/形 低い方に［へ/の］
③ 前/副 （〜に沿って）向こうの方へ　④ 副 〈程度などが〉減じて，衰えて

① (a) The stock price is going **down**.（株価が下がっている）

　(b) Sit **down**, please.（お座りください）

　(c) He ran **down** the stairs.（彼は階段を駆け下りた）

② (a) The birthrate is **down**.（出生率が下がっている）

　(b) the **down** elevator（下りのエレベーター）

③ I walked **down** the street.（私は通りをずっと歩いていった）

　※ go, come, run, drive, walk などの動詞の後ろにある down は，しばしばこの意味。「（坂を）下っていく」わけではない。

④ Would you slow **down** a little, please?

（少しスピードを落としてもらえますか）

慣用表現 句動詞

□ **boil (O) down*** = 煮詰まる，O を煮詰める

■ **break down** = ① 故障する　② 〈交渉などが〉挫折する

　① The server **broke down**.（サーバーが故障した）

　② The negotiations **broke down**.（交渉が決裂した）

□ **break O down*** = O を項目分けする

　break down a bill（請求書の明細を出す）

□ **burn (O) down*** = 全焼する，O を全焼させる

　He had his house **burnt down** in the fire.（彼の家は火事で全焼した）

□ **calm down** = 落ち着く

■ **close (O) down*** = （O を）廃業する

　The store **closed down**.（その店は廃業した）

　cf. The store **closed up**.（その店は一時休業した）

- ☐ **come down with A** = A〈病気など〉にかかる

    I *came down with* a bad cold.（私はひどい風邪をひいた）
- ☐ **crack down (on A)** =〈警察が〉(Aを) 取り締まる
- ■ **cut down (on) O** = Oを削減する（reduce）

    You must *cut down* your calorie intake.

    （君はカロリーの摂取を減らさねばならない）

    cut down [*back*] *on* expenses（経費を節減する）
- ☐ **die (O) down*** = 弱まる，Oを弱める

    The excitement is *dying down*.（興奮は収まりつつある）
- ☐ **dress O down*** = Oを叱りつける
- ■ **get down to A** = Aに本気で取りかかる

    Let's *get down to* work.（本気で仕事に取りかかろう）
- ☐ **hand O down*** = Oを〈後世に〉伝える
- ☐ **keep O down*** = Oを静める，抑える
- ☐ **lay O down*** = O〈規則など〉を定める
- ■ **let O down*** = Oを落胆させる（disappoint）

    Don't *let* me *down*.（私を失望させないでくれ）

    cf. He looks *down*.（彼は気落ちしているようだ）
- ■ **look down on A** = Aを軽蔑する（despise）
- ☐ **mark (O) down*** = (Oを) 値下げする

    All the goods are *marked down* by 10% today.

    （本日は全商品が10％引きです）
- ☐ **pay (O) down*** = (Oを) 即金で払う

    The money is to be *paid down*.（即金で支払うこと）
- ☐ **pull O down*** = Oを取り壊す（demolish）

    The building is being *pulled down*.

    （その建物は取り壊されているところだ）

■ **settle (O) down*** = 落ち着く，Oを解決する

He ***settled down*** in his armchair to listen to the music.

（彼は音楽を聴くために，いすに座って落ち着いた）

☐ **shut O down*** = O〈機械など〉を止める

■ **slow down** = ペースを落とす

☐ **step down** = 〈後任に道を譲って〉辞任する

The president seems to have decided to ***step down***.

（会長は辞任する決心をしたらしい）

☐ **tone O down*** = Oを和らげる

☐ **track O down*** = O（の所在）を突き止める

I had trouble ***tracking*** him ***down***.

（彼の居場所を突き止めるのに苦労した）

■ **turn O down*** = ① Oのボリュームを下げる ② Oを拒絶する（refuse・reject）

① ***Turn down*** the radio.（ラジオの音量を小さくしなさい）

② His proposal was ***turned down*** by the board.

（彼の提案は役員会によって拒絶された）

☐ **wear (O) down*** = すり減る，Oをすり減らせる

The heels of my shoes have ***worn down***.（靴のかかとがすり減った）

■ **write [put/jot] O down*** = Oを書き留める

Write down the numbers.（番号を書き留めなさい）

■ for [fɔ́ːr]

① 前 〜の間《期間》　② 前 〜のために［の］《利益・用途》

③ 前 〜を求めて　④ 前 〜にとって，〜に対して　⑤ 前 〜の割には

⑥ 前 〜の代わりに，〜と引き換えに　⑦ 前 〜向きの　⑧ 前 〜に賛成して

⑨ 前 〜の理由で　⑩ 前 〜として (as)

① (a) I studied English *for* five hours.（私は5時間英語を勉強した）

　(b) I haven't seen him *for* years.（彼には何年も会っていない）

　　※ for years は for many years の意味。

② (a) I'll buy a ring *for* you.（君のために指輪を買ってあげよう）

　(b) What is this tool *for*?（この道具は何に使うのですか）

③ (a) We are fighting *for* peace.（我々は平和のために戦っている）

　(b) She cried *for* help.（彼女は助けを求めて叫んだ）

④ (a) Smoking is bad *for* your health.（喫煙は体に悪い）

　(b) What time is convenient *for* you?（何時なら都合がいいですか）

　(c) It is easy *for* him *to solve* the problem.《不定詞の意味上の主語》

　　（彼にとって［彼が］その問題を解くのはたやすい）

⑤ (a) It's cold *for* April.（4月にしては寒い）

　(b) He looks young *for* his age.（彼は年の割に若く見える）

⑥ (a) What's the word *for* "kaisha" in English?

　　（「会社」を英語で何と言いますか）

　(b) I rent this apartment *for* 700 dollars a month.

　　（このアパートは月700ドルで借りています）

⑦ This car is *for* young people.（この車は若者向きです）

⑧ Are you *for* or *against* the plan?

　（その案に賛成ですか，それとも反対ですか）

⑨ (a) The flower died *for* lack of water.（花が水不足で枯れた）

　(b) He left school *for* some reason.（彼はある理由で学校をやめた）

⑩ She could pass *for*［*as*］five years younger.

（彼女は 5 歳若いといっても通用する）

|慣用表現| 句動詞

● 動詞＋for A

- ■ **account for A** = ① A を説明する（explain）② A の割合を占める

  ② Sales to China ***accounts for*** 40% of our total sales.

  （中国への売上額が当社の全売上額の40％を占める）

- □ **answer for A** = A を請け合う

- ■ **ask for A** = A を求める（→p.83）

  I ***asked*** (him) ***for*** help.（私は（彼に）助けを求めた）

- ■ **call for A** = A を要求する，必要とする（require）

- ■ **care for A** = A を好む，A の世話をする（→p.91）

- □ **cater for A** = A の仕出しをする

- ■ **compensate for A** = A の補償をする

  We must ***compensate for*** the loss by any means.

  （我々は何としても損失を埋め合わせねばならない）

- □ **count for much [a lot]** = 重要である

  - □ **count for nothing** = 問題にならない，どうでもよい

    Proper clothes ***count for a lot*** when you have an interview.

    （面接を受けるときはきちんとした服装が重要だ）

- □ **cry for A** = A を求めて泣く［叫ぶ］

  cry for the moon（ないものねだりをする）

- ■ **feel for A** = A を手探りで探す（→p.120）

  She ***felt for*** the switch.（彼女は手探りでスイッチを探した）

- ■ **head for A** = A の方へ向かう

- ■ **hope [wish] for A** = A を望む（→p.133・194）

- □ **hunt for A** = A を探し求める

  I'm ***hunting for*** a job.（私は仕事を探しています）

- ■ **leave [start] for A** = Aに向けて出発する（→p.142・180）
- □ **live for A** = Aを生きがいにする
- ■ **long for A** = Aを切望する（→p.144）
- ■ **look for A** = Aを探す
- □ **make for A** = Aの方へ向かう
- □ **pass for A** = Aとして通用する（→p.154）
- ■ **prepare for A** = Aの準備をする（→p.156）
- □ **press for A** = Aを懇願する，せがむ（→p.157）
- □ **provide for A** = A〈災害など〉に備える（→p.160）
- □ **reach (out) for A** = Aを取ろうと手を伸ばす（→p.161）
- □ **run for A** = Aに立候補する

  She *ran for* mayor.（彼女は市長に立候補した）
- ■ **search for A** = Aを探す（→p.172）
- □ **seek for A** = Aを探す（→p.174）
- □ **send for A** = Aを呼びにやる（→p.175）

  He *sent for* a doctor at once.（彼はすぐに医者を呼びにやった）
- □ **serve for [as] A** = Aとして役立つ

  This video *serves for* a model.（このビデオは手本として役立つ）
- □ **speak for A** = Aを弁護する，支持する

  He *spoke for* the plan.（彼はその案に賛成の意見を述べた）
- ■ **stand for A** = Aを表す（represent）

  UN *stands for* the United Nations.（UNは国連を表す）
- □ **vote for A** = Aに賛成の票を入れる（→p.191）
- ■ **wait for A** = Aを待つ（→p.191）

  I *waited for* her reply.（私は彼女の返事を待った）
- ■ **work for A** = A〈会社〉に勤める（→p.195）

● **blame 型の動詞**

They ***blamed*** me ***for*** my failure.（彼らは私の失敗を責めた）

POINT 「O〈人〉の A〈行動・業績など〉を～する」という意味の動詞は，for と結びつく。

□ **admire O for A** = O〈人〉のA〈事柄〉を賞賛する（→p.75）

■ **praise O for A** = O〈人〉のA〈事柄〉を賞賛する

■ **blame O for A** = O〈人〉のA〈事柄〉を非難する（→p.88）

□ **criticize O for A** = O〈人〉のA〈事柄〉を批判する

■ **excuse O for A** = O〈人〉のA〈事柄〉を許す（→p.117）

□ **forgive O for A** = O〈人〉のA〈事柄〉を許す

□ **fine O for A** = O〈人〉にA〈事柄〉の罰金を科す（→p.122）

I was ***fined for*** illegal parking.（駐車違反で罰金を科せられた）

□ **punish O for A** = O〈人〉のA〈事柄〉を罰する

The workers were ***punished for*** absenteeism.

（その社員たちは常習欠勤で罰せられた）

■ **reward O for A** = O〈人〉にA〈事柄〉の報酬を与える

□ **scold O for A** = A〈事柄〉のことでO〈人〉を叱る

■ **thank O for A** = O〈人〉のA〈事柄〉に感謝する（→p.187）

cf. ■ **apologize（to B）for A** = A〈事柄〉のことで（B〈人〉に）謝罪する

● その他（動詞＋O＋for A）

■ **ask O for A** = OにAを求める（→p.83）

■ **buy O for A** = Aの代金でOを買う（→p.90）

■ **pay O for A** = Aの代金としてOを支払う（→p.154）

I ***bought*** this camera ***for*** 200 dollars.（このカメラを200ドルで買った）

I ***paid*** 200 dollars ***for*** this camera.（このカメラに200ドルを支払った）

■ **exchange［change］O for A** = OをAと交換する（→p.93・116）

■ **mistake［take］O for A** = OをAと間違える（→p.151・184）

I was ***mistaken for*** a Chinese.（中国人と間違えられた）

- ☐ **reimburse O for A** = O〈人〉にA〈損害〉を弁償する
- ■ **search O for A** = A〈人/物〉を求めてO〈場所〉を探す（→p.172）
- ■ **substitute O for A** = Aの代わりにOを使う（→p.182）

|慣用表現| 句前置詞

- ☐ **for fear of A** = Aを恐れて

    I studied very hard *for fear of* failing the examination.

    （私は試験に失敗しないように必死に勉強した）

- ☐ **for lack [want] of A** = Aの不足のために

    The project failed *for lack of* funds.

    （資金が不足してそのプロジェクトは失敗した）

- ■ **for the purpose of Ving** = 〜する目的で（with a view to Ving）

    I attend this school *for the purpose of* getting a license.

    （私は免許を取るためにこの学校に通っている）

- ■ **for the sake [good/benefit] of A** = Aの（利益の）ために

    He gave up smoking *for the sake of* his health.

    （彼は健康のために禁煙した）

    I work *for the good of* my company.（私は会社のために働いている）

- ■ **for [with] all A** = Aにもかかわらず

    For all his many faults, he is loved by everybody.

    （たくさん欠点があるのに彼はみんなに愛されている）

|慣用表現| 副詞句

- ☐ **for a change (of air)** = 転地療養のために，気分転換に

    How about taking a different way to the station *for a change*?

    （たまには別の道を通って駅まで行かない？）

- ☐ **for your convenience** = あなたの便宜のために

- ■ **for ever [good]** = 永久に

    I've decided to live here *for good*.（私は永久にここに住もうと決めた）

■ for example ［instance］ = たとえば

For example, how about this one?（たとえばこれはいかがですか）

■ for further information = さらに詳細をお知りになりたいときは

For further information, please call toll-free ....

（さらに詳しい情報をお知りになりたいときは，フリーダイヤル…へお電話ください）

□ for that matter = そのことでは

□ for *one's* life = 必死で

■ for a moment = しばらくの間

Please wait *for a moment*.（しばらくの間待っていてください）

□ for the moment ［present］ = さしあたり，当分の間

　□ for the time being = さしあたり

　　The work is suspended *for the present*.（その仕事はさしあたり中止だ）

□ for my part = 私としては

For my part, I am not going to depend on him.

（私としては彼に頼るつもりはない）

□ for the most part = 大部分は

I know this project *for the most part*.

（この計画について大部分は知っている）

■ for this ［that］ reason = こう［そう］いう理由で

For this reason they are against the financial plan.

（こういう理由で彼らはその財政計画に反対している）

□ for one thing = ひとつには

For one thing he is lazy, for another he drinks.

（彼はひとつには怠け者だし，ひとつには酒飲みだ）

■ for the first ［the last］ time = 初めて［最後の時に］

The other day I went to the ballpark *for the first time*.

（先日私は初めて野球場へ行った）

347

■ **for the first time in A** = Aぶりに

I got an e-mail from her ***for the first time in*** three months.

（3か月ぶりに彼女からメールをもらった）

□ **once (and) for all** = これを最後に，きっぱりと

My father refused the proposal ***once (and) for all***.

（父はその申し出をきっぱりと断った）

■ from [frʌ́m]

① 前 〜から《起点》　② 前 〜の原料から　③ 前 〜が原因で

① (a) I received an e-mail *from* her.（彼女からメールを受け取った）

　(b) I work *from* Monday *to* [*through*] Friday.

　　（私は月曜日から金曜日まで働きます）

　　POINT 〈from A to B〉の形で「AからBまで」の意味を表す。

　(c) He is a student *from abroad*.（彼は海外からの留学生だ）

　(d) A small cat appeared *from behind* the curtain.

　　（小さな猫がカーテンの後ろから現れた）

　　POINT from の後ろに副詞や前置詞句を置くこともある。

　(e) The sun *rises in* [× *from*] the east.（太陽は東から昇る）

　(f) The festival *begins on* [× *from*] May 3.（祭りは5月3日から始まる）

　　POINT 「〜から」を常に from で表すとは限らない。

② Cheese *is made from* milk.（チーズは牛乳から作られる）

　　cf. This desk *is made of* wood.（この机は木でできている）

　　POINT 原料の質が変化するものには from，原料の性質を残しているものには of を使う。

③ (a) He *died from* overwork.（彼は過労がもとで死んだ）

　(b) I'm *tired from* studying.（勉強で疲れています）

|慣用表現| 句動詞

● 動詞＋from A

■ arise ［result/spring/stem］ from A = Aから生じる（→p.169）

The trouble *arose* ［*stemmed*］ *from* a misunderstanding.

（そのトラブルは誤解から生じた）

□ benefit from A = Aから利益を得る

■ come from A = Aの出身である

□ date from A = 〈起源が〉Aにさかのぼる（date back to）

□ derive from A = Aに由来する

□ descend from A = Aから降りる

■ differ from A = Aと異なる（→p.108）

■ graduate from A = Aを卒業する（→p.127）

■ hear from A = Aから便りがある（→p.130）

■ recover from A = Aから回復する

■ refrain from A = Aを控える（→p.163）

Please *refrain from* smoking here.

（ここでは喫煙は控えてください）

■ retire from A = Aを（定年）退職する

■ suffer from A = Aで苦しむ（→p.182）

□ change from A to B = AからBに変わる（→p.93）

■ range from A to B = AからBまでの範囲に及ぶ

■ vary from A to B = AからBまでさまざまである

Regulations *vary from* school *to* school.

（規則は学校によってさまざまである）

● prevent 型の動詞

The storm *prevented* us *from* *leaving* there.
（嵐のために我々はそこを出発できなかった）

POINT 「Oに～させない」という（妨害・禁止の）意味を表す動詞は，from と結びつく。

- ☐ **disable O from Ving** = Oが～するのをできなくする
- ■ **discourage O from Ving** = Oが～するのを思いとどまらせる
  - ☐ **deter O from Ving** = Oが～するのを思いとどまらせる
- ■ **prevent O from Ving** = Oが～するのを妨げる （→p.158）
  - ■ **keep O from Ving** = Oが～するのを妨げる （→p.139）
  - ☐ **hinder O from Ving** = Oが～するのを妨げる
- ■ **prohibit O from Ving** = Oが～するのを禁止する （→p.158）
  - ■ **ban O from Ving** = Oが～するのを禁止する
- ■ **stop O from Ving** = Oが～するのをやめさせる （→p.180）

● その他（動詞＋O＋from A）

- ■ **borrow O from A** = AからOを借りる （→p.54）
- ☐ **buy O from A** = AからOを買う
- ☐ **deduct O from A** = AからOを控除する
- ☐ **derive O from A** = AからOを引き出す
- ☐ **detach O from A** = AからOを取り外す
- ☐ **expel O from A** = AからOを追放する
- ☐ **import O from A** = AからOを輸入する
- ■ **learn O from A** = AからOを学ぶ （→p.141）
- ■ **order O from A** = OをAに注文する （→p.152）
- ■ **protect O from A [Ving]** = OをA［～すること］から守る
- ■ **save O from A [Ving]** = OをA［～すること］から救う
- ☐ **separate O from A** = OをAと分ける
- ■ **tell [distinguish/discern] O from A** = OをAと区別する （→p.109・186）

|慣用表現| 副詞句

□ **from now on** = 今後ずっと

※〈from ... on〉は「…からずっと」の意味。from that day on（その日からずっと）のような言い方もできる。

From now on I promise not to be late.

（これからは時間に遅れずに来ることを約束します）

■ **from a** 形 **point of view** = …の見地から（from a 形 viewpoint）

The plan is unrealistic ***from a*** financial ***point of view***.

（その計画は財政の見地から考えて非現実的だ）

■ in [in]

① 前 〜の中に［で］/ 副 中へ / 形 在宅して　② 前 〜に《時》
③ 前 今から〜たてば　④ 前 〜を身につけて（いる）　⑤ 前 〜の状態で
⑥ 前 〜で，〜を使って　⑦ 前 〜の点で

① (a) I live ***in*** Yokohama.（私は横浜に住んでいます）

　(b) Come ***in***, please.（どうぞお入りください）

　(c) Is Keiko ***in***?（ケイコさんは家におられますか）

② (a) ***In*** winter the days are short.（冬は日が短い）

　(b) I'll go shopping ***in*** the afternoon.（午後は買い物に行きます）

③ I'll be back ***in*** [× *after*] a few minutes.（数分で戻ります）

POINT 現在を基準にして「今から〜後に」と言うときは，in を使う。

　cf. He came back ***after*** a few minutes.（彼は数分後に戻ってきた）

※過去や未来の特定の時点が基準のときはafterを使う。

④ She went out ***in*** [前] her red dress.

　= She went out with her red dress ***on*** [副].

　（彼女は赤い服を着て出かけた）

⑤ (a) I'm ***in*** *trouble* now.（私は今困っています）

　(b) All my family are ***in*** *good health*.（家族はみんな健康です）

⑥ (a) speak *in* English（英語で話す）/ (b) write *in* ink（インクで書く）

⑦ (a) The pond is 10 feet *in* depth.（その池は深さが10フィートある）

(b) I got 80 percent *in* math.（数学で80点を取った）

|慣用表現| 句動詞

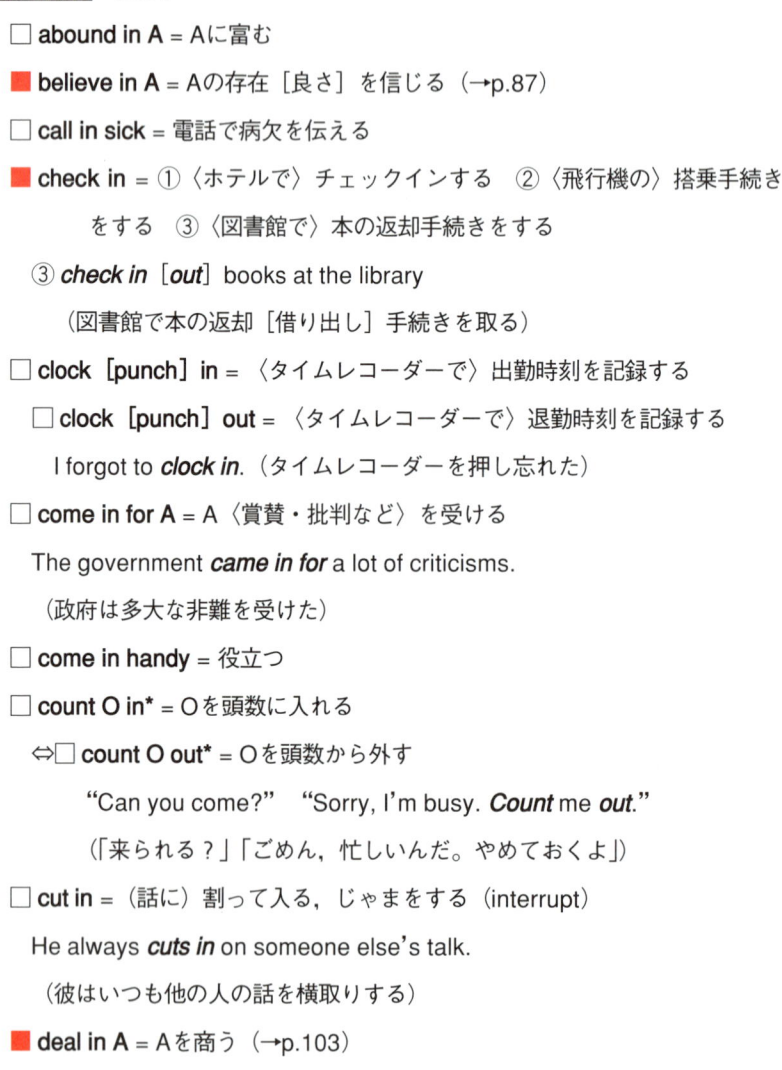

☐ **abound in A** = Aに富む

■ **believe in A** = Aの存在［良さ］を信じる（→p.87）

☐ **call in sick** = 電話で病欠を伝える

■ **check in** = ①〈ホテルで〉チェックインする ②〈飛行機の〉搭乗手続きをする ③〈図書館で〉本の返却手続きをする

③ *check in* ［*out*］ books at the library

（図書館で本の返却［借り出し］手続きを取る）

☐ **clock［punch］in** = 〈タイムレコーダーで〉出勤時刻を記録する

☐ **clock［punch］out** = 〈タイムレコーダーで〉退勤時刻を記録する

I forgot to *clock in*.（タイムレコーダーを押し忘れた）

☐ **come in for A** = A〈賞賛・批判など〉を受ける

The government *came in for* a lot of criticisms.

（政府は多大な非難を受けた）

☐ **come in handy** = 役立つ

☐ **count O in*** = Oを頭数に入れる

⇔ ☐ **count O out*** = Oを頭数から外す

"Can you come?" "Sorry, I'm busy. *Count* me *out*."

（「来られる？」「ごめん，忙しいんだ。やめておくよ」）

☐ **cut in** =（話に）割って入る，じゃまをする（interrupt）

He always *cuts in* on someone else's talk.

（彼はいつも他の人の話を横取りする）

■ **deal in A** = Aを商う（→p.103）

■ **drop in** = 立ち寄る

- ☐ **end in A** = 結局Aに終わる（→p.114）

  Though we worked hard, the plan *ended in* failure.

  （私たちは一生懸命に働いたけれども，結局失敗に終わった）

- ■ **engage in A** = Aに従事する（→p.114）

- ☐ **enroll in A** = Aに登録する

- ■ **fail in A** = Aに失敗する（→p.119）

- ☐ **fill O in*** = Oに記入する

- ☐ **fill in for A** = Aの代理を務める

- ■ **get in** = 入る ⇔ ■ **get out** = 出る

- ■ **give in (to A)** =（Aに）屈服する

  Management *gave in to* the union's demand.

  （経営側は組合の要求に屈服した）

- ☐ **go in for A** = Aに取り組む，参加する，熱中する

  He *goes in for* the auctions.（彼はその競売に参加している）

  My daughter *goes in for* the doll.（娘はその人形に夢中です）

- ■ **hand [give/send/turn] O in*** = Oを提出する

  Have you *sent in* your application form?

  （願書を提出しましたか）

- ■ **interfere [meddle] in A** = Aに干渉する（→p.137）

- ■ **let O in*** = Oを入れる ⇔ ■ **let O out*** = Oを出す

  Let the car *in* [*out*].（車を入れ［出し］なさい）

- ■ **major in A** = Aを専攻する　*cf.* **minor in A**（Aを副専攻にする）

  - ☐ **specialize in A** = Aを専攻する

- ■ **participate [partake] in A** = Aに参加する（→p.153）

- ■ **persist in A** = Aに固執する

  The director always *persists in* his own opinions.

  （取締役はいつも自分の意見に固執する）

- ☐ **plug O in*** = Oの電源を入れる　*cf.* **unplug**（〜の電源を抜く）

    I forgot to *plug in* the rice cooker.（炊飯器の電源を入れ忘れた）

- ■ **result in A** = Aの結果になる（→p.169）

- ☐ **set in** = 〈季節が〉始まる

    The rainy season has *set in*.（梅雨に入った）

- ☐ **share in A** = Aを分け合う（→p.175）

- ■ **succeed in A** = Aに成功する（→p.182）

- ☐ **take O in*** = Oをだます（deceive）

    I was *taken in* and bought this fake Rolex.

    （私はだまされてこの偽物のロレックスを買った）

- ☐ **throw O in*** = Oをおまけにつける

    We'll *throw in* this mouse pad for free.

    （このマウスパッドをただでおまけにつけます）

- ☐ **trade O in*** = Oを下取りする

    Can you *trade in* this old printer?

    （この古いプリンターを下取りしてくれますか）

- ☐ **tune in** = テレビ［ラジオ］の周波数を合わせる

慣用表現　句前置詞

- ☐ **in the absence of A** = Aが（い）ないので［ときに］

    We can't start the party *in the absence of* the guest of honor.

    （主賓抜きではパーティーを始められない）

- ☐ **in accordance with A** = Aに従って，Aに一致して

- ■ **in addition to A** = Aに加えて（on top of/besides）

- ■ **in answer [reply/response] to A** = Aに答えて

    A girl opened the door *in answer to* my knock.

    （私のノックにこたえて一人の少女がドアを開けた）

- ☐ **in breach of A** = Aに違反して

- **in case of A** = Aの場合には［場合に備えて］

    in case of an emergency（非常の場合には）

- **in charge of A** = Aを担当して（いる）

    I'm *in charge of* public relations.（私は広報を担当しています）

- ☐ **in combination with A** = Aと協力して

- **in common with A** = Aと共通に

- **in company with A** = Aと一緒に

    Some students came *in company with* their mothers.

    （母親と一緒に来た学生もいた）

- ☐ **in comparison with［to］A** = Aと比べて

- ☐ **in compliance with A** = Aに応じて，Aに従って

    He got the job done *in compliance with* his boss's order.

    （彼は，上司の命令に応じてその仕事をこなした）

- ☐ **in conflict with A** = Aと対立して（いる）

- ☐ **in connection with A** = Aに関連して

- ☐ **in cooperation with A** = Aと協力して（いる）

- ☐ **in consequence of A** = Aの結果として（as a result of）

- ☐ **in contact with A** = Aと接触［連絡］して（いる）

- **in contrast with［to］A** = Aと対照的に

    He is very brave *in contrast with* his brother.

    （彼は兄とは対照的に非常に勇敢だ）

- ☐ **in the course of A** = Aの間に

- ☐ **in defiance of A** = Aを無視して（いる）

- **in the direction of A** = Aの方向に

    The car ran away *in*［✗ *to*］*the direction of* the station.

    （その車は駅の方向へ走り去った）

    POINT to the direction of ～は誤り。

PART 5 前置詞の語法

■ **in the event of A** = (万一) Aの場合には

The game is supposed to be postponed *in the event of* bad weather.

(悪天候の場合には試合は延期されることになっています)

☐ **in exchange for [of] A** = Aと交換に

☐ **in the face of A** = Aに直面して(いる)

He did his best *in the face of* adversity.

(彼は逆境にもかかわらず、最善を尽くした)

■ **in favor of A** = Aに賛成して(いる)　*cf.* **against** (〜に反対して)

Most of the members were *in favor of* the proposal.

(メンバーの大部分がその提案に賛成した)

☐ **in fear of A** = Aを恐れて(いる)

■ **in harmony with A** = Aと調和して(いる)

This picture is *in harmony with* the room.

(この絵は部屋に調和している)

■ **in honor of A** = Aに敬意を表して、Aのために

hold a ceremony *in honor of* the retiring president

(引退する会長のために式典を開く)

☐ **in lieu of A** = Aの代わりに

■ **in the light of A** = Aを考慮して

We have to consider the problem *in the light of* cultural differences.

(文化の違いを考慮してその問題を考えなくてはならない)

☐ **in memory of A** = Aの記念に

■ **in the middle [midst/center] of A** = Aの真ん中に(いる[ある])

She came *in the middle of* the discussion.

(彼女は討論の真っ最中にやって来た)

☐ **in need of A** = Aを必要として(いる)

☐ **in opposition to A** = Aに反対して(いる)

■ in (the) place of A = Aの代わりに

I attended the session ***in place of*** my boss.

（上司に代わって私が会議に出席した）

□ in preparation for A = Aに備えて

□ in the presence of A = Aの面前で

■ in proportion to A = Aに比例して

Energy use increases ***in proportion to*** the rise in temperature.

（気温の上昇に比例してエネルギーの消費量が増える）

□ in pursuit of A = Aを追求して（いる）

■ in ［with］ relation to A = Aに関して

I studied many things ***in relation to*** juvenile delinquency.

（私は青少年非行に関して多くのことを学んだ）

※次のような（句）前置詞も同じ意味を表す。

- in respect of
- with respect to
- respecting
- with ［in］ regard to
- as regards
- regarding
- with ［in］ reference to
- as concerns
- concerning

□ in return for A = Aのお返しに

□ in search of A = Aを探して

They went out to Australia ***in search of*** ［× *for*］ gold.

（彼らは金鉱を求めてオーストラリアへ出かけた）

POINT search for A（Aを探す）と混同しないこと。

■ in spite of A = Aにもかかわらず（despite）

In spite of our efforts, the project miscarried.

（我々の努力にもかかわらず，その企画は失敗した）

□ in the suburbs of A = Aの郊外に

□ in support of A = Aを支持して（いる）

■ **in terms of A** = Aの見地から，Aによって

He considers everything ***in terms of*** profit and loss.

（彼はあらゆることを損得の点から考える）

☐ **in [as a] token of A** = Aのしるしに

in token of gratitude（感謝のしるしに）

☐ **in view of A** = Aを考慮して（みると）

☐ **in the vicinity of A** = Aの近所に

|慣用表現| 形容詞句

● out ofと対比されるもの

☐ **in danger** = 危険だ ⇔ ☐ **out of danger** = 安全だ

☐ **in debt** = 借金している ⇔ ☐ **out of debt** = 借金していない

■ **in fashion** = 流行している ⇔ ■ **out of fashion** = 流行遅れだ

☐ **in (the) hospital** = 入院している ⇔ ☐ **out of (the) hospital** = 退院している

■ **in order** = 整頓されている ⇔ ■ **out of order** = 乱雑だ

☐ **in place** = 適切だ ⇔ ☐ **out of place** = 場違いだ

☐ **in print** = 出版されている ⇔ ☐ **out of print** = 絶版だ

☐ **in prison** = 投獄されている ⇔ ☐ **out of prison** = 出獄している

☐ **in season** = 旬だ ⇔ ☐ **out of season** = 季節はずれだ

■ **in (good) shape** = 健康だ ⇔ ■ **out of shape** = 体調が悪い

☐ **in sight** = 見えている ⇔ ■ **out of sight** = 見えない

☐ **in stock** = 在庫がある ⇔ ■ **out of stock** = 在庫切れだ

☐ **in trouble** = 困っている ⇔ ☐ **out of trouble** = 困っていない

☐ **in use** = 使われている ⇔ ☐ **out of use** = 使われていない

■ **in the way** = じゃまになっている ⇔ ☐ **out of the way** = じゃまにならないところに

The chair is ***in the way***.（そのいすがじゃまだ）

● その他（*は副詞句としても使う）

- ☐ **in the air** = 広まっている
  - ☐ **up in the air** = 未決定だ
- ☐ **in anger*** = 怒って（いる）
- ■ **in (great) demand** = （大いに）需要がある
- ☐ **in despair*** = 絶望して（いる）
- ☐ **in excitement*** = 興奮して（いる）
- ☐ **in fright*** = 恐れて（いる）
- ■ **in good health** = 健康だ
- ■ **in a hurry*** = 急いで（いる）
  - ☐ **in haste*** = 急いで（いる）
- ☐ **in a mess** = めちゃくちゃだ
- ☐ **in a good mood [temper/humor]** = 機嫌がよい
- ■ **in the red** = 赤字だ ⇔ ■ **in the black** = 黒字だ
- ☐ **in the right** = 正しい ⇔ ☐ **in the wrong** = 間違っている
- ☐ **in session** = 開会中だ
- ☐ **in short supply** = 品薄だ
- ■ **in time (for A) *** = （Aに）間に合う

  I was *in time for* the last bus.（最終バスに間に合った）

|慣用表現| **副詞句**

- ■ **in addition (to A)** = その上，Aに加えて

  Mark is handsome, and *in addition*, he is smart.

  （マークはハンサムで，その上頭がいい）

- ■ **in advance** = 前もって（beforehand）

  Please inform me of your absence *in advance*.

  （欠席は前もって私に連絡してください）

- ☐ **in all** = 全部で

  I bought ten books *in all*.（私は全部で10冊の本を買った）

- ■ **in any case** = いずれにしても（at any rate）
- □ **in brief [short]** = 要するに

    In brief he was wrong.（要するに彼が間違っていたのです）
- □ **in bulk** = 大量に，まとめて

    Will this item be cheaper if we buy it *in bulk*?

    （この品はまとめて買うと安くなりますか）
- □ **just in case** = 万一に備えて
- ■ **in cash** = 現金で
- □ **in A's company** = A〈人〉と一緒にいると

    I feel at ease *in her company*.（私は彼女と一緒にいるとくつろぐ）
- □ **in confidence** = 極秘に
- □ **in court** = 法廷で，係争中で
- ■ **in detail** = 詳細に

    Please tell me about the accident *in detail*.

    （その事故について私に詳しく話してください）
- ■ **in the distance** = 遠くに
- □ **in duplicate** = 正副2通で

    I'll send the invoice *in duplicate*.（送り状は正副2通をお送りします）
- □ **in effect** = 実際には
- ■ **in the end** = 結局
- ■ **in fact** = 実は，実際には

    This ring looks expensive; *in fact* it's 30 dollars.

    （この指輪は高価そうに見えるが，実際は30ドルだ）
- ■ **in the (near) future** = （近い）将来に

    ⇔■ **in the past** = 過去に
- ■ **in general** = 一般に，概して

    In general women live longer than men in most countries.

    （一般に多くの国で女性は男性より長生きする）

- ☐ not ... in the least = 決して…ない
- ☐ in a lump sum = 一括（払い）で
  - ⇔☐ in [by] installments = 分割払いで
- ☐ in the meanwhile = その間に
- ☐ in A's neighborhood = Aの隣［近所］に
- ☐ in the open (air) = 野外で
- ☐ in my opinion = 私の考えでは
- ☐ in alphabetical order = アルファベット順に
  - ☐ in chronological order = 年代［日付］順に
    - Arrange these articles *in chronological order*.
    - （これらの記事を日付順に並べなさい）
- ■ in particular = 特に
  - I'm interested in social psychology *in particular*.
  - （私は社会心理学に特に関心があります）
- ■ in person = 本人自身が
  - The president came to see him *in person*.
  - （社長が自ら彼に会いに来た）
- ■ in A's place = A〈人〉の代わりに
  - I sang a song *in John's place*.（ジョンの代わりに私が歌を歌った）
- ☐ in the first place = まず第一に
- ☐ in A's presence = A〈人〉の面前で
- ☐ in principle = 原則として
- ☐ in private = 個人的に
  - ⇔☐ in public = 公に，人前で
    - How can I say such a thing *in public*?
    - （人前でそんなことは言えませんよ）
- ☐ in reality = 現実には
- ■ in recent years = 近年

- ■ **in a row** = 一列に，連続して

  Please line up *in a row*.（一列に並んでください）

  It rained for three days *in a row*.（3日連続で雨が降った）

- ■ **in the long run** = 結局は

  The business will be successful *in the long run*.

  （そのビジネスは最終的には成功するだろう）

- ■ **in a sense** = ある意味では

  In a sense, what he said is true.

  （ある意味では，彼の言ったことは本当だ）

- □ **in the true [literal] sense of the word** = 文字通り（literally）

- □ **in sequence** = 次から次へと

- □ **in succession** = 引き続いて

- ■ **in *one's* teens** = 十代のときに

  I went to America *in my teens*.（私は十代のときにアメリカへ行った）

- ■ **in those days** = その当時

  I worked for that company *in those days*.

  （当時私はその会社で働いていた）

- □ **in no time** = 間もなく

- □ **in transit** = 輸送中に（en route）

- ■ **in turn** = 交代で，順番に

  We have to take care of our baby *in turn*.

  （私たちは交代で赤ん坊の世話をしなければならない）

- ■ **in *one's* turn** = 今度は自分が

  I was scolded *in my turn*.（今度は私が叱られた）

- ■ **in vain** = 無駄に

  Do you mean we've spent half a day *in vain*?

  （私たちが半日を無駄に過ごしたと言いたいのですか）

- □ **in a loud voice** = 大声で

☐ **in a word** = 要するに

This is, *in a word*, just an armchair plan.

（これは要するに机上のプランにすぎない）

■ **in other words** = 言い換えれば

■ into [íntuː]

①前 ～の中へ　②前 ～になる［する］《変化》

① (a) *Put* the CD *into* this case.（CDをこのケースの中に入れなさい）

(b) They discussed the matter far *into* the night.

（彼らはその問題について夜ふけまで議論した）

② (a) Water *changes into* steam by heat.

（水は熱によって蒸気に変わる）

(b) The instructor *divided* them *into* four groups.

（教官は彼らを4つのグループに分けた）

|慣用表現| 句動詞

● 動詞＋into A

☐ **break into A** = Aに押し入る

■ **change［turn］into A** = Aに変わる（→p.93・190）

Fall *turned into* winter.（秋が過ぎて冬に変わった）

☐ **come into A** = Aを相続する（inherit）

☐ **crash into A** = Aに衝突する

☐ **develop into A** = 進展してAになる（→p.108）

☐ **drop into A** = Aに立ち寄る

☐ **get into A** = Aに入る，A〈車など〉に乗り込む

■ **go into A** = Aを詳しく調べる

■ **look［inquire］into A** = Aを調査する（investigate）

■ **run into A** = Aに偶然出会う（run across），Aにぶつかる（run against）

● 動詞＋O＋into A

■ change [convert/turn] O into A = OをAに変える（→p.93・190）

Heat *changes* ice *into* water.（熱は氷を水に変える）

convert dollars *into* yen（ドルを円に替える）

☐ cut O into A = OをAに切る

■ divide [split] O into A = OをAに分ける（→p.110）

split an organization *into* three divisions（組織を3部門に分ける）

☐ insert O into A = OをAに挿入する

☐ make O into A = OをAにする

☐ pour O into A = OをAに注ぎ込む

☐ put O into effect = Oを実施する

　☐ put O into practice = Oを実行する

　　They *put* the plan *into practice*.（彼らはその計画を実行した）

☐ take O into account [consideration] = Oを考慮に入れる

　⇔☐ leave O out of account [consideration] = Oを度外視する

■ translate [put] O into A = OをAに翻訳する

Translate the following sentences *into* Japanese.

（次の文章を日本語に訳しなさい）

■ of [ʌ́v]

① 前 〜の《所有・所属》　② 前 〜という《同格関係》　③ 前 〜のうちで
④ 前 〜から（離れて）

① The roof *of* my house is red.（私の家の屋根は赤い）

※ ofは，（所有格と同じように）所有・主格・目的格の関係を表す。

・He took no interest in *the education of* his son.

（彼は息子の教育［息子を教育すること］に関心がなかった）

《目的格の関係》

② The news *of his death* surprised us.

（彼が死んだという知らせに我々は驚いた）

POINT 〈A of B〉が「BというA」（同格）の意味になる場合がある。

③ (a) Some *of* them died.（彼らのうち何人かは死んだ）

(b) *Of* all the subjects math is *the most interesting* to me.

（すべての科目のうちで，数学が私には一番面白い）

POINT 「〜のうちで（一番）」の意味の of を文頭に置く形に注意。

④ He was *robbed of* his bag.（彼はかばんを奪われた）

|慣用表現| 句動詞

● **deprive 型の動詞**

The accident *deprived* him *of* his sight.（その事故で彼は視力を失った）

POINT 「OからAを引き離す」という意味は，〈動詞＋O＋of A〉で表す。

■ **clear O of A** = OからAを取り除く（→p.96）

We *cleared* the street *of* snow.（私たちは通りから雪を取り除いた）

□ **cure [heal] O of A** = OのA〈病気など〉を治す

The medicine *cured* him *of* his disease.（その薬で彼の病気は治った）

■ **deprive [rob] O of A** = OからAを奪う（→p.106）

They *robbed* the bank *of* the money.（彼らは銀行からその金を奪った）

■ **relieve [ease] O of A** = OからAを取り除いて楽にする（→p.164）

The drug *relieved* me *of* the pain.（その薬を飲むと痛みが治まった）

● その他（動詞＋of A）

□ **admit of A** = Aの余地がある（→p.76）

■ **approve of A** = Aに賛成する（→p.82）

□ **become of A** = Aは（どう）なる（→p.86）

□ **boast of A** = Aを自慢する

■ **consist of A** = Aから成る（→p.100）

■ **die of [from] A** = Aで死ぬ

- ■ **dispose of A** = Aを処分する，Aを捨てる（→p.109）
- ■ **hear of A** = Aの消息を聞く（→p.130）
- □ **repent of A** = Aを後悔する（→p.166）
- ■ **think of A** = Aのことを考える，思いつく（→p.188）

● その他（動詞＋O＋of A）

- ■ **accuse O of A** = AのことでOを非難［告発］する（→p.74）
- ■ **assure O of A** = OにAを保証する（→p.85）

  I'll *assure* you *of* his punctuality.
  （彼が時間を守ることは私が保証します）

- ■ **convince O of A** = OにAを確信［納得］させる（→p.101）

  convince him *of* his error（彼に自分の非を悟らせる）

- □ **demand O of [from] A** = AにOを要求する（→p.104）
- □ **expect O of [from] A** = AにOを期待する（→p.117）
- ■ **inform O of A** = OにAを知らせる（→p.135）

  inform him *of* the decision（彼にその決定を知らせる）

- ■ **remind O of A** = OにAを思い出させる（→p.165）

|慣用表現| 形容詞句・副詞句など

● **of importance 型の表現**

His opinion is *of great importance*. = His opinion is *very important*.
（彼の意見は非常に重要だ）

POINT 〈of＋抽象名詞〉が形容詞の意味を表す場合がある。

- ■ **of (great) importance** =（非常に）重要だ（(very) important）
- ■ **of use** = 役に立つ（useful）
  - □ **of help** = 役に立つ（helpful）
  - □ **of service** = 役に立つ（serviceable）
  - ■ **of no use** = 役に立たない（useless）
- □ **of value** = 価値がある（valuable）

● その他

- [ ] **of late** = 近ごろ
- [ ] **of (the) opinion that ...** = …という意見を持っている
- ■ **of *one's* own Ving** = 自分で〜した…
- [ ] **of 〜 make** = 〜製である

    This watch is *of Swiss **make***.（この時計はスイス製だ）

- [ ] **hard of hearing** = 耳が遠い
- ■ **regardless of A** = Aに関係なく（irrespective of）

    They accept anyone ***regardless of*** age or sex.

    （彼らは年齢や性別とは無関係に誰でも受け入れる）

■ off [ɔːf]

① 前/副 （〜から）外れて，離れて　② 副 〈機械などが〉止まって

③ 前/副 （〜を）休んで

① I can't *get* this ring *off* my finger.（この指輪が指から外せないんです）

② The power was (cut) *off* for ten minutes.（10分間停電した）

③ I'm *off duty* on Saturdays.（私は土曜日は非番です）

|慣用表現| 句動詞

- [ ] **blow O off*** = Oを吹き飛ばす
- [ ] **break off** = 急に話をやめる

    He ***broke off*** in the middle of his speech.

    （彼はスピーチの途中で急に話をやめた）

- [ ] **break off with A** = Aと手を切る
- ■ **call O off*** = Oを中止する（cancel）

    The unions ***called off*** their strike.（組合はストを中止した）

- [ ] **come off** = ①（ボタンなどが）外れる　② 成功する

    ① A button of my shirt ***came off***.（シャツのボタンが外れた）

② The pilot **came off** flying over the Pacific.

　　（パイロットは太平洋横断飛行に成功した）

☐ cut O off* = Oをさえぎる，遮断する

　　The electric wave on TV is often **cut off** there.

　　（そこのテレビ電波は，しばしばさえぎられる）

☐ doze off = 居眠りをする

■ drop O off* = O〈人〉を〈車から〉降ろす，Oを投函する

　　Won't you **drop off** this letter on your way to the station?

　　（駅に行く途中でこの手紙を投函してくれない？）

■ get off O = O〈乗り物〉から降りる

■ give O off* = O〈においなど〉を発する

　　The liquid **gave off** a bad smell.（その液体は悪臭を発した）

■ go off = ① 立ち去る　② 発砲する，爆発する

　　② The spray can **went off** and I got burned.

　　　（スプレー缶が爆発してやけどした）

☐ keep (O) off* = (Oに) 近寄らない（keep away from）

　　Keep off the grass.（芝生に入るな）

■ lay O off* = Oを一時解雇する

　　The part-timers were **laid off** for a month.

　　（非常勤社員らは1か月の間一時解雇された）

☐ pay off = 利益をもたらす

　　Three years of negotiating patiently **paid off** in the end.

　　（3年にわたる辛抱強い交渉がついに実を結んだ）

■ pay O off* = ①O〈負債〉を完済する　②O〈人〉に給料を払って解雇する

　　① He managed to **pay off** the debt.（彼はどうにかその借金を返済した）

　　② The factory **paid** half of the employees **off**.

　　　（工場は給料を払って従業員の半数を解雇した）

☐ pull O off* = Oをうまくやってのける，Oに成功する

☐ **push off** = 立ち去る，出発する

It is time for you to ***push off***.（もう出発する時間ですよ）

■ **put O off*** = ①Oを延期する（postpone，deter）②O〈人〉の興味を失わせる

① The meeting was ***put off*** till next week.（会議は来週まで延期された）

② I have to give up smoking, but I'm ***put off*** by the thought of weight gain.

（禁煙しなければならないが，体重が増えると思うとやる気が出ない）

■ **see O off** = Oを見送る

I ***saw*** my friend ***off*** at the airport.（空港で友人を見送った）

【参考】*I saw off my friend.* は不可。

☐ **set off** = 出発する

My friends ***set off*** to America.（私の友だちはアメリカへと出発した）

■ **show O off*** = Oを見せびらかす

He ***showed off*** his new car.（彼は新車を見せびらかした）

☐ **spin O off*** = O〈会社など〉を分離新設する

■ **take off** = 離陸する

The plane ***took off*** at noon.（飛行機は正午に離陸した）

■ **take O off*** = Oを脱ぐ［取り外す］（remove）

He ***took off*** his glasses.（彼はめがねを外した）

☐ **taper off** = 次第に小さくなる

■ **turn O off*** = ①Oのスイッチを切る ②Oをうんざりさせる

① ***Turn off*** the TV.（テレビの電源を切りなさい）

☐ **write O off*** = Oを費用として計上する

Let's ***write*** this ***off*** as a necessary expense.

（これは必要経費で落とそう）

■on [án]

① 前/副 （〜の）上に [付着して]　② 前 〜に関して　③ 前 〜〈特定の日〉に

④ 前 〜に頼って　⑤ 前 〜の状態で　⑥ 副 スイッチが入って

⑦ 副 身につけて　⑧ 副 続けて

① (a) The key is *on* the desk. （鍵は机の上にある）

　(b) Stick this poster *on* the wall. （壁にこのポスターを貼りなさい）

② He is an expert *on* computers. （彼はコンピューターの専門家だ）

③ (a) I met him *on* Friday. （金曜日に彼に会いました）

　(b) The author died *on* [× *in*] the morning of December 24th.

　　（その著者は12月24日の朝に死んだ）

POINT　「特定の日の朝に」と言うときはinではなくonを使う。

④ They are forced to live *on* welfare.

　（彼らは生活保護を受けて暮らすことを余儀なくされている）

⑤ I'm *on* a diet. （私はダイエット中です）

⑥ Don't leave the TV *on*. （テレビの電源はつけっ放しにするな）

⑦ Don't enter the room with your shoes *on*.

　（靴をはいたまま部屋に入るな）

⑧ He was tired, but he *walked on*. （彼は疲れていたが歩き続けた）

慣用表現　句動詞　※on（前置詞）の代わりに upon も使える。

● 動詞+on (A)

□ **act on A** = Aに従って行動する，Aに作用する

□ **agree on A** = Aに関して意見が一致する（→p.77）

□ **attend on A** = Aの世話をする（→p.85）

■ **call on A** = A〈人〉を訪ねる（visit）

　■ **call at A** = A〈家など〉を訪ねる（visit）

　　I *called on* Mariko. （私はマリコを訪ねた）

　　I *called at* Mariko's house. （私はマリコの家を訪ねた）

■ **carry on A** = Aを続ける

Let's *carry on* this discussion some other time.

（この議論は別の機会に続行しよう）

□ **catch on** = 人気を得る

The novel is beginning to *catch on*. （その小説は人気が出てきた）

■ **Come on!** = ① さあ，どうぞ　② いいかげんにしてくれ

※会話で，相手の行動を催促したり，嫌がったりするときに使う。

□ **comment on A** = Aを論評する

■ **concentrate [focus] on A** = Aに集中する（→p.99）

■ **depend [count/rely/rest] on A (for B)** =（Bを）Aに頼る

I *depend on* my uncle *for* my school expenses.

（私は学費をおじさんに頼っている）

□ **draw on A** = Aに頼る

□ **dwell on A** = Aについて長々と述べる，Aをくよくよ考える

Stop her from *dwelling on* trivialities.

（彼女にささいなことをくよくよ考えるのをやめさせろ）

□ **embark on A** = Aに乗り出す

He *embarked on* a new study.

（彼は新しい研究に乗り出した）

■ **fall on A** = 〈曜日などが〉Aに当たる

My birthday *falls on* a Friday this year.

（今年の私の誕生日は金曜日に当たる）

■ **get on A** = Aに乗る（→p.58）

■ **get on (well) with A** = Aと仲良くやっていく（get along with）

I'm *getting on well with* my colleagues.

（私は同僚とうまくやっています）

- **go on** = 続く（continue）
  - **go on Ving** = 〜し続ける

    They ***went on*** *walking*.（彼らは歩き続けた）
- **go on with A** = Aを続ける

  Please ***go on with*** your study.（勉強を続けてください）
- **hit on A** = A〈考え〉を思いつく

  The editor ***hit on*** a good title of the book.

  （編集者はその本のよい題名を思いついた）
- ☐ **hold on (to A)** = ①（Aに）しがみつく　②〈電話を〉切らないでおく

  ② ***Hold on*** a minute, please.（電話を切らずに少しお待ちください）
- ☐ **infringe on A** = Aを侵害する
- **insist on A** = Aを主張する（→p.136）
- **live on A** = Aを常食とする，Aに頼って暮らす
  - ☐ **feed on A** =〈動物が〉Aを食べて暮らす

    I can't ***live on*** my salary.（私の給料では食べていけない）
- **look on A as B** = AをBだと考える
- ☐ **pick on A** = Aをいじめる
- **put O on*** = Oを着る，身につける（→p.41）
- ☐ **reflect on A** = Aを反省する
- ☐ **sleep on A** = Aを一晩考えてみる
- ☐ **switch O on*** = Oのスイッチを入れる
- ☐ **tell on A** = ①Aに影響する　②Aを告げ口する（→p.186）
- **try O on*** = Oを着てみる

  Can I ***try*** this dress ***on***?（このドレスを着てみてもいいですか）
- **turn O on*** = Oのスイッチを入れる

  Turn on the lights.（明かりをつけなさい）
- ☐ **wait on A** = Aの給仕をする（→p.191）

- ☐ **weigh on A** = Aに重荷となってのしかかる

  Responsibilities *weigh on* me.

  （責任が，私に重くのしかかっている）

- ■ **work on A** = Aに取り組む

  We are *working on* a big project.

  （我々は大きなプロジェクトに取り組んでいる）

● 動詞＋O＋on A

- ☐ **compliment O on A** = O〈人〉のA〈事柄〉をほめる

  The boss *complimented* her *on* her skill in English.

  （上司は彼女の英語力をほめた）

- ■ **concentrate [focus] O on A** = OをAに集中する（→p.99）

  He *concentrated* his attention *on* the radio news.

  （彼はラジオのニュースに注意を集中した）

- ■ **congratulate O on A** = O〈人〉のA〈事柄〉を祝福する（→p.55）

- ■ **impose [inflict] O on A** = OをAに押しつける（→p.134）

  The police *inflicted* a fine *on* the driver.

  （警察はその運転手に罰金を科した）

- ■ **spend O on A** = OをAに費やす（→p.179）

- ☐ **waste O on A** = OをAに浪費する

|慣用表現| 句前置詞など

- ■ **on account of A** = Aの（理由の）ために

  The game was canceled *on account of* the heavy rain.

  （大雨のために試合は中止された）

- ■ **on [in] behalf of A** = Aを代表して，Aのために

  She made a speech *on behalf of* the company.

  （彼女は会社を代表してスピーチをした）

- ☐ **on the cutting edge of A** = Aの最前線で

■ **on the part of A** = A〈人〉の側では

There is no neglect **on the part of** the company.

（会社側には何の落ち度もない）

☐ **on the side of A** = Aに味方している

My parents are always **on the side of** my little sister.

（両親はいつも幼い妹の味方をする）

☐ **on the surface of A** = Aの表面に

■ **on good [bad] terms with A** = Aと仲がよい［悪い］

　☐ **on speaking [visiting] terms with A** = Aとは話をする［訪問し合う］間柄だ

　I'm **on good terms with** my colleagues.（私は同僚と仲がいい）

☐ **on top of A** = Aに加えて

On top of her other talents, she sings well.

（他の才能に加えて彼女は歌もうまい）

☐ **on the verge [edge/brink] of A** = Aに瀕して，A寸前で

The firm is **on the verge of** bankruptcy.

（その会社は今にも倒産しそうだ）

☐ **on the assumption that ...** = …という推定のもとに

☐ **on the condition that ...** = もし…ならば

I will do it **on the condition that** you support me.

（もしあなたが私を支持してくれるのなら，私はそれをやりましょう）

☐ **on the grounds that ...** = …という理由で

He was dismissed **on the grounds that** he was idle.

（彼は怠け者であるという理由でくびになった）

☐ **on the premise that ...** = …という前提で

Let's discuss the matter **on the premise that** he told the truth.

（彼が真実を語ったという前提でその問題を議論しよう）

●〈基本動詞＋on/off/up/down〉の注意すべき意味

	＋ on	＋ off	＋ up	＋ down
call	Oを訪問する	Oを中止する	Oに電話する	―
get	Oに乗る	Oから降りる	起きる	降りる
put	Oを着る	Oを延期する	宿泊する	Oを書き留める
take	Oを引き受ける	Oを脱ぐ	Oを占める	Oを書き留める
turn	Oのスイッチを入れる	Oのスイッチを切る	現れる，来る	Oを拒絶する

|慣用表現| 形容詞句

- □ on the air = 放送されている
- □ on a diet = ダイエット中だ　*cf.* go on a diet（ダイエットをする）
- ■ on duty = 勤務中だ ⇔ ■ off duty = 非番だ
- □ on edge = 気が立っている
- □ on the fence = どっちつかずの態度で
- □ on fire = 燃えている
- □ on *one's* guard (against A) =（Aを）警戒している
    - ⇔ □ off *one's* guard = 油断している
- ■ on the increase = 増加している
    - ⇔ ■ on the decrease = 減少している

  The unemployment rate is *on the increase*.

  （失業率が増加しつつある）

- □ on the phone = 電話に出ている
- □ on probation = 研修期間中である
- □ on the road = 〈営業で〉地方を回っている
- □ on the run = 急いで

  A guy *on the run* bumped into me.

  （急いでいる男が私にぶつかってきた）

■ **on sale** = 販売されている，特売で

The book is *on sale* on the Internet.

（その本はインターネット上で売られている）

☐ **on the shelf** = 棚上げされている

☐ **on standby [the waiting list]** = 待機中［キャンセル待ち］だ

We're *on the waiting list* for the flight.

（私たちはその便のキャンセル待ちをしています）

☐ **on a strike** = ストライキ中　*cf.* **go on a strike**（ストライキをする）

The labor union *went on a strike*.（労働組合はストを行った）

☐ **on the table** = 検討中で，審議中で

☐ **on the tip of A's tongue** = A〈人〉ののど元まで（言葉が）出かかっている

The word is *on the tip of my tongue*.

（その語はのど元まで出かかっている（が思い出せない））

☐ **on track** = 順調で，軌道に乗って

We're *on track* to make a contract with the company.

（その会社と契約を結ぶ話は順調に進んでいる）

|慣用表現| 副詞句

■ **on the average** = 平均して

The staff members here are 25 years old *on the average*.

（ここの職員は平均25歳です）

■ **on a 形 basis** = …の基準［原則］で

We do business *on a cash basis*.

（当社では現金を原則とした取引を行っています）

■ **on business** = 仕事で，商用で

He went to Moscow *on business*.

（彼は仕事でモスクワへ行った）

☐ **on cable** = ケーブルテレビで

☐ **on commission** = 手数料をもらって，歩合で

The salesman works ***on commission***.

（その販売員は歩合で働いている）

■ **on the contrary** = それどころか

I'm not finished yet. ***On the contrary***, I've just begun.

（まだ済んでいない。それどころか，たった今始めたばかりだ）

☐ **on credit** = クレジットで

■ **on demand [request]** = 請求があり次第

We'll send a catalog ***on demand***.

（ご請求があり次第カタログをお送りします）

☐ **on end** = 引き続いて

It's been snowing for three days ***on end***.

（3日間連続で雪が降っている）

■ **on foot** = 徒歩で

■ **on hand** = 手元に，あり合わせの

I'll have Coca-Cola, if you have it ***on hand***.

（手元に置いてあれば，コカコーラをいただきます）

■ **on the other hand** = 他方では

On one hand this fruit is nutritious, and ***on the other hand*** it's very cheap.

（この果物は一方では栄養に富み，他方ではとても安い）

☐ **on lease** = 賃貸［賃借］で

☐ **on loan** = 出向して

☐ **on occasion (s)** = 時々

■ **on *one's* own** = 独力で（alone, by *oneself*）

Did the boy make this ***on his own***?

（その男の子がこれを一人で作ったのですか）

☐ **on paper** = 名目上は

■ **on purpose** = わざと

Do you think I did it ***on purpose***?

（あなたは私がそれをわざとやったと思っているのですか）

■ **on a large scale** = 大規模に

The country has changed ***on a large scale***.

（その国は大規模に変化した）

☐ **on the side** = 副業に

☐ **on either side [both sides] (of A)** = （Aの）両側に

There were two houses ***on both sides of*** the road.

（道路の両側に2軒の家があった）

☐ **on the safe side** = 大事を取って

☐ **on the spot** = その場で，即座に

I decided to buy this computer ***on the spot***.

（私はその場でこのパソコンを買おうと決めた）

☐ **on second thought (s)** = 考え直して

On second thought, I decided to take the exam.

（私は思い直してその試験を受けることにした）

■ **on time** = 時間通りに（punctually）

I arrived at school ***on time***.（私は学校に時間通りに着いた）

■ **on the [*one's*] way (to A)** = （Aへ）行く途中で

I met her ***on my way to*** school.

（学校に行く途中で彼女に会いました）

■ **on the whole** = 全体として，概して

Your presentation was excellent ***on the whole***.

（君のプレゼンテーションは全体として優秀だった）

■ out [áut]

前/副 （〜から）出て

My father is *out* in the garden.（父は庭に出ています）

She looked *out* (*of*) the window.（彼女は窓の外を見た）

※《米》では out を前置詞的に使って of をつけない言い方も可。

慣用表現 句動詞

□ **back out (of A)** =（A〈契約など〉から）手を引く

We decided to *back out of* the deal.

（我々はその取引から手を引くことに決めた）

□ **branch out** = 新しい分野に手を広げる

Our company is *branching out* into new fields.

（当社は新しい分野に手を広げつつあります）

■ **break out** = 〈予期しないことが〉勃発する

A loud argument *broke out* in the conference room.

（会議室で声高な議論がいきなり始まった）

□ **buy O out*** = O を買収する

They are planning to *buy out* the firm.

（彼らはその会社の買収を計画している）

■ **carry O out*** = O を実行する（execute）

It is difficult to *carry out* this plan.（この計画を実行するのは難しい）

■ **check (O) out*** = ① 精算［チェックアウト］する ②〈本の〉借り出し手続きを取る

② I *checked* a book *out* of the library.（私は図書館から本を1冊借りた）

■ **come out** = 〈市場に〉出てくる、〈花が〉咲く

□ **bring O out*** = O を〈市場に〉出す

The book is scheduled to *come out* in April.

（その本は4月に出版される予定だ）

☐ **contract O out*** = Oを下請けに出す

They ***contracted*** the work ***out***.（彼らはその仕事を下請けに出した）

☐ **cry out (for A)** =（Aを求めて）大声で叫ぶ

She ***cried out for*** help.（彼女は助けを求めて大声で叫んだ）

■ **die out** = 絶滅する（become extinct）

The species has ***died out***. = The species has ***become extinct***.

（その種は絶滅している）

☐ **drop out (of A)** =（Aから）脱落する

Some students ***drop out of*** high school.

（高校を中退する学生もいる）

■ **eat [dine] out** = 外食する

How about ***dining out*** this evening?（今夜は外食しようよ）

■ **figure O out*** = Oを理解する，計算する

I couldn't ***figure out*** his explanation.

（私は彼の説明を理解できなかった）

■ **fill O out* [in*]** = O〈書類〉に記入する

Fill out [***in***] this application form, please.

（この申込書に記入してください）

■ **find O out*** = Oを発見する（→p.122）

■ **get out (of A)** =（Aから）出る

I ***got out of*** debt at last.（私はついに借金を返した）

■ **go out** = 外出する

I don't feel like ***going out***.（外出したくない）

☐ **hand O out*** = Oを配る（distribute）

The examination papers were ***handed out*** to the students.

（答案用紙が生徒に配られた）

☐ **Keep out.** = 立入禁止

- ☐ **lay O out*** = Oを設計する（design）

    A famous architect ***laid out*** our new office building.

    （有名な建築家がわが社の新しい社屋を設計した）

- ☐ **leave O out*** = Oを省く，除外する（omit）

    In writing an essay, it is very hard to decide what to ***leave out***.

    （作文を書くときは，何を省くかを決めるのがとても難しい）

- ☐ **let O out*** = O〈秘密など〉を漏らす

    She ***let out*** a secret to her husband.（彼女はある秘密を夫に漏らした）

- ☐ **lock O out*** = Oを（鍵をかけて）締め出す

    I left the key in the room and ***locked*** myself ***out***.

    （鍵を部屋に置き忘れて締め出された）

- ■ **make O out*** = ① Oを理解 [判読] する　② O〈書類など〉を作成する

    ① Can you ***make out*** what that sign says?

    　　（あの看板に何と書いてあるのか判読することができますか）

    ② I'll ***make out*** a customers' list.（顧客リストを作ります）

- ■ **pick O out*** = Oを選ぶ（select）

    I'd like to ***pick out*** some ties as a present.

    （贈り物としてネクタイを何本か選びたいのですが）

- ■ **point O out*** = Oを指摘する

    She ***pointed out*** that the plan was impracticable.

    （その計画は実行不可能だと彼女は指摘した）

    POINT 後ろに that 節を置ける。

- ☐ **put O out*** = O〈火・明かりなど〉を消す

    The sign requested that we ***put out*** all fires before going to bed.

    （標識は私たちが寝る前にすべての火を消すよう求めていた）

- ☐ **rain O out*** = Oを雨で中止する

    The game was ***rained out***.（試合は雨で中止された）

☐ **rule O out*** = Oを除外［禁止］する

We should not *rule out* any possibility at this point.

（現時点ではどんな可能性も除外するべきではない）

■ **run out (of A)** = （Aが）尽きる，なくなる，〈契約などが〉切れる

The battery has *run out*.（電池が切れた）

■ **be sold out** = 売り切れている

The item *is sold out*.（その品は売り切れです）

☐ **send O out*** = Oを送付する

They *sent out* questionnaires to their customers.

（彼らは顧客にアンケートを送付した）

☐ **sort O out*** = Oを分類［区別］する

Could you help me *sort out* these files?

（これらのファイルを分類するのを手伝ってくれる？）

☐ **speak out［up］** = はっきりと［大声で・率直に］話す

Go ahead, *speak out*.（どうぞ，はっきり話してください）

☐ **spell O out*** = Oを詳しく説明する

We need someone who *spells out* the article for us.

（誰かその記事のことを詳しく説明してくれる人が必要だ）

■ **stand out** = 目立つ

She *stands out* for her beauty.（彼女はその美しさゆえに目立つ）

■ **take O out*** = ①Oを取り［連れ］出す　②〈食べ物を〉持ち帰りにする
　　　　　③〈契約して保険証書を〉受け取る

② Two hamburgers to *take out*, please.

　（ハンバーガーを持ち帰りで２つください）

③ I haven't *taken out* an insurance policy yet.（まだ保険をかけていません）

☐ **try O out *** = Oを実際に試してみる

I want to *try out* this computer before buying it.

（買う前にこのパソコンを使ってみたい）

■ **turn out (to be) C** = Cだとわかる（prove）

　The rumor **turned out** (*to be*) false.

　（そのうわさは間違いだとわかった）

□ **turn out**＋副詞句 = ～の結果になる

　Everything **turned out** all right.（万事うまくいった）

□ **turn O out*** = Oを産出する

　This factory **turns out** 30,000 cars a year.

　（この工場では年間3万台の車を生産する）

□ **walk out** = ストライキをする

　The factory workers **walked out** for 3 days.

　（工場労働者たちは3日間のストを行った）

■ **watch out (for A)** =（Aに）用心する

　□ **look out (for A)** =（Aに）用心する

　　Look out for the car.（車に気をつけなさい）

■ **wear out** = ① 尽きる，すり減らす　② 疲れさせる

　① These shoes are ***worn out***.（この靴はすり減っている）

　② I'm ***worn out*** after working all day.（一日中働いて疲れ果てた）

　　※ wear away ［off］も「消耗する［させる］」の意味で用いる。

■ **work out** = ① 体を鍛える　② 合計～になる　③ （～の）結果になる《＋副詞》

　① go to the gym to ***work out***（体を鍛えるためにジムに通う）

　② The total of the errors ***works out*** to 20.

　　（間違いの合計は20か所になる）

　③ The new system will ***work out*** well.（新システムはうまくいくだろう）

■ **work O out*** = ① Oを考え出す（devise）　② Oを解く（solve）

　① ***work out*** ways to get more customers（顧客を増やす方法を考え出す）

　② ***work out*** a puzzle（パズルを解く）

■ out of [áutəv]

① 前 〜から外へ ② 前 〜のうちで ③ 前 〜から《原因・理由》

① He jumped *out of* the room. （彼は部屋から飛び出した）

② Nine *out of* ten people have a mobile phone.
（10人中9人が携帯電話を持っている）

③ I went there *out of* curiosity. （私は好奇心からそこへ行った）

慣用表現 形容詞句・副詞句 ※p.358も参照。

☐ **out of the blue** = だしぬけに

☐ **out of breath** = 息を切らせて

☐ **out of business** = 廃業している *cf.* **go out of business** （廃業する）

☐ **out of (A's) control** = （Aの）手に負えない

　　Her anger has gone *out of my control*.
　　（彼女の怒りは私の手に負えなくなってしまった）

☐ **out of curiosity [kindness]** = 好奇心［親切心］から

☐ **out of date** = 時代遅れだ ⇔ ☐ **up to date** = 現代風だ

☐ **out of doors** = 屋外で ⇔ ☐ **indoors** （屋内で）

☐ **out of necessity** = 必要から，必要によって

☐ **out of the question** = 不可能だ（impossible）

☐ **out of sorts** = 気分がすぐれない

☐ **out of temper** = きげんが悪い

☐ **out of town (on business)** = 出張中だ

☐ **out of work** = 失業している

■ over [óuvər]

① 前 〜の上方に ② 前/副 （〜を）越えて ③ 前/副 （〜の）至る所に
④ 前 〜しながら

① An airplane is flying *over* [*above*] our head.
（飛行機が私たちの頭の上を飛んでいる）

② She appears to be *over* 60.（彼女は60歳を超えているようだ）

③ He has traveled all *over* the world.（彼は世界中を旅行してきた）

④ Let's have a chat *over* a cup of tea.

（お茶を飲みながらおしゃべりしましょう）

慣用表現 句動詞

- □ carry O over* = Oを繰り越す

    The balance was *carried over* to the next quarter.

    （残高は次の四半期に繰り越された）

- ■ get over A = Aに打ち勝つ，Aを克服する（overcome）

    Sleep well to *get over* your cold.

    （風邪を克服するために十分眠りなさい）

- □ go O over* = Oを（念入りに）調べる

    I want to *go over* the contract before signing it.

    （その契約書にサインする前に念入りに調べたい）

- □ hand O over* = Oを引き渡す

    Hand over the scissors.（はさみを渡してください）

- ■ look O over* = Oを調べる，ざっと目を通す

    It is essential to *look over* the details of this computer system.

    （このコンピューターシステムの細部を調べることが不可欠だ）

- □ preside over A = Aの司会をする

    Who is going to *preside over* the conference?

    （誰が会議の司会をする予定ですか）

- □ pull over = 路肩へ寄せて停車する

    Pull over there.（向こうに寄せて止めてください）

    ※警官が交通違反の車を停車させる場合に使う。

- □ run O over* = 〈車が〉Oをひく

    The dog was *run over* by a car.（その犬は車にひかれた）

☐ **stop over** = 途中下車［降機］する

I *stopped over* at Nagoya.（私は名古屋で途中下車した）

■ **take O over*** = ① Oを引き継ぐ　② Oを乗っ取る

① The new minister *took over* the job on Monday.

（新大臣は月曜日に職務の引き継ぎをした）

■ **talk O over*** = Oを相談する

We *talked* the matter *over*.（我々はその問題を話し合った）

☐ **think O over*** = Oを熟考する

☐ **tide O over*** = O〈困難など〉を乗り切る

We must *tide over* this difficulty.

（我々はこの困難を乗り切らねばならない）

☐ **turn O over*** = ① Oをひっくり返す　② Oの額の売り上げがある

② The dealer *turns over* about 5 million yen every month.

（その販売店は毎月約500万円の売り上げがある）

|慣用表現| 副詞句

☐ **over and over (again)** = 繰り返し

☐ **over the counter** = 〈卸問屋を通さず〉小売店で

☐ **over the radio** = ラジオで

■ **to** [túː]

① 前 〜へ，〜まで《到達点》　② 前 〜まで《結果》

③ 前 〜に（対して）《対象》　④ 前 〜よりも

① I want to go *to* China.（私は中国へ行きたい）

② I was almost *frozen to death*.（もう少しで凍死するところだった）

③ (a) I *lent* some money *to* him.（私は彼にお金を貸した）

　(b) Be *kind to* others.（他人には親切にしなさい）

④ My husband is three years *senior to* me.（夫は私より3歳年上です）

● to+Ving

I'm *looking forward to hearing* from him.
（彼から便りがあるのを楽しみに待っています）

POINT to（前置詞）の後ろに Ving（動名詞）を置く形は，不定詞と混同しやすいので注意。

■ **be devoted to Ving** = ～することに没頭している［する］（→p.108）

She *is devoted to finding* a job.

（彼女は仕事を見つけることに没頭している）

■ **be used to Ving** = ～することに慣れている（→p.254）

■ **be accustomed to Ving** = ～することに慣れている（→p.45）

■ **look forward to Ving** = ～するのを楽しみに待つ

■ **object to Ving** = ～することに反対する

I *object to your going* there alone.

（あなたが一人でそこへ行くのには反対です）

■ **What do you say to Ving?** = ～するのはどうですか

What do you say to going to the movies?

（映画を見に行くのはどうですか）

■ **when it comes to Ving** = ～するということになると

When it comes to using this computer, he knows anything.

（このパソコンを使うことになると，彼は何でも知っている）

|慣用表現| **句動詞**

● 動詞＋to A

☐ **add to A** = A を増す（→p.74）

☐ **amount to A** = 総計Aになる（add up to）

☐ **appeal to A** = Aに訴える

This story *appeals to* our imagination.

（この物語は私たちの想像力に訴える）

- ☐ apply to A = Aに当てはまる（→p.80）
- ☐ assent to A = Aに賛成［同意］する
  - ☐ consent to A = Aに賛成［同意］する
- ☐ attend to A = A〈人〉の言うことを注意して聞く（→p.85）
- ■ belong to A = Aに所属する（→p.88）
- ☐ conform to A = Aに一致する，Aに従う
- ■ contribute to A = Aに貢献する（→p.100）
- ■ get to A = Aに到着する（→p.124）
- ■ lead to A = Aに通じる（→p.141）
- ■ look［turn］to A (for B) =（Bを）A〈人〉に頼る
- ☐ move to A = Aへ引っ越す
- ■ object to A = Aに反対する
- ■ occur to A =〈考えなどが〉Aの頭に浮かぶ（→p.152）
- ■ refer to A = Aを参照する，Aに言及する（→p.162）
- ☐ report to A = Aに直属する（→p.167）
- ☐ resort to A = Aに訴える
- ■ see to A = Aを取りはからう，Aに責任を持つ（→p.172）

  See to it that the computer is available anytime.

  （パソコンがいつでも使えるように（手配）しておきなさい）

- ■ speak［talk］to A = Aと話をする（→p.178・185）
- ☐ stick［cling/adhere］to A = Aに固執する
- ☐ submit to A = Aに服従する
- ☐ subscribe to A = Aを（予約）購読する
- ☐ succeed to A = Aの後を継ぐ（→p.182）
- ☐ take to A = Aが好きになる
- ☐ yield to A = Aに屈服する

● 動詞＋O＋to A

- ☐ adapt O to A = OをAに適応［順応］させる

- ■ **add O to A** = OをAに加える（→p.74）
- □ **adjust O to A** = OをAに適合させる
- □ **admit O to [into] A** = OがAに入るのを許す（→p.76）
- ■ **apply O to A** = OをAに適用する（→p.80）
- □ **assign [allot] O to A** = OをAに割り当てる
- □ **attach O to A** = OをAに取り付ける
- □ **attribute [ascribe/credit] O to A** = OをAに帰する（→p.86）
- □ **commit O to A** = OをAに委託する（→p.97）
- ■ **compare O to A** = OをAと比較する，OをAにたとえる（→p.98）
- ■ **devote [dedicate] O to A** = OをAに捧げる（→p.108）
- ■ **donate O to A** = OをAに寄付する

  We *donate* part of our profits *to* charity every year.

  （我々は利益の一部を毎年慈善事業に寄付している）

- □ **entitle O to A** = OにAの資格を与える（→p.115）
- ■ **expose O to A** = OをAにさらす（→p.118）
- ■ **introduce O to A** = OをAに紹介する（→p.138）
- ■ **invite O to A** = OをAに招待する
- ■ **lead O to A** = OをAに導く（→p.141）
- ■ **leave O to A** = OをAに任せる（→p.142）
- □ **limit [confine] O to A** = OをAに制限する

  The speech is *limited to* 10 minutes.

  （スピーチは10分間に制限されている）

- ■ **owe O to A** = OはAのおかげだ，AにOの借りがある（→p.153）
- ■ **prefer O to A** = AよりもOを好む
- □ **relocate O to A** = OをAに移転する
- □ **stick O to A** = OをAに貼る
- □ **treat O to A** = O〈人〉にA〈食事〉をおごる

|慣用表現| 副詞句

● to A's ＋感情を表す抽象名詞

To our great *disappointment* the restaurant was closed.
(私たちが大変残念だったことに，レストランは閉まっていた)

POINT to の後ろに感情を表す名詞を置いて，「Aが～したことには」の意味を表す。

次のような名詞が，この形で使われる。

surprise/amazement/astonishment（驚き）

amusement（楽しみ）・joy/delight（喜び）

grief/sorrow（悲しみ）・disappointment（失望）

relief（安心）・satisfaction（満足）・regret（後悔）

disgust（嫌悪）・annoyance（いらだち）など

● to が到達点を表すもの

■ to some [a certain] degree [extent] = ある程度（まで）

The data is useful *to some degree*. (そのデータはある程度役に立つ)

□ to the best of *one's* knowledge = ～の知る限り

　□ to the best of *one's* ability = ～の力の及ぶ限り

□ to *one's* heart's content = 心ゆくまで

□ to the core = 根っから

□ to the end = 最後まで

You have to try your best *to the end*.

(君は最後までベストを尽くさねばならない)

□ to excess = 過度に

□ to the fullest = 最大限に

□ to the letter = 文字通りに，正確に

Few motorists follow these rules *to the letter*.

(これらの規則を厳密に守るドライバーはほとんどいない)

□ to a man = 一人残らず（to the last man）

- [ ] **to the minute** = 一分たがわず

    The train left at five o'clock *to the minute*.

    （列車は５時きっかりに出た）

- [ ] **to the last minute** = 最後まで

● toが結果を表すもの

- [ ] **be bored to death** = 死ぬほど退屈する
    - [ ] **be frightened to death** = 死ぬほど驚く
- [ ] **be burnt to death** = 焼死する
    - [ ] **be starved to death** = 飢え死にする
- [ ] **be burnt to ashes** = 燃えて灰になる

    The house *was burnt to ashes* by the fire.

    （その家は火事で焼けて灰になった）

- [ ] **be filled to capacity** = 満杯になる
- [ ] **be moved to tears** = 感動して泣く
- [ ] **break [fall] to [into] pieces** = 粉々［ばらばら］になる

    The glass slipped off the table and *broke to pieces*.

    （コップがテーブルからすべり落ちて粉々になった）

- [ ] **get wet to the skin** = びしょぬれになる

慣用表現 その他

- [ ] **to A's advantage** = Aにとって有利だ

    His scholarship was *to his advantage*.

    （彼の学識は彼にとって有利だった）

- [ ] **to A's liking [taste]** = Aの好みに合っている
- [ ] **to my mind** = 私の考えでは
- [ ] **to no purpose** = 無駄に（in vain）
- [ ] **to the contrary** = それとは反対の

    I have no proof *to the contrary*. （そうでないという証拠はない）

- **to the point** = 要領を得て（いる）

  You must speak *to the point*.（要領を得て話さなければならない）

- □ **prior to A** = Aより前に

■ under [ʌ́ndər]

① 前/副 （〜の）下に　② 前 〜未満で　③ 前 〜中で，〜を受けて

① (a) There is a dog *under* the tree.（木の下に犬がいる）

　(b) There is a fly *on* [× *under*] the ceiling.

　（天井にはえが止まっている）

POINT 位置的には「下」でも，付着しているときはonを使う。

② Children *under* 6 can't ride on this coaster.

（6歳未満の子どもはこのコースターに乗れない）

POINT 〈under＋数字〉は「〜よりも下」の意味。「〜以下」ではない。

cf. children of 6 *and under*（6歳以下の子ども）

③ The road is *under* construction.（その道路は工事中です）

慣用表現 形容詞句（under＝〜中だ）

- ■ **under construction** = 建設［工事］中で
- □ **under control** = 制御されて
- □ **under criticism [fire]** = 非難されて
- □ **under discussion** = 討議中で
- □ **under examination** = 調査中で
- ■ **under repair** = 修理中で
- □ **under treatment** = 治療中で
- ■ **under way** = 進行中で

|慣用表現| その他

- □ **go under** = 破産する（go bankrupt）

    The publisher ***went under***.（その出版社は倒産した）

- □ **under the table** = 内密に

    The manager paid big money to them ***under the table***.

    （経営者は彼らに巨額の金を内密に支払った）

■ up [ʌ́p]

① |前/副| （〜の）上へ[に]　② |副| 近寄って　③ |副| 活気づいて，勢いを増して

④ |副| すっかり，完全に

① (a) Prices are going ***up***.（物価が上がっている）

　(b) We walked ***up*** the hill.（私たちは歩いて丘を上った）

② A policeman came ***up*** to me.（警官が私に近づいてきた）

③ Turn ***up*** the TV.（テレビの音を大きくしなさい）

④ Clean ***up*** the room.（部屋をきれいに掃除しなさい）

|慣用表現| 句動詞

● 動詞＋up＋前置詞 A

- □ **add [sum] up to A** = 合計Aになる

    The loss ***adds up to*** 1 million dollars.（損失は合計100万ドルになる）

- ■ **catch up with A** = Aに追いつく

    - ■ **keep up with A** = Aに遅れずについて行く

        The supply of housing hasn't ***caught up with*** demand.

        （住宅の供給は需要に追いついていない）

        I read this magazine to ***keep up with*** the times.

        （私は時流に遅れずについて行くためにこの雑誌を読んでいる）

PART 5 前置詞の語法

- **come up to A** = A〈基準・望み〉に沿う

  Several articles failed to *come up to* specifications.

  （いくつかの品目は仕様書に添わなかった）
- **come up with A** = Aを思いつく

  She *came up with* a good solution. （彼女はよい解決策を思いついた）
- □ **end up with A** = Aで終わる

  The party *ended up with* a song. （パーティーは歌を歌って終わった）
- □ **face up to A** = Aに立ち向かう

  We must *face up to* this difficulty.

  （我々はこの困難に立ち向かわねばならない）
- **live up to A** = Aの期待に応える，A〈主義〉に従って行動する

  The salesman *lived up to* the manager's expectations.

  （そのセールスマンは経営者の期待に応えた）
- **look up to A** = Aを尊敬する（respect）

  He is *looked up to* as a good leader.

  （彼はよい指導者として尊敬されている）
- **make up for A** = Aの埋め合わせをする（compensate for）

  We must *make up for* the loss.

  （我々はその損害の埋め合わせをしなくてはいけない）
- □ **make up with A** = Aと仲直りする

  You should *make up with* your boyfriend. （君は彼氏と仲直りすべきだ）
- □ **put up (at A)** = (Aに) 宿泊する

  I'll *put up at* a no-frills hotel. （ビジネスホテルに泊まるつもりです）
- **put up with A** = Aに耐える

  I can't *put up with* his rude behavior any more.

  （彼の無作法な態度にはもう耐えることができない）
- **sign up for A** = Aに申し込む

  Why don't you *sign up for* the tour? （そのツアーに申し込んだらどう？）

● 動詞＋(O＋)up

□ **add O up*** ＝ Oを合計する

□ **back O up*** ＝ ①Oを支援する　②O〈交通など〉の流れを止める

　① We ***backed up*** the candidate.（我々はその候補者を支援した）

■ **blow up** ＝爆発する（explode, go off）

　The dynamite ***blew up*** suddenly.（ダイナマイトは突然爆発した）

■ **break up** ＝ 解散する，休暇に入る

　The meeting ***broke up*** at midnight.（会議は深夜になって解散した）

■ **bring O up*** ＝ O〈人〉を育てる

□ **build O up*** ＝ Oを構築する

□ **buy O up*** ＝ Oを買い占める

■ **call O up*** ＝ O〈人〉に電話する

　What time shall I ***call*** you ***up***?（何時に電話しましょうか）

■ **cheer O up*** ＝ O〈人〉を元気づける

　He sent her some flowers to ***cheer*** her ***up***.

　（彼は彼女を元気づけるために花を送った）

□ **clear (O) up*** ＝ 晴れ上がる，Oを解決する

□ **cover O up*** ＝ Oを隠す（conceal, hide）

　He tried to ***cover up*** the evidence.（彼はその証拠を隠そうとした）

■ **draw O up*** ＝ O〈文書・計画〉を作成する

　I stayed up all night ***drawing up*** the report.

　（私は徹夜をして報告書を作成した）

□ **ease up** ＝ 仕事のペースを落とす

□ **fill (O) up*** ＝（Oを）満たす

　Fill up, please.（〈ガソリンを〉満タンにしてください）

□ **fix O up*** ＝ O〈日時など〉を決める

□ **fold O up*** ＝ Oを折りたたむ

□ **follow (O) up*** ＝（Oを）引き続いて行う

- **get up** = 起床する
- **give (O) up*** =（Oを）あきらめる
  - □ **give O up* for lost** = Oを死んだものとしてあきらめる
- **grow up** = 成長する

  The girl *grew up* to be a writer.（少女は成長して作家になった）
- **hang up** = 電話を切る

  Sorry, I have to *hang up*.（ごめんなさい，電話を切らなくちゃ）
- □ **heat (O) up*** = 熱くなる，Oを熱くする
  - □ **warm (O) up*** = 暖まる，Oを温める

    Shall I *warm up* the soup?（スープを温め（直し）ましょうか）
- □ **hold up** = 持続する，持ちこたえる

  The company *held up* well under such situations.

  （そんな状況の中で会社はよく持ちこたえた）
- □ **hold O up*** = Oを妨げる，遅らせる

  Our departure was *held up* by the storm.（嵐のために我々の出発は遅れた）
- □ **hook O up*** = Oを接続する

  Help me *hook up* this printer to the computer.

  （このプリンターをパソコンに接続するのを手伝ってよ）
- **hurry up** = 急ぐ
- □ **keep O up*** = Oを維持する，続ける

  Keep up the good work, John.（その調子で頑張ってくれ，ジョン）
- □ **let up** =〈雨などが〉やむ
- □ **line (O) up*** = 整列する，Oを整列させる

  Cars are *lining up* on the road.

  （車が道路上に一列に並んでいる）
- **look (O) up*** =（Oを）〈辞書などで〉調べる

  I'll *look up* the company on the Internet.

  （その会社をインターネットで調べます）

- ☐ make (O) up* =(Oを) 化粧する
- ■ make O up* = ①Oを構成する (compose) ②O〈損害など〉を償う
  - ① The committee is *made up* of ten lawyers.
    (その委員会は10人の弁護士で構成されている)
  - ② *make up* (*for*) the deficit(赤字を埋める)
- ☐ mark (O) up* =(Oを) 値上げする
- ☐ mix O up* = Oを混同する
  - I got *mixed up* by the difficult explanation.
  (そのややこしい説明で私は訳がわからなくなってしまった)
- ☐ move O up* = Oを繰り上げる
- ☐ pass O up* = O〈機会など〉を逃す
- ☐ perk up = 活気を取り戻す
- ■ pick up = 上向く,回復する
  - Business is *picking up*.(景気は回復しつつある)
- ■ pick O up* = ①Oを拾い[取り]上げる ②Oを車で迎えに行く
  - ③O〈言葉など〉を習い覚える
  - ① *pick up* a receiver(受話器を取り上げる)
  - ② I'll *pick* you *up* at 6.(6時に車で迎えに行きます)
  - ③ Children *pick up* language quickly.(子どもはすばやく言葉を覚える)
- ☐ pull (O) up* = 停車する,Oを停車させる
  - The car *pulled up* in front of us.(その車は我々の前で止まった)
- ☐ put O up* = O〈掲示〉を貼る
  - *put up* a notice on the bulletin board(掲示板に掲示を貼る)
- ☐ round O up* = ①Oを集める ②O〈数字の位〉を切り上げる
- ■ set O up* = Oを設立する (establish, found)
  - Our company was *set up* in 1985.(当社は1985年に設立された)
- ☐ shape (O) up* = 好転する,O〈体形〉を美しくする
  - Things are *shaping up* well.(事態は好転しつつある)

- ☐ **shoot up** = 上昇する
- ☐ **shut up** = 黙る
- ☐ **sign up (with A)** = （Aと）契約する

    Our company *signed up with* a famous baseball player.

    （当社は有名な野球選手と契約を結んだ）
- ■ **sit up** = 寝ずに起きている
    - ■ **stay up** = 寝ずに起きている

        I *stayed up* all night watching DVDs.

        （DVDを見ながら一晩中起きていた）
- ☐ **size O up*** = Oを評価する
- ☐ **snow O up*** = Oを圧倒する
- ☐ **speak up** = 大声で［はっきり］話す
- ■ **speed up** = 速度を上げる
- ■ **stand up** = 立ち上がる
- ☐ **stand O up*** = O〈人〉に待ちぼうけを食わせる

    She *stood* me *up* again.（また彼女に待ちぼうけを食わされた）
- ■ **start (O) up*** = 起動する，Oを起動させる
    - ☐ **boot (O) up*** = 〈パソコンが〉起動する，Oを起動させる

        I can't *start up* this computer.（このパソコンを起動できない）
- ☐ **sum (O) up*** = ①（Oを）合計する　②（Oを）要約する

    ② This report *sums up* the present situation pretty well.

    （この報告は現在の状況をかなりよくまとめている）
- ☐ **swallow O up*** = Oを吸収する
- ☐ **take O up*** = ①Oを〈趣味・職業として〉始める　②Oを占める（occupy）

    ① She *took up* tennis to lose some weight.

    （彼女は減量するためにテニスを始めた）

    ② The sofa *takes up* too much space.

    （そのソファが占める場所は多すぎる）

☐ **tear O up*** = Oを破る

☐ **throw up** = 吐く（vomit）

☐ **tidy O up*** = Oを整頓する

■ **tie up (with A)** = (Aと) 提携する

　We ***tied up with*** a Chinese company. (当社は中国の企業と提携した)

☐ **tie O up*** = ①Oを動けなくする　②Oを忙しくさせる

　① The snow ***tied up*** the train. (雪で電車がマヒした)

　② He is ***tied up*** in the meeting. (彼は会議で身動きが取れない)

☐ **tune O up*** = O〈機械など〉を調節する

　I'll have my car ***tuned up*** before our trip.

　（旅行の前に車を点検してもらいます）

■ **turn up** = 現れる（show up, appear）

　■ **show up** = 現れる（turn up）

　　He ***showed up*** toward the end of the party.

　　（彼はパーティーの終わりごろに現れた）

■ **turn O up*** = Oのボリュームを上げる

　Turn the radio ***up***. (ラジオの音量を上げなさい)

■ **use O up*** = Oを使い果たす

　☐ **eat O up*** = Oを食べ尽くす

　☐ **drink O up*** = Oを飲み尽くす

　☐ **dry up** = 干上がる，底をつく

　　We've ***used up*** our budget. (予算を使い果たした)

　　The pond [budget] has ***dried up***.

　　（池が干上がった［予算が底をついた］）

　　※これらの up は「完全に (completely)」の意味。

■ **wake (O) up*** = 目覚める，Oを目覚めさせる

　The coffee ***woke*** me ***up***. (コーヒーを飲んだら目が覚めた)

☐ **wind O up*** = Oを終わらせる，結局Oになる

I wanted to go out, but I **wound up** watching movies at home.
（外出したかったけれど，結局家で映画を見て過ごした）

☐ **wrap O up*** = O〈商談など〉を仕上げる（finish）

Let's **wrap up** this project by the end of this week.
（今週末までにこの企画を片付けよう）

☐ **write O up*** = Oを書き上げる

☐ **zip (O) up*** = （Oの）ファスナーを上げる

|慣用表現| その他

☐ **hard up** = 金に困っている

■ **up to A** = ① A（に至る）まで ② A次第だ ③ Aの責任だ

① The banquet hall accommodates **up to** 200 people.
（宴会場には最高200人まで収容できます）

② It is **up to** you to decide.（決めるのは君次第だ）

③ It is **up to** you to educate your children.
（自分の子どもを教育するのは君の義務だ）

■ with [wíð]

① 前 〜と一緒に　② 前 〜を身につけて　③ 前 〜を使って
④ 前 〜に関して　⑤ 前 〜を伴って　⑥ 前 もし〜があれば《仮定法で》

① I'll go **with** you.（あなたと一緒に行きます）

② Who's that woman **with** blonde hair?（あの金髪の女性は誰だい？）

③ (a) open a letter **with** a knife（ナイフで手紙を開封する）

　(b) a tree decorated **with** lights（電球で飾られた木）

④ What's the matter **with** you?（どうかしたのですか）

⑤ The flight is full **with** a long waiting list.
（その航空便は満席で，キャンセル待ちの人が大勢いる）

⑥ *With* a little more care, he *might have noticed* it.

> 書換 If he had been a little more careful, he *might have noticed* it.
>
> （もう少し注意深かったなら，彼はそれに気づいたかもしれない）

慣用表現 **句動詞**

● 動詞＋with A

☐ **associate with A** = Aと提携する

Our company ***associated with*** a major company in the U.S.

（当社は米国の大企業と提携した）

☐ **coincide with A** = Aに一致する

His free time never ***coincided with*** hers.

（彼と彼女の暇な時間は一致しなかった）

☐ **collide with A** = Aと衝突する

■ **communicate with A** = Aと連絡を取る

☐ **compete with A** = Aと競争する

☐ **comply with A** = Aに従う，応じる

She ***complied with*** my request.（彼女はぼくの要求に応じた）

☐ **compromise with A** = Aと妥協する

☐ **confer with A** = Aと協議する

■ **cooperate with A** = Aと協力する

■ **cope with A** = Aをうまく処理する

We can't ***cope with*** all the orders.（全部の注文は処理しきれない）

☐ **correspond with A** = Aに一致する，A〈人〉と文通する

Our calculations didn't ***correspond with*** each other.

（私たちの計算はお互いに一致しなかった）

■ **deal with A** = Aを扱う（→p.103）

The professor's lecture ***dealt with*** environmental pollution.

（その教授の講演は環境汚染を扱うものだった）

☐ **dispense with A** = Aなしですます

I can't *dispense with* the Internet.

（インターネットなしには過ごせない）

☐ **do with A** = Aを処理する

■ **have done with A** = A〈仕事など〉を終える

Have you *done with* this book?（この本は読み終えましたか）

☐ **fight with A** = Aとけんかをする

■ **go with A** = Aと調和する（go together with）

Do these brown shoes *go with* my suit?

（この茶色い靴は私のスーツに似合うだろうか）

☐ **interfere with A** = Aを妨害する

☐ **merge with A** = Aと合併する

☐ **mix with A** = Aと付き合う

☐ **negotiate with A** = Aと交渉する

☐ **part with A** = Aを手放す

I *parted with* my ancestral home.

（私は先祖伝来の家を手放した）

☐ **side with A** = Aの味方をする

■ **stay with A** = Aの家に泊まる（→p.180）

☐ **sympathize with A** = Aに共感する

● 動詞＋O＋with A

■ **associate O with A** = OをAと関連させる（→p.84）

☐ **blend [mix] O with A** = OをAと混ぜる

☐ **charge O with A** = AのことでOを非難［告発］する（→p.94）

☐ **combine O with A** = OをAと結びつける

☐ **connect O with A** = OをAと結びつける

■ **compare O with [to] A** = OをAと比較する（→p.98）

☐ **confuse O with A** = OをAと混同する

- ☐ credit O with A = O〈人〉がA〈長所など〉を持っていると考える
- ☐ decorate O with A = OをAで飾る
- ■ equip O with A = OにAを備え付ける（→p.116）
  - ■ furnish O with A = OにAを備え付ける
- ☐ familiarize O with A = OをAに習熟させる
- ■ fill O with A = OをAで満たす（→p.121）
- ☐ harmonize O with A = OをAと調和させる
- ■ help O with A = OのAを手伝う（→p.131）
- ☐ identify O with A = OをAと同一視する（→p.134）
- ☐ inspire O with A = OのA〈感情など〉を喚起する
- ☐ load O with A = OにAを積む

  load a camera *with* film = *load* film *into* a camera

  （カメラにフィルムを入れる）

- ☐ present O with A = OにAを贈呈する
- ■ provide O with A = OにAを供給する（→p.160）
  - ■ supply O with A = OにAを供給する（→p.183）
- ☐ refill O with A = OにAを補充する
- ■ replace O with A = OをAと取り替える（→p.166）
- ■ share O with A = OをAと共有［分担］する（→p.175）

|慣用表現| 句前置詞

- ■ with all A = Aにもかかわらず（for all）

  With all his faults, he is a gentleman.（欠点はあるが，彼は紳士だ）

  |書換| ***In spite of*** his faults, he is a gentleman.

- ☐ with the exception of A = Aを除いては
- ☐ with the help of A = Aの助けによって

慣用表現 副詞句

● 〈with＋O＋C〉型の表現（付帯状況）

He sat reading, *with* his dog *lying* beside him.
（彼は座って本を読み、そばには犬が寝ていた）

POINT 〈with＋O＋C〉の形で「OがCである状態で」の意味を表す。Cの位置には、分詞・形容詞・前置詞句などを置く。

■ with *one's* eyes closed ＝ 目を閉じて

○ He was listening to the radio *with his eyes closed*.

× He was listening to the radio *with his eyes closing*.

× He was listening to the radio *with closing his eyes*.

（彼は目を閉じてラジオに耳を傾けていた）

※ O (his eyes) とC (closed) の間に、「目が閉じられている」という受動の主述関係が成立しているので、Cは過去分詞になる。

POINT 〈with＋Ving〉という形はない。

■ with *one's* arms folded ＝ 腕組みをして

■ with *one's* legs crossed ＝ 足を組んで

■ with *one's* mouth full ＝ 口に食べ物を入れたまま

☐ with *one's* back to the wall ＝ 進退窮まって

☐ with tears in *one's* eyes ＝ 涙ぐんで

☐ with the light [TV] on ＝ 明かり［テレビ］をつけたままで

● with＋抽象名詞＝副詞

Carry this box *with care*. ＝ Carry this box *carefully*.
（この箱は注意して運びなさい）

with careは「注意を持って→注意して（carefully）」の意味。このように、〈with＋抽象名詞〉が副詞の働きをする慣用表現がある。

☐ with accuracy ＝ 正確に（accurately）

■ with care ＝ 注意して（carefully）

☐ with difficulty ＝ 苦労して

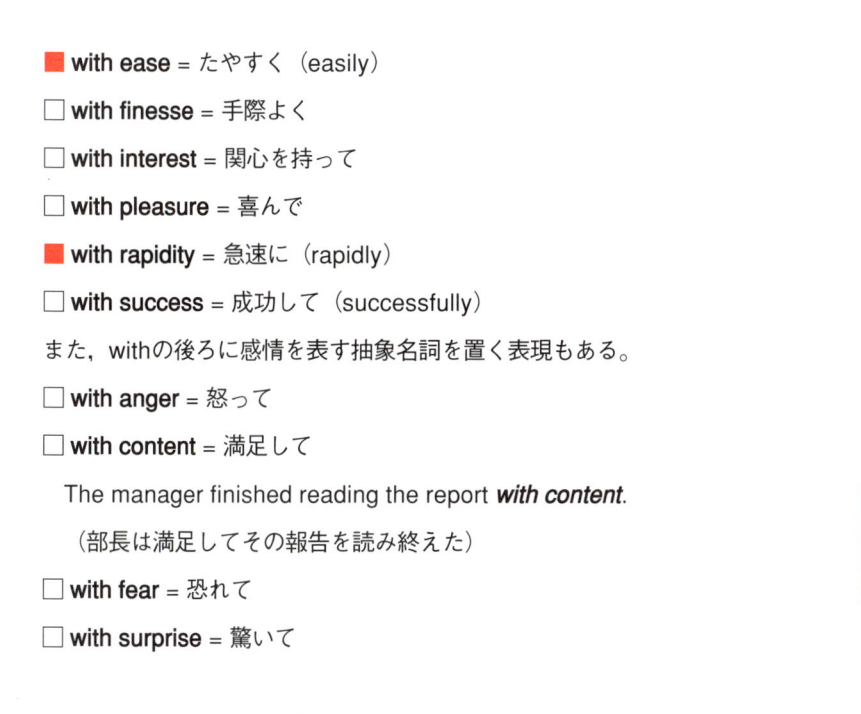

- ■ with ease = たやすく（easily）
- □ with finesse = 手際よく
- □ with interest = 関心を持って
- □ with pleasure = 喜んで
- ■ with rapidity = 急速に（rapidly）
- □ with success = 成功して（successfully）

また，withの後ろに感情を表す抽象名詞を置く表現もある。

- □ with anger = 怒って
- □ with content = 満足して

　　The manager finished reading the report *with content*.
　　（部長は満足してその報告を読み終えた）

- □ with fear = 恐れて
- □ with surprise = 驚いて

（3）その他の前置詞の語法

※副詞として使われるものを含む。

□ **aboard** [əbɔ́ːrd] 副/前 （～に）乗って

　（a）We got *aboard* the plane. = We got *on board* the plane.
　　（私たちはその飛行機に乗った）

　　POINT get [go] aboard A = A〈乗り物〉に乗る

　（b）The plane with about 200 people *aboard* is missing.
　　（約200人を乗せた旅客機が消息不明だ）

□ **above** [əbʌ́v] ① 前/副 （～の）上方に［で］（⇔ below） ② 前 ～以上の
　（⇔ below） ③ 前 ～の及ばない（beyond） ④ 前 ～するのを恥とする

　①（a）The sun rose *above* the horizon.（太陽が地平線の上に昇った）
　　（b）as mentioned *above*（上［前］に述べたとおり）

② (a) His income is *above* [*below*] the average.

（彼の収入は平均以上［以下］だ）

(b) The town is situated 1,500 meters *above* sea level.

（その町は海抜1,500メートルのところにある）

③ This book is *above* [*beyond*] me.（この本は私には難しすぎる）

④ He is *above* telling lies.（彼は立派な人なのでうそはつかない）

慣用表現

□ above all = とりわけ（first of all）

Above all, you must work now.

（何よりもまず，今君は働かなければならない）

□ across [əkrɔ́ːs] ① 前 ～を横切って ② 前 ～の向こう側に

① He swam *across* the river.（彼はその川を泳いで渡った）

② There is a bank *across* the street.（通りの向こう側に銀行があります）

慣用表現

■ come across A = Aを偶然見つける，Aに偶然出会う

■ run across A = Aを偶然見つける，Aに偶然出会う

I *came across* this book in the library.

（ぼくは図書館で偶然この本を見つけた）

□ get O across* (to A) = Oを（A〈人〉に）理解させる

It's hard to *get* the situation *across to* my boss.

（上司に状況を理解させるのは難しい）

■ after [ǽftər] 前/副 （～の）後で，～の後ろを

(a) Let's play tennis *after* school.（放課後テニスをしよう）

(b) The boy ran *after* the dog.（少年はその犬を追いかけた）

慣用表現

□ ask［inquire］after A = A〈人〉の安否を〈第三者に〉尋ねる

■ look after A = Aの世話をする

She *looks after* her younger brothers. （彼女は弟たちの世話をしている）

■ name O (C) after A = Aにちなんで O を（C と）名づける

They *named* their son George *after* the President.

（彼らは大統領にちなんで息子をジョージと名づけた）

☐ run after A = A を追いかける（chase）

■ after all = 結局，何と言っても

☐ After you. = どうぞお先に　※please はつけない。

☐ **against** [əgénst] ① 前 ～に逆らって，反対して　② 前 ～によりかかって

　③ 前 ～を背景にして

　① Are you *for* or *against* his proposal?

　　（彼の提案に賛成ですか，それとも反対ですか）

　② He was leaning *against* the wall. （彼は壁にもたれかかっていた）

　③ The tower stood out *against* the blue sky.

　　（その塔は青い空を背景にしてそびえ立っていた）

慣用表現

　☐ discriminate against A = A を差別する（→p.109）

　☐ guard against A = A に用心する

　☐ lean against A = A にもたれる

　☐ protest against A = A に抗議する

　☐ warn O against A = A しないよう O〈人〉に警告する（→p.192）

　☐ against *one's* will = 意に反して，不本意にも

　☐ against [for] a rainy day = まさかの時に備えて

☐ **ahead** [əhéd] 副 前方へ［に］

　Look *ahead*. （前を見ろ）

慣用表現

　■ ahead of A = A の前方に，A より進んで

PART 5 前置詞の語法

(a) We saw a light *ahead of* us. （私たちの前方に明かりが見えた）

(b) We arrived *ahead of* schedule. （私たちは予定より早く着いた）

☐ **get ahead** = 成功する，出世する

He hopes to *get ahead* in the world. （彼は出世を望んでいる）

■ **Go ahead.** = どうぞ（話を）始めて［続けて］ください

☐ along [əlɔ́ːŋ] 前 ～に沿って

Go straight *along* this street. （この通りに沿ってまっすぐ行きなさい）

慣用表現

☐ **along with A** = Aと一緒に，Aに加えて (together with)

You need some money *along with* your passport.

（パスポートに加えてお金もいくらか必要です）

■ **get along (well) with A** = Aと仲良くやっていく

How are you *getting along with* your neighbors?

（近所の人たちとは仲良くしていますか）

☐ among [əmʌ́ŋ] ① 前 ～の間［中］に［で］ ② 前 ～のうちの１つ［１人］で

① I found a friend *among* the crowd. （群衆の中に友人を見つけた）

② Tokyo is *among* [=one of] the biggest cities in the world.

（東京は世界最大の都市の１つだ）

POINT among には one of の意味がある。

慣用表現

☐ **among other things** = とりわけ (above all)

☐ **from among A** = Aの中から《二重前置詞》

Choose one (*from*) *among* these books.

（これらの本の中から１冊選びなさい）

□ around [əráund] / □ round [ráund] ① 前/副 （〜の）まわりに［で］
② 前 〜のあちこちに［で］　③ 前 〜ごろ（about）

① The moon turns **around** the earth.（月は地球のまわりを回る）

② I've traveled **around** the country.（私は全国あちこちを旅行した）

③ I arrived at the hotel **around** 7:30.（私は7時半ごろホテルに着いた）

慣用表現

□ beat around the bush ＝ 遠回しに言う

□ get around A ＝ Aを切り抜ける，回避する

We managed to **get around** the crisis.

（我々はその危機をどうにか切り抜けた）

□ hang around ＝ ぶらつく

I *hung around* for an hour.（私は1時間ぶらぶら歩いた）

■ show O around (A) ＝ O〈人〉に（A（のまわり）を）案内する

I'll *show* you *around* the city.（町をご案内しましょう）

□ turn around ＝ ① 向きを変える　②〈経済などが〉好転する

② The economy is *turning around*.（経済が好転しつつある）

□ all the year around ＝ 一年中

■ around the clock ＝ 24時間，一日中

■ (just) around the corner ＝ 間近に迫っている

The deadline is *just around the corner*.（締め切りが間近だ）

■ the other way around ＝ 逆に

He put on his shoes *the other way around*.

（彼は靴をあべこべにはいた）

☐ **aside** [əsáid] 副 わきへ

He laid the book *aside* and stood up.
（彼は本をわきへ置いて立ち上がった）

慣用表現

☐ **put O aside*** [**by***] = Oを取っておく，Oを片付ける

You need to *put aside* some money.
（君はお金をいくらか取って［蓄えて］おく必要がある）

☐ **step aside** = わきへ寄る

☐ **aside** [**apart**] **from A** = Aは別にして

aside from financial problems （財政上の問題は別にして）

cf. **joking aside** （冗談はさておき）

☐ **away** [əwéi] 副 去って，離れて，なくなって

(a) The bird flew *away*. （鳥は飛び去った）

(b) The snow has melted *away*. （雪は解けてなくなった）

(c) I live far *away* from home. （私は家から遠く離れて暮らしている）

慣用表現

☐ **carry O away*** = Oを夢中にさせる

I was *carried away* by his story. （私は彼の話に夢中になった）

☐ **clear O away*** = Oを取り除く，片付ける

■ **do away with A** = Aを廃止する（abolish）

We should *do away with* this rule. （この規則は廃止すべきだ）

☐ **drive O away*** = Oを追い払う

☐ **fade away** = だんだん消え去る

The color of this photo has *faded away*. （この写真は色があせてしまった）

☐ **get away** = 立ち去る，逃げる

☐ **go away** = 立ち去る

☐ **idle (O) away*** = (Oを) 怠けて過ごす

☐ **keep away from A** = Aに近づかない

You should ***keep away from*** futures markets.

（先物市場には手を出さない方がいい）

■ **pass away** = 過ぎ去る，死ぬ（die）

My grandfather ***passed away*** last year.（祖父は昨年亡くなった）

☐ **put O away*** = Oを片付ける，Oを取っておく

Put these toys ***away***.（このおもちゃを片付けなさい）

☐ **run away (from A)** =（Aから）逃げる

   ☐ **run away with A** = Aを持ち逃げする

The boy ***ran away from*** home.（その少年は家出した）

☐ **take O away*** = Oを持ち［連れ］去る，Oを取り除く（remove）

The waiter ***took away*** the plates.（ウエイターが皿を下げた）

■ **throw O away*** = Oを捨てる

Don't ***throw away*** your garbage here.（ここに生ごみを捨ててはいけません）

☐ **tow O away*** = Oをレッカー車で移動する

慣用表現 その他

■ **right away** = すぐに

Do you need that report ***right away***?（例の報告書はすぐに必要ですか）

■ **back** [bǽk] ① 副 後ろへ　② 副 元のところへ

① The restaurant is ***back*** from the avenue.

（そのレストランは通りから入ったところにある）

② I want to get ***back*** my money.（私はお金を取り戻したい）

慣用表現

■ **cut back on A** = Aを削減する

☐ **date back to A** = 〈事物の起源が〉Aにさかのぼる

This school ***dates back to*** the fifteenth century.

（この学校は15世紀に造られた）

411

☐ **draw back (from A)** = (Aから) 手を引く

We ***drew back from*** the contract. (我々はその契約から手を引いた)

■ **fall back on A** = Aに頼る

We have no funds to ***fall back on***. (我々には頼るべき資金がない)

■ **get (O) back*** = 戻る, Oを取り戻す

☐ **hold O back*** = Oを抑える

The filter ***holds back*** bacteria. (そのフィルターは細菌を抑える)

■ **look back on A** = Aを回顧する

I sometimes ***look back on*** the days of my youth.

(私は時々若いころの日々を回顧する)

☐ **set O back*** = Oの進行を妨げる

☐ **take O back*** = Oを引き取る

The shop refused to ***take*** it ***back***. (店はそれを引き取るのを拒んだ)

☐ **talk back (to A)** = (Aに) 口答えする

I know better than to ***talk back to*** my teacher.

(私は先生に口答えするほどばかではありません)

■ **before** [bifɔ́:r] ① 前 〜の前に ② 副 以前, 〜前に

① Sort the trash ***before*** [前] *taking* it out.

= Sort the trash ***before*** [接] *you take* it out.

(ごみを出す前に分別しなさい) (→p.428)

② (a) I've seen this movie (once) ***before***.

(この映画は前に(一度)見たことがある)

(b) He said that his father *had died two years **before*** [× *ago*] .

(父は2年前に死んだ, と彼は言った)

> **POINT**　「〜前に」の意味の **before** は過去完了形とともに使う。

cf. His father died *two years **ago***. (彼の父は2年前に死んだ)

慣用表現

☐ **before long** = まもなく（soon）

He will come *before long*.（彼はまもなく来るだろう）

☐ **put A before B** = BよりもAを優先する

We should *put* quality *before* quantity.（量より質を優先すべきだ）

☐ **put the cart before the horse** = 本末を転倒する

■ **behind** [biháind] ① 前/副 （〜の）後ろ［陰］に ② 前/副 （〜より）遅れて

① Don't speak ill of others *behind* their back(s).

（陰で他人の悪口を言うな）

② The bus came ten minutes *behind*［*ahead of*］time.

（バスは定刻に10分遅れて［定刻より10分早く］来た）

cf. behind［ahead of］the times（時勢に遅れて［先んじて］）

慣用表現

☐ **fall behind** = 〈仕事などが〉遅れる

We're *falling behind* in our work.（仕事が遅れている）

■ **leave O behind** = Oを置き忘れる

I *left* my bag (*behind*) in the bus.（バスにバッグを置き忘れた）

☐ **from behind A** = Aの陰から 《二重前置詞》

The moon appeared *from behind* the clouds.（月が雲の陰から現れた）

☐ **below** [bilóu] ① 前/副 （〜の）下方に ② 前 〜以下で

① The sun set *below* the horizon.（太陽が地平線の下に沈んだ）

② The temperature this morning was 2 degrees *below* zero.

（けさの気温は零下2度でした）

☐ **beneath** [biníːθ] ① 前/副 （〜の）下に ② 前 〜の重さで ③ 前 〜にふさわしくない

② The tree bent down *beneath* the weight of fruit.

（木は果実の重みでたわんだ）

③ It is *beneath your dignity* to behave like that.
（そんなふるまいをするのは君のこけんにかかわる）
※「(〜の) 下に」の意味では，below・under を使うのが普通。

□beside [bisáid] 前 〜のそばに

The woman standing *beside* the manager is his secretary.
（部長のそばに立っている女性は彼の秘書です）

慣用表現

□ beside the mark [point] ＝ 的外れだ

His opinion is *beside the point*.（彼の意見は的外れだ）

cf. His opinion is *to the point*.（彼の意見は要領を得ている）

□besides [bisáidz] ① 前 〜に加えて　② 副 その上

① *Besides* [× *Beside*] teaching English, he writes novels.
（彼は英語を教えるだけでなく小説も書く）

＝ ② He teaches English; *besides*, he writes novels.
（彼は英語を教え，その上小説も書く）

POINT beside（〜のそばに）と besides（〜に加えて）を混同しないよう注意。

□between [bitwíːn] 前 〜の間に［で］

(a) children *between* 3 *and* 6 （3歳から6歳の間の子どもたち）

(b) the difference *between* the two plans （2つの案の間の違い）

※ between の後ろには，〈A and B〉または〈複数形の名詞〉を置く。

(c) A new treaty was concluded *between* the three countries.
（3国（のうち2国同士）の間で新しい条約が結ばれた）

※ between は2つ，among は3つ以上の人や物に使う。ただし，3者以上のうち2者ずつの関係を言うときは between を使う。

|慣用表現|

- □ read between the lines = 言外の意味をくみ取る
- □ between ourselves [you and me] = ここだけの話だが
- □ in between (A) = (Aの) 間に [で]

　　sit *in between* (them) ((彼らの) 間に座る)

□ **beyond** [biánd] 前 ～を越えて，～の向こう側に

The church is *beyond* the bridge. (教会は橋を越えたところにある)

|慣用表現|

POINT　〈beyond＋（思考などの）領域を表す抽象名詞〉という形の慣用表現がある。

※このbeyondは，しばしばaboveやout ofで言い換えられる。

- □ beyond [above] A's comprehension = Aに理解できない

　　The lecture was *beyond my comprehension*.

　　（その講義は私の理解を超えていた [理解できなかった]）

　　※口語では The lecture was *beyond* me. とも言う。

- □ beyond [out of] A's control = Aの手に負えない

　　My son is *beyond my control*. (うちの息子は手に負えない)

- □ beyond A's expectation = Aの予想を超えて
- □ beyond belief = 信じられない
- ■ beyond description = 筆舌に尽くし難い

　　The beauty of the scene was *beyond description*.

　　＝The scene was *too beautiful for words*.

　　（その景色の美しさは筆舌に尽くし難かった）

- □ beyond (all) question = 疑いなく，確かに

　　【参考】out of questionは古めかしい言い方。

- □ beyond recognition = 見分けがつかない（ほど）

■ but [bʌ́t] 前 ～を除いて (except)

Everyone *but* me was tired. (私以外はみんな疲れていた)

【参考】save にも同様の意味がある (文語的表現)。

|慣用表現|

☐ **all but A** = Aも同然だ (almost)

This job is *all but* finished. (この仕事は終わったも同然だ)

■ **anything but A** = 決してAでない (far from)

This game is *anything but* exciting. (このゲームは全然面白くない)

■ **nothing but A** = A以外は何もない，Aにすぎない

I'm *nothing but* a part-timer. (私はアルバイトにすぎません)

■ **but for A** = もしAがなければ (without)

But for your help, I *couldn't have succeeded*.

(君の助けがなければ私は成功できなかっただろう)

POINT 仮定法とともに用いる。

■ despite [dispáit] 前 ～にもかかわらず (in spite of, with [for] all)

Despite [*In spite of*] their efforts, they failed.

(努力したにもかかわらず，彼らは失敗した)

POINT despite of とは言わない。

■ during [djúəriŋ] 前 ～の間に

(a) I enjoyed swimming *during my stay* in Hawaii.

= I enjoyed swimming *while* (*I was*) *staying* in Hawaii.

(私はハワイに滞在している間泳ぎを楽しんだ)

POINT during (前置詞) と while (接続詞) の使い分けに注意。

※ during の後ろには名詞句 (my stay＝私の滞在) を，while の後ろには 〈S＋V〉の形を置く。(→p.429)

(b) ○ I'd like to visit the British Museum *while staying* in London.
　　× I'd like to visit the British Museum *during staying* in London.
　　（ロンドン滞在中に大英博物館を訪ねたい）

POINT　〈during＋Ving〉という形はない。

□ except [iksépt] 前 ～を除いて（excluding, but）

(a) All the members *except* him were in favor of the plan.
　　（彼を除いてメンバー全員がその案に賛成した）
　　※ exceptは，主として every・any・no（およびその合成語）や all・eachなどの後に用いる。

(b) I don't go to school by bus *except* on rainy days.
　　（雨の日以外はバスでは学校に行きません）
　　※ except の後ろには副詞句も置ける。

|慣用表現|

□ **except for A** = Aを別にすれば，もしAがなければ
　This is a good report, *except for* a few mistakes.
　（2，3の間違いを別にすれば，これはよい報告書だ）
　※ except for は文全体を修飾する。

□ **except that S V** = …ということ以外は
　I know nothing *except that* she was hospitalized.
　（彼女が入院したということ以外は何も知らない）

□ forth [fɔːrθ] 副 前方へ

Stretch *forth* your arms. （腕を前に伸ばしなさい）

|慣用表現|

□ **back and forth** = 前後に

□ **～ and so forth** = ～など（and so on）

□ **put O forth*** = O〈案など〉を出す
　Who *put forth* the solution? （誰がその解決策を持ち出したのか）

☐ **forward** [fɔ́ːrwərd] 副 前方へ，先に（⇔ backward 副 後方へ）

He reached *forward* and switched on the desk lamp.
（彼は手を前に伸ばして電気スタンドをつけた）

|慣用表現|

■ **look forward to A [Ving]** = A［〜すること］を楽しみに待つ

☐ **put O forward*** = O〈案など〉を出す（put forth）

I *put forward* my plan to the meeting.（私は会議に案を出した）

■ **like** [láik] 前 〜のような，〜に似ている

(a) He looks *like* a foreigner.（彼は外国人のような顔つきをしている）

(b) That's just *like* you.（それはいかにも君らしい）

(c) Try to dance *like*［as］I do.（私がするように踊ってみなさい）

※ like は as（〜するように）の意味の接続詞としても使うことがある。

|慣用表現|

■ **like this [that]** = この［その］ように

☐ **Nothing is like A.** = Aに勝るものはない

Nothing is like cold beer in summer.（夏は冷たいビールに限る）

■ **What is A like?** = Aはどのようなもの［人］ですか

(a) *What is* your new teacher *like*?（新しい先生はどんな人ですか）

(b) Few people know *what it is like* to be in debt.

（借金がどういうものかを知っている人は少ない）

※ What is it like to be in debt? を間接疑問にしたもの（it は to be 以下を受ける形式主語）。テストではよく出る形。

☐ **near** [níər] ① 前 〜の近くに ② 形 近い，近くの

① I spent the holiday *near* the sea.（私は海の近くで休日を過ごした）

② Where is the *nearest* bank?（最寄の銀行はどこにありますか）

□ **per** [pɚ́ːr] ① 前 〜につき ② 前 〜によって，〜によれば

① Membership costs 1,000 yen *per* year.

（会費は1年につき千円です）

② *per* your instructions（ご指示のとおりに）

□ **since** [síns] 前 〜以来

(a) I haven't seen him *since* then.（それ以来彼には会っていない）

(b) I've had a fever *since* three days *ago*.（3日前から熱がある）

※ I've had a fever *for three days*. の方が普通の言い方。〈since 〜 ago〉の形は好まれない。

■ **through** [θrúː] ① 前/副 （〜を）通って，貫いて ② 前/副 〜中

③ 前 〜によって，〜のために《手段・原因》

① The Yodo River flows *through* Osaka.（淀川は大阪を貫流する）

② It rained all *through* the night.（一晩中雨が降った）

③ The accident happened *through* his carelessness.

（その事故は彼の不注意から起こった）

慣用表現

□ **be through with A** = Aを終えている

□ **get through with A** = Aを終える

I'm *through with* my work. = I've *done with* my work.

（仕事は終わりました）

I've got to *get through with* this report by tomorrow.

（私はこの報告書を明日までに仕上げねばならない）

□ **break through (A)** =（A〈困難など〉を）突破する，新発見をする

□ **come through A** = A〈危機など〉を切り抜ける

□ **pull through A** = A〈危機など〉を切り抜ける

We've *come through* many hardships.

（我々は多くの苦難を切り抜けてきた）

☐ **fall through** = 〈計画などが〉挫折する，失敗する

The plan *fell through*.（その計画は失敗に終わった）

☐ **get through (to A)** =（Aに）電話が通じる

☐ **put A through to B** = Aの電話をBにつなぐ

Would you *put* me *through to* the accounting section, please?

（会計課につないでいただけますか）

■ **go through A** = Aを経験する（experience），Aに目を通す

☐ **go through with A** = Aをやり通す

He is determined to *go through with* the undertaking.

（彼はその事業をやり通す決心をしている）

☐ **look O through*** = Oをよく調べる

☐ **read O through*** = Oを読み通す

☐ **throughout** [θruːáut] 前 〜の至る所に［で］

The news spread *throughout* the school.

（その知らせは学校中に広まった）

☐ **toward(s)** [təwɔ́ːrd(z)] ① 前 〜の方へ，〜に向かって ② 前 〜に対して［対する］ ③ 前 〜ごろ

① We walked *toward* the river.（私たちは川の方へ歩いた）

② What do you think of his attitude *toward* us?

（私たちに対する彼の態度をどう思いますか）

③ The fire broke out *toward* midnight.（その火事は深夜ごろ起きた）

■ **unlike** [ʌ̀nláik] ① 前 〜とは違って ② 前 〜らしくない

① ○ *Unlike in Tokyo*, it is warm even in winter *in* Okinawa.

　× *Unlike Tokyo*, it is warm even in winter in Okinawa.

（東京とは違って，沖縄は冬でも暖かい）

POINT unlike によって比較されるのは，対等の形を持つ要素。

② It is *unlike* you to make such a careless mistake.

（そんな不注意な間違いをするとは君らしくない）

cf. It is *like* you to say so.（そう言うとは君らしい）

■ **until** [ʌntíl] / □ **till** [tíl]　前　～まで

I'll wait for him *until* 6:30.（6時30分まで彼を待ちます）

cf. He will come *by* 6:30.（彼は6時30分までに来るでしょう）

POINT until（～まで）とby（～までに）を混同しないこと。

■ **within** [wiðín]　前　～以内に，～の範囲内に

(a) deliver a parcel *within* 24 hours（小包を24時間以内に配達する）

(b) You should live *within* your income.（収入の範囲内で暮らすべきだ）

(c) I live *within* a mile *of*［× *from*］the station.

（私は駅から1マイル以内の所に住んでいる）

POINT within A of B＝B〈場所〉からA〈距離〉の範囲内に

(d) 〇 I'll finish this task *by the end of* this week.

× I'll finish this task *within this week*.

（今週末までにこの仕事を終えるつもりです）

POINT within の後ろには「期間の長さ」を表す語句を置く。特定の時点を表す語句は置けない。

|慣用表現|

□ **within A's reach**［**the reach of A**］＝ Aの手の届く所に

⇔ □ **beyond**［**out of**］**A's reach**［**the reach of A**］＝ Aの手の届かない所に

Keep the box *out of the reach of* the children.

（その箱を子どもの手の届かない所に置いておきなさい）

□ **within hearing** ＝ 声の届く所に

■ **without** [wiðáut] ① 前 ～なしで ② 前 もし～がなければ

① I drink coffee ***without*** sugar.（コーヒーは砂糖を入れずに飲みます）

② ***Without*** [*But for*] your help, we *wouldn't have succeeded*.

（もし君の助けがなければ、私たちは成功しなかっただろう）

POINT 仮定法とともに使う。

慣用表現

■ **do without A** = A なしですます

I can't ***do without*** my mobile.（携帯電話なしではやっていけない）

書換 I can't ***dispense with*** my mobile.

My mobile ***is indispensable to*** me.

☐ **without a break** = 間断なく

☐ **without delay** = 遅滞なく

☐ **without (an) exception** = 例外なく

☐ **without fail** = 必ず

I'll come ***without fail*** [✗ *failure*].（必ず来ます）

☐ **without leave** = 無断で

☐ **without notice** = 予告なしに

☐ **It goes without saying that S V** = …ということは言うまでもない

It goes without saying that health is above wealth.

（健康が富に勝ることは言うまでもない）

書換 ***Needless to say***, health is above wealth.

練習問題（PART5）（正解はp.623）

空所に入る適切な語句を選びなさい。

☐ 1 After (　) the proposal, they decided to give it up.
　　① discuss ② discussed ③ discussing ④ discussion

☐ 2 The Internet has (　) about great changes in our lives.
　　① come ② brought ③ taken ④ caught

☐ 3 The manager regards her (　) an efficient clerk.
　　① for ② as ③ with ④ by

☐ 4 I have to submit the report (　) the end of this week.
　　① in ② within ③ by ④ until

☐ 5 Wait here. I'll be back (　) a few minutes.
　　① for ② by ③ after ④ in

☐ 6 The boss admired her (　) her punctuality.
　　① for ② by ③ in ④ to

☐ 7 The spring festival begins (　) March 3.
　　① in ② on ③ from ④ at

☐ 8 The instructor divided them (　) four groups.
　　① with ② by ③ for ④ into

☐ 9 He objected (　) the contract.
　　① them to renew ② renewing to them
　　③ to renew them ④ to their renewing

☐ 10 He sat on the floor with (　).
　　① crossed his legs ② his legs crossed
　　③ crossing his legs ④ his crossing legs

PART 6
接続詞の語法

(1) 接続詞の基本的用法

接続詞は，語・句・節を結びつける働きを持ち，次の2種類に大別できる。

等位接続詞	対等の関係にある語と語・節と節などを結ぶ。前から訳す。
従属接続詞	主節と従（属）節を結ぶ。後ろから訳す。

(a) I overslept, **so** I was late for school. 《so=等位接続詞》

（寝過ごした，だから学校に遅れた）

(b) I was late for school, **because** I overslept. 《because=従属接続詞》

（学校に遅れた，なぜなら寝過ごしたからだ）

(a)では so の前後が対等の重みを持っている。一方 (b) では，カンマの前が主節（情報の中心）であり，because 以下は補足説明になっている。

(2) 主な接続詞

(A) 等位接続詞

- **... and S V** = …，そしてSはVする
- **... but S V** = …，しかしSはVする
- **..., so S V** = …，だからSはVする
- **..., for S V** = …，というのはSはVするからだ

(B) 従属接続詞

● 名詞節を作るもの

- **that S V** = SがVするということ
- **whether [if] S V** = SがVするかどうか

● 副詞節を作るもの

時	**after S V** = SがVした後で
	before S V = SがVする前に
	when S V = SがVするとき
	as S V = SがVするとき［しながら］

時	till [until] S V	= SがVするまで
	since S V	= SがVして以来
	while S V	= SがVする間
	as soon as S V	= SがVするとすぐに
	by the time S V	= SがVするまでに
	once S V	= いったんSがVすれば
	every [each] time S V	= SがVするときはいつでも
理由	as [because/since] S V	= SがVするので
	now (that) S V	= 今やSがVするので
譲歩	though [although] S V	= SがVするけれども
	even if [though] S V	= たとえSがVしても
	while S V	= SがVする一方
条件	if S V	= もしSがVすれば
	unless S V	= もしSがVしなければ
	in case S V	= SがVする場合には，SがVするといけないので
	as long as S V	= SがVしさえすれば
様態	as S V	= SがVするように
	as if [though] S V	= まるでSがVするかのように

(3) 相関接続詞

> 例 (　) 内に適切な語を入れなさい。
> Neither my brother (　　) I like baseball.
> (兄も私も野球が好きではありません)

答 nor

離れた位置にある語句がまとまって1つの接続詞の意味を表すものを，相関接続詞と言う。この問いでは，neitherとnorがひとまとまりの意味を形成する。

相関等位接続詞	**both A and B** = AもBも両方
	either A or B = AかBのどちらか
	neither A nor B = AもBもどちらも〜ない
	not A but B = AでなくB
	not only A but (also) B = AだけでなくBも
相関従属接続詞	**so 〜 that S V** = たいへん〜なので…
	such 〜 that S V = たいへん〜なので…
	so that S can [will] V = SがVできる［する］ように
	in case [for fear] S (should) V = SがVするといけないので
	hardly [scarcely] 〜when [before] ... = 〜するとすぐに…

（4）接続詞と前置詞の識別

POINT 接続詞の後ろには〈S＋V〉の形を置く。前置詞の後ろには名詞（句）を置く。

（A）afterなど

例 2つの文の意味がほぼ同じになるよう，（　）内に適切な語を入れなさい。
(a) I'll join you after I finish this job.
(b) I'll join you after (　　　) this job.
（この仕事を終えた後で合流します）

答 finishing

　after, before, since, untilなどは，接続詞としても前置詞としても使う。(a)の after は接続詞で，後ろには〈S＋V〉の形（I finish）が置かれている。(b)では after を前置詞として使い，後ろには名詞句を置く。このとき，finish を finishing（動名詞）に変えれば，finishing this job が「この仕事を終えること」という意味の名詞句になる。

428

(B) whileとduring

> 例（　）内から正しい方を選びなさい。
> I'm going to visit the museum (while / during) my stay in New York.
> （ニューヨーク滞在中にその美術館を訪れる予定です）

答　during

POINT　while（接続詞）とduring（前置詞）の違いに注意。

　空所の後ろが my stay（私の滞在）という意味の名詞句なので，前置詞の during を選ぶ。while を使って次のように言い換えられる。

I'm going to visit the museum ***while I'm staying*** in New York.

(C) becauseとbecause ofなど

> 例　2つの文の意味がほぼ同じになるよう，（　）内に適切な語を入れなさい。
> (a) The game was put off because it rained heavily.
> (b) The game was put off because (　) (　) rain.
> （大雨が降ったので試合は延期された）

答　of, heavy

　接続詞で始まる節を，句前置詞（in front of のように2語以上で1つの前置詞の働きをするもの）を使って言い換えることがある。

　この問いでは，〈**because**（接続詞）＋S＋V〉を〈**because of**（句前置詞）＋名詞句〉で言い換える。it rained heavily（激しく雨が降った）が heavy rain（激しい雨）になる点に注意。

（5）接続詞と時制

> 例（　）内から正しい方を選びなさい。
> If it (rains / will rain) tomorrow, we will play indoors.
> （もし明日雨が降れば，私たちは室内で遊びます）

答　rains

POINT　時や条件を表す副詞節中では，未来の内容も現在形で表す。

上の文で will rain が誤りなのは，話し手が「雨が降るだろう」と考えているわけではない（あるいは，will を使わなくても未来の内容だとわかる）から。次のように覚えておくとよい。

接続詞	名詞節	副詞節
when	when* S will V （SはいつVするか）	when S V ［現在形］ （SがVするとき）
if	if S will V （SがVするかどうか）	if S V ［現在形］ （SがもしVすれば）
それ以外	必ず現在形を使い，willは使わない。	

＊の when は疑問副詞。

時や条件を表す接続詞のうちwhen・if以外のものは，（常に副詞節を作るので）will は使わない。**after/before/until/as soon as/by the time/unless/in case** などがこれに当たる。

○ Let's wait *until* he *comes*.
✕ Let's wait *until* he *will come*.（彼が来るまで待とう）

このバリエーションで，次の例にも注意。

○ I'll lend you this book when I *have finished* reading it.
✕ I'll lend you this book when I *will have finished* reading it.
（この本を読み終えてしまったら君に貸してあげよう）

POINT　when（SがVするとき）・after などの節中では，未来完了形の代わりに現在完了形を使う。

（6）主な接続詞の語法

□ after [ǽftər] SがVした後で（→p.406）

(a) An ambulance came *five minutes **after** I called the hospital.*
（私が病院に電話して5分後に救急車が来た）　※数字はafterの前に置く。

(b) *I'll go shopping **after I've** [× *I'll have*] **finished** studying.*
（勉強を終えたら買い物に行きます）

> **POINT**　afterの節中では，willは使えない。

■ and [ənd] ①〜と…，そして　②（〜しなさい）そうすれば

① (a) I bought some ***coffee, sugar, and milk***.
（私はコーヒーと砂糖とミルクを買った）
※3つ以上の要素を and で結ぶときは，最後の要素の前にだけ and を置く。

(b) He ***buys and sells*** used cars.（彼は中古車の売買をしている）

(c) Paper ***can and should*** be recycled.
（紙はリサイクルできるし，またそうすべきだ）

(d) The sun ***rises in the east and sets in the west***.
（太陽は東から昇り，西に沈む）

> **POINT**　and は文法的に対等な要素同士を結びつける。

② (a) *Hurry up, **and** you will catch the train.*
（急ぎなさい，そうすれば列車に間に合う）

(b) *Eight more months, **and** you'll have him home again.*
（もう8か月すれば，彼はあなたのもとへまた帰ってきます）

(c) *Five minutes earlier, **and** you could have caught the train.*
（あと5分早ければ，君は列車に間に合ったのに）
※命令文・名詞句・副詞句に続く and が，「そうすれば…」の意味を表す場合がある。

■ **as** [ǽz] ① SがVするとき［しながら，するにつれて］　② SがVするので
　③ SがVするように［とおりに］　④ …と同じくらい〜《as 〜 as ...》
　⑤ SがVするけれども

① (a) I did my homework **as** I watched TV.
　　　（私はテレビを見ながら宿題をした）
　(b) **As** night came on, the sky became darker.
　　　（夜になるにつれて，空はだんだん暗くなった）

② **As**［**Because**］I had a cold, I went to bed early.
　　（風邪をひいていたので私は早く寝た）

③ Do in Rome **as** the Romans do.
　　（［ローマではローマ人のするようにせよ→］郷に入れば郷に従え）

⑤ Rich **as**［**though**］he is, he isn't satisfied.
　= **Though** he is rich, he isn't satisfied.
　　（彼は金持ちだけれど，満足していない）
　※〈形/名＋as＋S＋V〉の形で，「〜だけれども」の意味を表す。
　【参考】文頭に名詞を置くときは無冠詞にする。（文語的な表現）
　　・Boy **as** he was, he was very brave.（彼は少年だったが，とても勇敢だった）

|慣用表現|

□ **as it is / as they are** = ありのままに，そのままに
　③ Leave it **as it is**.（それはそのままにしておきなさい）
　③ Try to see things **as they are**.
　　（物事はありのままに見るように努めなさい）

■ **as 〜 as ...** = …と同じくらい〜
　④ She sings **as** well **as** a professional singer (does).
　　（彼女はプロの歌手と同じくらい歌が上手だ）

■ **not as**［**so**］**〜 as ...** = …ほど〜ではない
　④ This manual is **not as** easy to understand **as** you think it is.
　　（このマニュアルはあなたが思うほど理解しやすくない）

■ **as far as S V** = SがVする限り

There was nothing but sand *as far as* the eye could see.

（見渡す限り砂ばかりだった）

■ **as far as S is concerned** = Sに関する限り

As far as their service *is concerned*, I have no complaints.

（彼らのサービスに関する限り，私には不満はありません）

□ **as far as I know** = 私の知る限り

As far as I know, the teacher is unmarried.

（私の知る限り，その先生は未婚です）

□ **as you know** = ご存知のとおり

As you know, our boss is a dictator.

（君も知ってのとおり，うちの社長はワンマンだ）

cf. **you know** = だからね，ほら《会話に挿入される表現》

■ **as long as S V** = ① SがVする限り《期間》 ② SがVしさえすれば《条件》

① I'll never forget your kindness *as long as* I live.

（私は生きている限り［一生］あなたのご親切を忘れません）

② Any newspaper will do, *as long as* it is in English.

（英字紙であれば，どんな新聞でもかまいません）

■ **as soon as S V** = SがVするとすぐに

As soon as I left home, it began to rain.

（家を出るとすぐに雨が降り始めた）

書換 *The moment* I left home, it began to rain.

No sooner had I left home *than* it began to rain.

Scarcely [*Hardly*] had I left home *when* [*before*] it began to rain. （→p.282）

■ because [bikɔ́ːz] SがVするので

He didn't attend the meeting ***because*** he was very busy.
（彼はとても忙しかったので会議に出席しなかった）

慣用表現

■ **because of A** = Aのために，Aのせいで

They put off the game ***because of*** rain.
= They put off the game ***because*** it rained.
（雨のために彼らは試合を延期した）

□ **not ～ (just) because S V** =（単に）SがVするからといって～というわけではない

Do***n't*** bully Tom ***just because*** you don't like him.
（単にきらいだからといって，トムをいじめてはいけない）

■ before [bifɔ́ːr] SがVする前に（→p.412）

(a) The train (had) left *just a minute **before*** we arrived.
（列車は私たちが到着するちょうど1分前に出ていた）
　　※数字は before の前に置く。

(b) The train *will have left **before*** we *arrive* [✕ <u>will arrive</u>].
（列車は私たちが到着する前に出てしまっているだろう）

POINT　before の節中では，will は使えない。

慣用表現

■ **It won't [will not] be long before S V** [現在形] = まもなく［すぐに］SはVするだろう

It won't be long before spring comes.（もうすぐ春が来るだろう）

□ **before S know(s) it** = いつの間にか，あっという間に

It had become dark ***before I knew it***.（いつの間にか暗くなっていた）

□ but [bʌ́t] しかし

I was tired, ***but*** I continued to work. （私は疲れていたが，働き続けた）

書換 ***Though*** I was tired, I continued to work.

慣用表現

■ not A but B = B, not A = AでなくB

(a) My name is ***not*** Mari ***but*** Maki. （私の名前はマリではなくマキです）

(b) I bought the book ***not*** because I wanted to read it ***but*** because the teacher told me to. （私がその本を買ったのは，読みたかったからではなく，先生に買えと言われたからです）

■ not only A but (also) B = AだけでなくBも

He can speak ***not only*** English ***but*** (***also***) French.

（彼は英語だけでなくフランス語も話せる）

※ only の代わりに ***merely***・***just*** を使うこともある。

書換 He can speak French ***as well as*** English.

□ by the time SがVするまでに

I'll finish this ***by the time*** you ***come*** [× ***will come***] back.

（君が帰ってくるまでにこれを終えておくよ）

POINT by the time の節中では，will は使えない。

慣用表現 time を含む接続詞

□ each time S V = SがVするたびに

■ every time S V = SがVするときはいつでも （whenever）

I remember my school days ***every time*** I see this picture.

（この絵を見るといつも学生時代を思い出す）

□ last time S V = Sが最後にVしたとき

□ next time S V = SがこのにVするとき

I'll take my camera ***next time*** I go there.

（今度そこへ行くときはカメラを持っていきます）

□ **for** [fɔːr] というのはSがVするから

(a) I cooked supper, ***for*** [*since*] my mother was sick.

（私は夕食を作った，というのは母が病気だったからだ）

cf. ***Since*** [× *For*] my mother was sick, I cooked supper.

（母が病気だったので，私が夕食を作った）

POINT for（というのは〜だから）は，カンマの後ろで用いる。

(b) It's already autumn, ***for*** the leaves of the trees are turning yellow.

（もう秋だね，木の葉が黄色くなってきたから）

※ because が因果関係を表すのに対して，for はこの例のように主観的な（判断の）理由を示すのに使われる。また，この意味の for は文語的な言い方であり，口語では「〜だから」の意味は普通 because で表す。

■ **if** [if] ※Vの後ろに注記がないものは原形。

If S_1 ＋ V_1 [現在形] , S_2 **will** V_2.	① もしS_1がV_1すれば，S_2はV_2するだろう《直説法》
If S_1 ＋ V_1 [過去形] , S_2 **would** V_2.	② もしS_1が（今）V_1すれば，S_2はV_2するだろうに《仮定法過去》
If S_1 ＋ **had** ＋ V_{1pp}, S_2 **would** ＋ **have** ＋ V_{2pp}.	③ もしS_1が（あのとき）V_1したなら，S_2はV_2しただろうに《仮定法過去完了》
If S_1 ＋ **should** ＋ V_1, S_2 **will** [**would**] ＋ V_2.	④ 万一S_1がV_1すれば，S_2はV_2するだろう《仮定法未来》
If S_1 ＋ **were to** ＋ V_1, S_2 **would** ＋ V_2.	⑤ S_1がV_1するようなことがあれば，S_2はV_2するだろう《仮定法未来》
動 （＋O）＋ if S ＋ V	⑥ SがVするかどうかを（Oに）〜する《名詞節を作る》

※ would の代わりに **could**・**might**・**should** を使う場合もある。

① *If* it *rains* [× *will rain*] tomorrow, we *won't go* for a drive.
　（もし明日雨が降れば，私たちはドライブには行きません）

　POINT　if（もし～ならば）の節中では，will は使えない。

　※ ただし，if you will ... という形もある。（→p.527）

② *If* I *were* younger, I *might propose* to you.
　（私がもっと若ければ，君にプロポーズするかもしれない）

　※ 仮定法過去のbe動詞は，主語の人称・数にかかわらず **were** を使うことが多い。

③ *If* I *had known* the news, I *would have called* him.
　（その知らせを知っていたら，彼に電話したのに）

④ *If* I *should* fail, I *will* [*would*] try again.
　（万一失敗したら，もう一度やってみます）

　※ if 節中の should は，「万一（～なら）」の意味を表す。

⑤ *If* we *were to* live on the moon, we *could enjoy* viewing the earth.
　（もし仮に我々が月に住むとしたら，地球を眺められるのだが）

　※ if 節中の were to は，ほとんど実現の可能性がない仮定を表す。

⑥ (a) I asked him *if* he was busy.
　　　　=I asked him *whether* he was busy (*or not*).
　　　　（私は彼に忙しいかどうかを尋ねた）

　(b) Your success depends on *whether* [× *if*] you try your best.
　　　（君の成功は，全力を尽くすかどうかにかかっている）

　　　※ if（～かどうか）は，文の最初や前置詞の後ろには置けない。

|慣用表現|

■ as if [though] S V ＝ まるでSがVするかのように

　(a) He speaks English *as if* he *were* [*is*] an American.
　　　（彼はまるでアメリカ人であるかのように英語を話す）

　　　※ as if の節中では仮定法を使うが，直説法を使うこともある。

(b) He ***spoke*** English ***as if*** he ***were*** [× *had been*] an American.

（彼はまるでアメリカ人であるかのように英語を話した）

POINT as if に続く節中の動詞は時制の一致を受けない。

※ as if he were an American（仮定法過去）は，spoke と同じ時点で「まるでアメリカ人であるかのように（話した）」の意味を表す。had been だと「かつてアメリカ人であったかのように」という不自然な意味になるので誤り。

■ **even if S V** ＝ たとえSがVしても（even though）

I'll finish my homework, ***even if*** it takes me all night.

（たとえ一晩かかっても，私は宿題を終わらせます）

■ **if it were not for A** ＝ もし（今）Aがなければ

If it were not for air, all living things would die.

（もし空気がなければ，すべての生物は死んでしまうだろう）

書換 ***Without*** [***But for***] air, all living things would die.

■ **if it had not been for A** ＝ もし（あのとき）Aがなかったら

If it had not been for your help, I would have failed.

（もし君の助けがなかったら，私は失敗していただろう）

書換 ***Without*** [***But for***] your help, I would have failed.

□ **if not 〜** ＝ 〜ではないにせよ

Your answer is, ***if not*** perfect, fairly good.

（君の答えは，完全ではないにせよ，かなりよい）

□ **if only S V** ＝ SがVすればよいのに（I wish）

If only it were true! = *I wish* it were true.

（それが本当だったらなあ）

※仮定法とともに用いる。Would that ...! という言い方もある。

cf. He will succeed ***if only*** he does his best.

（全力を尽くしさえすれば彼は成功するだろう）

□ in case [kéis] SがVするといけないので

Take your umbrella *in case* it *rains* [× *will rain*].

(雨が降るといけないので，傘を持っていきなさい)

POINT in caseの節中では，will は使えない。

□ now (that) [náu] 今やSはVなので

Now (*that*) you are 17, you should think about your future.

(もう君も17歳なのだから，自分の将来について考えるべきだ)

□ once [wʌ́ns] いったんSがVすれば

Once you learn the rules, you'll find this game exciting.

(いったんルールを覚えれば，このゲームが面白いとわかります)

■ or [ɔ́ːr] ①〜または…，あるいは ②すなわち ③（〜しなさい）さもないと

① (a) Choose *A, B, or C*.（A，B，Cのどれかを選びなさい）

※3つ以上の要素をorで結ぶときは，最後の要素の前にだけorを置く。

(b) Which do you like better, *baseball or soccer*?

(野球とサッカーのどちらが好きですか)

② She obtained a *Ph.D., or Doctor of Philosophy*.

(彼女はPh.D.，つまり博士号を取った)

※ A or B が「A すなわち B」の意味（同格関係）を表す例。

③ *Hurry up, or* you will be late.（急ぎなさい，そうしないと遅れますよ）

書換 *Unless* you hurry up, you will be late.

慣用表現

□ **believe it or not** = 信じようと信じまいと

Believe it or not, it's true. (信じようと信じまいと，それは本当だ)

□ **〜 or so** = 〜かそこら

You can't master English in *a year or so*.

(1年やそこらで英語を習得することはできない)

■ **since** [síns] ① SがVして以来 ② SがVするので (because) (→p.419)

① I haven't seen him ***since*** we graduated from high school.

(高校を卒業して以来, 彼には会っていない)

② ***Since*** I'm very busy, I sometimes skip lunch.

(私はとても忙しいので, 時々昼食を抜く)

慣用表現

■ It is <期間> since S V = SがVして以来〜<期間>になる

It is [*has been*] *ten years **since*** my father died.

(父が死んでから10年になります)

書換 *Ten years **have passed since*** my father died.

□ **so** [sóu] だから

I overslept, ***so*** I was late for work. (寝過ごしたので, 仕事に遅れた)

慣用表現

■ so＋形/副＋that S V = 非常に〜なのでSはVする 《結果》

I was *so tired that* I went to bed early last night.

(私はとても疲れていたので, 昨晩は早く寝た)

■ ..., so that S V = …, だからSはVする 《結果》

I was tired last night, *so* (*that*) I went to bed early.

(私は昨晩は疲れていた。だから早く寝た)

■ so that S can [will] V = SがVできる[する]ように 《目的》

I gave him my address *so* (*that*) he ***could*** contact me.

(私と連絡がとれるように, 私は彼に住所を渡した)

　　※ that は省略できる (口語的)。so を省略することもある (文語的)。

　【参考】so that の代わりに in order that とも言う (硬い表現)。助動詞は can・will が普通で, may を使うのは堅苦しい言い方。

■ **so that S will not V** = SがVしないように《目的》

He worked hard *so that* he **would**［*might*］ not be fired.

（彼はくびにならないよう熱心に働いた）

書換 He worked hard *in order not to* be fired.

He worked hard *so as not to* be fired.

He worked hard *for fear*（*that*）he would［should］ be fired.

He worked hard *in case* he should be fired.

× He worked hard <u>not to</u> be fired.

☐ **than** ［ðǽn］ SがVするよりも《比較級とともに用いる》

(a) My brother is *taller than* I (am). （兄はぼくより背が高い）

※... than meとすることも多い。

(b) It is *warmer* today *than*（it was）yesterday.（今日はきのうよりも暖かい）

(c) He is *more wise*［× <u>wiser</u>］*than* clever.（彼は利口というよりも賢明だ）

※ 形容詞同士を比較するときは，1音節の語でも（-erをつけずに）前にmoreを置く。

☐ **though** ［ðóu］ / ☐ **although** ［ɔːlðóu］ SはVするけれども

Though［*Although*］he was ill, he went to work.

（病気だったけれど，彼は仕事に行った）

書換 *In spite of* his illness, he went to work.

（病気にもかかわらず，彼は仕事に行った）

慣用表現

☐ **even though S V** = ① たとえSがVしても (even if)　② SはVするけれども

① You must do your homework *even though*［*if*］ you are tired.

（たとえ疲れていても，君は宿題をしなければならない）

② I did my homework *even though* I was tired.

（疲れていたけれど，私は宿題をした）

■ **unless** [ənlés] もしSがVしなければ

(a) I won't attend the party _**unless you come**_.

（君が来ないなら私はパーティーに出席しない）

※下線部は条件を表す副詞節なので，現在形で未来の内容を表す。

書換 I won't attend the party **_if_ you do_n't_ come**.

(b) ○ She'll be sorry **_if_ you _don't_ come**.

× She'll be sorry **_unless_ you come**.

（君が来ないなら彼女は残念に思うだろう）

POINT unless は，主節に対する「唯一の条件」を表す。

(a)の下線部は「私がパーティーに出席しない」ことの唯一の条件だが，(b)では「彼女が残念に思う」条件は下線部以外にもたくさんある。(b)のような場合は unless は使えない。

■ **until** [əntíl] / □ **till** [til] SがVするまで（→p.421）

I'll wait **_until_ she _comes_** [× _will come_].

（彼女が来るまで待ちます）

POINT until・till の節中では will は使えない。

慣用表現

■ It is not until [till] ～ that S V ＝ ～して初めてSがVする

**It was not until** we came here _**that**_ we heard the news.

（私たちはここに来て初めてその知らせを聞いた）

【参考】We did not hear the news until [till] we came here.（私たちはここに来るまでその知らせを聞かなかった）の下線部を強調構文で強調した形（notが前に出る）。

■ **that** [ðət]

that S V	①SがVするということ《名詞節を作る》
名＋that S V	②SがVするという～《同格節を作る》
形＋that S V	③SがVするとは～だ《感情の原因を表す副詞節を作る》
It is ～ that ...	④…のは～だ《強調構文を作る》

① (a) *That* he will be elected captain is certain.《下線部＝S》

  = *It is* certain *that* he will be elected captain.

  （彼が主将に選ばれるのは確実だ）（→p.482）

(b) I think (*that*) this song will become popular.《下線部＝O》

  （この曲はヒットすると思う）

(c) The problem is *that* we are short of money.《下線部＝C》

  （問題は，我々にはお金が足りないということだ）

② *The rumor that* he got divorced proved to be false.

 （彼が離婚したといううわさは間違いだとわかった）（→p.302）

③ He must be *mad that* he should buy the land.

 （その土地を買うとは彼は気が違ったにちがいない）

④ *It was* a policeman *that* he spoke to.

 （彼が話しかけたのは警官だった）（→p.483）

|慣用表現|

☐ in that S V ＝ SがVするという点で

 Man differs from animals *in that* he can use fire.

 （人間は火を使うという点で動物とは異なる）

☐ the way [wéi] SがVするように［とおりに］

Try to dance *the way* I do. ＝ Try to dance *as* I do.

（私が踊るように踊ってみなさい）《the way＝接続詞》

cf. I don't like *the way* he speaks. ＝ I don't like *how* he speaks.

（私は彼の話し方が好きではない）《the way＝関係副詞》（→p.457）

POINT the way は，as または how で言い換えられる。

■ **when** [hwén] ① SがVするとき　② SはVであるのに（though）

① (a) I'll call you **when** I *get* [× *will get*] to the station.

（駅に着いたら［着いたとき］君に電話するよ）

POINT　when（SがVするとき）の後ろでは will は使えない。

(b) Keep your seat belt fastened **when** (you are) *driving*.

（運転中はシートベルトを締めておきなさい）

※ when の後ろの〈S＋be動詞〉が省略されて，〈when ＋ Ving〉（〜しているときに）という形になることがある。

② He gave up trying, **when** he might have succeeded.

（成功したかもしれないのに，彼はあきらめてしまった）

□ **where** [hwéər] SがVする所で［へ］（→p.461）

Put the book back **where** you found it.

（その本は元々あった所に戻しなさい）

※この where は接続詞なので，前に to をつけてはならない。

【参考】where の前にtoをつけて，where を「先行詞が省略された関係副詞」と解釈することは文法的には可能だが，普通は to where とはしない。

□ **whereas** [hwèəræz] SがVするのに対して（while）

Whereas I like baseball, my brother likes soccer.

（ぼくが野球を好きなのに対して，弟はサッカーが好きだ）

■ whether [hwéðər]

whether S V (or not)	① (a) SがVするかどうか（if）《名詞節》 　 (b) SがVしようとすまいと《副詞節》
whether A or B	② (a) AかBのどちらか《名詞節》 　 (b) AであろうとBであろうと《副詞節》

① (a) I wonder **whether** [**if**] he will agree with me (**or not**).

　　（彼が私に同意するかしらと思う）

　　　※ or not は省略可。if を使うときは or not をつけないことが多い。

　(b) **Whether** he agrees **or not**, I will carry out the plan.

　　（彼が同意しようがすまいが、私はその計画を実行する）

② (a) I asked him **whether** he would go by train **or** by bus.

　　（私は彼に電車で行くかバスで行くかを尋ねた）

　(b) It makes little difference **whether** you go by train **or** by bus.

　　（電車で行ってもバスで行ってもほとんど変わりません）

■ while [hwáil] ① SがVする間　② SがVするのに対して

① (a) **While** my mother was clearing the table, I washed the dishes.

　　（母が食卓の片付けをしている間、私はお皿を洗った）

　(b) Mike broke his leg **while** (he was) **playing** soccer.

　　（マイクはサッカーをしていて足を骨折した）

　　　※ while の後ろの〈S＋be動詞〉が省略されて、〈while ＋ Ving 〉（〜している間に）という形になることがある。

② **While** I like classical music, my wife likes jazz.

　＝ I like classical music, **while** my wife likes jazz.

　　（私はクラシックが好きだが、（一方）妻はジャズが好きだ）

練習問題（PART6）（正解はp.624）

[A] 空所に入る適切な語句を選びなさい。

☐ 1 I visited several museums (　) staying in New York.
　　① during ② while ③ even ④ by the time

☐ 2 The bridge will link the two islands when it (　) completed.
　　① is ② was ③ will be ④ is being

☐ 3 I made a list (　) I wouldn't forget all the things to do.
　　① which ② why ③ what ④ so that

☐ 4 Don't touch anything on the desk. Leave it (　) it is.
　　① as ② how ③ so ④ what

☐ 5 If I had left a little earlier, I (　) the train.
　　① had caught ② will have caught
　　③ would catch ④ would have caught

[B] 空所に適切な語を入れなさい。

☐ 1 It won't be long (　) spring comes.
　　（もうすぐ春が来るだろう）

☐ 2 It makes no difference (　) he helps me or not.
　　（彼が手伝ってくれてもくれなくても同じことだ）

☐ 3 It was not (　) the party was over that he showed up.
　　（パーティーが終わってからようやく彼は現れた）

☐ 4 Not Ken (　) his brother came to meet me.
　　（ケンではなく弟が私を迎えに来た）

☐ 5 The trouble (　) (　) we've run out of gas.
　　（困ったことにガス欠だ）

PART 7
疑問詞・関係詞の語法

基本語の多くは，複数の品詞を持つ。接続詞・疑問詞・関係詞の関係をまとめると，次のようになる。

語	接続詞	疑問詞			関係詞		
		疑問代名詞	疑問形容詞	疑問副詞	関係代名詞	関係形容詞	関係副詞
as than that	○	―	―	―	○	―	―
when where	○	―	―	○	―	―	○
who whom	―	○	―	―	○	―	―
whose	―	○	○	―	○	―	―
what which	―	○	○	―	○	○	―
how why	―	―	―	○	―	―	○

【参考】that は関係副詞の代用として使われる場合もある。

（1）疑問詞の種類

疑問詞には，次の3種類がある。

疑問代名詞	who（誰が）/ whom（誰を［に］）/ whose（誰のもの）/ which（どれ［どちら］が［を］）/ what（何が［を］）
疑問形容詞	whose（誰の）/ which（どの［どちらの］）/ what（どんな）
疑問副詞	when（いつ）/ where（どこで［へ］）/ why（なぜ）/ how（どのように）

(2) 疑問詞の基本的用法

> [例] 英文の誤りを訂正しなさい。
> "Who cleaned the room?" "It's me."
> (「誰が部屋を掃除したの？」「私よ」)

[答] It's me. → I did.

　Who は主語の働きをしており，返答の文は I <u>cleaned the room</u>. という内容なので，下線部を did（代動詞）で言い換えた形が正しい。3つの種類の疑問詞の使い方の違いに注意。

● 疑問代名詞の用法

S（主語） として働く	***Who*** invented the telephone? （誰が電話を発明したのですか）
O（目的語） として働く	***Whom*** [***Who***] do you want to see? ※ （あなたは誰に会いたいのですか）
C（補語） として働く	***Whose*** is this dictionary? （この辞書は誰のですか）

※文法的には see の目的語だから whom が正しいが，口語では who が普通。

● 疑問形容詞の用法

後ろの名詞とともに， S・O・Cとして働く	***What*** *languages* are spoken in Switzerland? （スイスでは何語が話されていますか） ***Which*** *color* do you like best? （あなたはどの色が一番好きですか）

● 疑問副詞の用法

副詞として 働く	***When*** was the writer born? （その作家はいつ生まれましたか） ***Why*** have you given up smoking? （あなたはなぜ禁煙したのですか）

（3）How＋形容詞［副詞］

> 例（　）内から正しい語を選びなさい。
> "How (much / far / long) did you study?"　"For five hours."

答 long

「5時間です」という返答を引き出す問いは，「どのくらいの（長さの）時間勉強しましたか」となるので，how longを使う。howと形容詞・副詞を結びつけて，さまざまな意味の疑問文を作ることができる。

- ***How far*** is it from your house to the park?
  （君の家から公園までどのくらい離れていますか）
- ***How many*** times a month do you write home?
  （君は月に何回家に手紙を書きますか）
- "***How soon*** will the bus come?"　"In five minutes."
  （「バスはあとどのくらいで来ますか」「5分で来ます」）
- "***How often*** does the bus run?"　"Every five minutes."
  （「バスはどのくらいの間隔で走っていますか」「5分おきです」）

（4）疑問代名詞と疑問副詞の識別

> 例（　）内から正しい語を選びなさい。
> (What / Where) is the capital of Japan?
> （日本の首都はどこですか）

答 What

この問いに対する答えは，It's Tokyo. となる。この Tokyo は名詞だから，疑問代名詞（what）で尋ねるのが正しい。

- ***What*** is the price of this watch? = ***How much*** is this watch?
  （この時計の値段はいくらですか）

POINT 尺度を表す抽象名詞を使った疑問文 ＝ What is the＋名＋of A?

※ **length**（長さ）・**width**（幅）・**weight**（重さ）・**height**（高さ）・**price**（値段）・**population**（人口）などが，この形をとる。

（5）疑問詞＋do you think ...?

> 例（　）内の語を正しい語順に並べなさい。
> （broke / think / who / you / do）the window?
> （誰が窓ガラスを割ったと思いますか）

答 Who do you think broke

　この問いに対する返答は，たとえば I think Tom did. のようになる。つまり，質問の中心は「誰が窓ガラスを割ったのか」という点にある。そこで，最も尋ねたい情報である who を文の最初に置いて表現する。次の文との違いに注意。

・"***Do you know who*** broke the window?"　"Yes, I do."

　（「誰が窓ガラスを割ったか知っていますか」「ええ，知っています」）

　この文の場合は，質問の中心は「（相手が）知っているかどうか」という点にある。

　なお，次のプロセスを理解しておくこと。

　（a）Who is he?（彼は誰ですか）

　　→（b）Do you know who he is?（彼が誰だか知っていますか）

　疑問文は多くの場合，（(a)の is he のように）〈V＋S〉の語順になる。(a)の疑問文が（b）のように「より大きな文の一部」になるとき，〈S＋V〉の語順に戻る（これを「間接疑問」と言う）。

　（a）Who is he?（彼は誰ですか）

　　→（c）✕ Do you think who he is?

　　　→ ○ ***Who*** *do you think he is*?（彼は誰だと思いますか）

(c) の質問の中心は「彼は誰か」という点にあるので，who が文頭に移動した結果，下の正しい文ができる。

POINT **do you think は疑問詞の後ろに置く。**

【参考】「疑問詞の後ろに do you think が（後から）挿入された」と考えないように。その理屈だと，(c) で Who do you think is he? という誤った文を作ることになる。

(6) 疑問詞＋to V

例（　）内に適切な語を入れなさい。
Could you tell me （　　）（　　）get to the ballpark?
（野球場への行き方を教えていただけますか）

答　how, to

POINT 〈疑問詞＋to V〉は「～すべき（か）」の意味を含む。

- **how ＋ to V** = どのように～すべきか，～のしかた
- **what (A) ＋ to V** = 何［どのA］を～すべきか
- **which (A) ＋ to V** = どれ［どちら］（のA）を～すべきか
- **who (m) ＋ to V** = 誰が［を］～すべきか
- **where ＋ to V** = どこへ［で］～すべきか
- **when ＋ to V** = いつ～すべきか

(7) 関係詞の基本的な用法

例　次の2つの文を，関係代名詞を使って1つの文にしなさい。
The DVD was exciting. I saw it yesterday.

答　The DVD (that [which]) I saw yesterday was exciting.

「そのDVDは面白かった。私はそれをきのう見た」という2つの文を，関係代名詞を使って結びつけると，「私がきのう見たDVDは面白かった」という文ができる。このように関係詞は，**名詞の後ろに長い修飾語句（関係詞節）を付け**

加える働きをする。

- **The book** [*which* I read yesterday] was interesting.

  （私がきのう読んだ本は面白かった）

このとき，[ ]内の関係詞節で修飾される名詞（the book）を「**先行詞**」と呼ぶ。

関係詞には，次の3つの種類がある。

関係代名詞	who / whose / whom / which / that / what / as / than
関係形容詞	what / which
関係副詞	when / where / why / how

【参考】学習参考書の中には「関係代名詞の but」を載せているものもあるが，今日の英語にはそのような用法はない。

たとえば関係代名詞は，関係詞節中で代名詞の働きをする。

- I have a sister [*who* works at a bank]．（私には銀行で働く姉がいます）

この文では，She works at a bank. の she（代名詞）を who に置き換えて考えればよい。

- Nagoya is the city [*where* I lived ten years ago]．

  （名古屋は私が10年前に住んでいた都市です）

この文は，I lived in the city ten years ago. の下線部（副詞句）を where（関係副詞）に置き換えて考える。

関係代名詞と先行詞の文法上の関係は，次のようになる。

	主格	所有格	目的格
先行詞が人	who / that	whose	whom / that
先行詞が物	which / that	whose	which / that

ただし，日常会話で使われる関係代名詞の実態は，ほぼ次の表に近い。

	主格	所有格	目的格
先行詞が人	主に who	あまり使わない	省略されることが多い
先行詞が物	主に that		

- △ Look at that house *whose roof is red*.
- ○ Look at that house *with a red roof*.

  （赤い屋根のあの家を見なさい）

  ※「物＋whose」の形は特に避けられる傾向がある。

- I lost the book (***which***) *he lent me*.

  （彼が貸してくれた本をなくしてしまった）

  POINT 目的格の関係代名詞は省略できる。

関係副詞と先行詞の関係は，次のとおり。

	時	場所	the reason	（なし）
関係副詞	when	where	why	how

※ how は the way で言い換えられるが，the way how とは言わない。

(8) 関係詞の制限用法と非制限用法

関係詞には，次の２つの用法がある。

制限用法 ［限定用法］	関係詞節が後ろから先行詞を修飾し，限定する用法
非制限用法 ［継続用法］	関係詞節が先行詞を補足的に説明する用法

(a) I have two daughters [***who*** *are unmarried*].

　（私には未婚の娘が２人いる）《娘が他にもいるという含みがある》

(b) I have two daughters, ***who*** [= ***and they***] *are unmarried*.

　（私には娘が２人おり，２人とも未婚だ）《娘は２人しかいない》

　(a) は who 以下が先行詞の内容を限定しており，「娘のうちで未婚の者」と

いう意味になる。一方 (b) は I have two daughters までで意味が確定し，who 以下は補足説明になっている。

2つの用法の違いをまとめると，次のようになる。

	制限用法	非制限用法
カンマ (,) の有無	普通はつけない。	普通，直前にカンマをつける。
訳し方	後ろから訳す。	前から訳す。
その用法を持つ主な関係詞	who (m)・whose・which・that・where・when・why	who (m)・whose・which・where・when
省略の可否	目的格は省略可	すべて省略不可

・We went to Canada, **where** [= **and there**] we stayed for two weeks.
（私たちはカナダへ行き，そこに2週間滞在した）

POINT 非制限用法の関係詞は，しばしば「接続詞＋代名詞［副詞］」で言い換えることができる。

(9) 関係代名詞と関係副詞の識別

例（　）内から正しい方を選びなさい。
I visited Paris, (which / where) is the capital of France.
（私はフランスの首都であるパリを訪れた）

答 which

関係代名詞は，節中で代名詞（SまたはO）の働きをする。一方，関係副詞は節中で副詞（修飾語）の働きをする。この文の場合，空所に入る語は is の主語の働きをすることになるので，関係代名詞の which が正しい。It is the capital of France. の it を which に置き換えて考えればよい。次の例も参照。

(a) This is the room *which* was used for the meeting.
（ここが会議に使われた部屋です）

（b）This is the room *where* the meeting was held.

（ここが会議が行われた部屋です）

（a）の which（主格の関係代名詞）は it［the room］に，（b）の where（関係副詞）は there［in the room］に置き換えて考えることができる。

(10) 主な疑問詞・関係詞の語法

以下，疑問詞と関係詞の用法をまとめて示す。接続詞としての用法はp.431以下を参照。なお，黒い下線は関係詞の先行詞を示す。

□ **as** [ǽz]

..., as (S) V	関代① …，それは〜なのだが《前の内容を受ける》
such など ＋ 名 ＋ as (S) V	関代② 《as・so・such・the same のついた先行詞に続く》

① He was from Kyushu, *as* I knew from his accent.

= *As* I knew from his accent, he was from Kyushu.

（彼は九州出身だった。それは彼のなまりからわかったのだが）

※ as は前の内容を受ける。as 以下を主節の前に置くこともできる（which にはその用法はない）。

② This book is written in *such* easy English *as* beginners can understand.

（この本は初心者にもわかるような易しい英語で書かれている）

※ as は目的格の関係代名詞。ただし，下の形の方が普通の言い方。

cf. This book is written in *such* easy English *that* beginners can understand it.

（この本はとても易しい英語で書かれているので，初心者にも理解できる）

※この that は接続詞。beginners 以下が完成した文の形になっている点に注意。

|慣用表現|

□ as is usual with A = Aには普通のことだが

☐ **as is often the case with A** = Aにはよくあることだが

As is usual with students, he spends all the money he has.

= He spends all the money he has, *as is usual with* students.

（彼は持ち金をすべて使ってしまう。学生にはよくあることなのだが）

■ how [hául]

How is [are] S?	疑副 ① Sはどのような具合ですか《状態》
How ＋ V S?	疑副 ② SはどのようにしてVしますか《方法》
How ＋ 形/副 ＋ V S?	疑副 ③ Sはどのくらい〜にVしますか《程度》
How ＋ 形/副 ＋ S V!	疑副 ④ Sは何と〜だろうか《感嘆文》
This [That] is how S V.	関副 ⑤ この［その］ようにしてSはVする

① (a) *How* was your trip to Hawaii?（ハワイ旅行はどうでしたか）

(b) *How* are you getting along with your new friends?

（新しい友だちとはうまくやっているの？）

② (a) *How* did you get the ticket?（どうやってチケットを手に入れたの？）

(b) "*How* would you like your tea?" — "With milk, please."

（「紅茶はどうやって飲みたい？」「ミルクを入れてよ」）

③ (a) *How* much is this?（これはいくらですか）

(b) *How* many hours did you study?（何時間勉強したの？）

④ *How* cute (this cat is)!（（このネコは）何てかわいいんでしょう）

※〈S＋V〉が省略されることも多い。

⑤ *This is how* [*the way*] we came to know each other.

（このようにして私たちはお互いに知り合いになった）

※ 関係副詞の how は，ほとんどこの形でしか使わない。

|慣用表現|

■ **How** [疑] **do you like A?** = Aは気に入りましたか

How [× *What*] *do you like* this town?（この町は気に入りましたか）

☐ **How** [疑] **about A?** = Aはいかがですか

■ How [疑] about Ving? = 〜するのはいかがですか

How about going [× *to go*] out for a walk?（散歩に出かけない？）

□ than [ðǽn] 関代 〜よりも

比較級＋ 名 ＋than (S) V	関代 (Sが) Vするよりも…な〜

Don't give him ***more*** money ***than*** is necessary.

= Don't give him ***more*** money ***than*** he needs.

（彼に必要以上の金を与えてはいけない）

※ 先行詞の前に比較級があるときは、that［which］の代わりに than を使う。

上の文の than は is の主語の働きをする（主格の）関係代名詞。

□ that [ðət]

名 [人/物] ＋that V	関代 ① Vする〜《主格》
名 [人/物] ＋that S V	関代 ② SがVする〜《目的格》

① (a) He was <u>the only</u> student ***that*** [*who*] answered the question.

　　　（彼はその質問に答えたただ一人の生徒だった）

　　【参考】「先行詞に all や the only などの限定語がついている場合、who・whichよりも that が好まれる」と参考書などに書かれているが、必ず that が使われるとは限らない。したがって、その知識がテストで問われる可能性は低い。

(b) I have <u>an American friend</u>, *who* [× *that*] is a teacher.

　　（私にはアメリカ人の友だちが一人おり、その人は教師だ）

　　POINT 関係代名詞の that は、非制限用法（カンマの後ろ）では使えない。

② (a) Tell me <u>all</u> (***that***) you know about him.

　　（彼について知っていることを全部私に話しなさい）

　　POINT 目的格の関係代名詞は省略できる。

(b) This is the hospital *in which* [× *in that*] I was born.

　　（ここが私の生まれた病院です）

　　POINT 関係代名詞のthatは、前置詞の後ろでは使えない。

■ what [hwʌ́t]

What ＋ V? What ＋ V S?	疑代① (1) 何がVしますか 　　　 (2) Sは何をVしますか
What ＋ 名 ＋ V? What ＋ 名 ＋ V S?	疑形② (1) 何の［どんな］〜がVしますか 　　　 (2) Sは何の［どんな］〜をVしますか
What ＋ (a [an] ＋)形 　　　＋ 名 ＋ S V!	疑形③ Sは何と〜な…だろうか《感嘆文》
what ＋ V what ＋ S V	関代④ (1) Vするもの［こと］ 　　　 (2) SがVするもの［こと］
what ＋ (little ＋)名 …	関形⑤ (少しだが)…するすべての〜

① (1) *What* are your favorite subjects?（好きな科目は何ですか）

　 (2) *What* did you buy at the shop?（その店で何を買ったの？）

② (1) *What* movie won the prize?（どんな映画が賞を取ったの？）

　 (2) *What* club are you in?（何クラブに入っていますか）

③ *What* a cute cat (this is)!（(これは)何てかわいいネコでしょう）

　 ※〈S＋V〉が省略されることも多い。

④ (1) *What* is important is to do your best.

　　　 ＝ *The thing that* is important is to do your best.

　　　（大切なのは全力を尽くすことだ）

POINT　what（関係代名詞）＝the thing (s) that（〜するもの［こと］）

　 (2) (a) *What* she told me wasn't true.

　　　　（彼女が私に言ったことは本当ではなかった）

　　　 (b) The result was *what* we had expected.

　　　　（結果は我々が期待したとおりだった）

⑤ He lost *what* (*little*) money he had.

　 ＝ He lost *all the* (*little*) money (*that*) he had.

　（彼は持っていた（わずかな）金を全部失った）

※ what（little [few]）＋名詞 ＝ all the（little [few]）＋名詞（that...）。

|慣用表現|

■ What [疑] **do you think of A?** ＝ Ａをどう思いますか

　What [× *How*] ***do you think of*** war?（戦争をどう思いますか）

□ What [疑] **about Ving?** ＝ 〜するのはいかがですか

　What about *going* shopping?（買い物に行かない？）

■ What [疑] **can I do for you?** ＝ いらっしゃいませ《店員の言葉》

■ what [関] **S is** ＝ 現在のＳ（の姿）

　My father has made me ***what I am***.（父が私を現在の私にしてくれた）

■ what [関] **S was [used to be]** ＝ 以前のＳ（の姿）

　This town is different from ***what*** ***it was*** ten years ago.

　（この町は10年前の姿とは違っている）

■ what [関] **is called 〜** ＝ いわゆる〜

　He is leading ***what*** *is called* [***what we call***] a hand-to-mouth life.

　（彼はいわゆるその日暮らしをしている）

□ what [関] **is more** ＝ その上

　　□ what [関] **is＋比較級** ＝ さらに〜なことには

　　□ what [関] **makes the matter worse** ＝ さらに悪いことには

　She is hardworking, and ***what is more***, she is kind to everyone.

　（彼女は勤勉で，その上みんなに親切だ）

　He lost his way, and ***what was worse***, it began to rain.

　（彼は道に迷った。さらに悪いことに雨が降り出した）

□ **A is to B what** [関] **C is to D.** ＝ ＡとＢの関係はＣとＤの関係に等しい

　Leaves are *to* the plant ***what*** lungs are *to* the animal.

　（葉と植物の関係は肺と動物の関係と同じだ）

□ what [疑] **with [by] A and (what with [by]) B** ＝ ＡやらＢやらで

　What with joy *and* (***what with***) shame, she blushed to the ears.

　（うれしいやら恥ずかしいやらで，彼女は耳まで赤くなった）

■ when [hwén]

When is S?	疑副 ① Sはいつですか
When ＋ V S?	疑副 ② SはいつVするのですか
名 [時] ＋ when S V	関副 ③ SがVする〜〈時〉《制限用法》
名 [時] , when S V	関副 ④ （そして）そのときSはVする《非制限用法》

① *When* is your birthday?（あなたの誕生日はいつですか）

　※whenが疑問代名詞に近い働きをする例。

② (a) *When* shall we go for a drive?（いつドライブに行きましょうか）

　(b) ○ *When did you get* a driver's license?

　　× *When have you got* a driver's license?

　　（いつ運転免許を取ったの？）

POINT when（いつ）は，現在完了形とともに使うことはできない。

③ (a) 1995 was the year *when* the earthquake occurred.

　　（1995年はその地震が起きた年だった）

　(b) 1995 is the year which [× *when*] we can't forget.

　　（1995年は私たちが忘れることのできない年だ）

POINT 時を表す名詞に続く関係詞が常にwhenだとは限らない。

　※(b) の which は，forget の目的語の働きをする関係代名詞。

④ I was born in 1995, *when* the earthquake occurred.

　（私は1995年に生まれたが，その年にその地震が起きた）

■ where [hwéər]

Where is S?	疑副 ① Sはどこにあるのですか
Where ＋ V S?	疑副 ② Sはどこへ［で］Vするのですか
名 [場所] ＋ where S V	関副 ③ SがVする〜〈場所〉《制限用法》
名 [場所] , where S V	関副 ④ （そして）そこでSはVする《非制限用法》

① (a) *Where* is the master key?（マスターキーはどこにあるの？）

　(b) What [× *Where*] is the capital of France?

(フランスの首都はどこですか)

> **POINT** where（疑問副詞）と what（疑問代名詞）の識別に注意。

② ***Where*** did you find this key?（どこでこの鍵を見つけたの？）

③ (a) This is (the place) ***where*** the accident happened.

（ここがその事故の起きた場所です）

※ where の先行詞（the place）は省略されることがある。

(b) Rome is the city *which* [× *where*] I want to visit.

（ローマは私が訪れたい都市だ）

> **POINT** 場所を表す名詞に続く関係詞が常にwhereだとは限らない。

※ (b) の whichは，visitの目的語の働きをする関係代名詞。

cf. Rome is the city ***where*** I want to live.

（ローマは私が住みたい都市だ）

(c) There are cases ***where*** honesty doesn't pay.

（正直が割に合わない場合がある）

> **POINT** 関係副詞 where の先行詞は，「場所」を表す名詞でないこともある。

※Honesty doesn't pay in the cases. をもとにして考える。

④ He went to Chicago, ***where*** he stayed for three days.

（彼はシカゴへ行き，そこに3日間滞在した）

■ which [hwítʃ]

Which ＋ V? Which ＋ V S?	疑代 ① (1) どちら［どれ］がVしますか (2) Sはどちら［どれ］をVしますか
Which ＋名＋V? Which ＋名＋V S?	疑形 ② (1) ど（ちら）の〜がVしますか (2) Sはど（ちら）の〜をVしますか
名［物］＋ which V 名［物］, which V	関代 ③ (1) Vする〜《主格》 (2) （そして）それはVする《非制限用法》
名［物］＋ which S V 名［物］, which S V	関代 ④ (1) SがVする〜《目的格》 (2) （そして）SはそれをVする《非制限用法》
…, which ＋名 ...	関形 ⑤ （そして）その〜は…

① (1) **Which** is your car?（どちらがあなたの車ですか）

(2) **Which** would you like, coffee or tea?

（コーヒーとお茶と，どちらにしますか）

② (1) **Which** car is yours?（どちらの車があなたのですか）

(2) **Which** team do you support?（どのチームを応援していますか）

③ (1) I'm looking for <u>a store</u> **which** sells used motor bikes.

（私は中古のバイクを売っている店を探しています）

(2) (a) <u>The doctor didn't say anything</u>, **which** made him uneasy.

（医者は何も言わず，そのことが彼を不安にした）

POINT 非制限用法の which が，カンマの前の内容全体を先行詞とする場合がある。

(b) We have <u>10 branches</u>, *all of which* are in the black.

（当社には10の支店があり，そのすべてが黒字だ）

POINT 〈all/many/someなど＋of＋which〉がひとまとまりの関係代名詞の働きをする場合がある。

④ (1) (a) <u>The novel</u> (**which**) I read yesterday was exciting.

（きのう読んだ小説は面白かった）

POINT 目的格の関係代名詞は省略できる。

(b) The ease *with which* he answered the question surprised us.

（彼がその問題に簡単に答えたので私たちは驚いた）

※ He answered the question *with ease* [=easily]. をもとにして考える。

(2) (a) She lent me a book, ***which*** [× *that*] I lost.

（彼女は私に本を貸してくれたが、私はそれをなくしてしまった）

(b) He is a gentleman, ***which*** [× *who*] his father is not.

（彼は紳士だが、彼の父はそうではない）

POINT　「人」の後ろで which を使う場合がある。

※ 先行詞 a gentleman は，人間としての紳士ではなく，紳士としての性質［人柄］に言及している。このような場合は who ではなく which を用いる。制限用法では that も可。

・He is not the honest boy ***that*** he used to be.

（彼は以前のような正直な少年ではない）

⑤ The train might be late, *in **which** case* we'll take a taxi.

= The train might be late, ***and*** in ***the*** case we'll take a taxi.

（電車が遅れるかもしれないので，その場合は私たちはタクシーを使います）

※ 関係形容詞の which は，接続詞と the の働きを併せ持つ。〈前置詞 ＋ which ＋ 名詞〉の形で用いるのが普通。

■ who [húː]

Who ＋ V? Who (m) ＋ V S?	疑代 ① (1) 誰が V しますか (2) S は誰を V しますか
名 [人] ＋ who V 名 [人] , who V	関代 ② (1) V する〜《主格》 (2) （そして）その人は V する《非制限用法》

① (1) "***Who*** won the contest?" ― "Hiromi did." 《主語の働き》

「誰がコンテストで優勝したの？」「ヒロミよ」

(2) "***Who*** did you meet there?" ― "I met Kenji." 《目的語の働き》

（「そこで誰と会ったの？」「ケンジだよ」）

※ 文法的には whom も使えるが，口語ではwhoを使うのが普通。

② (1) (a) I have <u>an uncle</u> ***who*** lives in Hokkaido.《制限用法》

（私には北海道に住むおじが（一人）いる）

(2) I have <u>an uncle</u>, ***who*** lives in Hokkaido.《非制限用法》

（私にはおじが一人おり，その人は北海道に住んでいる）

※ 上の文は「（複数の）おじのうち一人が北海道に住んでいる」の意味。

下の文は〈, who＝and he〉で，話し手のおじは一人しかいない。

(1) (b) There is <u>a man</u> at the door (*who*) wants to see you.

（あなたに会いたがっている人がドアのところにいます）

POINT who（主格の関係代名詞）が省略される場合がある。

※ There [It] is～で始まる口語的な文では省略可能。

■ whom [húːm]

前 ＋ whom ＋ V S?	疑代 ① Sは誰を［に］Vしますか
名［人］＋ whom S V	関代 ② (1) SがVする～《目的格》
名［人］, whom S V	(2)（そして）Sはその人をVする《非制限用法》

① ***By whom*** [✕ *who*] was the telephone invented?《堅苦しい表現》

= ***Who*** was the telephone invented ***by***?《普通の表現》

（電話は誰によって発明されましたか）

※ 前置詞の後ろの whom を who で置き換えることはできない。

② (1) <u>The man</u> ***to whom*** [✕ *who*] I spoke was Chinese.《堅苦しい表現》

＝<u>The man</u> (***whom***) I spoke ***to*** was Chinese.《普通の表現》

（私が話しかけた男性は中国人だった）

※ 口語では下の文の whom を省略した形が普通。下の文では whom の代わりにwhoも使える。

(2) (a) Our classroom teacher is <u>Mr. Suzuki</u>, ***whom*** I like very much.

（私たちの担任は鈴木先生で，私はその先生が大好きです）

(b) I have two daughters, *neither of whom* are married.

(私には娘が2人おり，どちらも結婚していない)

> **POINT** 〈all/many/someなど＋of＋whom〉がひとまとまりの関係代名詞の働きをする場合がある。

■ whose [húːz]

Whose is S?	疑代 ① Sは誰のものですか
Whose ＋名＋V? Whose ＋名＋V S?	疑形 ② (1) 誰の〜がVしますか 　　　　(2) Sは誰の〜をVしますか
名 [人/物] ＋whose ＋名＋V	関代 ③ Vする…を持つ〜 ※非制限用法でも使う。
名 [人/物] ＋whose ＋名＋S V	関代 ④ SがVする…を持つ〜 ※非制限用法でも使う。

① ***Whose*** is this car?（この車は誰のですか）

② (1) ***Whose*** car runs the fastest?（誰の車が一番速く走りますか）

　(2) ***Whose*** car is this?（これは誰の車ですか）

③ I have a cousin ***whose*** mother is a lawyer. 《人が先行詞》

　(私にはお母さんが弁護士をしているいとこがいます)

　cf. I have a cousin, ***whose*** mother is a lawyer.

　　(私にはいとこが一人おり，その子のお母さんは弁護士です)

④ This is a proverb ***whose*** meaning I don't know. 《物が先行詞》

　=This is a proverb (***that*** [***which***]) I don't know the meaning ***of***.

　=This is a proverb the meaning ***of*** which I don't know.

　(これは私には意味がわからないことわざです)

■ why [hwái]

Why + V S?	疑副 ① SはなぜVするのですか
(the reason +) why S V	関副 ② SがVする理由
This [That] is why S V.	関副 ③ こう[そう]いうわけでSはVする

① "**Why** were you late?" — "I missed the bus."

(「なぜ遅れたの？」「バスに乗り遅れたんだ」)

② (a) Do you know **the reason** (*why*) he quit suddenly?

(彼が突然会社をやめた理由を知っていますか)

※ the reason と why のどちらかを省略することもできる。

(b) This is the reason **which** [× *why*] prevented me from going there.

(これが，私がそこへ行けなかった理由です)

POINT the reason に続く関係詞が常に why だとは限らない。

※ (b) の which は，prevented の主語の働きをする関係代名詞。

③ He sometimes tells lies. **That is why** I dislike him.

(彼は時々そをつく。そういうわけで私は彼がきらいだ)

※ That は前の文の内容を指す。

cf. I dislike him. **That is because** he sometimes tells lies.

(私は彼がきらいだ。それは彼が時々そをつくからだ)

|慣用表現|

■ Why [疑] **don't you** V? = Vしてはどうですか

Why ***don't you*** consult a lawyer? (弁護士に相談したらどう？)

■ Why [疑] **don't we** V? =（一緒に）Vしませんか

Why ***don't we*** go fishing? (釣りに行こうよ)

■ Why [疑] **not**? =（そうしても）いいじゃないか，そうしよう

"Let's go bowling." — "*Why* ***not***?"

(「ボウリングに行こう」「そうしよう」)

(11) 複合関係詞の語法

> **例** 2つの文の意味がほぼ同じになるよう, (　) 内に適切な語を入れなさい。
> (a) Whoever may object to this plan, I'll carry it out.
> (b) No (　) (　) may object to this plan, I'll carry it out.
> (たとえ誰がこの計画に反対しようと, 私はそれを実行する)

答 matter, who

〈疑問詞＋ever〉の形を, 複合関係詞と言う。複合関係詞の種類と主な意味は, 次のとおり。

	(A) 名詞節	(B) 副詞節（譲歩など）
whatever	～するものは何でも	*たとえ何が［を］～でも
whichever	どちらの～でも	*たとえどちら(の…)が［を］～でも
who(m)ever	～する人は誰でも	*たとえ誰が［を］～でも
whosever	～するものは誰の…でも	*たとえ誰の…でも
whenever	―	*たとえいつ～でも ～するときはいつでも
wherever	―	*たとえどこへ～でも ～する所ならどこへ［に］でも
however	―	*たとえどんなに～でも

・**Whoever** [= *Anyone who*] wants to come is welcome.
（来たい人は誰でも歓迎します）

> **POINT** (A) の意味の複合関係代名詞は, any（どんな～でも）を使って言い換えることができる。

・**Whoever** [= *No matter who*] telephones, tell him I'm out.
（たとえ誰が電話してきても, 私は留守だと言ってください）

> **POINT** (B) のうち*の意味の複合関係詞は, 〈no matter＋疑問詞〉で言い換えることができる。

■ whatever [hwʌtévər]

① 関代 ～するものは何でも《名詞節を作る》
② 関代 たとえ何が［を］～でも《副詞節を作る》
③ 疑代 一体何が［を］

① ***Whatever*** he says is to the point.

（彼の言うことは何でも要領を得ている）

書換 ***Anything that*** he says is to the point.

cf. You can read ***whatever*** book you like.《複合関係形容詞》

（好きな本ならどんな本でも読んでよろしい）

② ***Whatever*** he may say, I won't change my mind.

（彼が何を言おうと，私は心変わりしない）

書換 ***No matter what*** he may say, I won't change my mind.

③ ***Whatever*** [***What ever***] has happened?（一体何が起きたのか）

※ whenever や wherever にも同様の用法がある。

□ whichever [hwitʃévər]

① 関代 どちらの～でも《名詞節を作る》
② 関代 たとえどちら（の…）が［を］～でも《副詞節を作る》

① You can choose ***whichever*** (book) you like.

（どちら（の本）でも好きな方を選んでよろしい）

② ***Whichever*** [= ***No matter which***] route you choose, it won't make much difference.

（どちらの経路を選んでも，大きな差はないでしょう）

■ whoever [huːévər] / ■ whomever [hùːmévər]

① 関代 ～する人は誰でも《名詞節を作る》
② 関代 たとえ誰が［を］～でも《副詞節を作る》

① I'm willing to lend this book *to **whoever*** wants to read it.
(読みたがる人なら誰にでも喜んでこの本を貸しましょう)

POINT　〈to＋whoever〉の形に注意。

※ wants の主語になる whoever（= anyone who）の形が正しい。前の to にまどわされて whomever としないこと。

cf. You may give the ticket *to **whomever*** you like.
(あなたの好きな人なら誰にでもその切符をあげてよろしい)

② ***Whoever*** [= ***No matter who***] tries to persuade him, he won't say yes.
(誰が彼を説得しようとしても、彼はイエスとは言わないだろう)

□ whosever [huːzévər]

① 関代 ～するものは誰の…でも《名詞節を作る》
② 関代 たとえ誰の…でも《副詞節を作る》

① The award will go to ***whosever*** work attracts the most people.
(その賞は、最も多くの人を引きつけた作品の作者なら誰にでも与えられる)

② ***Whosever*** bag it is, don't open it.
(それが誰のかばんであっても、開けてはいけません)

■ whenever [hwènévər]

① 関副 たとえいつ～でも《副詞節を作る》
② 接 ～するときはいつでも《副詞節を作る》

① ***Whenever*** [= ***No matter when***] I call the office, nobody answers.
(その事務所にいつ電話をかけても、誰も出ない)

② Please come to see me *whenever* it is convenient for you.

（都合のよいときにはいつでも会いに来てください）

■ wherever [hwεərévər]

① 関副 たとえどこへ〜でも《副詞節を作る》

② 接 〜する所ならどこへ［に］でも《副詞節を作る》

① *Wherever* [= *No matter where*] you (may) go, I'll follow you.

（あなたがたとえどこへ行こうと，私はついて行きます）

② You can go *wherever* [= *anywhere that*] you like.

（どこでも好きな所へ行ってよろしい）

■ however [hauévər]

関副 たとえどんなに〜でも《副詞節を作る》

○ *However busy you are*, you must find time for studying.

× *However you are busy*, you must find time for studying.

（どんなに忙しくても，勉強の時間を作らねばならない）

POINT however の後ろには形容詞・副詞を置く。

※ No matter how busy you are, ...で言い換えられる。

練習問題（PART7）（正解はp.624）

[A] 空所に入る適切な語句を選びなさい。

☐ 1 I became interested in （　） the lecturer said.

　　① which　② that　③ what　④ where

☐ 2 （　） is the length of that bridge?

　　① How　② How much　③ How long　④ What

☐ 3 We have 10 branches, all of （　） are in the black.

　　① which　② that　③ what　④ whom

☐ 4 They are building a factory （　） liquid crystal displays will be produced.

　　① that　② which　③ where　④ how

☐ 5 （　） win the election?

　　① Do you think who will　② Who will do you think

　　③ Do you who will think　④ Who do you think will

☐ 6 （　） late I call him in the morning, he is in bed.

　　① When　② Whenever　③ How　④ However

[B] 空所に適切な語を入れなさい。

☐ 1 How （　） does the game start?

　　（試合はあとどれくらいで始まりますか）

☐ 2 Do you know （　）（　） use this software?

　　（このソフトの使い方を知っていますか）

☐ 3 That's （　） he was fired.

　　（そういうわけで彼はくびになった）

☐ 4 She is a famous singer （　） songs I like very much.

　　（彼女は私が大好きな歌を歌っている有名な歌手です）

PART 8
代名詞の語法

（1）代名詞の種類

代名詞には，次のような種類がある。

名称	例
人称代名詞	I, you, he, they, it など
指示代名詞	this, that, such, so など
不定代名詞	one, some, any など
疑問代名詞	what, who, which など
関係代名詞	who, which, what など

※人称代名詞には，所有代名詞（mine・yours …）と再帰代名詞（myself・yourself …）を含む。

（2）人称代名詞の用法

1・2・3人称を表す代名詞のこと。次のような種類がある。

人称・数		主格	所有格	目的格	所有代名詞	再帰代名詞
1人称	単数	I	my	me	mine	myself
	複数	we	our	us	ours	ourselves
2人称	単数	you	your	you	yours	yourself
	複数	you	your	you	yours	yourselves
3人称	単数	he	his	him	his	himself
		she	her	her	hers	herself
		it	its	it	―	itself
	複数	they	their	them	theirs	themselves

POINT 人称代名詞を並べて置くときは，「2人称－3人称－1人称」の順にする。

- *Both **you** and **I** must go.* [✘ *Both I and you must go.*]

    （君もぼくも行かなければならない）

    ※目の前の相手に敬意を表して，you を最初に置く。

POINT we・you・they が「一般の人」を表すことがある。

- ***We** should do our duties.*（我々は義務を果たさねばならない）
- ***You** can't tell what will happen.*（何が起きるかはわからない）
- ***They** say that he is a great writer.*（彼は大作家だと人々は言う）

POINT 所有代名詞は「所有格＋名詞」の代わりに使う。

- *This car is **mine**.*（この車は私のです）《mine＝my car》
- ***His** is a large family.*《文語的》

    （彼の家族は大家族です）《his＝his family》

（3）再帰代名詞（-self）の用法

① **他動詞や前置詞の目的語になる。**

- *He killed **himself** by poison.*（彼は毒を飲んで自殺した）
- *He **seated himself** [= He **sat**] on the bench.*（彼はベンチに座った）

    ※「他動詞＋再帰代名詞＝自動詞」の意味になる例。（→p.42）

② **（代）名詞を強調するために同格的に使う。（oneselfを強く読む）**

- *I asked her to come **herself**.*

    （私は彼女に，彼女自身が（自分で）来るよう頼んだ）

③ **「抽象名詞＋itself ＝ very＋形容詞」と書き換えられる。**

- *He is **honesty itself**. = He is **very honest**.*（彼はとても正直だ）

|慣用表現|

☐ **by *oneself*** ＝ 独力で，一人で（alone, on *one's* own）

　*I drew up this report **by** **myself**.*（私は一人でこの報告書を作成した）

☐ **for *oneself*** ＝ 自分で，自分のために

　*I cook **for myself**.*（私は自分で料理をする）

- [ ] beside *oneself* (with A) = (A〈感情〉で) 我を忘れて

    He was *beside himself with* joy.（彼はうれしさで我を忘れた）

- [ ] in itself = それ自体は，本来は

    Carbon dioxide is not poisonous *in itself*.

    （二酸化炭素はそれ自体は有毒ではない）

- [ ] help *oneself* to A = Aを自由に取って飲食する（→p.43）

- [ ] make *oneself* at home = くつろぐ

    Please *make yourself at home*.（どうぞくつろいでください）

(4) 主な代名詞の語法

代名詞の中には，形容詞や副詞としても使われるものがある。主な語と品詞の関係をまとめると，次のようになる。

単語	代名詞	形容詞	副詞
all, both, each, either, enough, little, many, much, neither, no, so, some, such, this, that	○	○	○
any, one, other	○	○	
none	○		○
else, very		○	○
anyone, nobody, something	○		
every		○	
somewhere, too			○

else・every・veryなどには代名詞としての用法はないが，便宜上この Part で説明する。enough・tooは副詞の Part を参照。

■ all [ɔːl]

all [代] (＋ of A)	① （Aのうち）すべて
all [形] ＋ 名	② すべての～
all [副]	③ すべて，全く
not ＋ all (...)	④ すべて～というわけではない《部分否定》

① (a) **All of the children** [× *All of children*] like sweets.

(その子どもたちはみんな甘いものが好きだ)

> **POINT** all of の後ろに名詞を置くときは，限定詞（the, my, these など）が必要。

(b) **All of us** [× *All us*] like soccer. = **We all** [× *All we*] like soccer.

(私たちはみんなサッカーが好きだ)

> **POINT** allの後ろに代名詞を置くときは，ofが必要。

(c) The news surprised *us all* [*all of us*].

(その知らせは我々全員を驚かせた)

※ we all や us all の all は代名詞（同格用法）。

(d) *All* (that) I want is your love.（ぼくがほしいのは君の愛だけだ）

※ 直訳は「ぼくがほしいすべてのものは君の愛だ」。

> **POINT** all を使って「～だけ」の意味を表す場合がある。

② (a) **All** (**the**) **children** like sweets.

((その) 子どもたちはみんな甘いものが好きだ)

※ all children は，「（世の中の）子どもたち一般」「特定の子どもたち（all the children）」の両方の解釈が可能。

(b) *All my* [× *My all*] family are well.（私の家族は全員元気です）

> **POINT** 限定詞は all の後ろに置く。

③ I did it *all* by myself.（私は全く一人でそれをやった）

※このall は，形容詞・副詞の意味を強める副詞。

④ *Not **all*** my coworkers are friendly.

（私の同僚は全員が優しいわけではない）（→p.268）

> 【参考】not all と並べた場合は，常に部分否定の意味になる。all 〜 not の語順のときは意味があいまい。All my coworkers are not friendly. は，上記の意味のほか「私の同僚は全員が不親切だ」の意味（全面否定）にも解釈できる。

慣用表現

■ all S can do is (to) V = SにはVすることしかできない

***All** I can do is* (to) *wait* for his return.

（私にできるのは彼の帰りを待つことだけだ）

■ all S have [has] to do is (to) V = SはVしさえすればよい

***All** you have to do is* (to) *wait* here.

（君はここで待ってさえいればよい）

書換 You *only* **have to** *wait* here.（→p.521）

■ both [bóuθ]

both [代]（＋ of A）	①（Aのうち）両方
both [形] ＋ 名	② 両方の〜
both [副] A and B	③ AとBの両方
not ＋ both (...)	④ 両方とも〜というわけではない《部分否定》

① ***Both*** (*of them*) were absent from school.

（（彼らのうち）二人とも学校を休んだ）

> 【参考】They were both absent from school. とも言える。このbothは同格用法。

② Hold it in ***both*** hands.（それを両手で持ちなさい）

③ ***Both** you and he are* to blame.（君と彼の両方が悪い）

> **POINT** both A and Bが主語のとき，動詞は複数で受ける。

④ ***Not both*** of his parents are dead.

（彼の両親は二人とも亡くなっているわけではない）（→p.268）

□ each [íːtʃ]

each [代]（＋ of A）	①（Aのうち）それぞれ
each [形] ＋ 名	② それぞれの〜
each [副]	③ それぞれ

① ***Each** of the students* gave *their* [*his or her*] opinion.

　（学生のそれぞれが意見を述べた）

　※each（＋名）を受ける代名詞はhe・she・they。

② ***Each** student **has*** [× *have*] to give their opinion.

　（それぞれの学生が意見を述べねばならない）

> **POINT** eachの後ろには単数形の名詞を置き，動詞は単数で受ける。

③ These books cost five dollars ***each***. （これらの本はどれも1冊5ドルです）

|慣用表現|

　■ **each other** ＝ お互い（one another）

　　We enjoyed talking ***with** **each other***. （私たちはお互いに楽しく語り合った）

> **POINT** each other は代名詞。副詞のようには使えない。

■ else [éls]

some- ＋ else [形]	① 他のどれかの〜
any- ＋ else [形]	② 他の〜のどれでも [他のどれも〜ない]
no- ＋ else [形]	③ 他のどれも〜ない
or else [副]	④ さもないと

① Ask ***someone** else* [× *some other one*], please.

　（誰か他の人に尋ねてください）

> **POINT** other（他の）は，some-/any-/no- のつく語を修飾できない。代わりに else を後ろに置いて「他の」の意味を表す。

② Keiko sings better than ***anyone** else* in this club.

　（ケイコはこのクラブの他の誰よりも歌が上手だ）

　|書換| Keiko is *the best* singer in this club.

③ He does ***nothing else*** than work.（彼は働くこと以外は何もしない）

④ He doesn't know it, ***or else*** he's pretending to be ignorant of it.

　（彼はそれを知らないか，さもなければ知らないふりをしている）

□ **every** [évri]

every [形] ＋ 名	すべての〜

(a) ***Every window is*** closed. ＝ ***All*** the windows are closed.

　（窓は全部閉まっている）

> **POINT** every の後ろには単数形の名詞を置き，動詞は単数で受ける。

(b) ***Everyone*** must do *his* [*their*] best in everything.

　（みんなが何事においても全力を尽くさねばならない）

　※「every＋名詞」を受ける代名詞は，名詞の内容によって he・she・he or she・it・they を使う。

(c) You can marry ***any*** [× *every*] man you love.

　（おまえは愛する男なら誰とでも結婚してよい）

　※ every と any は実質的に同じ意味を表す場合もあるが，この文では「どの〜をとってみても」の意味を表す any を使うのが正しい。every だと「愛する男全員と結婚してよい」という不自然な意味になる。

■ **either** [íːðər]

either [代]（＋ of A）	①（Aのうち）どちらか
either [形] ＋ 名	② どちらかの〜，両方の〜
either [副] A or B	③ AかBかどちらか
S not V, either [副] .	④ Sもまた〜ない
not ＋ either (...)	⑤ どちら（の…）も〜ない《全面否定》

① Choose ***either*** *of* the two books.（2つの本のうちどちらかを選びなさい）

② There are shops on ***either*** side of the street.

　＝There are shops on ***both*** sides of the street.（通りの両側に店があります）

　※ side, end, hand などの前では，either は「両方の」の意味になる。

③ ***Either*** you ***or*** he ***has*** [× <u>have</u>] to go. (君か彼のどちらかが行く必要がある)

POINT either A or B が主語のとき，動詞は B に一致する。

④ "I don***'t*** drink alcohol." "I do***n't***, *either* [× <u>too</u>] ."

(「私はお酒は飲みません」「私もそうです」)(→p.264)

⑤ I do***n't*** like *either* (of the) ties. (そのネクタイはどちらも気に入らない)

書換 I like *neither* (of the) ties.

POINT not+either=neither

■ neither [níːðər]

neither [代] (＋of A)	① (Aのうち) どちらも…ない
neither [形] ＋名	② どちらの〜も…ない
neither [副] A nor B	③ AもBもどちらも…ない
Neither [副] ＋V＋S.	④ Sもまた〜ない

① ***Neither*** (***of*** the students) has [have] come yet.

(どちら (の学生) もまだ来ていない)

② I like ***neither*** movie. = I do***n't*** like ***either*** movie.

(私はどちらの映画も好きではありません)

③ ***Neither*** he ***nor*** his brother ***has*** [× <u>have</u>] come. (彼も弟も来ていません)

POINT neither A nor Bが主語のとき，動詞はBに一致する。

④ "I can't ski." "***Neither*** [***Nor***] can I."

(「私はスキーはできません」「私もそうです」)(→p.264)

□ none [nʌ́n] **POINT** 人間以外にも用いる。

none [代] (＋of A)	(Aのうちで) どれ [誰] も〜ない

(a) ***None*** *of the members* agreed to his proposal.

(会員たちは誰も彼の提案に同意しなかった)

(b) You have money but I have ***none***.

(君はお金を持っているが，私は全然持っていない)

|慣用表現|

- □ none the＋比較級＋for A = Aだからといってそれだけ〜なわけではない

    He is *none the happier for* his wealth. （彼は金持ちの割には幸福ではない）

    【参考】この none は「少しも〜ではない」の意味の副詞。

■ it [it]

① 前にある名詞や文の内容を受ける it

(a) Someone sat behind me, but I couldn't see who *it* was.

（誰かが私の後ろに座ったが，それが誰だかわからなかった）

※ someone の性別が不明で he/she が使えないため，itを使う。

(b) She was married, but he didn't know *it*.

（彼女は既婚者だったが，彼はそのことを知らなかった）

② 時間・天候・距離などを表す（非人称の）it

(a) *It* is already seven o'clock. （もう7時だ）《時間》

(b) *It* is raining. （雨が降っている）《天候》

(c) How far is *it* from here to the station?

（ここから駅までどのくらい距離がありますか）《距離》

POINT itは，天候・季節・温度・明暗・時間・距離などを述べる文の便宜的な主語として使われる（日本語には訳さない）。

③ 漠然と状況を表す（状況の）it

(a) "Why are you crying?" "I can't help *it*."

（「なぜ泣いているの？」「どうしようもないんです」）

(b) Please come to see me whenever *it* is convenient for you.

（ご都合のいいときに，いつでも会いに来てください）（→p.238）

※これらの it は，前に述べたことや話し手が心の中で思っていること，その場の状況でそれとわかることなどを漠然と表す。

④ 形式主語の it（後ろの不定詞などを受ける）

(a) *It* is pleasant *to walk on the beach*. （海岸を歩くのは楽しい）《it=不定詞》

(b) *It* is no use *asking him for help*.

　　（彼に助けを求めても無駄だ）《it=動名詞》

(c) *It* is a pity *that he failed*.　（彼が失敗したのは残念だ）《it=that節》

(d) *It* doesn't matter (to me) *whether he agrees or not*.

　　（彼が同意しようとすまいと（私には）どうでもよい）《it=whether節》

⑤ 形式目的語の it（後ろの不定詞などを受ける）

　I think *it* natural *for him to get angry*.

　　（彼が怒るのは当然だと思います）《it=不定詞》

　書換 I think *it* natural *that he should get angry*.《it=that節》

⑥ 強調構文（It is ～ that...）を作る

　It is this dictionary *that* I want to buy.

　　（私が買いたいのは，この辞書です）（→p.442）

POINT 強調構文は，It is［was］と that を取り外したとき，完成した文のパーツが残る。

　※上の文から It is と that を取り除くと，完成した文（I want to buy this dictionary.）のパーツが過不足なく残る。一方，たとえば ④(c) の文から It is と that を取り除くと，a pity ＋ he failed という不完全なパーツしか残らない。このような場合の It は（that以下を指す）形式主語だと判断できる。

⑦ 特定の動詞と結びついて，〈It＋V＋that 節〉の形を作る

　It seems that his uncle is a billionaire.（彼のおじさんは億万長者らしい）

　書換 His uncle *seems to be* a billionaire.（→p.37）

慣用表現

　□ **make it** = 間に合う，うまくいく

　　We *made it* to the train.（我々は列車に間に合った）

　■ **make it a rule to V** = Vすることにしている

　　⑤ He *makes it a rule to take a walk every morning*.

　　　（彼は毎朝散歩することにしている）

- ■ take it for granted that S V = SがVするのを当然だと思う（→p.128）

    ⑤ I ***took it for granted*** <u>that he would be successful</u>.

    （彼は当然成功するだろうと思った）

    【参考】直訳は「…ということを認められたこととして受け取る」。

■ least [líːst]

the least [代]	① 最も少ないもの《littleの最上級》
the least [形] ＋ 名	② 最も少ない〜《littleの最上級》
the least [副] ＋ 形 / 副	③ 最も〜でない《最上級を作る記号》

① This is ***the least*** I say to you.（これだけは君に言っておく）

② I haven't ***the least idea*** what to do.（どうしたらよいのか全くわからない）

③ The candidate is ***the least likely*** to win the election.

　（その候補者は最も選挙に勝ちそうにない）

慣用表現

- ■ at least A = 少なくともA

    The repair will cost ***at least*** 30 dollars.

    （修理には少なくとも30ドルはかかるだろう）

- □ not 〜 in the least = 少しも〜ない

    I'm ***not in the least*** afraid of ghosts.（お化けなんかちっとも恐くない）

□ less [lés]

less [代]	① より少ないもの《littleの比較級》
less [形] ＋ 名	② より少ない〜《littleの比較級》
less [副] ＋ 形 / 副	③ より〜でない《比較級を作る記号》

① My husband eats ***less*** than I do.（夫は私ほど食べません）

② I spent ***less money*** than Miki (did).（私はミキほどお金を使わなかった）

　書換 I did***n't*** spend ***as much*** money ***as*** Miki (did).

③ I'm ***less patient*** than you (are).（私はあなたほどがまん強くない）

　書換 I'm ***not as*** patient ***as*** you (are).

|慣用表現|

■ **less than A** = Aより少ない（…）

I have *less than* ten dollars now.（今は10ドルも持っていない）

□ **no less than A** = Aも（の量［数］）

I owe him *no less than* 50,000 yen.（私は彼に5万円も借りている）

|書換| I owe him *as much as* 50,000 yen.

【参考】可算名詞の前では no fewer than を使うが，no less than で代用することもある。

No fewer ［*less*］ *than* 10 passengers died.（10人もの乗客が死んだ）

■ **much ［still］ less A** = ましてAは～でない

I can't even buy a bicycle, *much less* a car.

（私は自転車さえ買えないし，まして車は買えない）

■ little [lítl]

a little [代]	① 少しのもの［こと］
little [代]	② ほとんどないもの［こと］
a little [形] ＋ 名	③ 少しの～（がある）
little [形] ＋ 名	④ ～がほとんどない
動 ＋... a little [副]	⑤ 少し～する
動 ＋... little [副]	⑥ ほとんど～しない
little [副] ＋ 動	⑦ 全く～しない

① I know *a little* about it.（そのことについては少し知っている）

② I know *little* about it.（そのことについてはほとんど知らない）

③ We have *a little* ［**×** *few*］ time left.（時間が少し残っている）

POINT 形容詞の little の後ろには，数えられない名詞を置く。

④ We have *little* time left.（時間はほとんど残っていない）

⑤ I can *speak* English *a little*.（私は英語を少し話せます）

⑥ I *see* her very *little*.（彼女にはほとんど会いません）

⑦ I *little* dreamed of seeing him there.

（そんなところで彼に会うとは夢にも思わなかった）

書換 *Little **did** **I dream*** of seeing him there.（→p.262）

※この意味の little は，思考や認識を表す動詞（**believe, dream, expect, imagine, know, realize, think**など）を修飾する。

慣用表現

■ quite［not］a little A ＝ かなり多くのA

I gave him *quite a little* trouble.（彼には多くの迷惑をかけた）

□ lot [lát]

a lot [代]	① たくさん
a lot of [形] ＋ 名 lots of [形] ＋ 名	② たくさんの～
動 ＋ a lot [副]	③ とても（very much）

① Ten thousand yen is *a lot*.（1万円は大金だ）

② *A lot of*［*Lots of*］*people* came to the party.

（たくさんの人がそのパーティーに来た）

【参考】a lot of・lots of は，肯定文で用いることが多い。lots of は a lot of よりくだけた表現。

③ (a) My town has changed *a lot*.（私の町はとても変わった）

(b) He drank *a lot*［*much*］more beer than I.

（彼は私よりずっとたくさんビールを飲んだ）

POINT　a lot（of）は many または much の代わりに使える。

■ many [méni]

many [代]（＋ of A）	①（Aのうちで）多数のもの［人］
many [形] ＋ 名	② 多くの～

① There are *many* who object to the plan.（その計画に反対する人は大勢いる）

② I made *many mistakes*.（私は多くの間違いをした）

【参考】硬い言い方では，〈many a＋単数名詞〉の形もある。
Many a mathematician has tried to find the answer.
（多くの数学者がその答えを見つけようとしてきた）

|慣用表現|

■ **a great many A** = とても多くのA

A great many people were killed in the war.

（その戦争でとても多くの人が死んだ）

■ **as many as A** = Aもの数の〜

As many as 50 people died in the earthquake.

（50人もの人がその地震で死んだ）

■ more [mɔ́ːr]

more [代]	① より多くのもの 《many・muchの比較級》
more [形] ＋ 名	② より多くの〜 《many・muchの比較級》
more [副] ＋ 形/副	③ より〜 《比較級を作る記号》

① He knows *more* about soccer than I do.

（彼はサッカーのことを私よりもよく知っている）

② She has *many* [× *much*] *more* friends than I do [have].

（彼女には私よりずっとたくさんの友だちがいる）

POINT many more＋複数形の名詞（＋than A）＝（Aよりも）ずっと多くの〜

【参考】たとえば「彼女は私より3人多くの友だちがいる」は，She has three more friends than I do. と表せる。この three を many に置き換えて考えればよい。

③ This computer is *more* expensive than mine.

（このパソコンはぼくのよりも高価だ）

|慣用表現|

■ **more than A** = Aより多く（の…）

We need *more than* *three* [× *four*] part-timers.

（4人以上の［3人より多い］アルバイトが必要だ）

※ 数字が大きいときは，たとえば「100人以上の人々」は more than 100 people と表現してよい。

☐ **no more than A** = Aにすぎない（only）

She is ***no more than*** a shopclerk.（彼女は一店員にすぎない）

【参考】more・less と否定を組み合わせた慣用表現（いわゆる「クジラ構文」など）は、近年では大学入試にもあまり出題されていない。

☐ **all the more＋理由** = 〜だからますます

I like him ***all the more for*** his faults.

= I like him ***all the more because*** he has faults.

（彼には欠点があるからますます私は彼が好きだ）

■ **The more（〜）S₁ V₁, the more（…）S₂ V₂** = S₁が（〜）V₁すればするほど、S₂は（…）V₂する

The more I read the manual, ***the more*** confused I became.

（そのマニュアルを読めば読むほど混乱した）

※ more 以外の比較級を使うこともできる。

The older we grow, ***the weaker*** our sight becomes.

（年を取れば取るほど我々の視力は弱くなる）

■ most [móust]

the most [代]	① 最も多くのもの《many・muchの最上級》
the most [形] ＋ 名	② 最も多くの〜《many・muchの最上級》
the most [副] ＋ 形 / 副	③ 最も〜《最上級を作る記号》
most [形] ＋ 名	④ ほとんどの〜
most [代] of the ＋ 名	⑤ 〜の大部分

① Who ate ***the most***?（誰が一番たくさん食べたの？）

② Who drank ***the most*** beer?（誰が一番たくさんビールを飲んだの？）

③ This is ***the most*** exciting movie I have ever seen.

（これは今までに見た一番わくわくする映画だ）

④ ***Most*** [× *The most*] members objected to the plan.

（ほとんどのメンバーがその案に反対した）

> **POINT** most（ほとんどの）の前にtheはつかない。

⑤ **Most** *of the* members ［✕ *Most of members*］ objected to the plan.

（メンバーの大部分がその案に反対した）

> **POINT**　most of の後ろには限定詞（冠詞・所有格など）が必要。

書換　***Almost all*** (*of*) *the members* objected to the plan.（→p.273）

慣用表現

□ **at most A** = 多くても［せいぜい］A

I can take ***at most*** three days off this month.

（今月はせいぜい 3 日しか休みが取れない）

□ **make the most of A** = A を最大限に利用する

Make the most of your spare time.（余った時間を最大限に利用しなさい）

■ **much** [mʌ́tʃ]

much ［代］（＋ of A）	①（A のうち）たくさんのもの
much ［形］＋ 名	② たくさんの〜
動 ＋(very) much ［副］	③ たくさん［非常に］〜する
much ［副］＋ Vpp	④ 非常に〜だ
much ［副］＋ 比較級	⑤（…よりも）ずっと〜だ
much ［副］＋ 最上級	⑥ 断然最も〜だ

① Don't eat too ***much***.（食べすぎてはいけない）

② We haven't had ***much*** *snow* this winter.

（今年の冬は雪があまり多くなかった）

※ much は否定文・疑問文で用いるのが普通。肯定文では a lot of などを使う。

【参考】too ［so］much など特定の語と結びつくときは，肯定文中でも普通に使われる。

③ (a) I *like* jazz ***very much***.（私はジャズが大好きだ）

【参考】much が単独で動詞を修飾するのは否定文・疑問文中に多く，肯定文では very much を用いるのが普通。

(b) I do***n't*** like jazz ***very much***.（私はジャズはあまり好きではない）

> **POINT**　〈not＋(very) much〉は「あまり〜ではない」の意味。

④ This question is *much discussed*. (この問題は大いに論じられている)

　　【参考】tired (疲れて)・pleased (喜んで)・interested (興味を持って) など，分詞がほとんど形容詞化した語は，veryで修飾することが多い。

⑤ (a) I feel *much* [× *very*] *sicker* than in the morning.

　　　（午前中よりずっと気分が悪い）

　　(b) I feel *very* [× *much*] *sick*. (とても気分が悪い)

　　POINT 形容詞は，原則として (very) much では修飾できない。

　　【参考】alike・different・the same・too などは，much で修飾することがある。
　　　　・The twins are *much* alike. (その双子はとてもよく似ている)
　　　　・This hat is *much* too large for me. (この帽子は私には大きすぎる)

　　【参考】形容詞句・副詞句は，muchで修飾する。
　　　　・*Much* to my surprise, he solved the problem easily.
　　　　=To my *great* surprise, he solved the problem easily.
　　　　　（私がとても驚いたことに，彼はその問題を簡単に解いた）

⑥ This is *much* [*by far*] *the best* method. (これが断然一番よい方法だ)

慣用表現

□ **as much as A** = Aもの量の～

　I spent *as much as* 500 dollars at the shop.

　（私はその店で500ドルも使った）

　書換 I spent *no less than* 500 dollars at the shop.

□ **not so much as V** = Vさえしない

　He does*n't so much as* say hello to me.

　（彼は私にあいさつさえしない）

■ **not so much A as B** = AというよりもむしろB

　He is *not so much* a scholar *as* a TV personality.

　（彼は学者というよりもむしろテレビタレントだ）

　書換 He is a TV personality *rather than* a scholar.

□ **so much for A** = Aのことはこれまで（にしておく）

　So much for today. (今日はこれまで) ※教室などで使う。

- ☐ make [think] much of A = Aを重んじる
  make [think] little of A = Aを軽んじる
  make [think] nothing of A = Aを何とも思わない
  Few women *think little of* fashion. （流行を軽視する女性はほとんどいない）
- ☐ see much of A = Aによく会う
  see little [nothing] of A = Aにほとんど［全く］会わない
  I don't *see much of* him these days. （このごろは彼とはほとんど会わない）

■ one [wʌ́n]

one [代]	① (1) 《=a [an] ＋名詞》 (2) 〈一般の〉人
one [代] ＋ of A	② Aのうちの１つ［人］

① (1) (a) My family is a large *one*.

（私の家族は大家族です）《one=family》

(b) I've lost my pen, so I have to buy *one*.

（私はペンをなくしたので、買わねばならない）《one=a pen》

※ one は、可算名詞の反復を避けて、「不特定の１つ」を指すのに用いる。既に述べられた特定のものを指すには it を用いる。

I bought a pen, but I lost *it*.

（私はペンを買ったが、なくしてしまった）《it=the pen》

(c) ○ I prefer red wine to *white* (*wine*).

× I prefer red wine to white *one*.

（私は白ワインよりも赤ワインの方が好きだ）

POINT 不可算名詞を one で受けることはできない。

(d) ○ If you need notebooks, I'll go and buy *some*.

× If you need notebooks, I'll go and buy *ones*.

（もしノートが必要なら、私が買いに行きます）

POINT ones の前には形容詞が必要。

※下の文は、ones の前にたとえば new を入れれば正しい。

(2) (a) ***One*** must do ***one's*** best in everything.

（人は何事にも最善を尽くすべきだ）《one=一般の人》

※ oneを受ける代名詞は，one のほか he・she・they も使う。

(b) ***One*** [***He***] ***who*** keeps good hours will live long.

（早寝早起きをする人は長生きするものだ）

※ one [he] who V＝Vする人（文語的表現）

② ***One of my colleagues has*** [× *have*] been transferred to Osaka.

（同僚の一人が大阪へ転勤になった）

POINT one ofの後ろには複数形の名詞を置き，動詞は単数で受ける。

■ other [ʌ́ðər] / ■ another [ənʌ́ðər]

anotherなど [代]	① 他のもの
anotherなど [形] ＋ 名	② 他の〜

POINT 「残り」が特定できる場合にはthe（定冠詞）がつき，残りから不特定の1つ［いくつか］を選ぶときにはtheがつかない。

	不特定	特定
単数	① another （残りのうちのどれか1つ）	② the other （2つのうちの残り一方）
複数	③ others （残りのうちのいくつか）	④ the others （残りの全部）

※ anotherはan ＋ other の意味。

① Would you like ***another*** cup of tea?（お茶をもう1杯いかが？）

② I have two brothers; *one* lives in Nagoya, ***the other*** in Okayama.

（私には2人の兄弟がおり，1人は名古屋に，もう1人は岡山に住んでいる）

①④ I have six brothers; *one* lives in Nagoya, ***another*** in Okayama, and ***the others*** in Hakata.（私には6人の兄弟がおり，1人は名古屋に，別の1人は岡山に，あとの4人は博多に住んでいる）

|慣用表現|

- **others** = 他人（other people）

  Don't speak ill of ***others*** behind their backs.

  （陰で他人の悪口を言うな）

- **some 〜, others ...** = 〜のものもあれば…のものもある

  ③ ***Some*** were injured and ***others*** were killed in the accident.

  （その事故で負傷した人もいれば亡くなった人もいた）

- ☐ **A is one thing, and B (is) another.** = AとBとは別だ

  Falling in love is ***one thing***, and getting married is ***another***.

  （恋愛と結婚は別だ）

- **比較級＋than any other＋単数名詞** = 他のどの〜よりも…

  She sings *better **than any other** child*.

  （彼女は他のどの子よりも歌が上手だ）

- **every other A** = １つおきのA

  I take a bath ***every other*** day.（私は１日おきに入浴する）

- ☐ **in other words** = 言い換えれば

  In other words, he became a national hero.

  （言い換えれば，彼は国民的英雄になった）

- ☐ **on the other hand** = 他方では

  (*On the one hand*) cars are very useful. ***On the other hand***, they pollute air.

  （(一方では) 車はとても役に立つ。他方では車は空気を汚染する）

- ☐ **just another A** = ありふれたA

  This is ***just another*** movie.（これはありふれた映画だ）

- ☐ **one after another** = 次々に

  I got e-mails from him ***one after another***.

  （彼からメールが次々に届いた）

☐ **so** [sóu] 代 そう

※副詞・接続詞としての用法は，p.281・440を参照。

"Will your sister come tonight?" "I think *so*."

(「妹さんは今晩来られますか」「そう思います」)

※ so は前文の内容を受ける。

cf. Is that *so*?（そうですか［本当ですか］）※この so は形容詞。

■ some / ■ any

POINT some・anyには，「強く読む」ものと「弱く読む」ものとがある。

[1] 代名詞の some / any	強く読む（[sʌ́m] / [éni]）
[2] 形容詞の some / any	弱く読む（[səm] / [[əni]）
[3] 形容詞の some / any	強く読む（[sʌ́m] / [éni]）

※「肯定文には some，否定文・疑問文には any」という原則は [2] の some・any に関するものであり，[1][3] には当てはまらない。

[1] 代名詞の some・any（強く読む）

some [代]（＋of A）	①（Aのうちの）いくつか［いくらか］
any [代]（＋of A）	②（Aのうちの）どれでも《肯定文中で》
not ＋ any [代]（＋of A）	③（Aのうちの）どれも〜ない《否定文中で》
any [代]（＋of A）	④（Aのうちの）いくらか《疑問文中で》

① We have lots of fruit. Won't you have *some*?

（果物がたくさんあります。少しいかがですか）

※ [2] の② と同様に some を使う。

② They are all free; take *any* (of them) you like.

（それらはみな無料です。どれでも好きなのを取りなさい）

③ I have*n't* read *any* of those books. ＝I've read *none* of those books.

（それらの本はどれも読んだことがない）

④ We need some more money. Do you have *any*?

（もう少しお金が必要だ。いくらか持ってるかい？）

[2] 形容詞の some・any（弱く読む）

漠然とした数量を表し，「可算名詞の複数形」または「不可算名詞の単数形」につく。意味が弱く，日本語に訳す必要のないことが多い。

	肯定文	否定文	疑問文	if節中
some	① いくらかの～	×	② いくらかの～	×
any	×	③ 少しも（～ない）	④ いくらか[何か]の～	⑤ いくらか[何か]の～

① There is **some** water in the bucket.　（バケツにはいくらか水が入っている）

② Does she have **some** merit?（彼女には何か取りえがありますか）

　※ 相手から肯定の返答を期待する場合は，疑問文中でも some を使う。この文では any も使えるが，any が「ある」「ない」のどちらも想定しているのに対して，some を使うと「ある」という気持ちを表す。

③ There is**n't any** water in the bucket.　（バケツには少しも水が入っていない）

　書換 There is **no** water in the bucket.

　POINT not+any＝no

④ Is there **any** water in the bucket?（バケツにはいくらか水が入っていますか）

⑤ *If* you have **any** difficulty, ask me for help.

　（もし困難が少しでもあれば，私に援助を求めなさい）

[3] 形容詞の some・any（強く読む）

特定の意味を持つ（日本語に訳す必要がある）。①③ は「単数形の名詞」に，② は「可算名詞の複数形または不可算名詞の単数形」につく。

	肯定文	否定文・疑問文・if節中
some	① ある～，どれかの～	② 中には～のものもある
any	③ どんな～でも	×

① He went to **some** place in America.（彼はアメリカのある場所へ行った）

　cf. I want to visit **some** places in America. → [2] ①

　（私はアメリカのいくつかの場所を訪れてみたい）

② ***Some** doctors* say *anything* to please their patients.

（医者の中には患者を喜ばすために何でも言う者もいる）

③ ***Any** doctor* says *something* to please his patients.

（どんな医者でも患者を喜ばすために何か言うものだ）

■ something [sʌ́mθiŋ] / ■ anyone [éniwʌ̀n] など

	some	any	no	every
-thing	something ① 代何か	anything ② 代何か/何でも	nothing ③ 代何も～ない	everything 代全部
-one -body	someone ④ somebody 代誰か	anyone anybody 代誰か/誰でも	no one nobody ⑤ 代誰も～ない	everyone everybody 代みんな
-time	sometime 副いつか	anytime 副いつでも	―	every time 接～するときは いつでも
-day	someday 副いつか	―	―	every day 副毎日
-where	somewhere 副どこかで [に]	anywhere 副どこかに/ どこへでも	nowhere 副どこに[で] も～ない	everywhere ⑥ 副どこでも
-how	somehow ⑦ 副何とか	anyhow ⑧ 副とにかく	―	―
その他	somewhat 副幾分，やや	anyway ⑧ 副とにかく	―	―

① He gave me ***something***. （彼は私に何かをくれた）

② I will give you ***anything***. （君に何でもあげよう）

③ She said ***nothing***. = She did***n't*** say ***anything***. （彼女は何も言わなかった）

④ ***Someone*** knocked at the door. （誰かがドアをたたいた）

⑤ I met *nobody* on the way back.（帰り道では誰にも会わなかった）

⑥ Today there are faxes *everywhere*.

（今日ファクスはどこにでもある）

⑦ I want to pass the test *somehow* [*anyhow*].

（どうにかして［どうしても］テストに合格したい）

⑧ *Anyhow* [*Anyway*] you should see a doctor.

（君はとにかく医者にみてもらう方がいい）

慣用表現

■ **Something is wrong [the matter] with A** = Aの具合が悪い

Something is wrong [*the matter*] *with* my computer.

（パソコンの調子が悪い）

書換 My computer is *out of order*.

■ **have something* to do with A** = Aと何か関係がある

*=something, anything, nothing, much, a lot, littleなど

He *has something* [*nothing*] *to do with* the matter.

（彼はその問題といくらか関係がある［全く関係ない］）

This job *has a lot to do with* ecology.

（この仕事は環境保護と大いに関係がある）

□ **for nothing** = 無料で，無駄に

I got this ticket *for nothing*.（この切符はただで手に入れた）

□ such [sʌtʃ] 代 そのような（もの）

※副詞としての用法は，p.284を参照。

慣用表現

□ **as such** = そういうものとして

He is a gentleman and is everywhere recognized *as such*.

（彼は紳士で，どこへ行ってもそのように認められている）

※such=a gentleman。前にasがあるときは，oneでなくsuchを使う。

☐ **this** [ðís] ① 代 これ，このこと ② 形 この〜 ③ 副 これほど
☐ **these** [ðíːz] ① 代 これら ② 形 これらの〜

※ this と that は，次のように使い分ける。

	単数	複数
時間［空間・心理］的に近いものを指すとき	**this**	**these**
時間［空間・心理］的に遠いものを指すとき	**that**	**those**

① (a) *This* is my car. （これは私の車です）

(b) What I want to say is *this*; man is selfish by nature.

（私が言いたいのはこうだ。人間は生まれつき利己的である）

※ this が後続の文の内容を指す例。

② I like *this* tie better than that (one).

（私はあのネクタイよりもこのネクタイの方が好きです）

③ I didn't realize it was *this* late. （こんなに遅くなったとは知らなかった）

|慣用表現|

☐ **these days** = このごろは

I'm very busy *these days*. （このごろとても忙しい）

☐ **that** [ðət] ① 代 あれ，それ ② 形 あの［その］〜 ③ 副 それほど
※接続詞・関係詞としての用法は，それぞれの Part を参照。

☐ **those** [ðóuz] ① 代 あれら，それら ② 形 あれら［それら］の〜

① (a) The bus did not come on time. *That* was why I was late.

（バスが時間通りに来なかった。それで私は遅刻した）

(b) His life was *that* of a scientist.

（彼の一生は科学者の一生であった）《 that = the life 》

(c) The ears of a rabbit are longer than *those* of a cat.

（ウサギの耳はネコの耳よりも長い）《 those = the ears 》

POINT that・those は，前の名詞の反復を避けるために使われる。〈that［those］+of A〉の形で使うことが多い。

② (a) *That* building is the city hall. (あの建物は市役所です)

(b) *Those* boys are my friends. (あの男の子たちはぼくの友だちです)

③ I like him but not *that* much. (彼のことは好きだが、それほどでもない)

|慣用表現|

■ those who V = Vする人々 (people who V)

Those (*who* were) *present* were all moved to tears.

(居合わせた人々は皆感動のあまり泣いた)

□ in those days = 当時は (at that time)

There were no convenience stores *in those days*.

(当時はコンビニはなかった)

□ very [véri]

very [副] ＋ 形/副	① 非常に～
the very [副] ＋ 最上級 [形]	② 断然最も…な～
the very [形] ＋ 名	③ (1) まさに(その)～ (2) 単に～でさえ

① This book is *very* interesting. (この本はとても面白い)

② His speech was *the very* best. = His speech was *much* the best.

(彼のスピーチが断然最高だった)

POINT 比較級・最上級は原則としてmuchなどで強めるが、veryが最上級の形容詞の前に置かれることがある。

※ the very best など一部の形容詞に限られる。

cf. He is *much* [× *very*] taller than I. (彼はぼくよりずっと背が高い)

③ (1) This is *the very* book I've been looking for.

(これがまさに私の探していた本です)

(2) *The very* thought of the interview makes me uneasy.

(面接のことを考えるだけで不安になる)

練習問題 (PART8)（正解はp.625）

[A] 空所に入る適切な語句を選びなさい。

☐ 1 She bought (　) souvenirs than I did.

① more many ② many more

③ more much ④ much more

☐ 2 (　) who were present were given free samples.

① One ② They ③ Those ④ Each

☐ 3 We (　) it for granted that he would apologize to us.

① made ② thought ③ found ④ took

☐ 4 Please (　) yourself to anything you like.

① make ② get ③ help ④ catch

☐ 5 One of my three brothers lives in Osaka, and (　) live in Nagoya.

① others ② the other ③ another ④ the others

[B] 空所に適切な語を入れなさい。

☐ 1 (　) you have to do is sign here.

（君はここにサインしさえすればよい）

☐ 2 I like (　) soccer (　) baseball.

（サッカーも野球も好きではありません）

☐ 3 How far (　)(　) from here to the stadium?

（ここからスタジアムまでの距離はどのくらいですか）

☐ 4 It's (　) colder here than in Tokyo.

（ここは東京よりずっと寒い）

☐ 5 The population of Los Angeles is larger than (　)(　) San Francisco.

（ロサンゼルスの人口はサンフランシスコよりも多い）

PART 9 冠詞の語法

（1）冠詞の基本的用法

● 冠詞には，a(n)（不定冠詞）と the（定冠詞）の2種類がある。a(n)は可算名詞（数えられる名詞）の単数形の前に置く。theはどんな名詞の前にも置ける。

		a・an	the	無冠詞
可算名詞	単数形	a boy	the boy	× boy
	複数形	× a boys	the boys	boys
不可算名詞		× a water	the water	water

● a(n)は不特定の（数えられる）ものを指し，「ある1つの〜」の意味を表す。
  ・I saw *a lion* in the zoo.（私は動物園で（1匹の）ライオンを見た）
  ・He is *a genius* in a sense.（彼はある意味では天才だ）

● theは特定のものを指し，「その〜」の意味を表す。
  ・I saw *the lion* in the zoo.（私は動物園でそのライオンを見た）
  ・We keep a cat. **The** *cat* is very cute.
    （私たちはネコを飼っている。そのネコはとてもかわいい）

● 初めて話題にのぼる名詞の前には a(n) を，聞き手が既に知っている（またはその場の状況から何を指すかがわかる）名詞の前にはtheを使う。
  ・There is *a melon* in ***the*** *refrigerator*.（冷蔵庫の中にメロンがあります）
    ※ refrigeratorは「そこにある（特定の）冷蔵庫」を指すことが状況からわかるので，theをつける。melonは「初めて話題にのぼる名詞」だからaをつける。

（2）a・an の注意すべき用法

> 例 英文の誤りを訂正しなさい。
> A horse is an useful animal.（ウマは役に立つ動物である）

答 an → a

　anは，母音で始まる語の前に置く。黙字のhで始まる語（例 = hour）の前も an。半母音の［j］で始まる語（例 = university・European）の前ではa。

● **POINT** a (n) が「〜につき (per)」の意味を表すことがある。

- I brush my teeth three times ***a*** *day*.（私は1日に3回歯をみがく）
- He drove at sixty kilometers ***an*** *hour*.

　（彼は時速60キロで車を運転した）

（3）the の注意すべき用法

> 例（　）内から正しい方を選びなさい。
> I'll buy (a / the) cheaper one of the two.
> （2つのうちで安い方を買います）

答 the

　「後ろに of the two があるとき，比較級には the をつける」と説明される。「2つのうちで安い方」はどちらか1つに特定されるので，the を使うのが正しい。the の用法については，次のような点にも注意。

● この世にただ1つしかないものの前には，theをつける。

- ***The*** *earth* moves around ***the*** *sun*.（地球は太陽のまわりを回る）
- ***The*** *Yodo* flows through Osaka.（淀川は大阪を貫流する）

　　【参考】固有名詞はこの世に1つしかないが，the をつける場合とそうでない場合とがある。海・川・山脈・建造物などの前には the をつけるが，人名・国名・都市名などには the をつけない。

　　【参考】「月」は the moon だが，「満月」は a full moon と言う。これはいろんな形の月があることを前提としているため。a heavy rain（大雨）に a がつくのも同様。

● 最上級・序数詞（first, second, third...）・only・sameなど，名詞を1つに限定する働きを持つ形容詞の前には，theをつける。
  ・**The first** guest to arrive was Mr. Yamada.
    （到着した最初のお客は，山田氏だった）
  ・I bought **the same** dictionary as yours.
    （ぼくは君のと同じ辞書を買った）
● 後ろから修飾語句によって限定されている名詞には，theをつける。
  ・**The** book <u>you lent me yesterday</u> was interesting.
    （君がきのう貸してくれた本は面白かった）
  ただし，後ろに修飾語句があるからといって，名詞の前に常に the がつくわけではない。
  (a) This is <u>the knife that I usually use to cut butter</u>.
    （これは私がふだんバターを切るのに使うナイフです）
  (b) This is <u>a knife that can be used to cut butter</u>.
    （これはバターを切るのに使えるナイフです）
  (a) の場合は1つのナイフに限定されるので the knife と言うが，(b) では「バターを切れるナイフ」は多数存在し，その不特定のナイフのうちの1本を指すことになるので a knife と言う。
● **POINT** 楽器名にはtheをつける。
  ・They played **the** guitar and sang merrily.
    （彼らはギターをひいて陽気に歌った）
● **POINT** 〈by the＋名詞〉が「単位」を表すことがある。
  ・He is paid **by the day**.（彼は日給制で給料を支払われる）
  ・We buy pencils **by the dozen**.（私たちは鉛筆を1ダース単位で買う）
● 「the＋形容詞」が「～の人々」の意味になることがある。
  ・**The rich** ［= Rich people］ are not always happier than the poor.
    （金持ちが必ずしも貧しい人より幸福だとは限らない）

● **POINT** 「V＋人＋前置詞＋the＋身体の部分」で「人の身体の一部を〜する」の意味を表す。

・He *looked her in the* [✕ *her*] *eye*. （彼は彼女の目を見つめた）

このタイプの表現には，次のようなものがある。

・seize ［catch/take/hold］＋人＋by the arm ＝〜の腕をつかむ
・hit ［strike］＋人＋on the head ＝〜の頭をなぐる
・pat＋人＋on the shoulder ＝〜の肩を（軽く）たたく
・kiss＋人＋on the cheek ＝〜のほおにキスする
・look ［stare］＋人＋in the face ＝〜の顔をじっと見る

(a) He seized *my arm*.
(b) He seized me ***by*** *the arm*.

(a)は my arm に，(b)は me の方に重点が置かれている。(b)では，seize（つかむ）という動作の対象となる人間をまず明示して，その後で身体のどの部分かを追加説明している。by the armのarmは「物としての（具体性を持った）腕」でなく「身体器官としての（抽象的な）腕の部分」を意味する。この形で使われる前置詞は，次のように分類できる。

① 表面接触の動詞（*on*）＝ hit・strike・pat・slap・kick・kiss・lick など
② 把捉の動詞（*by*）＝ catch・hold・seize・grab・take・pull など
③ 侵入の動詞（*in*）＝ look・stare・cut・shoot・poke など

次の文中の the も，これと同様の用法。

・He got a slight wound *in* *the arm*. （彼は腕に軽傷を負った）
・I have a pain *in* *the knee*. （ひざが痛い）

（4）無冠詞の注意すべき用法

> 例　英文の誤りを訂正しなさい。
> I'll send the data by an e-mail.（データはメールで送ります）

答　an → 削除

　by（～によって）の後ろに交通や通信の手段を表す名詞を置くとき，その名詞には冠詞をつけない。この例の場合，e-mailは「1通のメール」という意味ではなく，「メールという通信手段（によって）」という抽象的な意味を表している。

● 「～というもの」（総称）を表すときは，冠詞をつけないのが普通。
- ・*Cats* catch *mice*.（ネコはネズミをとる（ものだ））
  - ※ the cat(s) だと特定のネコを指すことになる。
- ・I like *apples* ［✗ *an apple*］.（私はリンゴが好きです）
- ・*Love* ［✗ *The love*］ is blind.（愛は盲目である）

● 名詞が「抽象的な目的や機能」を表すときは，無冠詞で用いる。
- ・My sister *goes to* ***high school***.（妹は高校に通っています）
  - ※ go to school の schoolは「勉強の場」という抽象的な意味を表す。*watch television*（テレビを見る）なども同様。ただし，大学の場合は慣用的に go to (the) universityと言う。

● **POINT**　〈by＋交通［通信］手段〉の形では，名詞は無冠詞。
- ・I went there ***by car***. = I went there *in my car*.
  （私は車でそこへ行きました）（→p.336）
  - ※ carは「車という交通手段」という抽象的な意味を表す。

● 食事名・スポーツ名・学科名・病名・季節などは，慣用的に無冠詞で用いる。
- ・eat *lunch*（昼食を食べる）　　・play *tennis*（テニスをする）
- ・study *history*（歴史を学ぶ）　・die of *cancer*（ガンで死ぬ）

● 対句は，しばしば無冠詞で用いる。
- ・work *from morning till night*（朝から晩まで働く）
- ・sit *face to face* at the table（テーブルに向かい合って座る）

- **POINT** 唯一の役職・身分などを表す名詞には冠詞をつけない。
  - They *elected* John (✗ *the*) **chairman**. （彼らはジョンを議長に選んだ）
  - He *was appointed* **head** of the section. （彼は課長に任命された）
- 現在を基準にして next week（来週），last year（去年）などと言う場合は，前に the をつけない。
  - We have a math test (✗ *the*) **next week**. （来週数学のテストがある）

  過去や未来の一時点を基準にするときは the をつける。
  - He said he would start **the next morning**. （彼はその翌朝に出発すると言った）

（5）注意すべき冠詞の語順

> 例 英文の誤りを訂正しなさい。
> I was in a such hurry that I didn't have lunch.
> （私はとても急いでいたので昼食をとらなかった）

答 in a such hurry → in such a hurry

in a hurry（急いで）を〈such ～ that ...〉（非常に～なので…）の形と組み合わせて使う場合，suchはaの前に置くのが正しい。

- **POINT** such+a [an] +（形+）名
  - *such a* (*serious*) *mistake* （それほどの（重大な）誤り）

  ※複数形にするとsuch (serious) mistakesとなる。

  > 【参考】quite・rather の後の語順は，次のようになる。
  > - He was *quite* [*rather*] *a child*. （彼は全くの［どちらかといえば］子どもだった）
  > - He is *quite* [*rather*] *a rich man*. / He is *a quite* [*rather*] *rich man*.
  >   （彼はかなりの金持ちだ）

- **POINT** half+a [an/the] +名
  - I waited for him for **half an** hour. （私は30分彼を待った）
- **POINT** all/both/double+the+名
  - He spent *all the* money. （彼はすべての金を使ってしまった）

- **Both** *his* parents are dead.（彼の両親は二人とも死んでいる）

  ※ the のほか this [these]・that [those]・所有格なども使える。

● **POINT**　too/how/so/as＋形＋a [an] ＋名

- That is **too** *serious* **a** *mistake* to overlook.

  （それは非常に重大な誤りなので見のがせない）

- I have never known **so** *wet* **a** *summer*　[**such a** *wet summer*].

  （こんなに雨の降る夏は初めてです）

- **How** *careless* **a** *mistake*　[**What a** *careless mistake*] I have made!

  （ぼくは何て不注意な誤りをしてしまったんだろう）

（6）限定詞の重複を避ける表現

> 例　英文の誤りを訂正しなさい。
> This overcoat of him is already worn out.
> （彼のこのコートはもう着古しだ）

答　him → his

　次のような語は，「冠詞の代わりをする語」と考えられる（たとえば名詞の前に this や所有格があれば，冠詞は不要）。これらを「限定詞」と呼ぶ。

- this / that / these / those　・some / any / no　・所有格（my / your / his...）

　名詞の前に２つ（以上）の限定詞を並べて置くことはできない。たとえば，a my bookとは言えない。このような場合，所有格を名詞の後ろに回して表現する。

● **POINT**　限定詞＋名詞＋of＋所有代名詞［独立所有格］

- ✗ *this his* pen → ○ *this* pen **of his**（この彼のペン）
- ✗ *a my* friend → ○ *a* friend **of mine**（私の友人の一人）
- ✗ *two Tom's* mistakes → ○ *two* mistakes **of Tom's**（トムの２つの誤り）

  ※ his・mineは所有代名詞，Tom's は独立所有格。

練習問題（PART9）（正解はp.625）

[A] 空所に必要に応じて冠詞を入れなさい。何も入らないときは×を入れなさい。
- 1 The train had stopped, so I came by (　) taxi.
- 2 The part-timers are paid by (　) hour.
- 3 I played a video game for half (　) hour.
- 4 Mike is (　) taller of the two boys.
- 5 I'm going to New York (　) next month.
- 6 We heard someone playing (　) guitar.
- 7 I kissed her on (　) cheek.
- 8 Ms. Johnson was elected (　) chairperson.
- 9 I usually have (　) lunch at 1 p.m.
- 10 (　) elevator was out of order.

[B] (　) 内の語を正しく並べ替えなさい。
- 1 (father's / came / friend / a / my / of) to my house.
  （父の友人の一人がわが家に来た）
- 2 How (do / a / many / you / hours / day) use your computer?
  （あなたは1日に何時間パソコンを使いますか）
- 3 I was (hurry / in / such / that / a) I forgot to lock the door.
  （私はとても急いでいたので、ドアの鍵をかけ忘れた）
- 4 Ben isn't (smart / as / as / student / a) his brother.
  （ベンは兄ほど利口な生徒ではない）

PART 10
助動詞の語法

（1）助動詞の基本的用法

助動詞は，動詞（の原形）の前に置いて，動詞にさまざまな意味を加える働きをする。形の上での主な特徴は，次のとおり。

① 助動詞には「3単現のs」はつかない。
　・He *can* [× *cans*] swim well.（彼は上手に泳げる）
② 助動詞を否定するときは，後ろにnotを置く。
　・I *can't* swim well.（私は上手に泳げない）
③ 疑問文は，主語と助動詞を入れ替えて作る。
　・*Can* you swim well?（上手に泳げますか）

（2）推量の意味を持つ助動詞

推量（「～だろう」など）の意味を持つ主な助動詞を，可能性の度合いが高い順に並べると，次のようになる。

助動詞	推量の意味	その他の主な意味
must	～に違いない	～しなければならない
should	～のはずだ	～すべきだ
will	～だろう	～するつもりだ
may	～かもしれない	～してもよい
can	～でありうる	～することができる
can't	～のはずがない	～することができない

POINT　「推量の助動詞」の後ろには，原則として無意志動詞を置く。

英語には，次の2つのタイプの動詞がある。

助動詞	性格	例
意志動詞	自分の意志でコントロールできる動作などを表す。	go make
無意志動詞	自分の意志ではコントロールできない状態などを表す。	be動詞 rain

次の例を参照。

・He *must start* at once.

　（○ 彼はすぐ<u>出発しなければならない</u>）

　（× 彼はすぐ<u>出発するに違いない</u>）

start は意志動詞だから，この文の must は「推量」の意味ではない。したがって，下のような解釈は生じない。

【参考】ただし，may（～かもしれない）の後ろには意志動詞も置ける。

・He may not come.（彼は来ないかもしれない）

（3）助動詞の組み合わせ

> 例（　）内に適切な語を入れなさい。
> You （　　） be （　　） to persuade him.
> （君は彼を説得できないだろう）

答　won't, able

「君は彼を説得できない」ならYou can't persuade him. だが，これに「だろう」の意味を加えるにはwillを使う必要がある。このとき，次の点に注意。

POINT　will・can・may・must などの助動詞を，(will must のように) 2つ並べて使うことはできない。

そこで，次のように表現する。

○ We *will have to* change our schedule.

× We *will must* change our schedule.

　（私たちは予定を変更しなければならないだろう）

○ You *may* not *be able to* catch the train.

× You *may* not *can* catch the train.

（君は列車に間に合わないかもしれない）

（4）助動詞の過去形

> 例　2つの文の意味がほぼ同じになるよう，（　）内に適切な語を入れなさい。
> (a) She said, "I will go to America to study."
> (b) She said that she (　) go to America to study.
> （アメリカへ留学するつもりだ，と彼女は言った）

答　would

will には，would という過去形がある。助動詞の過去形の1つの使い方は，この問いのような「時制の一致」が起こる場合である。

助動詞の原形と過去形をまとめると，次のようになる。

原形	過去形	注意点
will	would	wouldには「～するつもりだった」の意味はない。
shall	should	shouldは「～すべきだ」の意味で使う。
can	could	couldには「～することができた」の意味がある。
may	might	mightには「～してもよかった」の意味はない。
must	（なし）	「～しなければならなかった」はhad toで表す。

この表からわかるとおり，「原形」と「過去形」とが意味の上で対応しているのは can（できる）と could（できた）のみであり，基本的に助動詞の過去形は「過去」を表すわけではない。次のように覚えておくとよい。

POINT　助動詞の過去形は，しばしば「意味を和らげる」働きをする。

・*Can* [*Could*] you help me?（手伝ってもらえますか）

　　※ could を使う方が丁寧な言い方。

・The rumor *may* [*might*] be true.（そのうわさは本当かもしれない）

　　※ might を使う方が遠慮がちな言い方。

これらの過去形は、**仮定法過去**に由来する。たとえば、Could you ~?（~していただけますか）は、「もしあなたに~することができるなら」という（仮定法過去の）遠回しな言い方をすることで、遠慮がちな依頼を表している。次の例も同様。

・***Would*** you mind if I *smoked* ?（たばこをすってもかまいませんか）

この文は「（現実にはそうではないのですが）もし私がたばこをすうとしたら、あなたはいやがりますか」という、遠慮がちな表現になっている。

（5）助動詞＋have＋Vpp

> 例（　）内に適切な語を入れなさい。
> You（　　）（　　）come with me.
> （君はぼくと一緒に来ればよかったのに）

答　should, have

過去の事実に対する推量などを表す、次のような形がある。

● 助動詞が推量の意味を持つもの

must have＋Vpp	~した［だった］に違いない
should have＋Vpp ought to have＋Vpp	~した［だった］はずだ
will have＋Vpp would have＋Vpp	~した［だった］だろう
may have＋Vpp might have＋Vpp could have＋Vpp	~した［だった］かもしれない ※ canは不可。
can't have＋Vpp couldn't have＋Vpp	~した［だった］はずがない

※ 過去形を使うと、控えめな推量を表す。

・He ***may*** [***might***] ***have*** told a lie.（彼はうそをついたのかもしれない）

● 過去の不成立（に対する後悔など）を表すもの

should have＋Vpp ought to have＋Vpp	～すべきだったのに（しなかったのは残念だ）
need not have＋Vpp	～する必要はなかったのに（してしまったのは残念だ）

・I *ought to have* seen the movie.（その映画を見ればよかった）

なお，不定詞にもこれと同様の使い方がある。

intended to have＋Vpp	～するつもりだったのに
was［were］to have＋Vpp	～することになっていたのだが

このほか，expected, hoped, meant, wanted などに続く〈to have＋Vpp〉も同様の意味を表す。

（6）主な助動詞の語法 ※V＝動詞の原形（原則として）

■ be going to

① ～する予定［つもり］だ　② （まさに）～するところだ　③ ～しそうだ

① (a) They *are going to* get married.（彼らは結婚する予定だ）

※ They *will* だと「彼らは結婚するだろう」の意味に解釈される。

(b) I'*m going to* have a baby in September.

（私の出産予定は9月です）

※ I'*ll* だと「私は9月に出産するつもりだ」の意味に解釈される。

(c) "The phone is ringing." — "I'*ll* ［✕ I'*m going to*］ get it."

（「電話が鳴っているわ」「ぼくが出るよ」）

POINT その場で思いついたことには，be going to は使えない。

② She called me when I *was going to* call her.

（彼女に電話しようとしていたときに，彼女が電話をくれた）

③ (a) Hurry up. We'*re going to* be late.（急いで。遅れそうよ）

※ We'*ll* be late.（遅れるだろう）は意味的に不自然。

(b) It's *going to* rain in the afternoon.（午後は雨が降りそうだ）

【参考】次の文の go は「行く」の意味。

・I'm *going* to visit him in the hospital.（病院へ彼のお見舞いに行くところです）

■ can [kǽn]

① ～することができる《可能》　② ～してもよい《許可》

③ ～でありうる《可能性》　④ 一体～だろうか《強い疑問・驚き》

① (a) *Can* you use this software?（このソフトを使えますか）

(b) ○ You *will be able to* finish this task in a week.

× You *will can* finish this task in a week.

（君は1週間でこの仕事を終えることができるだろう）

POINT 他の助動詞の後ろではbe able toを使う。

② *Can*［*May*］I park here?（ここに駐車してもいいですか）

※ may を使う方が丁寧な言い方。

③ Accident *can* happen.（事故は起こりうる）

※ can は理論的な可能性を, may（～かもしれない）は現実的な可能性を表す。

④ *Can* it be true?（それは一体本当だろうか）

※「本当のはずがない」（修辞疑問）の意味になる場合もある。

|慣用表現|

■ *Can*［*Can't*］*you* V? =～してくれませんか

Can［*Can't*］*you* help me?（手伝ってもらえる？）

※友人同士などが使う, くだけた表現。（→ p.528）

■ as＋形/副＋as S can = できるだけ～

■ as＋形/副＋as possible = できるだけ～

Speak *as loudly as you can*. = Speak *as loudly as possible*.

（できるだけ大きな声で話しなさい）

■ can't [kǽnt]

① ～することができない《不可能》　② ～してはいけない《不許可》
③ ～のはずがない《可能性の否定》

① I ***can't*** stand this heat.（この暑さには耐えられない）

② You ***can't*** park here.（ここに駐車してはいけません）

※ may not よりも can't の方が普通。

③ The rumor ***can't*** be true.（そのうわさは本当のはずがない）

慣用表現

■ ***can't***［cannot］have＋Vpp ＝ ～した［だった］はずがない

He ***can't have*** told me a lie.（彼が私にうそをついたはずがない）

■ ***can't***［cannot］help＋Ving ＝ ～せざるを得ない

■ ***can't***［cannot］(help)＋but V ＝ ～せざるを得ない

I ***can't help*** feeling sorry for them.

＝ I ***can't*** (***help***) ***but feel*** sorry for them.

（彼らのことを気の毒に思わざるを得ない）

■ ***can't***［cannot］V＋too＋形 / 副 ＝ いくら～してもしすぎではない

You ***can't*** be ***too*** careful when you drive a car.

（車を運転するときはどんなに注意してもしすぎではない）

cf. I ***cannot*** thank you ***enough***.

（あなたにはいくらお礼をしても足りないくらいです）

cf. You ***cannot*** overestimate his abilities.

（彼の能力はいくら評価してもしすぎではありません）

■ could [kúd]

①《時制の一致》　②～することができた《可能》
③《canの婉曲表現》　④～することができるだろう（に）《仮定法》

① I asked him if I ***could*** use the phone.

（電話を使ってもいいですか，と私は彼に尋ねた）

② I ***was able to*** [× *could*] persuade him.

（私は彼を説得することができた）

※「過去に１回限りの行為ができた」の意味では，could は普通使わない。I could persuade him. は「私は（やろうと思えば）彼を説得できるだろう」の意味（④）に解釈される。なお，否定文の場合は I couldn't persuade him.（私は彼を説得できなかった）と言える。

【参考】知覚や認識を表す動詞（see, hear, remember, understandなど）の前に，「〜できた」の意味で could を置くことは可能。
We ***could see*** an island in the distance.（遠くに島が見えた）

③ What he said ***could*** be true.

（彼が言ったことは（ひょっとしたら）本当かもしれない）

④ Even a child ***could*** solve this puzzle.

（子どもでもこのパズルは解けるだろう）

※「やろうと思えば」の意味を含む。「解くことができた」ではない。

|慣用表現|

□ **Could you V?** = 〜していただけますか

Could you wait here, please?（ここでお待ちいただけますか）

※ Can you 〜? よりも丁寧な表現。（→p.517）

□ **do** [dúː]

do [does/did] ＋V	《動詞を強調する》

(a) When he ***does*** speak, it is always to the point.

（彼がひとたび口を開けば，いつも的を射た発言をする）

※ does は speak を強調する（強く読む）。

(b) I ***did*** return the book to the shelf.

= I *really returned* the book to the shelf.

（ぼくは確かにその本を本棚に戻しましたよ）

■ had better

had better V	① 〜する方がよい
had better not V	② 〜しない方がよい

① You **had better** see a doctor. （医者にみてもらう方がいい）

> 書換 It would be better for you to see a doctor. 《丁寧な表現》

【参考】had better V は「〜した方がいい，さもないとどうなっても知らないぞ」のような脅迫的な響きが生じる場合があるので，「〜する方がよい」を英訳するときは should を使うのが無難。

【参考】おおむね，should → had better → have to → must の順に意味が強くなる。

【参考】had better を強調した had best（〜するのが一番だ）という形もある。
You **had best** meet them halfway. （君は彼らに譲歩するのが一番だ）

② You **had better** not believe him. （彼の言うことは信じない方がいい）

> POINT notの位置に注意。

■ have to

have [has] to V	① 〜しなければならない
don't [doesn't] have to V	② 〜する必要はない

① (a) He **has to** lose weight. （彼は減量しなければならない）

※主語が3人称単数で現在形のときはhas to。

【参考】have to は「客観的な理由によって〜しなければならない」の意味を含み，must よりも柔らかい響きがあるため日常的によく使われる。

(b) Do we **have to** take off our shoes?

（靴を脱がねばなりませんか）

(c) I'**ve got to** [= I have to] go now. （もう行かなくちゃ）

> POINT have toは，口語ではhave got toとも言う。

※ have gotは，口語では have と同じ意味を表す。

Have you **got** your student ID?
= Do you have your student ID?

（学生証を持っていますか）

② You ***don't have*** [***need***] ***to*** *show* your passport here.

(ここではパスポートを見せなくてかまいません)

|慣用表現|

■ **only have to V** = 〜しさえすればよい

You ***only have to*** *sign* here. (ここに署名しさえすればよろしい)

|書換| ***All you have to do is*** (***to***) *sign* here.

【参考】You *have only to sign* here. とも言うが，only を前に置く用例の方が多い。

■ **may** [méi]

① 〜してもよい《許可》　② 〜かもしれない《可能性》

③《譲歩の意味を表す節中で》　④《目的の意味を表す節中で》

⑤《祈願文で》

① (a) You ***may*** [***can***] use this computer.

(このパソコンを使ってよろしい)

※ 硬い言い方で，口語では can の方が普通。

(b) ***May*** I have your name, please? (お名前を教えていただけますか)

※ Can I 〜? よりも丁寧な言い方で，よく使われる。

② He ***may*** or ***may not*** succeed.

(彼は成功するかもしれないし，しないかもしれない)

③ Whatever ***may*** happen, I will not change my mind.

(たとえ何が起ころうと，私は心変わりしない)

※ Whatever happens, ... も可。

④ Let's start early so that we ***may*** get good seats.

(いい席が取れるように早く出発しよう)

※ may は硬い言い方で，口語では can や will を使うのが普通。

⑤ ***May*** you be very happy! (ご多幸をお祈りします)

※ 硬い言い方。普通は I hope you'll be very happy. などと言う。

|慣用表現|

■ **may have＋Vpp** = 〜した［だった］かもしれない

　I *may have* brought someone's umbrella by mistake.

　（間違えて誰かの傘を持ってきたかもしれない）

■ **may well V** = ① 〜するのは当然だ　② たぶん〜だろう

　① She *may well* be angry with you.

　　（彼女が君に怒っているのは当然だ）

　　|書換| She *has every* ［*good*］ *reason to be* angry with you.

　　　　It is natural ［*no wonder*］ *that* she *should* be angry with you.

　② He *may well* regret his own words later.

　　（彼はたぶん後になって自分の言ったことを後悔するだろう）

□ **may ［might］ as well V** = 〜するのもよい

　You *may* ［*might*］ *as well* consult a lawyer.

　（弁護士に相談してもよかろう［相談するのも悪くない］）

□ **may ［might］ as well V₁ as V₂** = V₂するくらいならV₁する方がましだ

　You *may* ［*might*］ *as well* throw your money away *as* lend it to him.

　（彼に金を貸すくらいなら投げ捨てた方がましだ）

　cf. You *might just as well* have stayed at home.

　　（（出かけていってあんな目にあうくらいなら）君は家にいた方がましだった）

■ might [máit]

① 《時制の一致》　② 《mayの婉曲表現》

③ 〜かもしれない（のに）《仮定法過去・過去完了》

　① I thought the answer *might* be wrong.

　　（その答えは間違っているかもしれないと私は思った）

　② The rumor *might* ［*may*］ be true.（そのうわさは本当かもしれない）

　　※ might の方が遠慮がちな言い方。

③ You *might have* won first prize.

（君は（やってみれば）１等賞を取ったかもしれないのに）

■ must [mʌ́st]

must V	① (1) 〜しなければならない《義務》 　(2) 〜に違いない《可能性》
must not V	② 〜してはならない

① (1) (a) You *must* observe the school rules.（校則を守らねばならない）

　(b) "*Must* I go?" — "No, you *don't have to* [× *must not*]."

　（「行かねばなりませんか」「いいえ，その必要はありません」）

　(c) ○ You *may have to* write a letter of apology.

　　× You *may must* write a letter of apology.

　　（君は始末書を書かねばならないかもしれない）

POINT 他の助動詞の後ろでは have to を使う。

② You *must not* enter this room.（この部屋に入ってはいけない）

POINT must と have to の使い分け

助動詞	否定形の意味	過去形
must	must not 〜してはならない	×
have to	don't have to 〜する必要はない	had to 〜しなければならなかった

cf. We *had to* [× *must*] cancel the reservation.

（私たちは予約を取り消さねばならなかった）

① (2) There *must* be a good solution.（いい解決法があるに違いない）

慣用表現

　■ must have＋Vpp = 〜した［だった］に違いない

　　He *must have told* a lie.（彼はうそをついたに違いない）

■ ought to [ɔ́:tu]

ought to V	① (1) 〜すべきだ［する方がよい］《義務・当然》 (2) 〜のはずだ《可能性》
ought not to V	② 〜すべきではない

① (1) You *ought to* stop smoking. = You *should* stop smoking.

　　（君は禁煙する方がいい）

　　　【参考】ought to≒should と考えてよい。(should よりもやや意味が強い)

　(2) He *ought to* know the fact.（彼はその事実を知っているはずだ）

② You *ought not to* keep company with them.

　=You *should not* keep company with them.

　　（君は彼らと付き合うべきではない）

POINT ought not to と had better not の語順の違いに注意。

[慣用表現]

■ **ought to have＋Vpp** = ① 〜した［だった］はずだ　② 〜すべきだったのに

① He *ought to have* arrived by now.

　　（彼は今ごろはもう着いているはずだ）

② You *ought to have* come earlier.

　　（君はもっと早く来ればよかったのに）

■ shall [ʃæl]

Shall I V?	①（私が）〜しましょうか
Shall we V?	②（一緒に）〜しましょうか
Let's V, shall we?	③ 〜しましょうよ

POINT shall は「〜しましょう（か）」の意味で使う。

① "*Shall I* turn on the TV?" — "Yes, please."

　　（「テレビをつけましょうか」「ええ，お願いします」）

② *"**Shall we** have a welcome party for her?"* ― *"Yes, let's."*

（「彼女の歓迎会を開こうか」「うん，そうしよう」）

　　　書換 *Why don't we* have a welcome party for her?

　　　　　 How about having a welcome party for her?

③ Let's take a break, ***shall we***?（休憩を取ろうよ）

※ 以上が shall の最も普通の使い方であり，テストでもこれら以外の用法が出題されることはまずない。

【参考】shall は次のようにも使う。

・I *shall* be eighteen next month.（私は来月18歳になります）《単純未来》

・I *shall* never forget your kindness.

（あなたの親切は決して忘れません）《話し手の強い意志》

・The fine *shall* not exceed 100 dollars.

（罰金は100ドルを超えてはならない）《法律などの文面で》

■ should [ʃúd]

① ～すべきだ［する方がよい］《義務・当然》　② ～のはずだ《可能性》

③ 万一（～なら）《if 節中で》　④ ～とは《驚き・意外》

⑤《命令・要求などを表す that 節中で》

① (a) You ***should*** [***ought to***] have a regular checkup.

（君は定期検診を受ける方がいい）

　(b) You ***should not*** eat too much. = You ***ought not to*** eat too much.

（君は食べすぎない方がいい）

② He ***should*** [***ought to***] arrive by six thirty.

（彼は6時半までに来るはずだ）

③ If he ***should*** fail to come, the party will［would］be unpleasant.

（万一彼が来なければ，パーティーは楽しくないだろう）

④ I'm surprised that he ***should*** have passed the test.

（彼がそのテストに合格したとは驚いた）

⑤ It is necessary that the children (***should***) be taken good care of.

(その子どもたちは十分な世話をされることが必要だ)

【参考】should を使うのは主にイギリス英語。アメリカ英語では should を省いた形（仮定法現在）を使うのが普通。(→p.211)

|慣用表現|

■ should have＋Vpp = ① ～した［だった］はずだ　② ～すべきだったのに

① The bus ***should have*** arrived. (バスは着いているはずだ)

② I ***should have*** reserved a table. (席を予約すればよかった)

■ used to [júːstu]

① ～するのが常だった　② 以前は～だった

① I ***used to*** go out with her on Sundays.

(日曜日は彼女とデートするのが常だった)

※ used to は常習的動作を，would は不規則な習慣を表す。(→p.528)

② There ***used to*** be a movie theater around here.

(昔このあたりに映画館があった)

POINT　形の紛らわしい used to の区別

■ used to＋動詞の原形 = ～するのが常だった

I ***used to sit*** up late at night. 《used to=助動詞》

(私は夜更かしするのが常だった)

■ be used to＋Ving = ～することに慣れている

I ***am used to sitting*** up late at night. 《used=形容詞》

(私は夜更かしするのに慣れている)

☐ be used＋to V = ～するのに使われる

This knife ***is used to cut*** bread.

(このナイフはパンを切るために使われる)

※ used は use（使う）の過去分詞。is used（使われる）という受動態の後ろに to cut（切るために）という目的を表す不定詞を続けた形。

■ will [wíl]

① ～だろう《単純未来》　② ～するつもりだ《意志》
③ どうしても～しようとする《意志》　④ ～するものだ《習性・習慣》
⑤ ～だろう《推量》

① It *will* rain tomorrow.（明日は雨が降るだろう）

② (a) I *won't* [= *will not*] change my mind.（私は心変わりしません）

(b) *Will* you have another cup of tea?（お茶をもう1杯いかがですか）

(c) If you *will* wait a moment, I'll go and get a chair.

（少しお待ちいただけるのでしたら，いすをお持ちします）

POINT if 節（「もし～なら」）中で will が使われることがある。

※ if 節中では普通は will を使わない（→p.430）が，この文では相手の意志を尊重した丁寧な打診として will が使われている。

③ He *will* have his own way.（彼はどこまでも我を通そうとする）

※この用法が無生物にも拡張され，won't［will not］が「どうしても～しない」の意味を表すことがある。

The door *won't* open.（ドアがどうしても開かない）

④ Women *will* talk.（女性はおしゃべりだ）

⑤ It *will* be snowing in the mountains.（山はもう雪だろう）

※この文の「だろう」は未来ではなく，現在の推量を表す。

慣用表現

■ Will you V? = ～してくれませんか

■ 命令文, will you? = ～してください

Will you help me with the dishes?

= Help me with the dishes, *will you*?

（お皿を洗うのを手伝ってくれない？）

【参考】たとえば Will you come? は「① 来るつもりですか」「② 来てもらえますか」の両方の意味に解釈できるので，① の意味を明確にしたい場合は Are you coming? など別の形を使うことが多い。

■ **will do** = 間に合う，役に立つ

Any book ***will do*** if it is interesting.

（面白ければどんな本でもかまいません）

■ would [wúd]

① 《時制の一致》　② 《willの婉曲表現》　③ 〜だろう（に）《仮定法》

④ よく〜したものだった《過去の習慣》

⑤ どうしても〜しようとした《意志》

① He said he ***would*** change his job.

（転職するつもりだ，と彼は言った）

② The cost ***would*** [***will***] be about 1,000 dollars.

（費用はおよそ千ドルほどでしょう）

③ Any information ***would*** be helpful.

（どんな情報でも（もしいただけると）助かります）

④ (a) He ***would*** often take a walk on the beach.

（彼はよく海岸を散歩したものだった）

※しばしば often・sometimes・always などの副詞を伴う。

(b) When I was a child, I ***used to*** [× <u>would</u>] like chocolate.

（子どものころはチョコレートが好きだった）

※無意志動詞には used to は使えるが would は使えない。

⑤ She ***would not*** let him in.

（彼女は彼をどうしても中に入れなかった）

[慣用表現]

■ **Would you V?** = 〜してもらえますか

Excuse me, ***would you*** take a picture of us?

（すみません，私たちの写真を撮ってもらえますか）

【参考】依頼の表現を丁寧さの度合いが高い順に並べると，① I'd appreciate it if you would 〜. ② Would you mind Ving? ③ Could [Would] you 〜? ④ Will [Can] you 〜? となる。

■ would like＋名 = 〜がほしい 《wantの丁寧な言い方》

I'*d like* a glass of cold water.（冷たい水が１杯ほしい）

Would you *like* some more tea?（お茶をもう少しいかが？）

■ would like to V = 〜したい 《want to Vの丁寧な言い方》

I'*d like to* open an account.（口座を開きたいのですが《銀行で》）

※ I'd like to 〜 のように短縮形で使うのが普通。

■ would rather V = むしろ〜したい

■ would rather V₁ than V₂ = V₂よりむしろV₁したい

I'*d rather* stay at home ***than*** go ［× *going*］shopping.

（買い物に行くより家にいたい）

POINT V₁・V₂ はともに動詞の原形。

□ would rather S＋V ［過去形］ = むしろSにはVしてもらいたい

I ***would rather*** he ***went*** ［× *will go*］by himself.

= I ***wish*** he ***went*** by himself.

（彼にはむしろ一人で行ってほしい）

POINT would rather に続く節中では仮定法を使う。

練習問題（PART10）（正解はp.626）

[A] 空所に入る適切な語句を選びなさい。

☐ 1 I couldn't (　) laughing at his joke.

① but ② help ③ make ④ become

☐ 2 "Must I come tomorrow?" ― "No, you (　)."

① must not ② may not

③ cannot ④ don't have to

☐ 3 "(　) bring something to read?" ― "Yes, please."

① Will you ② Can you ③ Shall I ④ Shall we

☐ 4 I'm not used (　) in front of people.

① to sing ② singing ③ to singing ④ to be singing

☐ 5 "Which would you like, tea or coffee?" ― "Either (　) do."

① will ② should ③ may ④ would

[B] 空所に適切な語を入れなさい。

☐ 1 We (　)(　)(　) wait for more than an hour.

（私たちは1時間以上待たねばならないかもしれない）

☐ 2 You'd (　)(　) see the dentist.

（その歯医者にはみてもらわない方がいい）

☐ 3 I've (　)(　) finish this by tomorrow.

（これを明日までに終えなくちゃならない）

☐ 4 I (　)(　) left home earlier.

（もっと早く家を出ればよかった）

☐ 5 There (　)(　) be a castle near here.

（かつてはこの近くにお城があった）

付録

紛らわしい語の識別

(1) 多義語

複数の意味を持つ単語には，次のようないくつかのタイプがある。

意味のタイプ	単語の例
(A) 同じ品詞で異なる意味	cell ① 名 細胞 ② 名 電池
(B) 異なる品詞で関連する意味	seat ① 名 席 ② 動 座らせる
(C) 異なる品詞で異なる意味	rest ① 動 休息する ② 名 残り
(D) 意外な意味	balance ① 名 均衡 ② 名 残高

テストでは，たとえば次のような形で出題される。

例 2つの文の（　）内に共通して入る語を答えなさい。
(a) I have an account with the (　　).
(b) We walked along the river (　　).

答 bank

(a)は「私はその銀行に口座がある」，(b)は「私たちは川の土手に沿って歩いた」の意味。こうした短答式問題で出題されるだけでなく，文章を読む上でも多義語の知識は重要になる。

例 次の英文を日本語に直しなさい。
The next issue will come out on April 10.

答 来月号は4月10日に発売されます。

issue には「問題」などの意味もあるが，ここでは「〈雑誌の〉号」の意味。また，come out にも「出てくる」などのほか「市場に出る，出版される」の意味がある。

テストで問われやすい多義語には，次のようなものがある。一般的な意味は小さな文字で，注意すべき意味を大きな文字で示している。

■ **account** [əkáunt] ① 名 説明　② **名 （預金）口座**　③ 名 計算，会計

②I have an *account* with the bank.
（私はその銀行に口座を持っている）

③ We *settle the **accounts*** on a quarterly basis.

（当社は4半期ベースで決算する）

☐ **advance** [ædvǽns] ① 名/動 前進（する） ② 名/動 前払い（する）

② ***advance*** money on a contract（契約金を前払いする）

place an ***advance*** order（予約注文をする）

☐ **anchor** [ǽŋkər] ① 名 いかり ② 名 ニュースキャスター

② an ***anchor*** for ABC news（ABCニュースのキャスター）

■ **approach** [əpróutʃ] ① 動 近づく（→p.82） ② 名 取り組み方

② This is a new ***approach*** to foreign language learning.

（これは新しい外国語学習法です）

■ **arm** [άːrm] ① 名 腕 ② 名 武器 [-s] / 動 武装させる

② a submarine ***armed*** with weapons（兵器を搭載した潜水艦）

☐ **art** [άːrt] ① 名 芸術，美術 ② 名 技術，こつ

② I learned the ***art*** of printing there.（私はそこで印刷の技術を学んだ）

■ **article** [άːrtikl] ① 名 記事 ② 名 品物 ③ 名〈契約などの〉条項

① a newspaper ***article***（新聞記事）

② This ***article*** isn't for sale.（この品は売り物ではない）

I bought five ***articles*** of furniture.（5点の家具を買った）

③ The agreement consists of five ***articles***.（協定は5つの条項から成る）

☐ **assembly** [əsémbli] ① 名 集会 ② 名 組み立て

② an automobile ***assembly*** line（自動車の組み立てライン［工場］）

■ **attendant** [əténdənt] ① 名 出席者 ② 名 係員

① regular ***attendant***（常連（客））

② a flight ***attendant***（客室乗務員）/ a station ***attendant***（駅員）

※ 動詞の attend は「出席する」「世話をする」。（→p.85）

☐ **authority** [əθɔ́ːrəti] ① 名 権威 ② 名 当局 [-ies]

② The ***authorities*** should handle the problem quickly.

（当局はその問題に早急に取り組むべきだ）

☐ **available** [əvéiləbl] ① 形 利用できる　② 形 在席して[手が空いて]いる

　② I'm sorry, but Mr. Suzuki isn't *available* now.

　　（申し訳ありませんが，鈴木は今不在です[手が離せません]）

■ **balance** [bǽləns] ① 名 均衡，バランス　② 名 差引残高

　② draw the *balance*（残高を引き出す）

　☐ balance sheet = 貸借対照表

☐ **bank** [bǽŋk] ① 名 銀行　② 名 土手

　② The hospital stands on the left *bank* of the river.

　　（その病院は川の左側の土手にある）

■ **bar** [bɑ́ːr] ① 名 酒場　② 名 棒　③ 名 障害　④ 動 排除する，阻む　⑤ 名 弁護士業，法廷［the -］

　③ Her lack of experience was a *bar* to promotion.

　　（彼女の経験不足が昇進の妨げとなった）

　④ He was *barred* from membership of the club.

　　（彼はそのクラブのメンバーから除名された）

　⑤ She was admitted to *the bar* at the age of 25.

　　（彼女は25歳で弁護士になった）

　☐ bar examination = 司法試験

☐ **bark** [bɑ́ːrk] ① 動〈犬が〉ほえる　② 名/動 樹皮（をはぐ）

　① The dog *barked* at me.（その犬は私にほえた）

　② peel the *bark* from a tree（木の皮をはぐ）

☐ **beam** [bíːm] ① 動 輝く/名 光線　② 動 ほほえむ（smile）　③ 名 梁（はり），角材

　② She *beamed* at me.（彼女は私にほほえんだ）

　③ Workers are carrying *beams*.

　　（労働者たちが角材を運んでいる）

☐ **bear** [béər] ① 名 クマ ② 動 耐える ③ 動 持つ, 心に抱く

② I can't *bear* my nagging boss.（口うるさい上司に耐えられない）

③ Your opinion *bears* no relation to our subject.

（君の意見は我々のテーマとは関係がない）

【参考】「生む」の意味もある。その過去分詞は born（生まれた）。

☐ **bear market** = 弱気相場 *cf.* **bull market** = 強気相場

The *bear market* will turn around soon.

（弱気相場の方向はまもなく変わるだろう）

☐ **benefit** [bénəfit] ① 名 利益, 恩恵 ② 名 給付金, 手当

② The company cut down on retirement *benefits*.

（会社は退職手当を削減した）

■ **bill** [bíl] ① 名 請求（書）(check) ② 名 手形 (check) ③ 名 ビラ

④ 名 紙幣（note《英》） ⑤ 名 法案

※ 紙に書かれたり印刷されたりしたものを指す。

① split the *bill*（割り勘にする）/ ② discount a *bill*（手形を割り引く）

③ post up a *bill*（ビラを貼る）/ ④ a ten-dollar *bill*（10ドル札）

⑤ The Lower House passed the *bill*.（下院はその法案を可決した）

【参考】「（鳥の）くちばし」の意味もある。

☐ **block** [blák] ① 名 街区 ② 動 妨害する

① The theater is two *blocks* ahead.（劇場は2ブロック先です）

※ 交差する street と avenue で区切られた区画のこと。

② The building *blocks* the view of the sea.

（そのビルが海の眺めをさえぎっている）

☐ **blow** [blóu] ① 動 吹く ② 名 強打, 打撃

② His wife's death was a great *blow* to him.

（妻の死は彼にとって大きな打撃だった）

□ **blue** [blú:] ① 名/形 青（い） ② 形 憂うつな（gloomy）

② She looks *blue*.（彼女は憂うつそうな顔をしている）

cf. She looks *pale* [× *blue*].（彼女は青白い顔をしている［顔色が悪い］）

■ **board** [bɔ́:rd] ① 名 板, 看板 ② 名 委員会 ③ 動 搭乗する ④ 名 食事, まかない

② the *board* of directors（重役会, 取締役会）

③ a *boarding* pass（搭乗券）

④ The rent is 500 dollars a month for room and *board*.

（家賃は部屋代と食事代で月500ドルです）

□ **bulletin** [búlətən] **board** = 掲示板

※インターネットのBBSは bulletin board system の略。

□ **boarding house** = 〈賄いつきの〉下宿屋

□ **body** [bádi] ① 名 体 ② 名 〜体, 団体

② a heavenly *body*（天体）/ a public *body*（公共団体）

□ **bond** [bánd] ① 名 きずな ② 名 債権, 公債

② The national *bonds* are guaranteed by the government.

（国債は国が保証している）

■ **book** [búk] ① 名 本 ② 動 予約する

② The hotel is fully *booked*.（ホテルは予約で満室です）

□ **boom** [bú:m] ① 名 流行 ② 名 好景気（⇔ bust 名 不景気）

② The *boom* in car sales is cooling down.

（自動車販売の好景気は冷え込みつつある）

□ **bounce** [báuns] ① 動 はずむ ② 動 不渡りにする（dishonor）

② The promissory note was *bounced*.（その約束手形は不渡りになった）

■ **bow** [báu] ① 名/動 おじぎ（をする）/ [bóu] ② 名 弓, 蝶結び

① He made a deep *bow* to me.（彼は私に深々とおじぎをした）

② a *bow* and arrow（弓矢）/ a *bow* tie（蝶ネクタイ）

【参考】bow [báu] には「船首」の意味もある。

☐ **branch** [bræntʃ] ① 名 枝　② 名 支店, 支部

　② They opened a new *branch*.（彼らは新しい支店を開いた）

■ **break** [bréik] ① 動 壊す, 壊れる　② 名 休憩

　② Let's *take* a coffee *break*.（休憩してコーヒーにしよう）

☐ **bust** [bÁst] ① 名 胸部　② 名 不景気／動 破産する［させる］

　② Lots of firms were *busted* because of the financial crisis.

　　（金融危機のために多くの会社が破産した）

　　☐ **boom and bust** = 好景気と不景気

☐ **can** [kǽn] ① 助動 〜できる　② 名／動 缶詰（にする）

　② I don't drink *canned* coffee.（私は缶コーヒーは飲まない）

☐ **capital** [kǽpətl] ① 名 資本　② 形 大文字（の）, 主要な　③ 名 首都

　① accumulate a vast amount of *capital*（膨大な資本を蓄積する）

　② write in *capital* letters（大文字で書く）

　③ What is the *capital* of Thailand?（タイの首都はどこですか）

☐ **casual** [kǽʒuəl] ① 形 形式張らない（informal）　② 形 臨時［不定期］の

　② *casual* expenses（臨時支出）／ a *casual* laborer（臨時労働者）

■ **cell** [sél] ① 名 細胞　② 名 電池　③ 名 携帯電話（cell(ular) phone）

　② a *dry cell*（乾電池）／ a *solar cell*（太陽電池）

　③ I've lost my *cell*.（携帯電話をなくしてしまった）

■ **chair** [tʃéər] ① 名 いす　② 動 議長を務める

　② Who's going to *chair* the meeting?（誰が会議の議長を務めますか）

■ **challenge** [tʃǽlindʒ] ① 名／動 挑戦（する）, やりがい　② 名 難題

　③ 動 異議を唱える

　① a *challenging* job（やりがいのある仕事）

　② confront a *challenge*（難題に立ち向かう）

　③ *challenge* the unfair treatment（不公平な扱いに異議を唱える）

■ **change** [tʃéindʒ] ① 動 変わる（→p.93）　② 名 つり銭, 小銭

　② Keep the *change*, please.（おつりはいりません）

☐ **character** [kǽriktər] ① 名 性格　② 名 登場人物　③ 名 文字

① He is a man of good *character*.（彼は性格のよい人だ）

② Doraemon is a popular cartoon *character*.

（ドラえもんは人気のある漫画のキャラクターだ）

③ Can you read this Chinese *character*?（この漢字が読めますか）

■ **charge** [tʃɑ́ːrdʒ] ① 名 料金/動 請求する　② 名 担当　③ 動 告発［非難］する

① The price includes service *charges*.

（価格はサービス料金を含みます）

The restaurant *charged* $100 for the dinner.

（レストランはディナーの料金を100ドル請求した）

② I want to speak to someone in *charge*.（担当者と話がしたい）

③ He was *charged* with theft.（彼は窃盗罪で告発された）

■ **check** [tʃék] ① 名 小切手　② 名 請求書（bill）　③ 動 照合する　④ 動 預ける　⑤ 動 抑制する

① use a traveler's *check*（旅行者用小切手を使う）

② *Check*, please.（勘定をお願いします）

③ Let me *check* my schedule.（スケジュールを確認させてください）

④ I *checked* my bag at the front desk.（バッグをフロントに預けた）

⑤ *check* the rise in labor costs（人件費の上昇を抑える）

【参考】「チェック（柄）」の意味もある。

■ **close** [klóuz] ① 動 閉じる / [klóus] ② 形 近い　③ 形 密接な，綿密な

① The pilot plant was *closed*.（その試験工場は閉鎖された）

② She's my *close* relative.（彼女は私の近い親戚です）

③ We made a *close* examination of it.（我々はそれを綿密に調査した）

☐ **coin** [kɔ́in] ① 名 硬貨　② 動〈言葉などを〉新しく作る

② *coin* a new expression（新しい表現を作る）

■ **command** [kəmǽnd] ① 名/動 命令（する）　② 動〈景色を〉見晴らす

　　③ 名 自由に使う能力

　① await the manager's *command*（部長の命令を待つ）

　② The hotel *commands* a fine view of the sea.

　　（そのホテルは海の眺めがよい）

　③ She *has a good command of* English.（彼女は英語を自由に使いこなす）

　　混同注意　□ commend [kəménd] 動 推薦する，賞賛する

　　　　commend her *for* her punctuality（彼女の時間厳守を賞賛する）

□ **company** [kʌ́mpəni] ① 名 会社　② 名 仲間，一緒にいること

　② I don't feel at ease *in his company*.

　　（私は彼と一緒にいるとくつろげない）

□ **complex** [kámpleks] ① 名 コンプレックス　② 形 複雑な/名 複合施設

　② This is a *complex* problem.（これは複雑な問題だ）

　　A shopping and entertainment *complex* is under construction.

　　（ショッピングと娯楽の複合施設が建設されている）

□ **concession** [kənséʃən] ① 名 承認（<concede 動 認める）　② 名 営業許可

　　③ 名〈劇場などの〉場内売り場（concession stand）

　② She obtained the *concession* to run a coffee shop.

　　（彼女は喫茶店を経営するための営業許可を得た）

□ **conclude** [kənklúːd] ① 動 結論づける　② 動〈協定などを〉結ぶ

　② We *concluded* a deal with the manufacturer.

　　（当社はそのメーカーと協定を結んだ）

□ **concrete** [kánkriːt] ① 名 コンクリート　② 形 具体的な（⇔ abstract 形 抽象的な）

　② a *concrete* explanation about the plan

　　（その案に関する具体的な説明）

□ **constitution** [kànstətjúːʃən] ① 名 構造，体格　② 名 憲法

　② the *Constitution* of the United States（合衆国憲法）

- ■ **content** [kəntént] ① 名/形 満足（している）/ [kántent] ② 名 内容，目次 [-s]
    - ② digest the **contents** of a report（報告の内容を要約する）
        - a table of **contents**（目次）
    - 混同注意 □ contend [kənténd] 動 争う
- □ **copy** [kápi] ① 名/動 コピー（する）　② 名〈本などの〉部，冊　③ 名 広告文
    - ② order three **copies** of the catalog（カタログを3部注文する）
    - ③ a **copy** writer（コピーライター）
- □ **corner** [kɔ́ːrnər] ① 名 角　② 動 買い占める（buy up）
    - ② The firm aims at **cornering** the market.
        - （その会社は市場の独占をねらっている）
- □ **count** [káunt] ① 名 数える　② 動 重要である（matter）
    - ② His opinions do not **count**.（彼の意見は聞くに値しない）
- □ **court** [kɔ́ːrt] ① 名 庭，〈テニスなどの〉コート　② 名 法廷
    - ② go to **court**（裁判に訴える）/ the Supreme **Court**（最高裁判所）
    - 混同注意 □ coat [kóut] 名 コート，外套　名/動 塗装（する）
        - a deck **coated** with dust（ほこりまみれのベランダ）
- □ **coverage** [kʌ́vəridʒ] ① 名〈保険の〉保証範囲　② 名 報道範囲
    - ① The **coverage** doesn't include flood damage.
        - （洪水の被害は（保険の）保証範囲に含まれない）
    - ② The story received front-page **coverage**.
        - （その記事は第一面で報道された）
- ■ **credit** [krédit] ① 名 信用　② 名 クレジット（販売）　③ 名〈大学の〉単位
    - ① I can't give **credit** to such a groundless rumor.
        - （そんな根拠のないうわさは信用できない）
    - ② buy a car on **credit**（車をクレジットで買う）
    - ③ get two **credits** for economics（経済学を2単位取る）
        - 【参考】会計用語では「貸し方」の意味もある。creditor は「債権者」（⇔ debtor「債務者」）。

☐ **letter of credit** = 信用状（L/C）

※自社の信用度（財務の健全性）を証明するために，銀行から発行してもらう証明書のこと。

☐ **critical** [krítikəl] ① 形 危機的な　② 形 批判的な

※ ① は crisis（危機），② は criticism（批判）の形容詞。

① We're in a ***critical*** situation.（我々は危機的な状況にある）

② He is ***critical*** of the plan.（彼はその計画に批判的だ）

☐ **curb** [ká:rb] ① 名 〈道路の〉縁石（→p.586）　② 動 抑える，防止する

① bump against the ***curb***（縁石にぶつかる）

② ***curb*** inflation（インフレを抑える）

☐ **custom** [kʌ́stəm] ① 名 習慣　② 名 税関 [-s]

② ***Customs*** were very strict at the airport.

（その空港の税関はとても厳格だった）

☐ **damage** [dǽmidʒ] ① 名 被害，損害　② 名 損害賠償

② We sued the company for ***damages***.

（我々はその会社に対して損害賠償の訴訟を起こした）

☐ **deal** [dí:l] ① 名/動 取引（する），扱う（→p.103）　② 名 量

① get a big ***deal***（大口の取引を獲得する）

deal with a problem（問題を取り扱う）

② It rained a great ***deal*** last week.（先週大量の雨が降った）

☐ **deck** [dék] ① 名 〈船の〉デッキ [甲板]　② 名 ベランダ，テラス

※ 台状の部分一般を指す。バスや電車の床，トラックの荷台なども deck と言う。

② sunbathe on the ***deck***（ベランダで日光浴をする）

☐ **declare** [diklɛ́ər] ① 動 宣言する　② 動 〈税関で〉申告する

② Do you have anything to ***declare***?

（何か（税関に）申告するものはありますか）

付録

☐ **decline** [dikláin] ① 動 衰える，低下する　② 動 断る

① My health is beginning to *decline*.（私の健康は衰え始めている）

The price of gasoline has *declined*.（ガソリンの値段が下がった）

② He *declined* the offer.（彼はその申し出を断った）

■ **degree** [digríː] ① 名 程度（extent）　② 名 〜度《温度の単位》　③ 名 〈大学の〉学位

② The temperature is 20 *degrees* centigrade.（気温は摂氏20度です）

③ I have a graduate *degree*.（私は大学院の学位を持っている）

☐ **delicate** [délikət] ① 形 繊細な　② 形 〈物が〉壊れやすい（fragile）　③ 形 扱いにくい，難しい

② *delicate* chinaware（壊れやすい陶磁器）

③ a *delicate* mission（難しい任務）

☐ **deliver** [dilívər] ① 動 配達する　② 動 述べる

② He *delivered* an ad-lib speech.（彼は即興の演説をした）

■ **department** [dipáːrtmənt] ① 名 〈デパートの〉売り場　② 名 〈会社の〉部　③ 名 〈大学の〉学部

※「〈全体の中の〉一部分，一単位」を意味する。

① the furniture *department*（家具売り場）

※「デパート」はdepartment store。

② the personnel *department*（人事部）

③ the literature *department*（文学部）

☐ **desert** [dézərt] ① 名 砂漠 / [dizə́ːrt] ② 動 見捨てる（→p.590）

① an urban *desert*（都会の砂漠）/ ② a *deserted* building（廃屋）

☐ **develop** [divéləp] ① 動 発達する　② 動 開発する　③ 動 現像する

① The Chinese economy has *developed*.（中国経済は発展した）

② *develop* a new device（新しい装置を開発する）

③ have the film *developed*（フィルムを現像してもらう）

542

☐ **die** [dái] ① 動 死ぬ ② 名 さいころ（複数形= **dice**）
　② The *die* is cast.（さいは投げられた［逃げられない］）

■ **digest** [didʒést] ① 動 消化する，要約する / [dáidʒest] ② 名 要約
　① The boss told him to *digest* the contents of the report.
　（上司は彼にその報告の内容を要約するように言った）

☐ **dip** [díp] ① 動 浸す ② 動 少し下がる/名（一時的な）下降
　② Stock prices *dipped* yesterday.（きのう株価が少し下がった）

☐ **direct** [dirékt] ① 形 直接の ② 動 指導する，向ける
　① He took a *direct* flight to Paris.（彼はパリへの直行便に乗った）
　② The boss *directed* me to go.（上司は私に行くよう指示した）

☐ **distant** [dístənt] ① 形 遠い ② 形 よそよそしい
　② Don't be so *distant*.（そんなに水くさいこと言わないで）

☐ **dive** [dáiv] ① 名 飛び込み/動 飛び込む ② 名/動 暴落（する）(nosedive)
　② The company's stock took a *dive*.（その会社の株は暴落した）

■ **draft** [dræft] ① 名 徴兵 ② 名 下書き/動 起草する ③ 名 手形 ④ 名 すきま風
　② make a rough *draft* for a speech（スピーチの下書きをする）
　③ get a *draft* cashed（手形を換金する）
　④ a *drafty* room（すきま風が入る部屋）
　　混同注意 ☐ **drift** [dríft] 名/動 漂流（する）
　　The boat *drifted* away from shore.（ボートは岸から流された）

☐ **drag** [drǽg] ① 動 引きずる ② 動 長引く ③ 名 足手まとい
　① *drag* a desk over to the door（机をドアまで引きずっていく）
　② The negotiation *dragged* on.（交渉は長引いた）
　③ It's a *drag* on your career.（それは君の出世の妨げだ）
　　混同注意 ☐ **drug** [drʌ́g] 名 薬

□ **drive** [dráiv] ① 動 運転する ② 動 駆り立てる/名 衝動

② The failure *drove* him *to* despair.

(その失敗が彼を絶望へ駆り立てた)(→p.113)

【参考】「地名＋Drive」は「～通り」の意味。a disk drive のように「〈パソコンの〉駆動装置」の意味でも使う。

■ **duty** [djú:ti] ① 名 義務 ② 名 関税

② You have to pay *duty* on goods you buy here.

(ここで買った品物には関税を払わねばなりません)

□ duty-free shop = 免税店

□ **edge** [édʒ] ① 名 端 ② 名〈競合相手に対する〉優位

② We have a competitive *edge* in the market.

(当社は市場での競争の優位性を保っている)

□ **emission** [imíʃən] ① 名 排出 ② 名 排気ガス (exhaust fumes [gas])

② The car is free from *emission*.(その車からは排気ガスが出ない)

■ **end** [énd] ① 動/名 終わる，終わり ② 名 端 ③ 名 目的

② Hold the *end* of the rope.(ロープの端を握りなさい)

③ The *end* justifies the means.

(目的は手段を正当化する，うそも方便)《諺》

□ **establishment** [istǽbliʃmənt] ① 名 設立 ② 名 事務所，店舗

② They were forced to close down their *establishment*.

(彼らは事業所の閉鎖を余儀なくされた)

※ 従業員，設備，商品などを含む事業体(店舗・食堂・ホテルなど)を指す。

■ **even** [í:vən] ① 副 ～さえ (→p.275) ② 形 平らな ③ 形 偶数の ④ 形 同等の

② an *even* road (平坦な道路) / ③ an *even* number (偶数)

④ They have an *even* chance of winning.(彼らが勝つ見込みは五分五分だ)

The two companies are practically *even* in sales.

(その両社の売り上げはほとんど互角だ)

☐ break even = 収支がトントンになる，引き分ける

The company ***broke even*** last year.

（その会社は昨年は差し引き損得なしだった）

☐ **exchange** [ikstʃéindʒ] ① 動 交換する（→p.116）　② 名 為替

① I want to ***exchange*** yen for dollars.（円をドルと交換したい）

② the present ***exchange*** rate（現在の為替レート）

☐ **excuse** [ikskjúːz] ① 動 許す / [ikskjúːs] ② 名 言い訳，弁解

② He is always making ***excuses***.（彼はいつも言い訳ばかりしている）

■ **exercise** [éksərsàiz] ① 名 練習　② 名 運動　③ 動 行使する

② The doctor advised him to take more ***exercise***.

（医者はもっと運動するよう彼に忠告した）

③ The chairman ***exercised*** his veto.（議長は拒否権を行使した）

☐ **exhaust** [igzɔ́ːst] ① 動 へとへとに疲れさせる　② 動 使い果たす（use up）　③ 名 排気（ガス）（exhaust fumes [gas]）

① They are completely ***exhausted***.（彼らは疲れ切っている）

② We have ***exhausted*** our funds.（我々は資金を使い果たした）

③ The automobile ***exhaust*** is poisonous.（車の排気ガスは有毒だ）

■ **express** [iksprés] ① 名/形 急行（の），速達（の）　② 動 表現する

① send a letter by ***express***（手紙を速達で送る）

② ***Express*** yourself frankly.（自分の考えを率直に表現しなさい）

☐ **extension** [iksténʃən] ① 名 拡張　② 名〈電話の〉内線　③ 名〈大学の〉公開講座

② May I have ***Extension*** 18, please?（内線の18番をお願いします）

③ attend a university ***extension***（大学の公開講座に通う）

☐ **faculty** [fǽkəlti] ① 名 能力　② 名〈大学の〉教授団［学部］

① improve the calculating ***faculties***（計算能力を向上させる）

② reduce the standing ***faculty***（現在の教授陣を削減する）

■ **fair** [féər] ① 形 公正な ② 名 見本市, 博覧会

② The *trade fair* lasted for two weeks.（産業博覧会は2週間続いた）

※「晴れの」「金髪の」などの意味もある。

□ **family** [fǽməli] ① 名 家族 ② 名〈言語・動物などの〉族

② English and German belong to the same *family* of languages.

（英語とドイツ語は同じ語族に属する）

□ **fancy** [fǽnsi] ① 名/動 空想（する） ② 形 装飾的 ③ 形 法外な

② *fancy* goods（小間物）/ ③ at a *fancy* price（法外な値段で）

■ **fast** [fǽst] ① 形 速い / 副 速く ② 副 しっかりと, 固く

② All the doors were *fast* shut.（戸は全部しっかりと閉まっていた）

【参考】「断食」の意味もある。breakfast（朝食）の語源は「断食を破る」。

□ **fault** [fɔ́:lt] ① 名 失敗, 欠点 ② 名 責任

② It's your *fault* that we are late.

（私たちが遅くなったのは君のせいだ）

■ **feature** [fí:tʃər] ① 名 特徴 ② 名 目玉（商品）, 特別番組 ③ 動 特集する, 主演する

① the *features* of this software（このソフトの特徴）

② the *feature* of the auction（オークションの目玉）

③ The problem was *featured* on TV.（その問題はテレビで特集された）

Who is *featured* in the movie?（その映画で主役は誰ですか）

■ **figure** [fígjər] ① 名 姿, 容姿 ② 名 数字 ③ 名 図形 ④ 動 計算する

① a man with a fine *figure*（体格のよい男性）

② the sales *figures*（売り上げの数字）

③ a plane *figure*（平面図）

④ *figure* up the total costs（経費の合計を計算する）

□ **file** [fáil] ① 名 ファイル ② 動〈正式に〉提出する

② She *filed* a claim for the lost mail.

（彼女は紛失した郵便の損害賠償を申し立てた）

☐ **film** [fílm] ① 名 フィルム,映画 ② 名〈薄い〉膜

② There is a *film* of oil on the water.（水面に油膜が浮いている）

■ **fine** [fáin] ① 形 よい,立派な ② 名/動 罰金（を科す）（→p.122）

② I was *fined* for speeding.（スピード違反で罰金を取られた）

☐ **fire** [fáiər] ① 名 火 ② 動 くびにする

② He is afraid of being *fired*.（彼はくびになることを恐れている）

■ **firm** [fə́ːrm] ① 形 固い ② 名 会社,商社

② He entered an import *firm*.（彼は輸入商社に入った）

■ **fit** [fít] ① 形 適している/動 適する（→p.55） ② 形 健康な ③ 名 発作

① This water isn't *fit for* drinking.（この水は飲むのに適さない）

③ He had *a fit of* coughing.（彼は急に咳き込んだ）

☐ **keep fit** = 健康を保つ

② I jog to *keep fit*.（私は健康を保つためにジョギングしている）

☐ **fix** [fíks] ① 動 固定する,取り付ける（install） ② 動 決定する（decide）

③ 動 修理する（repair, mend）

① *fix* a shelf to the wall（壁に棚を取り付ける）

② *fix* the date of a meeting（会議の日を決定する）

③ *fix* a broken copier（故障したコピー機を修理する）

■ **flat** [flǽt] ① 形 平らな ② 形 均一の,固定した ③ 形 きっぱりした

④ 名 パンク（flat tire）

② a *flat* rate（均一料金）

③ give a *flat* refusal（きっぱりと断る）

④ I got a *flat* on the way.（車が途中でパンクした）

【参考】イギリス英語では「アパート」の意味でも使う。

☐ **flush** [flʌ́ʃ] ① 動 紅潮させる ② 動〈水を〉どっと流す ③ 形 豊富な

① His face was *flushed*.（彼の顔は赤くなっていた）

② *flush* the toilet（トイレの水を流す）/ ③ *flush* times（好景気）

混同注意 ☐ flash [flǽʃ] 動 ぱっと光る ＞flashlight 名 懐中電灯

☐ **foot** [fút]（複数形= **feet**）① 名 足　② 名 フィート《長さの単位》

② One *foot* is twelve inches.（1 フィートは12インチです）

※1フィート＝約30 cm（大人の足のサイズから）。

■ **form** [fɔ́ːrm] ① 名/動 形（作る）　② 名 用紙

① Once a bad habit is *formed*, it is difficult to get rid of it.

（悪い習慣が一度形成されると、取り除くのは難しい）

② Fill in this *form*, please.（この用紙に記入してください）

☐ application form = 申込用紙

☐ **fortune** [fɔ́ːrtʃən] ① 名 運　② 名 財産

② Her uncle left her a considerable *fortune*.

（おじは彼女にかなりの財産を残した）

☐ **forward** [fɔ́ːrwərd] ① 副 前方へ　② 動 転送する

② Shall I *forward* this e-mail to the manager?

（このメールを部長に転送しましょうか）

☐ **foundation** [faundéiʃən] ① 名 基礎　② 名 設立　③ 名 財団

② the 20th anniversary of the *foundation*（創立20周年記念日）

③ the Ford *Foundation*（フォード財団）

■ **free** [fríː] ① 形 自由な　② 形/副 無料の［で］（→p.271）

☐ **freeze** [fríːz]（froze-frozen）① 動 凍る　② 動 動かなくなる

② My computer has *frozen*.（パソコンがフリーズした）

☐ **front** [fránt] ① 名 前　② 名 前線

② the cold ［rain］ *front*（寒冷［梅雨］前線）

☐ **future** [fjúːtʃər] ① 名/形 未来（の）　② 名 先物取引

② He deals in wheat *futures*.（彼は小麦の先物取引をしている）

☐ **gallery** [gǽləri] ① 名 画廊, 美術館　② 名 聴衆席, 見物客

① I want to run an art *gallery*.（私は画廊を経営したい）

② The golf tournament attracts a large *gallery*.

（そのゴルフ大会は大勢の観客を集める）

混同注意 □ **galley** [gæli] 名〈飛行機などの〉調理室，ゲラ刷り

check the *galley* proofs（ゲラをチェックする）

□ **game** [géim] ① 名 試合　② 名 獲物

② He went hunting, but did not get any *game*.

（彼は狩りに行ったが，獲物は取れなかった）

It was fair *game* for criticism.（それは格好の批判の的だった）

□ **garage** [gərá:ʒ] ① 名 車庫　② 名 自動車修理工場，ガソリンスタンド

② My car is being fixed at the *garage* now.

（私の車は今修理工場で修理されているところだ）

□ **gear** [gíər] ① 名 歯車　② 名 用具一式，服装

② camping *gear*（キャンプ用具一式）/ trendy *gear*（流行の服）

□ **general** [dʒénərəl] ① 形 全体の，一般の　② 名 将軍，長

② the Secretary-*General* of the United Nations（国連事務総長）

■ **gift** [gíft] ① 名 贈り物　② 名 才能（talent）

② She *has a gift for* music.（彼女には音楽の才能がある）

■ **good** [gúd] ① 形 よい　② 形 有効な（valid）　③ 形 十分な　④ 名 利益

② This ticket is *good* for two weeks.（この切符は2週間有効です）

③ Have a *good* look at this.（これをよく見なさい）

④ Moderate exercise *does good to* your health.

（適度の運動は健康のためになる）（→p.110）

■ **grade** [gréid] ① 名/動 等級（をつける）　② 名 学年　③ 名 成績

① *grade* oranges according to their size

（大きさに従ってオレンジを等級分けする）

② I'm *in the third grade*.（私は3年生です）

③ He got good *grades* in math.（彼は数学でよい成績を取った）

■ **ground** [gráund] ① 名 土地　② 名 根拠　③ 動 grind（ひく，すりつぶす）

の過去形・過去分詞（→p.53）

② *on* economic *grounds*（経済的な理由で）

付録

③ *ground* meat（ひき肉）

■ **hand** [hǽnd] ① 名 手　② 動 手渡す

② Will you *hand* this note to her when she comes?

（彼女が来たらこのメモを渡してもらえますか）

□ **handle** [hǽndl] ① 名 取っ手　② 動 取り扱う

① Turn the *handle* clockwise.（取っ手を時計回りに回しなさい）

【参考】自動車のハンドルは（steering）wheel。

② We don't *handle* the products.（その製品は扱っていません）

■ **head** [héd] ① 名 頭　② 動 向かう

② I *headed* straight *for* my hotel.（私はホテルへまっすぐ向かった）

□ **hedge** [hédʒ] ① 名 生け垣　② 名 防衛手段

① trim a *hedge*（生け垣の手入れをする）

② a *hedge* against TOB（TOBに対する防衛策）

□ **horizon** [həráizn] ① 名 地 [水] 平線　② 名〈知識などの〉範囲

② widen *one's* intellectual *horizons*（知的視野を広げる）

□ **idle** [áidl] ① 形 怠惰な　② 形 活動していない, 遊休の

② The factory remained *idle* during the strike.

（その工場はストライキの間活動を停止していた）

混同注意 □ idol [áidl] 名 偶像, アイドル

a TV *idol*（テレビのアイドル）

□ **immigration** [ìməgréiʃən] ① 名 移住　② 名 入国管理［審査］

② It took me an hour to pass through *immigration* at the airport.

（空港で入国審査を通過するのに1時間かかった）

□ immigration form = 入国カード

□ **implement** [ímpləmənt] ① 名 道具（tool）　② 動 実行する（execute）

① farming *implements*（農具）

② *implement* the terms of contract（契約条件を実行する）

☐ **input** [ínpùt] ① 名 入力　② 名 情報の提供，意見

② He gave an important *input* to the analysis.
（彼はその分析に重要な情報を提供した）

■ **installment** [instɔ́:lmənt] ① 名 取り付け　② 名 分割払い（の1回分）

② You can pay in annual *installments*.（支払いは年賦でできます）

■ **interest** [íntərəst] ① 名/動 興味（を引く）（→p.216）② 名 利益　③ 名 利子

① I have no *interest* in history.（私は歴史に興味はない）

② I am speaking *in your interest*.（君のために話しているのだ）

③ I borrowed the money *at 8% interest*.（8％の利息で金を借りた）

■ **issue** [íʃu:] ① 名/動 発行（する）　② 名〈刊行物の〉号　③ 名 問題

① *issue* a passport（パスポートを発行する）

② the current *issue* of the magazine（その雑誌の最新号）

③ discuss a political *issue*（政治問題を議論する）

☐ **jam** [dʒǽm] ① 名 ジャム　② 名 混雑　③ 名 故障/動 動かなくなる

② I was caught in a *traffic jam*.（交通渋滞に巻き込まれた）

③ Paper *jammed* in the copier.（コピー機に紙が詰まった）

■ **kind** [káind] ① 形 親切な　② 名 種類

② This is *a kind of* fairy tale.（これは一種のおとぎ話です）

☐ **land** [lǽnd] ① 名 土地　② 動 上陸［着陸］する

② We *landed* on the shore of the island.
（私たちはその島の海岸に上陸した）

■ **last** [lǽst] ① 形 最後の　② 形 最も～しそうにない（→p.246）③ 動 続く

② She is the *last* person to be deceived.
（彼女は決してだまされそうにない人だ）

③ The meeting *lasted* for six hours.（会議は6時間続いた）

■ **lead** [líːd] ① 動 導く，通じる（→p.141） ② 動 先頭に立つ，リードする/ [léd] ③ 名 鉛，鉛筆の芯

② The Giants are *leading* the Tigers by the score of 5 to 3.
（ジャイアンツが5対3でタイガースをリードしている）

③ *Lead* is a heavy metal.（鉛は重い金属である）

■ **leave** [líːv] ① 動 去る，出発する（→p.142） ② 名 許可 ③ 名 休暇

② He gave me *leave* to go out.（彼は私に外出する許可をくれた）

③ She is on maternity *leave*.（彼女は出産休暇中です）

※ leaf（葉）の複数形 leaves にも注意。

□ **lesson** [lésn] ① 名 授業 ② 名 教訓

② The failure gave him a good *lesson*.
（その失敗は彼にはいい教訓になった）

□ **letter** [létər] ① 名 手紙 ② 名 文字

② "Necessity" has nine *letters*.（「necessity（必要）」は9文字です）

□ **level** [lévəl] ① 名 レベル ② 形 水平な/ 動 水平にする［なる］

② a *level* road（平坦な道）/ *level* the ground（地面をならす）

□ **library** [láibrèri] ① 名 図書館 ② 名 蔵書

② He has a good *library* of old English books.
（彼は多くの古い英書の蔵書を持っている）

■ **like** [láik] ① 動 好む（→p.144） ② 前 〜のような（→p.418）

② The islands look *like* jewels.（その島々は宝石のように見える）

□ **list** [líst] ① 名/動 リスト（にする） ② 動〈株を〉上場する

② I want to work for a *listed* company.（上場企業に勤めたい）

□ **literacy** [lítərəsi] ① 名 読み書きの能力 ② 名 使いこなす能力

② Computer *literacy* is essential in this job.
（この仕事にはパソコンを操作する能力が不可欠だ）

□ **literature** [lítərətʃər] ① 名 文学 ② 名 印刷物，資料

② Do you have *literature* on the product?（その製品の資料はありますか）

□ **load** [lóud] ① 動積む/名積み荷 ② 名〈割り当てられた〉仕事量

① a truck *loaded* with sand（砂を積んだトラック）

② excessive *load* of work（過度の仕事量）

□ **lodge** [ládʒ] ① 名小屋, ロッジ ② 動〈苦情などを〉提出する

② He *lodged* a complaint against the firm with the court.
（彼はその会社に対する苦情を法廷に提出した）

■ **long** [lɔ́ːŋ] ① 形長い ② 動熱望する（→p.144）

② *long* for fame（名声を強く求める）

■ **lot** [lát] ① 名たくさん ② 名〈商品の〉ひと口, ひと山 ③ 名用地 ④ 名くじ, 運命

② order another *lot* of the item（その品をもうひと口注文する）

　　sell goods in [by] *lots*（商品を何口かに分けて売る）

③ a vacant *lot*（空き地）/ a parking *lot*（駐車場）

④ draw *lots*（くじを引く）/ The *lot* fell on me.（くじが当たった）

□ **maintain** [meintéin] ① 動維持する, 整備する ② 動主張する

① *maintain* good health（健康を維持する）

　　maintain a machine regularly（機械を定期的に整備する）

② He *maintained* his innocence.（彼は自分の無実を主張した）

■ **major** [méidʒər] ① 形大きい方の, 主要な ② 名/動専攻（する）

① work for a *major* company（大企業に勤める）

② I *major* in law. = My *major* is law.（私は法律を専攻しています）

□ **manifest** [mǽnəfèst] ① 形明白な ② 名貨物目録［送り状］ ③ 名〈飛行機の〉乗客名簿

② check the cargo *manifest*（送り状をチェックする）

③ The name isn't on the plane *manifest*.
（その名前は飛行機の乗客名簿にはない）

付録

- **manner** [mǽnər] ① 名 行儀，作法 [-s] ② 名 方法
  - ① The boy has *good* **manners**. （その少年は行儀がよい）
  - ② *in* a businesslike **manner**（事務的に）
    - □ **manners and customs** =〈民族などの〉風俗・習慣
- **margin** [mάːrdʒin] ① 名 ふち，限界 ② 名 利ざや
  - ② This term won't give us a good profit **margin**.
    （この条件では我々に十分な利ざやが出ない）
- **master** [mǽstər] ① 動 習得する ② 名 修士
  - ① **master** a foreign language（外国語を習得する）
  - ② a **Master** of Business Administration degree（経営学修士号）
- **match** [mǽtʃ] ① 名 マッチ ② 名 試合 ③ 動〈物と物とが〉適合する
  - ③ These ribbons don't **match** your hat.
    （このリボンは君の帽子に似合わない）
- **matter** [mǽtər] ① 名 問題 ② 動 重要である（→p.148）
- **mean** [míːn] ① 動 意味する（→p.148） ② 動 本気で言う ③ 形 意地の悪い
  - ② I **mean** what I say.（ぼくは本気で言っているんだ）
  - ③ He is **mean** about money.（彼は金のことに汚い）
    - It's **mean** of you to talk like that.
    （そんなふうに言うとは君は意地悪だ）
    - 【参考】形容詞のmeanには「粗末な」「中間の」などの意味もある。
- **measure** [méʒər] ① 動 測定する ② 名 方策，手段（step）
  - ② We must *take* necessary **measures**.
    （我々は必要な手段を取らねばならない）
- **memo** [mémou] ① 名 メモ ② 名 社内連絡
  - ② All the employees received a **memo** from the personnel department.
    （全社員が人事部から社内連絡を受け取った）
    - ※社内メールの見出しに，しばしばMEMOと書かれている。

- **microwave** [máikrəwèiv] ① 名 極超短波 ② 名/動 電子レンジ（にかける）
  ② Don't put eggs in the *microwave*.（電子レンジに卵を入れるな）
- **mind** [máind] ① 名 心, 精神 ② 動 気にする，いやがる（→p.150）
- **mine** [máin] ① 代 私のもの ② 名 鉱山
  ② They dig minerals from the *mines*.（鉱物は鉱山から掘る）
- **minute** [mínit] ① 名 分 ② 名 議事録 [-s] / [mainjú:t] ③ 形 微小な, ささいな
  ② read the *minutes* of a meeting（会議の議事録を読む）
  ③ It's just a *minute* difference.（それはささいな違いにすぎない）
- **moderate** [mádərət] ① 形 適度の / [mádərèit] ② 動 司会をする
  ① get *moderate* exercise（適度の運動をする）
  ② It's a great honor for me to be the *moderator*.
  （せんえつながら司会を務めさせていただきます）
- **mortgage** [mɔ́:rgidʒ] ① 名 抵当 ② 名 住宅ローン
  ② repay the *mortgage*（住宅ローンを返済する）
- **motion** [móuʃən] ① 名 動作 ② 名 動議
  ② propose a *motion*（動議を提出する）
- **move** [mú:v] ① 動 動く, 動かす ② 動 引っ越す ③ 動 感動させる
  ② *move* to a new apartment（新しいアパートに引っ越す）
  ③ be *moved* to tears（感動して泣く）
- **must** [mʌ́st] ① 助 ～しなければならない ② 名 絶対に必要なもの
  ② Your passport is a *must*.（パスポートは絶対必要なものだ）
- **nail** [néil] ① 名 爪 ② 名 釘
  ① do one's *nails*（爪の手入れをする）
  ② drive in a *nail*（釘を打ち込む）
- **natural** [nǽtʃərəl] ① 形 自然の ② 形 生まれつきの ③ 形 当然の
  ② She is a *natural* poet.（彼女は生まれながらの詩人だ）
  ③ It is *natural* that he is angry.（彼が怒っているのは当然だ）

- **net** [nét] ① 名 網 ② 形 正味の
    - ② They gained a *net* profit of about 10,000 dollars.
        (彼らは約1万ドルの純益を得た)
- **note** [nóut] ① 名 メモ，注記 ② 動 言及する ③ 動 注意[注目]する
    - ① I took *notes* so that I wouldn't forget.（忘れないようメモを取った）
        ※日本語の「ノート」に当たる単語は notebook。
    - ② as *noted* in chapter 2（第2章で述べたとおり）
    - ③ *Note* the man in the picture.（絵の中の男性に注目してください）
        【参考】「約束手形（promissory note）」「紙幣（bill）」などの意味でも使う。
- **notice** [nóutis] ① 動 気づく ② 名 掲示，張り紙 ③ 名〈解約・解雇の〉予告
    - ② Don't put *notices* on the wall.（壁に張り紙をしないでください）
    - ③ You can leave the apartment *at a month's notice*.
        （1か月前に解約の予告をすれば，アパートを退去できます）
        The part-timer got his *notice*.
        （そのパート社員は解雇通知を受け取った）
        POINT 「解約・解雇の通知」という意味に注意。
- **nuke** [njúːk] ① 名 核兵器（nuclear weapon） ② 名 原子力発電所（nuclear power plant） ③ 名/動 電子レンジ（で加熱する）
    - ③ Shall I *nuke* the soup?（スープを電子レンジで温めましょうか）
- **object** [əbdʒékt] ① 動 反対する /[ábdʒikt] ② 名 物体 ③ 名 対象 ④ 名 目的
    - ② UFO = unidentified flying *object*（未確認飛行物体）
    - ③ an *object* of tax（課税の対象）
    - ④ attain［fulfill］one's *object*（目的を達成する）
- **observe** [əbzə́ːrv] ① 動 観察[注視]する ② 動 述べる ③ 動 遵守する
    - ① *observe* the weather（天気を観察する）
    - ② He *observed* that ...（彼は…だと述べた）
    - ③ *observe* the school rules（校則を遵守する）

☐ **odd** [ád] ① 形 奇妙な　② 形 奇数の　③ 形 …余りの　④ 名 確率, 見込み [-s]

　② Seven is an *odd* number.（7は奇数です）

　③ This repair cost 30 dollars *odd*.（この修理には30ドル余りかかった）

　④ What are the *odds* that this project will be successful?

　　（この企画が成功する見込みはどのくらいですか）

☐ **operation** [ɑ̀pəréiʃən] ① 名 操作, 運転　② 名 手術

　① The factory resumed *operations*.（その工場は操業を再開した）

　② He went through an *operation*.（彼は手術を受けた）

　【参考】「(軍事) 作戦」の意味もある。

■ **order** [ɔ́:rdər] ① 名/動 命令（する）(→p.152)　② 名/動 注文（する）　③ 名 順序　④ 名 秩序

　① The boss *ordered* me to go.（上司は私に行くよう命じた）

　② May I have your *order*, please?（ご注文は何になさいますか）《レストランで》

　③ list the names *in alphabetical order*（名前をABC順に並べる）

　④ The police restored *order*.（警察は治安を回復した）

☐ **organize** [ɔ́:rgənàiz] ① 動 組織する　② 動 まとめる, 仕切る

　② You need to *organize* your thoughts before the presentation.

　　（君はプレゼンテーションの前に考えをまとめる必要がある）

☐ **outlet** [áutlet] ① 名 小売 [直販] 店, 販路　② 名 コンセント　③ 名 はけ口

　① an *outlet* mall（直販店を集めたショッピングセンター）

　② put a plug in an *outlet*（プラグをコンセントに差し込む）

　【参考】イギリス英語ではコンセントは power point と言う。なお, consent は「同意（する）」の意味。

　③ an *outlet* for *one's* frustration（欲求不満のはけ口）

☐ **output** [áutpùt] ① 名 出力　② 名 生産高

　② The farm has an *output* of 10,000 eggs a day.

　　（その農場は1日1万個の卵を生産する）

付録

□ **outstanding** [àutstǽndiŋ] ① 形 目立つ ② 形 未処理［未払い］の

② ***outstanding*** payment（未処理の支払い）

■ **own** [óun] ① 形 自分自身の ② 動 所有する（possess）

① I want to have *a house of my own*. = I want to have *my own house*.
（私はマイホームを持ちたい）

② He ***owns*** ［× *is owning*］ a large estate.（彼は大きな地所を所有している）

POINT 進行形にはしない。（→p.40）

□ **page** [péidʒ] ① 名 ページ ② 名 ボーイ（hotel page）

② I had a ***page*** carry my baggage.（ボーイに荷物を運んでもらった）

【参考】動詞の page は「呼び出す」の意味。pager は「ポケベル」。

■ **park** [páːrk] ① 名 公園 ② 動 駐車する

② A car is ***parked*** over there.（向こうに車が停まっている）

□ **parking lot** = 駐車場 / □ **illegal parking** = 駐車違反

■ **part** [páːrt] ① 名 部分 ② 名 役割（role）

② She played the ***part*** of the princess.（彼女は王女様の役を演じた）

■ **particular** [pərtíkjulər] ① 形 特別な ② 形 好みがうるさい（→p.230）

■ **party** [páːrti] ① 名 パーティー ② 名 一行 ③ 名 当事者 ④ 名 政党

② The ***party*** arrived in Beijing.（一行は北京に到着した）

③ all the ***parties*** concerned（関係者一同）/ a third ***party***（第三者）

④ LDP (the Liberal Democratic ***Party***) = 自民党

□ **passage** [pǽsidʒ] ① 名 経過 ② 名 通行，通路 ③ 名〈文章の〉一節

① with the ***passage*** of time（時の経過とともに）

② a ***passage*** under trees（木の下の通路）

③ quote a ***passage*** from a book（本から一節を引用する）

■ **patient** [péiʃənt] ① 形 忍耐強い ② 名 患者

② The ***patient*** will get well soon.（その患者はじきによくなるだろう）

□ **pension** [pénʃən] ① 名 ペンション，下宿屋 ② 名 年金

② live on a ***pension***（年金で生活する）

- **period** [píəriəd] ① 名 ピリオド (.) ② 名 期間
  - ② for a long *period* of time（長期間にわたって）
- **pickup** [píkùp] ① 名 向上，増進 ② 名 収集，集荷 ③ 名 小型トラック
  - ① a *pickup* in the stock market（株式市場の好転）
  - ② a trash *pickup*（ごみ収集）/ ③ a *pickup* (truck)（軽トラ）
- **pilot** [páilət] ① 名 パイロット ② 形 試験的な
  - ② a *pilot* plan（試案）/ a *pilot* plant（試験的工場）
- ■ **place** [pléis] ① 名 場所 ② 名 代わり，代理 ③ 動 置く（put） ④ 動〈注文を〉出す
  - ② Who will take his *place*?（誰が彼の代わりを務めますか）
  - ③ *place* a box by the wall（箱を壁のそばに置く）
  - ④ *place* an additional order（追加注文を出す）
- ■ **placement** [pléismənt] ① 名 配置 ② 名 職業紹介 ③ 名 クラス分け
  - ② They provide *placement* for unemployed people.
    （彼らは失業者に職業紹介を行っている）
    - □ placement bureau = 職業安定所
    - □ placement test = クラス分けテスト
- **plain** [pléin] ① 形 明白な，平易な ② 形 地味な，質素な
  - ① a book written in *plain* English（易しい英語で書かれた本）
  - ② lead a *plain* life（質素な生活を送る）
    - 【参考】「器量が悪い」「名 平原」などの意味もある。同じ発音のplane（飛行機）と混同しないこと。
- ■ **plant** [plǽnt] ① 名 植物 ② 名 工場，設備 ③ 動 植える，据え付ける
  - ② build a new *plant* overseas（海外に新工場を建てる）
  - ③ *plant* a time bomb（時限爆弾を仕掛ける）
    - □ nuclear power plant = 原子力発電所

- **platform** [plǽtfɔːrm] ① 名 プラットホーム，乗降口　② 名 演壇　③ 名 主義，綱領，声明

    ② mount a *platform*（演壇に登る）

    ③ a campaign *platform*（選挙の綱領）

- **play** [pléi] ① 動 遊ぶ　② 名 劇，芝居

    ② Let's go to the *play* this evening.（今晩芝居を見に行きましょう）

■ **please** [plíːz] ① 副 どうぞ　② 動 喜ばせる（→p.218）

    ② It is hard to *please* him.（彼を喜ばせるのは難しい）

- **plug** [plʌ́g] ① 名/動 プラグ（を差し込む）　② 名/動 栓（をする）

    ③ 名/動 宣伝（する）

    ① *plug* in a computer（パソコンの電源を入れる）

        cf. *unplug* a computer（パソコンの電源を抜く）

    ② pull out a bath *plug*（風呂の栓を抜く）/ a *fireplug*（消火栓）

    ③ *plug* a new product（新製品を宣伝する）

- **point** [pɔ́int] ① 名 点　② 動 指し示す

    ② The presenter *pointed* at the graph on the screen.

    （発表者は画面上のグラフを指し示した）

- **policy** [pɑ́ləsi] ① 名 政策　② 名 保険証券，保険契約

    ② She took out an insurance *policy* of 50 million yen.

    （彼女は5千万円の生命保険に入った）

- **pool** [púːl] ① 名 水たまり，プール　② 動 共同出資する

    ② They *pooled* their money to start a business.

    （彼らは事業を始めるために資金を共同出資した）

- **pose** [póuz] ① 名 姿勢，ポーズ　② 動 提出する

    ② The lecturer *posed* several questions to the trainees.

    （講師は研修生たちにいくつかの質問を提示した）

■ **post** [póust] ① 名 柱 ② 名 地位 ③ 名 郵便 (mail《米》) ④ 動〈掲示を〉貼る

⑤ 接頭辞 〜後

④ *post* (up) a notice on the wall（壁に掲示を貼る）

⑤ *postwar* economic recovery（戦後の経済回復）

   cf. *prewar* movies（戦前の映画）

■ **practice** [præktis] ① 名/動 練習(する)（→p.156） ② 名 慣習 ③ 名 実行

④ 動〈専門職を〉開業する

② follow the American business *practices*（米国の商習慣に従う）

③ theory and *practice*（理論と実践）

④ *practice* law（弁護士を開業する）

□ **premise** [prémis] ① 名 前提 ② 名〈土地を含む〉建物

② The *premises* are insured against fire.

  （その建物には火災保険がかけてある）

□ **premium** [prí:miəm] ① 名 割増金，奨励金 ② 名〈保険の〉掛け金

① pay a *premium* for the seat（割増金を払ってその席を取る）

② pay *one's* life insurance *premium*（生命保険料を支払う）

■ **present** [préznt] ① 名 贈り物 ② 形 現在の，出席している（→p.250）/
[prizént] ③ 動 贈る，示す，提出する，紹介する

② This is my *present* address.（これが私の現住所です）

  I was *present* at the meeting.（私は会合に出席していた）

③ I *presented* my passport.（私はパスポートを提示した）

  □ presentation 名 実演，口頭発表

■ **press** [prés] ① 動 押す ② 名 報道機関，新聞 [the-]

② The influence of *the press* cannot be ignored.

  （新聞の影響力は無視できない）

  □ press conference = 記者会見 / □ press release = 報道発表

□ **price** [práis] ① 名 値段 ② 名 物価 [-s]

② *Prices* have gone up recently.（最近物価が上がった）

- **principal** [prínsəpəl] ① 形 主要な，第一の ② 名 社長，校長 ③ 名 元金

    ① The *principal* reason for her success is her diligence.

    （彼女の成功の主な理由は，彼女の勤勉さだ）

    ② My father is a high-school *principal*.（父は高校の校長です）

    ③ I want to get my *principal* back.（元金を取り戻したい）

    混同注意 □ **principle** [prínspl] 名 原理，主義

    the *principle* of fair competition（公平な競争の原則）

□ **process** [práses] ① 名 プロセス，過程 ② 動 処理する，加工する

    ② *process* orders（注文を処理する）/ *processed* food（加工食品）

- **promote** [prəmóut] ① 動（販売を）促進する ② 動 昇進させる

    ① *promote* a new product（新製品の販売を促進する）

    ② She was *promoted* to chief.（彼女は主任に昇進した）

    □ **promotion** [prəmóuʃən] 名 販売促進，昇進

    promotion goods（景品）/ an exam for *promotion*（昇進試験）

□ **proof** [prúːf] ① 名 証拠 ② 名 校正刷り ③ 接尾辞 ～に耐える

    ① There is no *proof* that ...（…という証拠はない）

    ② *proofreading*（校正）/ ③ a *waterproof* camera（防水カメラ）

□ **provision** [prəvíʒən] ① 名 供給，準備 ② 名 食糧 [-s] ③ 名 条項，但し書き（proviso）

    ② a shortage of *provisions*（食糧（の蓄え）の不足）

    ③ supplementary *provisions* of a law（法律の付則）

□ **quotation** [kwoutéiʃən] ① 名 引用 ② 名 見積もり，相場

    ② Shall I submit a *quotation*?（見積もりを出しましょうか）

□ **quote** [kwóut] ① 動 引用する ② 動 見積もり額を言う

    ② *Quote* your price for this article.（この品に見積もり額をつけてください）

- **race** [réis] ① 名 競争，レース ② 名 人種

    ② The *race* problem is serious in this country.

    （この国では人種問題が深刻だ）

☐ **rail** [réil] ① 名 レール, 鉄道　② 名 手すり（handrail）

　② Hold on to the *rail* when you climb up the stairs.

　　（階段を上るときには手すりにつかまりなさい）

■ **raise** [réiz] ① 動 上げる　② 動 育てる　③ 動〈資金を〉調達する

　① He *raised* his hand and stood up.（彼は手を上げて立ち上がった）

　② I was *raised* by my aunt.（私はおばに育てられた）

　③ We need to *raise* funds.（我々は資金を集める必要がある）

　　☐ **fund-raising** 名 資金調達

■ **rate** [réit] ① 名 比率　② 名 料金　③ 名 速度, ペース　④ 動 評価する

　① the interest *rate*（利率）/ ② the telephone *rate*（電話料金）

　③ The sales of this product are growing *at* a rapid *rate*.

　　（この製品の売り上げは急速に［急速なペースで］伸びている）

　④ The land was *rated* at 50 million yen.（その土地は5千万円と評価された）

　　☐ **rating** 名 評価, 格付け, 視聴率, 支持率

　　　efficiency *ratings* of employees（社員の能率評価）

☐ **rear** [ríər] ① 名/形 後部（の）　② 動 育てる

　① a *rearview* mirror（バックミラー）/ ② *rear* cattle（家畜を育てる）

☐ **reason** [ríːzn] ① 名 理由　② 名 理性　③ 動 推論する

　② Hearing the news, he lost his *reason*.

　　（その知らせを聞いて彼は理性を失った）

　③ We *reasoned* that he was guilty.（我々は彼が有罪であると考えた）

☐ **recall** [rikɔ́ːl] ① 動 思い出す　②動〈欠陥品を〉回収する

　① I can't *recall* seeing this file.（このファイルは見た覚えがない）

　② They *recalled* the defective cars.（彼らは欠陥車を回収した）

　　【参考】「リコール（住民投票による解職）」の意味もある。

☐ **reflect** [riflékt] ① 動 反射する, 反映する　② 動 反省［熟考］する

　① the moon *reflected* in the lake（湖に映った月）

　　a report *reflecting* the facts（事実を反映した報告書）

② *reflect* on one's actions（自分の行動を反省する）

☐ **register** [rédʒistər] ① 動登録する/名登録簿 ② 動書留にする

① I *registered* my name at the club.（そのクラブに名前を登録した）

② have a letter *registered*（手紙を書留にしてもらう）

☐ **relative** [rélətiv] ① 形関連する，相対的な ② 名親戚

① Value is *relative* to demand.（価値は需要に比例する）

② He is my near *relative*.（彼は私の近い親戚です）

  ☐ **relatively** 副比較的

  The unemployment rate is *relatively* low.（失業率は比較的低い）

☐ **represent** [rèprizént] ① 動表す（stand for） ② 動代表する，代理を務める

① What does this sign *represent*?（この記号は何を表しますか）

② I *represent* ABC Ad. = I'm a *representative* of ABC Ad.

（私はABC広告の者です）

  ※「代表者［トップ］です」の意味ではない。

  ☐ **representative** [rèprizéntətiv] 名代表者，外交［販売］員

  He is a sales *representative* of the firm.

  （彼はその会社のセールスマンだ）

■ **reserve** [rizə́ːrv] ① 動予約する ② 動留保する ③ 動取っておく/名蓄え，準備金 ④ 名保護区

① *reserve* a table at a restaurant（レストランに席を予約する）

② *reserve* the final decision（最終決定を保留する）

③ *reserve* some wine for tomorrow（ワインを明日に残しておく）

  oil *reserves*（石油の備蓄）/ a legal *reserve*（法定準備金）

④ a *reserve* for wild animals（野生動物保護区）

  ☐ **reservation** [rèzərvéiʃən] 名予約，留保，条件

  They agreed with *reservations*.（彼らは条件つきで同意した）

■ **respect** [rispékt] ① 名/動 尊敬（する）　② 名 点

  ② I can't agree with you *in* several ***respects***.

  （私はいくつかの点で君に同意できない）

■ **rest** [rést] ① 名/動 休息（する）　② 名 残り

  ① I want to take a short ***rest***.（少し休憩したい）

  ② I'll do the ***rest*** of the work tomorrow.

  （仕事の残りは明日やります）

  □ **rest room** = トイレ

□ **retrieve** [ritríːv] ① 動 回復する　② 動 検索する

  ② You can ***retrieve*** necessary information from the database.

  （必要な情報はデータベースから検索することができます）

□ **return** [ritə́ːrn] ① 動 返す, 戻る　② 名 利益

  ② I expect a quick ***return*** on my investment.

  （私は投資からすぐに利益が出ると見込んでいる）

  ※日本語でも「ハイリスク・ハイリターン」などと言う。

■ **right** [ráit] ① 名/形 右（の）　② 形 正しい　③ 名 権利

  ③ You have your duties as well as ***rights***.

  （君には権利と同様に義務もある）

□ **rock** [rák] ① 名 岩　② 名 ロック音楽　③ 動〈前後に〉揺れる

  ③ The boat is ***rocking*** on the waves.（ボートが波に揺れている）

  混同注意 □ **lock** [lák] 動 錠をかける

    I forgot to ***lock*** the door.（ドアに鍵をかけ忘れた）

□ **roll** [róul] ① 動 転がる　② 名 名簿, 点呼

  ② Come back before ***roll*** *call*.（点呼の前に戻りなさい）

  混同注意 □ **role** [róul] 名 役割

    play the ***role*** *of* chief editor（編集長の役目を果たす）

付録

■ **row** [róu] ① 動〈ボートを〉こぐ ② 名 列（line）

　① ***row*** a boat（ボートをこぐ）

　② I sat in the front ***row***.（私は最前列に座った）

　　【参考】row [ráu] は「騒ぎ」の意味。

□ **rule** [rúːl] ① 名 規則 ② 名/動 支配（する）

　② Don't be ***ruled*** by your passions.（感情に支配されてはならない）

□ **safe** [séif] ① 形 安全な ② 名 金庫

　② Lock your valuables in the ***safe***.（貴重品は金庫にしまいなさい）

■ **save** [séiv] ① 動 省く，節約する（→p.170） ② 動 救う ③ 前 ～を除いて（except）

　① ***save*** energy（エネルギーを節約する）

　② ***save*** a child *from* a fire（子どもを火事から救う）

　③ All the members ***save*** him objected to the plan.

　　（彼以外の全員がその計画に反対した）

□ **say** [séi] ① 動 言う ② 名 発言権 ③ 間 たとえば，そうですね

　② You *have no **say*** in the matter.（君にはその問題に口を出す権利はない）

　③ I have, ***say***, twenty English books.

　　（私は英語の本を，そうですね，20冊持っています）

□ **screen** [skríːn] ① 名 画面，スクリーン ② 動 選別する

　② ***screen*** job applicants（求職者を選別する）

　　survive the ***screening***（選別をくぐり抜けて残る）

□ **seal** [síːl] ① 名/動 封（をする），シール ② 名/動 印鑑（を押す）

　① ***seal*** an envelope（〈手紙を入れた〉封筒の封をする）

　　take off a ***seal***（シール［封］をはがす）

　② stamp a ***seal*** to a document（文書に印鑑を押す）

　　sign and ***seal*** a contract（契約書に署名捺印する）

■ **second** [sékənd] ① 形 2番目の ② 名 秒

　② There are sixty ***seconds*** in a minute.（1分は60秒です）

- **security** [sikjúərəti] ① 名 安全　② 名 担保　③ 名 有価証券 [-s]

    ② The bank demanded heavy *security*. （銀行は多額の担保を求めた）

    - **securities** company = 証券会社

■ **sense** [séns] ① 名 感覚/動 感じる　② 名 意味　③ 名 分別

    ① We *sensed* danger ahead. （我々は前方に危険を感じた）

    ② This word is used *in* two *senses*. （この単語は2つの意味で使われている）

    ③ He is a man of *sense*. （彼は分別のある人だ）

- **sensitive** [sénsətiv] ① 形 敏感な　② 形 機密の（→p.224）

    ② This is a *sensitive* document. （これは機密書類だ）

■ **sentence** [séntəns] ① 名 文　② 名/動 判決（を下す）

    ② The court *sentenced* him *to* one year in prison.

    （法廷は彼に懲役1年の判決を下した）

    - **death sentence** = 死刑判決

■ **share** [ʃéər] ① 名 市場占有率　② 名 株（stock）　③ 動 分担[共有]する

    ① have a large *share* in the market（市場で大きなシェアを持つ）

    ② have 1,000 *shares* in the firm（その会社の株を1,000株持つ）

    ③ *share* the job *with* him（その仕事を彼と分担する）

- **shift** [ʃíft] ① 動 移動する　② 名 交代勤務（時間）

    ② I'm on the *night shift* this week. （今週は夜勤の組に入っている）

- **ship** [ʃíp] ① 名 船　② 動 出荷する，輸送する

    ② The goods were *shipped* out from the storehouse.

    （商品は倉庫から出荷された）

    - **shipment** 名 出荷，積み荷

        The *shipment* hasn't arrived yet. （積み荷がまだ到着していない）

- **sink** [síŋk] ① 動 沈む（sank-sunk）　② 名 洗面台，流し

    ② clean a kitchen *sink*（台所の流しをきれいにする）

- **skip** [skíp] ① 名/動 スキップ（する）　② 動〈いつもしていることを〉省く

    ② Don't *skip* breakfast. （朝食を抜いてはいけない）

付録

- □ **slip** [slíp] ① 動 すべる ② 名 伝票

  ② I'll check the *sales slips*. (売り上げ伝票をチェックします)

  □ **pay slip** = 給与明細

- □ **society** [səsáiəti] ① 名 社会 ② 名 交際

  ② I don't enjoy his *society*. (私は彼と付き合っても面白くない)

- □ **sort** [sɔ́ːrt] ① 名 種類 ② 動 分類する

  ② They *sorted* the files. (彼らはファイルを分類した)

- ■ **sound** [sáund] ① 名 音 ② 動 〜に聞こえる (→p.177) ③ 形 健全な

  ④ 副 ぐっすり (眠って)

  ② The report *sounds* true. (その報告は本当らしく聞こえる)

  ③ All my teeth are *sound*. (私の歯は全部健康だ)

  ④ The baby is *sound* asleep. (赤ん坊はぐっすり眠っている)

- ■ **spare** [spέər] ① 形 予備の ② 動 倹約する,割く (→p.177)

  ① a *spare* tire (予備のタイヤ) / *spare* time (余暇)

  ② She *spared* no effort. (彼女は努力を惜しまなかった)

- □ **spot** [spát] ① 名 場所 ② 名 しみ ③ 名 スポット広告

  ① a tourist *spot* (観光地)

  ② remove a *spot* from a shirt (シャツのしみを取り除く)

  ③ run a TV *spot* (テレビのスポット広告を流す)

- ■ **square** [skwέər] ① 名 正方形,広場 ② 形 平方の ③ 形 〈食事などが〉たっぷりの ④ 動 〈会社などを〉清算する

  ① He made a speech on the *square*. (彼は広場で演説した)

  ② 10 *square* meters (10平方メートル) *cf.* **cubic** 形 立方の

  ③ I had a *square* meal. (たっぷりの食事を取った)

  ④ *square* a debt (借金を清算する)

- □ **stall** [stɔ́ːl] ① 名 売店 (stand) ② 動 〈エンジンが〉止まる

  ① a coffee *stall* (コーヒーの売店)

  ② My car *stalled* at a red light. (車が赤信号でエンストした)

■ **stand** [stǽnd] ① 動 立つ　② 動 がまんする　③ 名 売店，駐車場

②I can't *stand* his impoliteness.（彼の無礼さには耐えられない）

③a *newsstand*（〈駅などの〉新聞売り場

a taxi *stand*（タクシー乗り場）

☐ **start** [stάːrt] ① 名/動 出発（する）　② 名/動 びくっとする［跳び上がる］（こと）

②I *started* at the strange sound.（私は奇妙な物音にぎょっとした）

He *started* in surprise.（彼は驚いて跳び上がった）

■ **state** [stéit] ① 名 国家，州　② 名 状態　③ 動 述べる，明言する

① the largest *state* in the U.S.（米国で最大の州）

② The patient is *in* a critical *state*.（その患者は危険な状態だ）

③ *state* one's opinion clearly（自分の意見を明確に述べる）

☐ state of affairs = 事態

☐ **statement** [stéitmənt] ① 名 声明　② 名 計算書，報告書

② The company was required to submit *financial statements*.

（その会社は財務諸表の提出を求められた）

☐ **steal** [stíːl] ① 動 盗む（→p.59)　② 動 そっと移動する　③ 名 掘り出し物，格安品

② I *stole out of* the room.（私はそっと部屋を抜け出した）

③ This used camera is a *steal*.（この中古カメラは掘り出し物だ）

■ **step** [stép] ① 名 歩み　② 名 方策［-s］

② We must *take* some effective *steps*.

（我々は何か効果的な手段を取らねばならない）

■ **stick** [stík]（stuck-stuck）① 名 棒，つえ　② 動 突き刺す，突き出す

③ 動 留める，貼り付ける，くっつく　④ 動 動けなくする

② A fishbone *stuck in* my throat.（魚の骨がのどに刺さった）

stick one's tongue out（舌を突き出す）

③ *stick* a stamp *on* an envelope（封筒に切手を貼る）

A piece of gum *stuck to* my shoe.（ガムが私の靴にくっついた）

He ***stuck*** to his business.（彼は仕事に専念した）

④ My car got ***stuck*** in the mud.（車が泥にはまりこんだ）

■ **stock** [sták] ① 名 在庫（inventory）　② 名 株式（share）

① We don't have any ***stock*** now.（今在庫が全くありません）

② The ***stock*** has nearly doubled.（その株は2倍近くになった）

【参考】「家畜」の意味もある。

■ **store** [stɔ́ːr] ① 名 店（shop）　② 名 蓄え/動 貯蔵［保管］する（stock）

② He has a ***store*** of knowledge.（彼は豊富な知識を持っている）

store the goods in the warehouse（商品を倉庫に保管する）

■ **story** [stɔ́ːri] ① 名 物語　② 名 記事（news story）　③ 名〈建物の〉階

② run a feature ***story***（特集記事を掲載する）

③ The hotel has fifteen ***stories***.（そのホテルは15階建てです）

□ **stress** [strés] ① 名 ストレス　② 名/動 強調（する）

② The professor ***stressed*** the point.（教授はその点を強調した）

□ **strike** [stráik] ① 動 打つ, 感銘を与える（→p.181）② 名 ストライキ

① His car ***struck*** against the wall.（彼の車は壁に衝突した）

② The laborers went on a ***strike***.（労働者たちはストライキを行った）

□ **strip** [stríp] ① 動〈皮・衣類などを〉はぐ, 取り去る　② 名 細長い切れ

① ***strip*** oneself（裸になる）/ ② a ***strip*** of paper（1枚の紙）

混同注意 □ **stripe** [stráip] 名 縞

He wears a ***striped*** tie.（彼は縞のネクタイをしている）

□ **stroke** [stróuk] ① 動 なでる　② 名 打撃　③ 名 一動作

① She ***stroked*** her hair softly.（彼女はそっと髪をなでた）

② The golfer was hit by a ***stroke*** of lightning.

（そのゴルファーは雷の一撃に打たれた）

③ He drew a dog on the paper with a few ***strokes***.

（彼は数筆で紙に犬の絵を描いた）

【参考】「卒中, 発作」の意味もある。（例＝ sunstroke 名 日射病）

☐ **stub** [stʎb] 名〈切符を切った後の〉半券

※「短い突出部」「短い（使い）残り」を意味する語。「木の切り株，たばこの吸いさし，ちびた鉛筆，ひげそり跡」などの意味でも使う。

Show me the ***stub*** of your ticket.（切符の半券を見せてください）

混同注意 ☐ **stab** [stǽb] 動刺す

The politician was ***stabbed*** to death.（その政治家は刺殺された）

☐ **studio** [stjú:diòu] ① 名練習場，スタジオ ② 名ワンルームマンション

② live in a ***studio*** (apartment)（ワンルームマンションに住む）

☐ **study** [stʎdi] ① 名/動勉強（する） ② 名書斎

② He was reading in his ***study***.（彼は書斎で読書をしていた）

☐ **stuff** [stʎf] ① 名材料，〈漠然と〉もの ② 動詰め込む

① The TV program is awful ***stuff***.（そのテレビ番組はひどいものだ）

② a ***stuffed*** bear [cabbage]（クマのぬいぐるみ［ロールキャベツ］）

混同注意 ☐ **staff** [stǽf] 名職員

All the ***staff*** attended the meeting.（全職員が会議に出席した）

■ **subject** [sʎbdʒikt] ① 名主題，話題 ② 名学科 ③ 形（～を）受けやすい（→p.231）

① Let's change the ***subject***.（話題を変えよう）

※メールの「件名」も subject。

② What's your favorite ***subject***?（好きな学科は何ですか）

☐ **subscribe** [səbskráib] ① 動署名する ② 動寄付する ③ 動予約購読する

② ***subscribe*** (money) to a charity（（金を）慈善団体に寄付する）

③ ***subscribe*** to a newspaper（新聞を予約購読する）

■ **suit** [sú:t] ① 動似合う（→p.55） ② 名スーツ ③ 名訴訟（lawsuit）

③ We won the ***suit*** for damages.（我々は損害賠償の訴訟に勝った）

☐ **swallow** [swάlou] ① 名つばめ ② 動飲み込む，うのみにする

② Don't ***swallow*** food so quickly.

（食べ物をそんなに早く飲み込んではいけない）

- **table** [téibl] ① 名 テーブル ② 名 表 ③ 動 棚上げする

    ② Arrange the data in **tables**. (資料を表にしなさい)

    ③ **table** the proposal temporarily （その提案を一時的に棚上げする）

- **tear** [téər] ① 動 引き裂く (**tore-torn**) / [tíər] ② 名 涙 [-s]

    ① **tear** up the note （メモをびりびりに破る）

    ② with **tears** in one's eyes （目に涙をためて）

- **tender** [téndər] ① 形 柔らかい ② 動 入札する，提出する

    ② Five companies **tendered** for the road construction.

    （5社がその道路建設に入札した）

- **term** [tə́ːrm] ① 名〈契約などの〉条件 ② 名 用語 ③ 名 期間 ④ 名 間柄

    ① **terms** and conditions of a contract （契約条項）

    ② a **term** used in economics （経済学で使われる用語）

    ③ His **term** of office expires in March. （彼の任期は3月で終わる）

    ④ I'm on good **terms** with my colleagues.

    （私は同僚たちとはよい間柄だ）（→p.298）

- **test** [tést] ① 名 テスト ② 名 試金石

    ② Poverty is a **test** of character. （貧困は人格の試金石となる）

- **tie** [tái] ① 名 ネクタイ ② 動 結ぶ ③ 名/動 同点（になる）

    ①② He **tied** his **tie** [necktie]. （彼はネクタイを結んだ）

    ③ The game ended in a **tie**. （試合は引き分けに終わった）

- **tip** [típ] ① 名 チップ ② 名 先端 ③ 名 助言，秘訣

    ② The dancer walked on the **tips** of her toes.

    （踊り子はつま先で歩いた）

    ③ I'll give you a few **tips** for saving money.

    （君にお金をためるための2, 3の助言をしてあげよう）

- **toast** [tóust] ① 名 トースト ② 名/動 乾杯（する）

    ② Let's drink a **toast** to our new leader.

    （私たちの新しいリーダーに乾杯しよう）

□ **toll** [tóul] ① 名 使用料, 通行料 ② 名〈事故・災害などの〉死傷者数

① a bridge ***toll***（橋の通行料）/ a ***toll*** road（有料道路）

② a death ***toll***（〈事故・災害などの〉死者の数）

□ **top** [táp] ① 名 頂点 ② 動 上回る（exceed）

② We still ***top*** other companies in sales.

（当社は今もなお売り上げで他社を上回っている）

□ **total** [tóutl] ① 名/形 総計（の） ② 形 全くの ③ 動 全損させる［する］

② The man was a ***total*** stranger.（その男は全く見たことのない人だった）

③ His car was ***totaled*** in the accident.（彼の車は事故で全壊した）

■ **touch** [tʌ́tʃ] ① 動 触れる ② 動 感動させる ③ 名 連絡 ④ 名（～の）気味

⑤ 名 筆法, 手際, 一筆

② His story ***touched*** our heart.（彼の話は我々の心を動かした）

③ Let's *keep in* ***touch*** by e-mail.（メールで連絡を取り合おう）

④ I have *a* ***touch*** *of* flu.（少し風邪気味です）

⑤ add the finishing ***touches*** to A（Aに仕上げの筆を入れる）

□ **track** [trǽk] ① 名〈陸上の〉トラック ② 名 線路 ③ 名/動 跡（をたどる）

② The express leaves from ***track*** 3.（急行は3番線から出ます）

③ The police followed the ***track*** of a car.（警察は車の跡をたどった）

混同注意 □ **truck** [trʌ́k] 名〈車の〉トラック

□ **trade** [tréid] ① 名/動 貿易, 商売（する） ② 名 同業者, 業界 ③ 名/動 交換（する） ④ 動 買い物をする

① The town has a flourishing ***trade*** in ceramics.

（その町は陶磁器の商売が盛んだ）

② This is a term used in the publishing ***trade***.

（これは出版業界で使われている用語です）

③ If you don't like it, I'll ***trade*** *with* you.

（もしそれが気に入らないなら、ぼくのと交換しよう）

④ I usually *trade* at the supermarket.

（私はふだんそのスーパーで買い物をする）

☐ **train** [tréin] ① 名 列車　② 動 訓練する

② She was *trained* as a nurse.（彼女は看護師としての訓練を受けた）

■ **transfer** [trænsfə́:r] ① 動 転勤させる　② 動 転送する　③ 動 振り込む

④ 動 乗り換える

※名詞としても使う。発音は [trǽnsfə:r]。

① He was *transferred* to the branch.（彼は支店へ転勤した）

② *transfer* an e-mail to the boss（メールを上司に転送する）

③ *transfer* money *to* his account（金を彼の口座に振り込む）

④ a *transfer* ticket（乗り換え切符）

■ **treat** [trí:t] ① 動 扱う　② 動 おごる　③ 動 治療する

① She *treats* me like a child.（彼女はぼくを子ども扱いする）

② I'll *treat* you *to* dinner.（私が夕食をおごります）

③ This disease can't be *treated*.（この病気は治療できない）

☐ **trim** [trím] ① 動 刈り込む，手入れする　② 動〈経費などを〉削減する

③ 名（正常な）状態，調子

① *trim* one's hair（調髪する）

② *trim* the expenses to the minimum（経費を最小限に削減する）

③ I'm in good *trim*.（私は体調がいい）

☐ **turnover** [tə́:rnòuvər] ① 名 売上高　② 名 転職［離職］率

① an annual *turnover*（年間の売上高）

② reduce the staff *turnover*（職員の転職率を下げる）

☐ **vacancy** [véikənsi] ① 名 欠員　② 名〈ホテルの〉空き部屋

① The company has *vacancies* for mechanics.

（その会社には技術者の欠員がある）

② No *Vacancies*.（空室なし）《掲示》

☐ **vacuum** [vǽkjuəm] ① 名 真空 ② 名/動 電気掃除機（をかける）

　② ***vacuum*** the rug（じゅうたんを電気掃除機で掃除する）

☐ **view** [vjúː] ① 名 眺め / 動 見る ② 名 意見（opinion） ③ 動 考える

　① an *oceanview* hotel（海に臨むホテル）

　② express *one's* ***views***（意見を述べる）

　③ ***view*** a matter objectively（問題を客観的に考える）

☐ **volume** [válju:m] ① 名 音量 ② 名 量，容量 ③ 名〈本の〉冊，巻

　① turn down the ***volume*** of the TV（テレビの音量を下げる）

　② the sales ***volume*** of the product（その製品の販売量）

　③ the second ***volume*** of the book（その本の第2巻）

■ **well** [wél] ① 形 元気な ② 副 上手に，よく ③ 名 井戸

　③ The ***well*** was drilled in solid rock.

　　（その井戸は堅い岩盤を掘り抜いたものだった）

☐ **wheel** [hwíːl] ① 名 車輪 ② 名 ハンドル（steering wheel）

　① the front ***wheels*** of a car（車の前輪）

　② turn the ***wheel*** to the left（ハンドルを左に切る）

　　☐ **wheelchair** [hwíːltʃèər] 名 車いす

■ **will** [wíl] ① 助動 ～だろう ② 名 意志 ③ 名 遺言（状）

　② Have a ***will*** of your own.（自分の意志を持ちなさい）

　③ I've drawn up a ***will***.（私は遺言状を作成した）

☐ **workshop** [wə́ːrkʃàp] ① 名 仕事場 ② 名 セミナー，研修会

　② attend an IT ***workshop***（IT研修会に出席する）

（2）基本語と混同しやすい語

単語のつづり字を1文字見間違えて，英文の意味を誤解してしまうことがよくある。中学生レベルの基本的な語とつづり字の似た単語には，特に注意すること。

☐ **brake** [bréik] 名〈車の〉ブレーキ（*cf.* **break** [bréik] 動壊す）
　　put［step］on the ***brake***(***s***)（ブレーキを踏む）

■ **collar** [kɑ́lər] 名 えり（*cf.* **color** [kʌ́lər] 名色）
　　He seized me by the ***collar***.（彼は私のえりをつかんだ）
　　a white-***collar*** worker（事務職員）

☐ **dock** [dák] 名 桟橋（*cf.* **duck** [dʌ́k] 名 あひる）
　　The boat is tied up at the ***dock***.（船は桟橋に係留されている）

☐ **fry** [frái] 動 揚げる，いためる（*cf.* **fly** 動飛ぶ）
　　deep-***fried*** chicken（鶏の唐揚げ）
　　※ fryには「揚げる（deep-fry）」「いためる（stir-fry）」の意味がある。

☐ **fur** [fə́ːr] 名 毛皮（*cf.* **far** 形 遠い）
　　I don't have ***fur*** coats.（毛皮のコートは持っていません）

■ **globe** [glóub] 名 地球（儀）（*cf.* **glove** [glʌ́v] 名 手袋）
　　travel around the ***globe***（世界旅行をする）
　　【参考】grove [gróuv] は「名 小さな森」。

■ **grateful** [gréitfəl] 形 感謝している（*cf.* **great** 形 大きな）
　　I'm ***grateful*** to you for your help.（ご援助に感謝します）

☐ **hose** [hóuz] 名 ホース（*cf.* **horse** 名 馬）
　　water a lawn with a ***hose***（ホースで芝生に水を撒く）

☐ **hospitable** [háspitəbl] 形 もてなしのよい（*cf.* **hospital** 名 病院）
　　I received a ***hospitable*** welcome.（私は温かい歓迎を受けた）

☐ **lightning** [láitniŋ] 名 雷（*cf.* **light** 名 光）
　　Lightning struck his house.（雷が彼の家に落ちた）

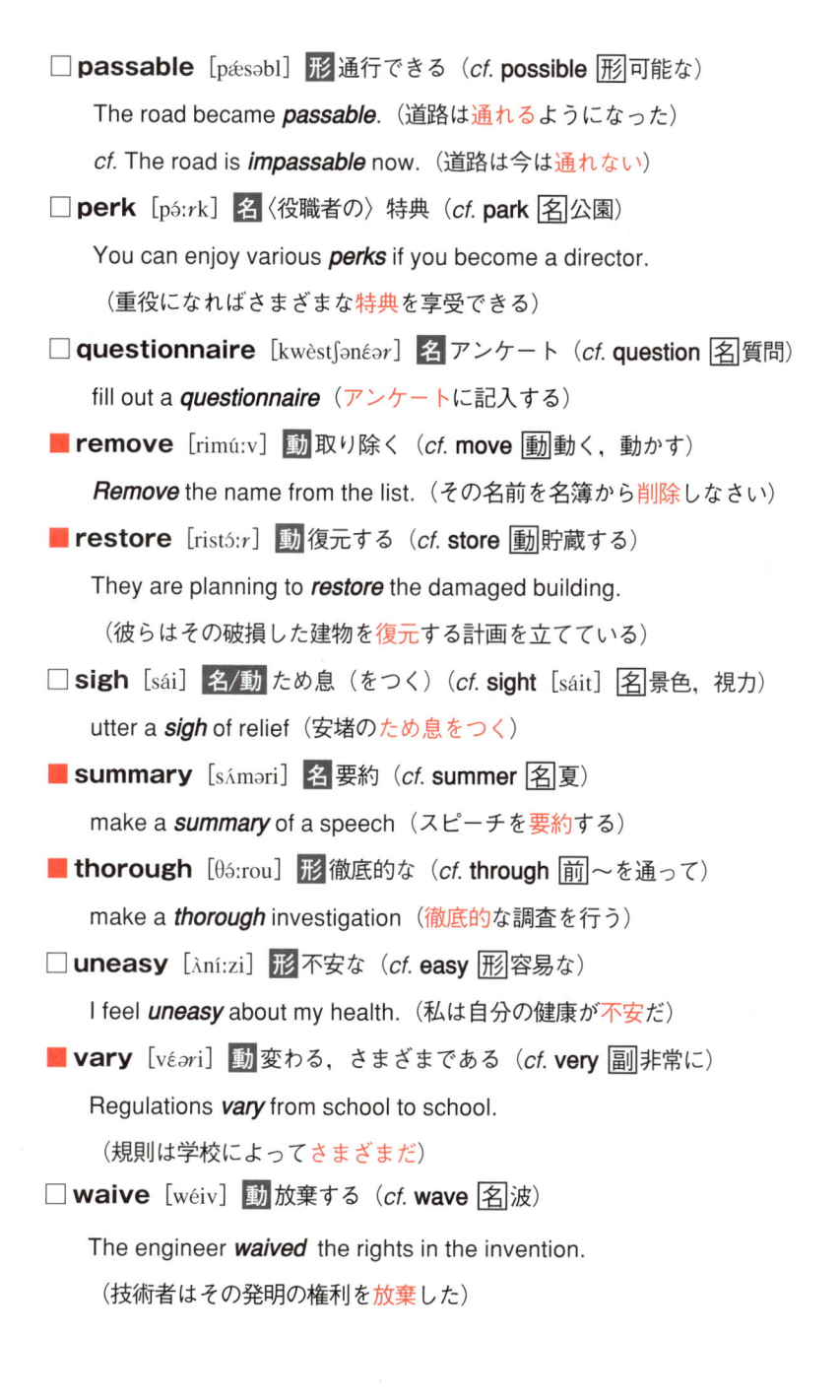

- **passable** [pǽsəbl] 形通行できる（*cf.* **possible** 形可能な）

  The road became *passable*.（道路は通れるようになった）

  cf. The road is *impassable* now.（道路は今は通れない）

- **perk** [pə́ːrk] 名〈役職者の〉特典（*cf.* **park** 名公園）

  You can enjoy various *perks* if you become a director.

  （重役になればさまざまな特典を享受できる）

- **questionnaire** [kwèstʃənɛ́ər] 名アンケート（*cf.* **question** 名質問）

  fill out a *questionnaire*（アンケートに記入する）

■ **remove** [rimúːv] 動取り除く（*cf.* **move** 動動く，動かす）

  Remove the name from the list.（その名前を名簿から削除しなさい）

■ **restore** [ristɔ́ːr] 動復元する（*cf.* **store** 動貯蔵する）

  They are planning to *restore* the damaged building.

  （彼らはその破損した建物を復元する計画を立てている）

- **sigh** [sái] 名/動ため息（をつく）（*cf.* **sight** [sáit] 名景色，視力）

  utter a *sigh* of relief（安堵のため息をつく）

■ **summary** [sʌ́məri] 名要約（*cf.* **summer** 名夏）

  make a *summary* of a speech（スピーチを要約する）

■ **thorough** [θə́ːrou] 形徹底的な（*cf.* **through** 前〜を通って）

  make a *thorough* investigation（徹底的な調査を行う）

- **uneasy** [ʌníːzi] 形不安な（*cf.* **easy** 形容易な）

  I feel *uneasy* about my health.（私は自分の健康が不安だ）

■ **vary** [vέəri] 動変わる，さまざまである（*cf.* **very** 副非常に）

  Regulations *vary* from school to school.

  （規則は学校によってさまざまだ）

- **waive** [wéiv] 動放棄する（*cf.* **wave** 名波）

  The engineer *waived* the rights in the invention.

  （技術者はその発明の権利を放棄した）

付録

☐ **wholesale** [hóulsèil] 名/形 卸売り(の)(cf. **whole** 名/形 全体(の))

It is economical to buy goods by ***wholesale***.

(卸売りで商品を買うと安上がりだ)

(3) 注意すべき派生語など

派生語になると，元の語の一般的な意味とは（少し）違った意味になるケースがある。次のような語には注意が必要。

■ **admission** [ædmíʃən] 名 入場料（cf. **admit** 動 認める）

Admission free. (入場無料)《掲示》

☐ **affection** [əfékʃən] 名 愛情（cf. **affect** 動 影響を与える）

An ***affection*** grew up between us. (我々の間に愛情が芽生えた)

■ **allowance** [əláuəns] 名 手当（cf. **allow** 動 許す）

overwork ***allowances*** (残業手当)

■ **appointment** [əpɔ́intmənt] 名〈面会の〉約束（cf. **appoint** 動 任命する）

I have an ***appointment*** with a client in the afternoon.

(午後に顧客と会う約束があります)

■ **commission** [kəmíʃən] 名〈委託販売の〉手数料（cf. **commit** 動 委任する）

The distributor charges 10 percent ***commission***.

(その販売代理店は10パーセントの手数料を取る)

■ **opening** [óupəniŋ] 名〈仕事の〉空き（cf. **open** 動 開く）

Is there a job ***opening*** in your office?

(あなたの職場に仕事の空きはありますか)

☐ **refreshment** [rifréʃmənt] 名〈軽い〉飲食物[-s]（cf. **refresh** 動 元気にする）

Shall I bring light ***refreshments***? (軽い飲食物を持ってきましょうか)

☐ **teller** [télər] 名〈銀行の〉窓口係（cf. **tell** 動 伝える）

ask a ***teller*** how to fill in a form (用紙の書き方を窓口係に尋ねる)

■ **utilities** [juːtílətiz] 名公共料金（*cf.* utilize 動利用する）
　Utilities are paid.（電気・ガス・水道料金は家賃に込み）《アパートの広告》

そのほか，次のような語にも注意。

● 書類などを表す名詞

□ **description** [diskrípʃən] 名説明書（*cf.* describe 動説明する）

■ **estimate** [éstəmət] 名見積書

■ **instructions** [instrʌ́kʃənz] 名〈製品の〉説明書（*cf.* instruct 動指導する）

□ **prescription** [priskrípʃən] 名処方箋（*cf.* prescribe 動処方する）

□ **requisition** [rèkwəzíʃən] 名請求用紙，注文書（*cf.* require 動要求する）

■ **resignation** [rèzignéiʃən] 名辞表（*cf.* resign 動辞職する）

■ **specification** [spèsəfikéiʃən] 名仕様書，明細事項（*cf.* specify 動明記する）

■ **statement** [stéitmənt] 名計算書，報告書（*cf.* state 動述べる）

● 建物などを表す名詞

□ **annex** [ǽneks] 名別館

■ **architecture** [ɑ́ːrkətèktʃər] 名建造物，建物

□ **compartment** [kəmpɑ́ːrtmənt] 名〈列車などの〉個室

■ **complex** [kɑ́mpleks] 名複合ビル

□ **concession** [kənséʃən] 名場内売り場（concession stand）

□ **cubicle** [kjúːbikl] 名〈オフィスなどの小さく仕切った〉個室

■ **establishment** [istǽbliʃmənt] 名店舗，事業所（*cf.* establish 動設立する）

■ **facility** [fəsíləti] 名施設

□ **fixture** [fíkstʃər] 名設備，備品（*cf.* fix 動固定する）

□ **remains** [riméinz] 名遺跡（*cf.* remain 動残る）

□ **ruins** [rúːinz] 名廃墟（*cf.* ruin 動台無しにする）

■ **structure** [strʌ́ktʃər] 名建造物，建物

● 料金などを表す名詞

■ **compensation** [kɑ̀mpənséiʃən] 名報酬，給与（*cf.* compensate 動償う）

- ■ **liabilities** [làiəbílətiz] 名 負債 (*cf.* liable 形 責任がある)
- □ **membership** [mémbərʃip] 名 会費 (*cf.* member 名 会員)
- ■ **postage** [póustidʒ] 名 郵便料金 (*cf.* post 名 郵便)
- □ **proceeds** [prəsí:dz] 名 収益, 売上高 (*cf.* proceed 動 前進する)
- ■ **rent** [rént] 名 家賃
- ■ **savings** [séiviŋz] 名 貯金 (*cf.* save 動 蓄える)
- ■ **scholarship** [skálərʃip] 名 奨学金 (*cf.* scholar 名 学者)
- ■ **storage** [stɔ́:ridʒ] 名 〈倉庫の〉保管料 (*cf.* store 動 保管する)

● 人などを表す名詞

- ■ **celebrity** [səlébrəti] 名 有名人 (*cf.* celebrate 動 祝う)
- ■ **judge** [dʒʌ́dʒ] 名 判事
- ■ **management** [mǽnidʒmənt] 名 経営陣 (*cf.* manage 動 経営する)
- ■ **official** [əfíʃəl] 名 役人, 当局者
- ■ **recruit** [rikrú:t] 名 新入社員
- □ **regular** [régjulər] 名 常連客
- □ **relative** [rélətiv] 名 親戚
- ■ **replacement** [ripléismənt] 名 交替要員 (*cf.* replace 動 取り替える)
- ■ **superior** [səpíəriər] 名 上司
- □ **suspect** [sʌ́spekt] 名 容疑者

● 物などを表す名詞

- ■ **belongings** [bilɔ́:ŋiŋz] 名 所持品 (*cf.* belong to 動 〜のものだ)
- □ **component** [kəmpóunənt] 名 部品 (*cf.* compose 動 組み立てる)
- ■ **enclosure** [inklóuʒər] 名 同封物 (*cf.* enclose 動 同封する)
- □ **necessities** [nəsésətiz] 名 必需品
- □ **special** [spéʃəl] 名 特売品, おすすめ料理
- ■ **substitute** [sʌ́bstətjù:t] 名 代用品
- ■ **valuables** [vǽljuəblz] 名 貴重品
- □ **waste** [wéist] 名 廃棄物

● 過去分詞が形容詞化したもの

- □ **acquired** 形後天的な（cf. acquire 動獲得する）
- □ **celebrated** 形有名な（cf. celebrate 動祝福する）
- □ **composed** 形落ち着いた（cf. compose 動構成する）
- □ **deserted** 形無人の（cf. desert 動見捨てる）
- □ **determined** 形決然とした（cf. determine 動決定する）
- □ **devoted** 形献身的な（cf. devote 動捧げる）
- □ **distinguished** 形著名な（cf. distinguish 動区別する）
- □ **learned** [lɔ́ːrnid] 形学識のある（cf. learn 動習う）
- ■ **marked** 形著しい（cf. mark 動印をつける）
- ■ **obliged** 形感謝している（cf. oblige 動強制する）
- □ **reserved** 形控えめな（cf. reserve 動予約する）

● 現在分詞が形容詞化したもの

- □ **acting** 形代理の
- □ **binding** 形拘束力がある
- □ **calculating** 形打算的な
- ■ **challenging** 形やりがいのある
- □ **convincing** 形説得力のある
- ■ **demanding** 形〈仕事などが〉きつい，厳しい
- □ **exhausting** 形骨の折れる
- □ **existing** 形現在の，目下の
- ■ **following** 形次の
- □ **inviting** 形魅力的な
- □ **lasting** 形永続的な
- ■ **misleading** 形紛らわしい
- ■ **missing** 形行方不明の
- □ **passing** 形一時的な
- ■ **pending** 形未決定の，懸案の

- ■ **pressing** 形 緊急の
- □ **promising** 形 前途有望な
- □ **sitting** 形 現職の
- □ **standing** 形 常設の，常連の
- □ **striking** 形 顕著な

● その他の形容詞

- ■ **comprehensive** [kàmprihénsiv] 形 包括的な （*cf.* comprehend 動 理解する）
- ■ **consistent** [kənsístənt] 形 首尾一貫した （*cf.* consist 動 ～から成る）
- □ **conventional** [kənvénʃənl] 形 月並みな （*cf.* convention 名 会議）
- □ **exceptional** [ikrépʃənl] 形 非常に優れた （*cf.* exception 名 例外）
- □ **figurative** [fígjurətiv] 形 比喩的な （*cf.* figure 名 姿，図形）
- □ **incidental** [ìnsədéntl] 形 付随的な （*cf.* incident 名 出来事）
- □ **objective** [əbdʒéktiv] 形 客観的な （*cf.* object 名 物体，目的）
- ■ **reasonable** [ríːzənəbl] 形〈価格が〉手ごろな （*cf.* reason 名 理由）
- ■ **remarkable** [rimάːrkəbl] 形 顕著な （*cf.* remark 動 述べる）
- □ **substantial** [səbstǽnʃəl] 形 かなりの （*cf.* substance 名 物質）
- ■ **urgent** [ə́ːrdʒənt] 形 緊急の （*cf.* urge 動 催促する）

（4）語尾の-er/-or

> **POINT** -er/-orで終わる語には，次の3つの意味がある。
> ① ～する人　② ～する業者　③ ～する道具・機械

たとえばrulerは「① 支配者／③ 定規」，pitcherは「① 投手／③ 水差し」の意味で使う。元の動詞とは意味が異なるものもある。特にTOEIC®テストでは，「② ～する業者」の意味に注意すること。

● 「～する人」の例

- □ **adviser** [ædváizər] 名 相談役，顧問 （*cf.* advise 動 忠告する）
- □ **auditor** [ɔ́ːdətər] 名 監査役 （*cf.* audit 動 会計検査をする）

- ■ **buyer** [báiər] 名 仕入れ係 (*cf.* buy 動 買う)
- ■ **caller** [kɔ́ːlər] 名 電話してきた人，訪問者 (*cf.* call 動 電話する)
- □ **conductor** [kəndʌ́ktər] 名 車掌，指揮者 (*cf.* conduct 動 案内する)
- □ **contender** [kənténdər] 名 競争相手 (*cf.* contend 動 競争する)
- □ **controller** [kəntróulər] 名 経理部長，監査役 (*cf.* control 動 管理する)
- □ **fixer** [fíksər] 名 黒幕 (*cf.* fix 動 (不正に) 事を運ぶ)
- □ **organizer** [ɔ́ːrɡənàizər] 名 まとめ役 (*cf.* organize 動 組織する)
- □ **pensioner** [pénʃənər] 名 年金受給者 (*cf.* pension 動 年金を給付する)
- ■ **presenter** [prizéntər] 名 発表者 (*cf.* present 動 発表する)
- ■ **professor** [prəfésər] 名 教授 (*cf.* profess 動 公言する)
- ■ **successor** [səksésər] 名 後任者 (*cf.* succeed 動 引き継ぐ)
- □ **viewer** [vjúːər] 名 〈テレビの〉視聴者 (*cf.* view 動 見る)

● 「〜する業者」の例

- ■ **carrier** [kǽriər] 名 運送業者 (*cf.* carry 動 運ぶ)
- ■ **competitor** [kəmpétətər] 名 ライバル（社）(*cf.* compete 動 競争する)
- ■ **contractor** [kántræktər] 名 請負［建設］会社 (*cf.* contract 動 契約する)
- □ **developer** [divéləpər] 名 宅地開発業者，不動産屋 (*cf.* develop 動 開発する)
- □ **distributor** [distríbjutər] 名 販売業者，代理店 (*cf.* distribute 動 分配する)
- □ **forwarder** [fɔ́ːrwərdər] 名 運送業者 (*cf.* forward 動 転送する)
- ■ **manufacturer** [mænjufǽktʃərər] 名 メーカー (*cf.* manufacture 動 製造する)
- □ **movers** [múːvərz] 名 引っ越し業者 (*cf.* move 動 引っ越す)
- □ **provider** [prəváidər] 名 プロバイダー (*cf.* provide 動 提供する)
  - ※「インターネット接続サービスを提供する業者」の意味。
- □ **realtor** [ríːəltər] 名 不動産業者 (*cf.* realty 名 不動産)
- ■ **supplier** [səpláiər] 名 納入業者 (*cf.* supply 動 供給する)
- ■ **vendor** [véndər] 名 納入業者，自販機 (*cf.* vend 動 売る)

● 「〜する道具・機械」の例

- □ **analyzer** [ǽnəlàizər] 名 分析装置 (*cf.* analyze 動 分析する)

- ■ **container** [kəntéinər] 名容器，コンテナ (*cf.* contain 動含む)
- ■ **copier** [kápiər] 名コピー機 (*cf.* copy 動コピーする)
- □ **disposer** [dispóuzər] 名生ごみ粉砕機 (*cf.* dispose 動処分する)
- ■ **drawer** [drɔ́:ər] 名引き出し (*cf.* draw 動引く)
- □ **extinguisher** [ikstíŋgwiʃər] 名消火器 (*cf.* extinguish 動〈火を〉消す)
- □ **generator** [dʒénərèitər] 名発電機 (*cf.* generate 動生み出す)
- □ **indicator** [índikèitər] 名表示装置 (*cf.* indicate 動示す)
- □ **pointer** [pɔ́intər] 名〈黒板などに使う〉指示棒 (*cf.* point 動指し示す)
- □ **projector** [prədʒéktər] 名映写機 (*cf.* project 動投影する)
- □ **reactor** [riǽktər] 名原子炉 (*cf.* react 動反応する)

(5) 形が紛らわしい語①

　短文の空所に入る適切な単語を選ぶ問いは，大学入試やTOEIC®テストなどで必ず出題されます。特に，形のよく似た単語の意味は正確に覚えましょう。

　以下，ドリル形式で知識をチェックしていきます。2つ以上並んだ見出し語のうち適切なものを，空所に書き込んでください。手で書くことによって，単語のつづり字も正確に覚えることができます。正解は，p.608以下に掲載しています。

　※空所の中に (e)s や (e)d があるものは，空所に入る語の後ろにその（複数形や過去形を作る）つづり字がつくことを示します。

1　■ **action** [ǽkʃən] / ■ **activity** [æktívəti]
　① take (　　　) （行動を起こす）
　② a volunteer (　　　) （ボランティア活動）

2　□ **adapt** [ədǽpt] / □ **adopt** [ədápt]
　① (　　　) to changing conditions （変化する条件に順応する）
　② (　　　) meritocracy （能力主義を採用する）

3 ■ **advice** [ædváis]（→p.308）/ ■ **advise** [ædváiz]（→p.76）
① ask him for （　　）（彼に忠告を求める）
②（　　）him to stop smoking（彼に禁煙するよう忠告する）

4 ■ **affect** [əfékt] / ■ **effect** [ifékt]
① have an （　　）（効果［影響］がある）
②（　　）one's health（健康に影響を与える）

5 ■ **allow** [əláu]（→p.78）/ ■ **arrow** [ǽrou]
①（　　）him to go home（彼に帰宅を許す）
② The （　　）hit the target.（矢は的に当たった）

6 ■ **amaze** [əméiz]（→p.215）/ ■ **amuse** [əmjúːz]
①（　　）the people（人々を楽しませる）
②（　　）the people（人々を驚かせる）

7 ■ **appoint** [əpɔ́int] / ■ **disappoint** [dìsəpɔ́int]
①（　　）her（彼女を失望させる）
②（　　）her chairperson（彼女を議長に任命する）

8 □ **appraise** [əpréiz] / □ **praise** [préiz]（→p.345）
①（　　）the land（その土地を評価する）
②（　　）her for her skills（彼女の技能を賞賛する）

9 □ **appropriate** [əpróupriət] / □ **approximate** [əpráksəmət]
① the （　　）total（概算の合計）
② an （　　）example（適切な例）

10 □ **assert** [əsə́ːrt] / □ **assort** [əsɔ́ːrt]
①（　　）the files by color（ファイルを色で分類する）
② He seldom （　　s）himself.（彼はめったに自己主張しない）

11 ■ **attach** [ətǽtʃ] / ■ **attack** [ətǽk]
①（　　）the enemy（敵を攻撃する）
②（　　）a cord to a computer（パソコンにコードを取り付ける）

12 ■ **award** [əwɔ́:rd] / ■ **reward** [riwɔ́:rd]（→p.345）

① pay a (　　　) to him（彼に報酬を支払う）

② win an Academy (　　　)（アカデミー賞を取る）

13 ■ **bare** [béər] / ■ **bear** [béər]（→p.535）

① The trees are (　　　).（木々は落葉している）

② I can't (　　　) this heat.（この暑さには耐えられない）

14 □ **benefactor** [bénəfæktər] / □ **beneficiary** [bènəfíʃièri]

① a (　　　) of the college（その大学の後援者）

② a (　　　) of the insurance policy（その保険の受取人）

15 □ **bet** [bét] / □ **bid** [bíd]

① Let's have a (　　　).（賭けをしよう）

② takeover (　　　)（株式公開買い付け (TOB)）

16 □ **career** [kəríər] / □ **carrier** [kǽriər]

① start *one's* (　　　)（仕事を始める）

② work for a (　　　)（運送業者に勤める）

17 ■ **carve** [ká:rv] / ■ **curb** [kə́:rb]（→p.541）/ ■ **curve** [kə́:rv]

① a blind (　　　)（見通しの悪いカーブ）

② park a car by the (　　　)（車を縁石のそばに停める）

③ (　　　) a piece of meat（肉を一切れ切る）

18 □ **casual** [kǽʒuəl] / □ **casualty** [kǽʒuəlti]

① (　　　) wear（普段着）

② a traffic (　　　)（交通事故の死傷者）

19 □ **cater** [kéitər] / □ **chart** [tʃɑ́:rt] / □ **charter** [tʃɑ́:rtər]

① (　　　) a bus（バスを借り上げる）

② (　　　) for parties（宴会の仕出しをする）

③ draw up a sales (　　　)（売り上げ表を作成する）

20 ■ **checkout** [tʃékàut] / ■ **checkup** [tʃékʌ̀p]

① a (　　　) counter（レジのカウンター）

② get a (　　) regularly（定期的に健康診断を受ける）

21 □ **chip** [tʃíp] / □ **tip** [típ] （→p.572）

① a (　　) in the cup（カップの欠け目）

② give a waiter a (　　)（ウエイターにチップをやる）

22 □ **circular** [sə́ːrkjulər] / □ **circulation** [sə̀ːrkjuléiʃən]

① the (　　) of a magazine（雑誌の発行部数）

② issue a monthly (　　)（毎月会報を出す）

23 □ **cite** [sáit] / □ **site** [sáit]

① a camping (　　)（キャンプ場）

② (　　) the data（データを引用する）

24 ■ **climate** [kláimit] / ■ **crime** [kráim]

① a mild (　　)（温暖な気候）

② an attempted (　　)（未遂の犯罪）

25 □ **clue** [klúː] / □ **crew** [krúː] （→p.295）

① the TV camera (　　)（テレビのカメラ班）

② a (　　) to the answer（答えの手がかり）

26 □ **coarse** [kɔ́ːrs] / □ **course** [kɔ́ːrs]

① (　　) manners（粗野な作法）

② an intensive (　　) of English（英語の集中コース）

27 □ **code** [kóud] / □ **cord** [kɔ́ːrd]

① The (　　) got tangled.（コードがもつれた）

② obey a dress (　　)（服装規定を守る）

28 ■ **collect** [kəlékt] / ■ **correct** [kərékt]

① (　　) the data（データを集める）

② (　　) the data（データを訂正する）

29 ■ **compete** [kəmpíːt] / ■ **complete** [kəmplíːt]

① (　　) a building（ビルを完成させる）

② (　　) with other companies（他社と競争する）

付録

30 ☐ **complement** [kámpləmənt] / ☐ **compliment** [kámpləmənt]
　① thank him for his (　　) （彼の賛辞に感謝する）
　② (　　) additional data （追加データを補足する）

31 ☐ **complementary** [kàmpləméntəri] / ☐ **complimentary** [kàmpləméntəri]
　① (　　) qualities （補い合う才能）
　② a (　　) ticket （優待［無料］券）

32 ☐ **confident** [kánfədənt] / ☐ **confidential** [kànfədénʃəl]
　① the (　　) document （極秘文書）
　② I'm (　　) of my success. （私は成功を確信している）

33 ■ **confirm** [kənfə́ːrm] / ■ **conform** [kənfɔ́ːrm]
　① (　　) *one's* reservation （予約を確認する）
　② (　　) to the specifications （仕様書と一致する）

34 ☐ **consign** [kənsáin] / ☐ **cosign** [kòusáin]
　① (　　) the goods （商品を運送する）
　② (　　) the contract （契約書に連署する）

35 ■ **contact** [kántækt] / ■ **contract** [kántrækt] / ■ **contrast** [kántræst]
　① extend the (　　) （契約を延長する）
　② (　　) him by e-mail （彼にメールで連絡する）
　③ a (　　) between them （それらの間の対照［違い］）

36 ☐ **contemporary** [kəntémpərèri] / ☐ **temporary** [témpərèri]
　① (　　) art （現代美術）
　② a (　　) file （一時保存ファイル）

37 ■ **cooperate** [kouápərèit] / ■ **corporate** [kɔ́ːrpərət]
　① (　　) taxes （法人税）
　② (　　) with him （彼に協力する）

38 ☐ **crash** [kræʃ] / ☐ **crush** [krʌʃ]
　① (　　) a cardboard box （段ボール箱を押しつぶす）
　② The plane (　　ed). （その飛行機は墜落した）

39 □ **current** [kə́:rənt] / □ **currency** [kə́:rənsi]

① buy and sell foreign (　　) （外貨を売買する）

② the (　　) issue of the magazine （その雑誌の最新号）

40 ■ **daily** [déili] / □ **dairy** [déəri] / ■ **diary** [dáiəri]

① our (　　) life （我々の日常生活）

② keep a (　　) （日記をつける）

③ (　　) products （乳製品）

41 □ **damp** [dǽmp] / □ **dump** [dʌ́mp]

① (　　) garbage （ゴミを投棄する）

② (　　) weather （じめじめした気候）

42 ■ **debate** [dibéit] / ■ **devote** [divóut] / □ **rebate** [ribéit]

① (　　) an issue （論点を議論する）

② get a 10% (　　) （10%の割戻し［割引］をしてもらう）

③ (　　) *one's* energy to the work （その仕事に精力を注ぐ）

43 ■ **decent** [dí:snt] / ■ **recent** [rí:snt]

① (　　) fashions （最近の流行）

② (　　) manners （上品な作法）

44 ■ **decide** [disáid] (→p.104) / ■ **divide** [diváid] (→p.110)

① (　　) on the date （日付を決める）

② (　　) the profit equally （利益を均等に分ける）

45 □ **defective** [diféktiv] / □ **effective** [iféktiv]

① the (　　) part （欠陥のある部品）

② the (　　) advertisement （効果的な宣伝）

46 □ **defer** [difə́:r] / □ **deter** [ditə́:r] / □ **differ** [dífər]

① (　　) him from going （彼が行くのを妨げる）

② (　　) the decision （決定を延期する）

③ My opinion (　　s) from yours. （私の意見は君とは違う）

| 47 | ■ **department** [dipáːrtmənt] / ■ **departure** [dipáːrtʃər] |

① postpone one's (　　　)（出発を延期する）

② the accounting (　　　)（経理部）

| 48 | □ **deposit** [dipázit] / □ **depot** [díːpou] |

① a bus (　　　)（バスターミナル）

② (　　　) money in a bank（お金を銀行に預ける）

| 49 | ■ **desert** [dézərt]（→p.542）/ ■ **dessert** [dizə́ːrt] |

① What's for (　　　)?（デザートは何ですか）

② The (　　　) spreads all over.（砂漠が一面に広がっている）

| 50 | ■ **destination** [dèstənéiʃən] / ■ **destiny** [déstəni] |

① reach one's (　　　)（目的地に着く）

② the (　　　) of our company（わが社の運命）

| 51 | ■ **device** [diváis] / ■ **devise** [diváiz] / ■ **revise** [riváiz] |

① (　　　) a new method（新しい方法を考案する）

② automatic safety (　　　)（自動安全装置）

③ (　　　) the original order（最初の注文を修正する）

| 52 | ■ **digest** [dáidʒest]（→p.543）/ ■ **digestion** [didʒéstʃən] |

① I have a poor (　　　).（私は消化が悪い）

② a (　　　) of the report（報告書の要約）

| 53 | ■ **direct** [dirékt]（→p.543）/ ■ **direction** [dirékʃən] |

① (　　　) rays of sunshine（直射日光）

② a sense of (　　　)（方向感覚）

| 54 | □ **director** [diréktər] / □ **directory** [diréktəri] |

① a telephone (　　　)（電話帳）

② a movie (　　　)（映画監督）

| 55 | □ **discreet** [diskríːt] / □ **discretion** [diskréʃən] |

① with (　　　) eyes（慎重な目をして）

② use one's (　　　)（裁量権を行使する）

56 □ **disposal** [dispóuzəl] / □ **disposable** [dispóuzəbl]
　①the (　　) of industrial waste（産業廃棄物の処分）
　②use (　　) lighters（使い捨てのライターを使う）

57 ■ **diverse** [divə́:rs] / ■ **reverse** [rivə́:rs]
　①in (　　) order（逆の順番に）
　②(　　) opinions（多様な意見）

58 □ **dividend** [dívədènd] / □ **division** [divíʒən]
　①declare a (　　) of 10%（10％の配当を公表する）
　②restructure the sales (　　)（販売部門を再編成する）

59 □ **emerge** [imə́:rdʒ] / □ **merge** [mə́:rdʒ]
　①(　　) from the water（水中から現れる）
　②(　　) a minor company（中小企業を吸収合併する）

60 □ **envelop** [invéləp] / □ **envelope** [énvəlòup]
　①put a stamp on the (　　)（封筒に切手を貼る）
　②(　　) *oneself* with a blanket（毛布に身を包む）

61 ■ **experience** [ikspíəriəns] / ■ **experiment** [ikspérəmənt]
　①an (　　) on animals（動物実験）
　②You need (　　).（君は経験が必要だ）

62 □ **extend** [iksténd] / □ **extension** [iksténʃən] / □ **extent** [ikstént]
　①to some (　　)（ある程度）
　②(　　) *one's* business（事業を拡張する）
　③the number of my (　　)（私の内線番号）

63 □ **facility** [fəsíləti] / □ **faculty** [fǽkəlti]
　①the imaginative (　　)（想像力）
　②build a new (　　)（新しい施設を建設する）

64 ■**fact** [fǽkt]（→p.311）/ ■**factor** [fǽktər] / ■**factory** [fǽktəri]

① an automobile (　　　)（自動車工場）

② a plain (　　　)（明白な事実）

③ a (　　　) of happiness（幸福の要因）

65 □**faction** [fǽkʃən] / □**fiction** [fíkʃən] / □**function** [fʌ́ŋkʃən]

① a science (　　　)（空想科学小説）

② the (　　　s) of education（教育の役割）

③ the (　　　s) in a company（社内の派閥）

66 ■**fair** [féər]（→p.546）/ ■**fare** [féər]

① bus (　　　)（バス料金）

② a trade (　　　)（産業見本市）

67 ■**fan** [fǽn] / ■**fun** [fʌ́n]（→p.313）

① Playing soccer is (　　　).（サッカーをするのは楽しい）

② I'm a soccer (　　　).（私はサッカーのファンです）

68 ■**farm** [fáːrm] / ■**firm** [fə́ːrm]（→p.547）

① vegetables fresh from the (　　　)（産地直送野菜）

② do business with the (　　　)（その会社と取引する）

69 □**feather** [féðər] / □**feature** [fíːtʃər]（→p.546）

① a distinctive (　　　)（よく目立つ特徴）

② the (　　　s) of a peacock（クジャクの羽）

70 □**flaw** [flɔ́ː] / □**flow** [flóu]

① a cash (　　　)（現金の流れ）

② a (　　　) in the contract（契約書の不備）

71 □**flee** [flíː] / □**flea** [flíː]

① a (　　　) market（蚤の市，フリーマーケット）

② (　　　) from *one's* responsibility（責任を回避する）

72 ■**flight** [fláit] / ■**freight** [fréit] / ■**fright** [fráit]

① the (　　　) charge（運送料）

② a direct (　　　) to Paris（パリへの直行便）

③ give them a (　　　)（彼らを恐がらせる）

73 ☐ **floor** [flɔ́ːr] / ☐ **flour** [fláuər]

① The bookstore is on the 8th (　　　).（本屋は8階です）

② make (　　　) into dough（小麦粉をこねてパン生地にする）

74 ■ **fold** [fóuld] / ■ **hold** [hóuld]

① (　　　) one's arms（腕組みをする）

② (　　　) a party（パーティーを開く）

75 ☐ **fraction** [frǽkʃən] / ☐ **friction** [frík ʃən]

① trade (　　　)（貿易摩擦）

② (　　　) of truth（一片の真実）

76 ■ **general** [dʒénərəl] / ■ **generous** [dʒénərəs]

① a (　　　) manager（総責任者）

② a (　　　) manager（寛大な責任者）

77 ☐ **genius** [dʒíːnjəs] / ☐ **genuine** [dʒénjuin]
☐ **ingenious** [indʒíːnjəs]

① a (　　　) friend（真の友人）

② an (　　　) idea（独創的な考え）

③ He's a (　　　).（彼は天才だ）

78 ☐ **grass** [grǽs] / ☐ **gross** [gróus]

① cut the (　　　)（芝生を刈る）

② (　　　) national product（国民総生産）

79 ☐ **heal** [híːl] / ☐ **heel** [híːl]

① The hurt is (　　　ing).（傷は治りつつある）

② shoes with worn-down (　　　s)（かかとのすり減った靴）

80 ☐ **hospitality** [hàspətǽləti] / ☐ **hostility** [hɑstíləti]

① show (　　　) to him（彼に敵意を示す）

② welcome their (　　　)（彼らのもてなしをありがたく受ける）

81 □ idea [aidíə] / □ ideal [aidíːəl]
　① a good (　　) (いい考え)
　② an (　　) diet (理想的な食事)

82 □ immediate [imíːdiət] / □ intermediate [ìntərmíːdiət]
　① I gave him an (　　) answer. (私は彼に即答した)
　② I took the (　　) course. (私は中級コースを選んだ)

83 □ inclement [inklémənt] / □ increment [ínkrəmənt]
　① get a special (　　) (特別昇給を受ける)
　② the (　　) weather (荒れ模様の天気)

84 □ inhabit [inhǽbit] / □ inhibit [inhíbit]
　① (　　) the island (その島に住む)
　② (　　) the functions of the stomach (胃の働きを妨げる)

85 □ institute [ínstətjùːt] / □ institution [ìnstətjúːʃən]
　① an earthquake research (　　) (地震調査研究所)
　② a public (　　) for elderly people (老人のための公共施設)

86 □ integrate [íntəgrèit] / □ integrity [intégrəti]
　① the (　　) of the official (その役人の正直さ)
　② (　　) the world economy (世界経済を統合する)

87 □ intend [inténd] (→p.137) / □ intent [intént]
　① He is (　　) on his job. (彼は仕事に没頭している)
　② I don't (　　) you any harm. (あなたに対して悪意はありません)

88 □ intense [inténs] / □ intensive [inténsiv]
　① an (　　) course of English (英語の集中コース)
　② (　　) competition among companies (企業間の激しい競争)

89 □ intention [inténʃən] / □ tension [ténʃən]
　① (　　) is increasing. (緊張が高まっている)
　② I don't have such (　　). (そんな意図はありません)

90 □ **intercept** [ìntərsépt] / ■ **interfere** [ìntərfíər] (→p.137)
　　■ **interpret** [intə́:rprit] / ■ **interrupt** [ìntərʌ́pt]
　　① (　　) the text（原文を解釈する）
　　② (　　) with the plan（その計画を妨害する）
　　③ (　　) him on his way（彼を途中でつかまえる）
　　④ (　　) their conversation（彼らの会話のじゃまをする）

91 □ **intermission** [ìntərmíʃən] / □ **intermittent** [ìntərmítnt]
　　① during the (　　)（休憩時間のうちに）
　　② cloudy with (　　) rain（曇り時々雨）

92 ■ **invent** [invént] / ■ **invest** [invést]
　　■ **investigate** [invéstəgèit]
　　① (　　) a new machine（新しい機械を発明する）
　　② (　　) the cause of an accident（事故の原因を調査する）
　　③ (　　) *one's* money in real estate（不動産に金を投資する）

93 □ **inventor** [invéntər] / □ **inventory** [ínvəntɔ̀:ri]
　　① a great (　　)（偉大な発明家）
　　② check the (　　) sheet（在庫表と照合する）

94 □ **irrigate** [írəgèit] / □ **irritate** [írətèit]
　　① (　　) the desert（砂漠に水を引く）
　　② (　　) the manager（部長をいらつかせる）

95 ■ **lack** [lǽk] / ■ **luck** [lʌ́k] / □ **rack** [rǽk]
　　① a towel (　　)（タオル掛け）
　　② (　　) common sense（常識を欠く）
　　③ envy his good (　　)（彼の幸運をうらやむ）

96 □ **lamp** [lǽmp] / □ **lump** [lʌ́mp]
　　① a desk (　　)（電気スタンド）
　　② a (　　) of sugar（角砂糖1個）

| 97 | ■ **law** [lɔ́ː] / ■ **low** [lóu] / ■ **raw** [rɔ́ː] / ■ **row** [róu] (→p.566) |

① a (　　) of trees（並木）

② major in (　　)（法律を専攻する）

③ eat fish (　　)（魚を生で食べる）

④ talk in a (　　) voice（小声で話す）

| 98 | □ **lawn** [lɔ́ːn] / □ **loan** [lóun] |

① mow the (　　)（芝を刈る）

② ask the bank for a (　　)（銀行にローンを申し込む）

| 99 | □ **lease** [líːs] / □ **release** [rilíːs] |

① (　　) a movie（映画を公開する）

② (　　) a copier（コピー機をリースする）

| 100 | □ **loyalty** [lɔ́iəlti] / □ **royalty** [rɔ́iəlti] |

① pay a (　　)（印税を支払う）

② corporate (　　)（愛社精神）

| 101 | ■ **mean** [míːn] (→p.148) / ■ **meaning** [míːniŋ] |
| | ■ **means** [míːnz] (→p.316) |

① a (　　) of transportation（交通手段）

② What do you (　　) by that?（それはどういう意味ですか）

③ the (　　) of the proverb（そのことわざの意味）

| 102 | □ **mediate** [míːdièit] / □ **meditate** [médətèit] |

① (　　) on *one's* past life（過去の人生を回想する）

② (　　) the quarrel between them（彼らの口論を仲裁する）

| 103 | □ **moral** [mɔ́ːrəl] / □ **morale** [məræl] |

① follow public (　　)（公衆道徳に従う）

② (　　) among the staff（職員の士気）

| 104 | ■ **nation** [néiʃən] / ■ **nature** [néitʃər] |

① preserve (　　)（自然を保護する）

② an advanced (　　)（先進国）

105 ☐ **noble** [nóubl] / ☐ **novel** [nável]

① write a historical (　　) (歴史小説を書く)

② a man of (　　) birth (高貴な生まれの人)

【参考】「ノーベル賞」はNobel prize。

106 ☐ **note** [nóut] / ☐ **notice** [nóutis] (→p.556)

① take a (　　) (メモを取る)

② give in one's (　　) (退職の予告を出す)

107 ☐ **offend** [əfénd] / ☐ **offense** [əféns]
☐ **offensive** [əfénsiv]

① a traffic (　　) (交通違反)

② an (　　) smell (いやなにおい)

③ (　　) the audience (聴衆の気分を害する)

108 ☐ **organ** [ɔ́ːrgən] / ☐ **organic** [ɔːrgǽnik]

① an intelligence (　　) (情報機関)

② (　　) vegetables (有機野菜)

109 ■ **overcome** [òuvərkʌ́m] / ■ **overtake** [òuvərtéik]

① (　　) the danger of bankruptcy (倒産の危機を乗り越える)

② (　　) the competitor in sales (売り上げで他社を追い越す)

110 ■ **owe** [óu] (→p.153) / ■ **own** [óun] (→p.558)

① I (　　) three shops. (私は店を3つ持っている)

② I (　　) some money to him. (私は彼に金を借りている)

111 ☐ **perform** [pərfɔ́ːrm] / ☐ **perfume** [pə́ːrfjuːm]

① (　　) one's duty (自分の義務を果たす)

② put (　　) on one's neck (首に香水をつける)

112 ☐ **personal** [pə́ːrsənl] / ☐ **personnel** [pə̀ːrsənél]

① a (　　) shuffle (人事異動)

② a (　　) problem (個人的な問題)

付録

113 □ **pile** [páil] / □ **pill** [píl]
   ① a sleeping (　　) （睡眠薬）
   ② a (　　) of documents （書類の山）

114 □ **pole** [póul] / □ **poll** [póul]
   ① a telephone (　　) （電柱）
   ② a public opinion (　　) （世論調査）

115 □ **pose** [póuz] / □ **pause** [pɔ́ːz]
   ① take a short (　　) （短い休止を取る）
   ② make a (　　) （ポーズ［姿勢］を取る）

116 ■ **pour** [pɔ́ːr] / ■ **pure** [pjúər]
   ① (　　) gold （純金）
   ② (　　) beer into the mug （ビールをジョッキに注ぐ）

117 □ **pray** [préi] / □ **prey** [préi]
   ① fall a (　　) to deception （詐欺のえじきになる）
   ② Let's (　　) for their victory. （彼らの勝利を祈ろう）

118 □ **precede** [prisíːd] / □ **proceed** [prəsíːd]
   □ **recede** [risíːd]
   ① Prices have (　　d). （物価が下がった）
   ② Who (　　d) him? （彼の前任者は誰でしたか）
   ③ The work (　　ed) smoothly. （仕事は円滑に進んだ）

119 □ **precious** [préʃəs] / □ **precise** [prisáis]
   ① a (　　) stone （宝石［貴重な石］）
   ② the (　　) time （正確な時刻）

120 □ **preview** [príːvjuː] / □ **review** [rivjúː]
   ① a book (　　) （書評）
   ② a (　　) of the film （その映画の試写会）

121 ■ **proper** [prápər] / ■ **property** [prápərti]
   ■ **prosper** [práspər]

① all his (　　) （彼の全財産）

② a (　　) accent （正しいアクセント）

③ (　　) as a lawyer （弁護士として繁盛する）

122 □ **proprietor** [prəpráiətər] / □ **propriety** [prəpráiəti]

① the land (　　) （土地所有者）

② observe the (　　) （礼儀作法を守る）

123 □ **prospect** [práspekt] / □ **prospectus** [prəspéktəs]

① the (　　) of a book （本の内容説明）

② good business (　　)s) （事業の明るい見通し）

124 ■ **protect** [prətékt] / ■ **protest** [prətést]

① (　　) against the decision （その決定に抗議する）

② (　　) consumers' rights （消費者の権利を保護する）

125 □ **proximity** [prɑksíməti] / □ **proxy** [prɑ́ksi]

① the (　　) to the station （駅に近いこと）

② sign a contract by (　　) （契約書に代理で署名する）

126 ■ **quiet** [kwáiət] / ■ **quit** [kwít] / ■ **quite** [kwáit]

① I'll (　　) smoking. （私は禁煙します）

② Keep (　　). （静かにしておきなさい）

③ This is (　　) delicious. （これは本当においしい）

127 □ **quota** [kwóutə] / □ **quote** [kwóut]

① (　　) a price （見積もり価格を言う）

② fulfill one's (　　) （ノルマを果たす）

128 ■ **rare** [réər] / ■ **rear** [ríər]

① a (　　) species （希少な生物種）

② a (　　) seat （後部座席）

129 ■ **rarely** [réərli] / ■ **really** [ríːəli]

① I (　　) saw him. （本当に彼に会ったんです）

② I (　　) see him. （彼にはめったに会いません）

130 □ **reality** [riǽləti] / □ **realty** [ríːəlti]

① accept the (　　) （現実を受け止める）

② work for a (　　) company （不動産会社に勤める）

131 ■ **realize** [ríːəlàiz] / ■ **recognize** [rékəgnàiz]

① I didn't (　　) him. （彼だとはわからなかった）

② I want to (　　) my dream. （夢を実現したい）

132 ■ **region** [ríːdʒən] / ■ **religion** [rilídʒən]

① the Kanto (　　) （関東地方）

② I'm indifferent to (　　). （宗教には関心がない）

133 ■ **remain** [riméin] / ■ **remind** [rimáind]

① He (　　ed) silent. （彼は黙ったままだった）

② That (　　s) me. （ああ、それで思い出したよ）

134 ■ **resource** [ríːsɔːrs] / ■ **source** [sɔ́ːrs]

① natural (　　s) （天然資源）

② the (　　) of this information （この情報の出所）

135 □ **restrain** [ristréin] / □ **restrict** [ristríkt]

① (　　) *one's* anger （怒りを抑える）

② (　　) freedom of speech （言論の自由を制限する）

136 □ **résumé** [rézumèi] / □ **resume** [rizúːm]

① (　　) the meeting （会議を再開する）

② send *one's* (　　) （履歴書を送る）

137 □ **scar** [skáːr] / □ **scarce** [skéərs] / □ **scare** [skéər]

① The food is (　　). （食糧が少ない）

② The (　　) has healed. （傷跡が治った）

③ (　　) the children （子どもたちを恐がらせる）

138 □ **sign** [sáin] / □ **signal** [sígnəl]

① (　　) a taxi （タクシーに合図する）

② (　　) a check （小切手に署名する）

139 □ **soap** [sóup] / □ **soup** [súːp]
　① a cake of (　　) (1個の石けん)
　② eat (　　) (スープを飲む)

140 □ **stack** [stǽk] / □ **stock** [stάk]
　① the (　　) market (株式市場)
　② a (　　) of papers (書類の山)

141 □ **stain** [stéin] / □ **strain** [stréin]
　① feel a heavy (　　) (強い緊張を感じる)
　② remove a (　　) on the shirt (シャツのしみを取る)

142 □ **stair** [stέər] / □ **stare** [stέər]
　① climb the (　　)s) (階段を上る)
　② (　　) at his face (彼の顔を見つめる)

143 □ **statue** [stǽtʃuː] / □ **status** [stéitəs]
　① *one's* social (　　) (社会的地位)
　② the (　　) of Liberty (自由の女神像)

144 □ **subsidiary** [səbsídièri] / □ **subsidy** [sʌ́bsədi]
　① be trasferred to a (　　) (子会社へ転勤になる)
　② cut part of the (　　) (補助金の一部を削減する)

145 □ **suspect** [səspékt] / □ **suspend** [səspénd]
　① (　　) business (業務を一時停止する)
　② I (　　) that he's sick. (彼は病気ではないかと思う)

146 □ **terrible** [térəbl] / □ **terrific** [tərífik]
　① The party was (　　). (パーティーはすばらしかった)
　② The service was (　　). (そのサービスはひどかった)

147 □ **thread** [θréd] / □ **threat** [θrét]
　① needle and (　　) (針と糸)
　② a (　　) to peace (平和への脅威)

148 ☐ **treat** [tríːt]（→p.574）/ ☐ **treaty** [tríːti]
　① (　　) the staff fairly（職員を公平に扱う）
　② sign a (　　)（条約に署名する）

149 ☐ **union** [júːnjən] / ☐ **reunion** [rijúːnjən]
　① a class (　　)（クラス会）
　② a labor (　　)（労働組合）

150 ☐ **unit** [júːnit] / ☐ **unite** [juːnáit]
　① Let's (　　).（団結しよう）
　② a (　　) of measurement（計量の単位）

151 ■ **wander** [wándər] / ■ **wonder** [wʌ́ndər]
　① (　　) around the streets（通りを歩き回る）
　② I (　　) if he'll come.（彼は来るかしら）

152 ■ **weather** [wéðər]（→p.323）/ ■ **whether** [hwéðər]（→p.445）
　① The (　　) was fine.（いい天気だった）
　② I don't know (　　) he'll come.（彼が来るかどうか知らない）

153 ■ **weigh** [wéi] / ■ **weight** [wéit]
　① What's your (　　)?（体重はどれくらいですか）
　② How much do you (　　)?（体重はどれくらいですか）

（6）形が紛らわしい語②

　引き続いて，形の似た単語の意味を，ドリル形式でチェックしていきます。以下に示すのは，共通の語尾を持つ語です。上の見出し語から適切な単語を選んで空所に書き込み，p.610の正解を確認してください。

1 ■ **acquire** [əkwáiər] / ■ **inquire** [inkwáiər]
　　■ **require** [rikwáiər]
　① (　　) into a problem（問題を調査する）
　② (　　) learning（学問を習得する）

③ The work (s) patience.（その仕事は忍耐を要する）

2 □ **allocate** [ǽləkèit] / ■ **locate** [lóukeit]

□ **relocate** [rì:loukéit]

① (   ) the office to Tokyo（事務所を東京へ移転する）

② (   ) the work to him（彼にその仕事を割り当てる）

③ My office is (d) downtown.（私のオフィスは中心街にある）

3 □ **altitude** [ǽltətjù:d] / □ **aptitude** [ǽptətjù:d]

■ **attitude** [ǽtitjù:d] / ■ **gratitude** [grǽtətjù:d]

□ **latitude** [lǽtətjù:d]

① (   ) 38 degrees north（北緯38度）

② in token of *one's* (   )（感謝の印として）

③ have an (   ) for science（科学の才能がある）

④ take a negative (   )（否定的な態度を取る）

⑤ an (   ) of 20,000 feet（2万フィートの高度）

4 ■ **apply** [əplái] / □ **comply** [kəmplái]

■ **imply** [implái] / ■ **reply** [riplái]

① (   ) to an e-mail（メールに返事を出す）

② (   ) with regulations（規則に従う）

③ (   ) to a university（大学に出願する）

④ (   ) disapproval（不同意を暗示する）

5 □ **ascribe** [əskráib] / ■ **describe** [diskráib]

□ **prescribe** [priskráib] / □ **subscribe** [səbskráib]

① (   ) antibiotics（抗生物質を処方する）

② (   ) to the Asahi Shimbun（朝日新聞を購読する）

③ (   ) the accident（その事故を説明する）

④ (   ) it to bad luck（それを不運のせいだと考える）

付録

6 □ aspire [əspáiər] / ■ expire [ikspáiər]
　□ inspire [inspáiər]
　① The contract has (　　d). (契約が切れた)
　② She (　　d) to fame. (彼女は名声を熱望した)
　③ His success (　　d) me. (彼の成功は私を刺激した)

7 ■ assign [əsáin] / ■ resign [rizáin]
　① decide to (　　) (辞任する決心をする)
　② (　　) the task to him (その仕事を彼に割り当てる)

8 ■ assume [əsúːm] / ■ consume [kənsúːm]
　□ presume [prizúːm] / □ resume [rizúːm]
　① (　　) energy (エネルギーを消費する)
　② (　　) the negotiation (交渉を再開する)
　③ We can (　　) that ... (我々は…と推定できる)
　④ Let's (　　) that it is true. (それが本当だと仮定しよう)

9 □ attain [ətéin] / ■ contain [kəntéin]
　□ retain [ritéin]
　① They (　　ed) their goal. (彼らは目標を達成した)
　② This food (　　s) fiber. (この食品は食物繊維を含む)
　③ She (　　s) her youth. (彼女は若さを保っている)

10 □ attribute [ətríbjuːt] / ■ contribute [kəntríbjuːt]
　■ distribute [distríbjuːt] / □ tribute [tríbjuːt]
　① (　　) the pamphlets (パンフレットを配る)
　② as a (　　) of respect (敬意の印として)
　③ (　　) to the sales growth (売り上げ増に貢献する)
　④ (　　) his success to his efforts (彼の成功を努力に帰する)

11 ■ avenue [ǽvənjùː] / □ revenue [révənjùː]
　□ venue [vénjuː]
　① our advertising (　　) (当社の広告収入)

② the (　　) for a conference（会議の開催場所）

③ walk along the (　　)（大通りに沿って歩く）

12　■ **compose** [kəmpóuz] / ■ **expose** [ikspóuz]
　　■ **impose** [impóuz] / □ **repose** [ripóuz]

① (　　) a tune（作曲する）

② (　　) on a sofa（ソファで休む）

③ (　　) tax on the goods（その品に税を課す）

④ (　　) one's skin to sunshine（肌を日光にさらす）

13　□ **compress** [kəmprés] / ■ **express** [iksprés]
　　■ **impress** [imprés] / □ **suppress** [səprés]

① I (　　ed) my thanks.（私は感謝の気持ちを表した）

② I (　　ed) the backup data.（バックアップデータを圧縮した）

③ All criticism was (　　ed).（批判はすべて抑えられた）

④ The photo (　　ed) me.（その写真は私に感銘を与えた）

14　□ **conceive** [kənsíːv] / ■ **deceive** [disíːv]
　　■ **receive** [risíːv]

① (　　) her by kind words（甘い言葉で彼女をだます）

② (　　) an e-mail from him（彼からのメールを受け取る）

③ (　　) an idea for a novel（小説の構想が浮かぶ）

15　■ **conclude** [kənklúːd] / ■ **exclude** [iksklúːd]
　　■ **include** [inklúːd]

① We (　　d) the deal.（我々はその協定を締結した）

② You can (　　) the possibility.（その可能性は除外できる）

③ Does the price (　　) tax?（価格には税が含まれますか）

16 □ **confer** [kənfə́:r] / □ **infer** [infə́:r]

　■ **prefer** [prifə́:r] / ■ **refer** [rifə́:r]

　① (　　) with them（彼らと相談する）

　② (　　) tea to coffee（コーヒーよりお茶を好む）

　③ (　　) to the website（ホームページを参照する）

　④ We can (　　) that ...（…と推論できる）

17 □ **confine** [kənfáin] / ■ **define** [difáin]

　□ **fine** [fáin] / ■ **refine** [rifáin]

　① be (　　d) to one's bed（寝たきりである）

　② (　　) your language.（言葉を洗練しなさい）

　③ I was (　　d) 100 dollars.（100ドルの罰金を科された）

　④ (　　) the word clearly（その語を明確に定義する）

18 ■ **deserve** [dizə́:rv] / ■ **preserve** [prizə́:rv]

　■ **reserve** [rizə́:rv] / ■ **serve** [sə́:rv]

　① (　　) a table（席を予約する）

　② (　　) nature（自然を保存［保護］する）

　③ This box (　　s) as a chair.（この箱はいすに使える）

　④ His behavior (　　s) praise.（彼の行動は賞賛に値する）

19 □ **dissolve** [dizálv] / ■ **resolve** [rizálv]

　■ **solve** [sálv]

　① I (　　d) to go there.（私はそこへ行く決心をした）

　② I (　　d) the problem.（私はその問題を解いた）

　③ We (　　d) our partnership.（我々は協力関係を解消した）

20 ■ **efficient** [ifíʃənt] / □ **proficient** [prəfíʃənt]

　■ **sufficient** [səfíʃənt]

　① a fuel-(　　) car（燃費のよい車）

　② She's (　　) in English.（彼女は英語に熟達している）

　③ The budget is not (　　).（予算が十分でない）

21 □ **incur** [inkə́:r] / ■ **occur** [əkə́:r]

□ **recur** [rikə́:r]

① We (　　red) a heavy loss.（我々は大損害を被った）

② The accident (　　red) here.（事故はここで起きた）

③ The same accident (　　red).（同じ事故が再発した）

● 形が紛らわしいその他の語

■ **access** [ǽkses] 接近，入手	■ **assess** [əsés] 査定する
□ **adjoin** [ədʒɔ́in] 隣接する	□ **adjourn** [ədʒə́:rn] 休会する
■ **advance** [ædvǽns] 前進（する）	■ **advantage** [ædvǽntidʒ] 有利
□ **advent** [ǽdvent] 到来	□ **adventure** [ædvéntʃər] 冒険
□ **aid** [éid] 援助（する）	□ **aide** [éid] 補佐官
□ **alley** [ǽli] 路地	□ **ally** [əlái] 提携する
■ **area** [ɛ́əriə] 地域	□ **arena** [əríːnə] 競技場，会場
■ **arise** [əráiz] 生じる	□ **arouse** [əráuz] 喚起する
□ **assent** [əsént] 同意（する）	□ **asset** [ǽset] 資産
□ **audit** [ɔ́:dit] 会計検査	□ **audition** [ɔːdíʃən] オーディション
■ **biography** [baiágrəfi] 伝記	■ **biology** [baiálədʒi] 生物学
□ **broke** [bróuk] 破産した	■ **broken** [bróukən] 壊れた
□ **censor** [sénsər] 検閲する	□ **sensor** [sénsɔːr] センサー
□ **circumference** [sərkʌ́mfərəns] 外周（の長さ）	■ **circumstance** [sə́ːrkəmstæns] 事情，状況
□ **comprise** [kəmpráiz] 含む，構成する	□ **compromise** [kámprəmàiz] 妥協（する）
■ **conscious** [kánʃəs] 意識して	□ **conscience** [kánʃəns] 良心
■ **convey** [kənvéi] 運ぶ	□ **convoy** [kánvɔi] 護衛（する）
■ **council** [káunsəl] 協議会	■ **counsel** [káunsəl] 助言（する）
□ **lever** [lévər] てこ，レバー	□ **liver** [lívər] 肝臓

■ link [líŋk] 関連（させる）	□ rink [ríŋk] スケート場
□ lip [líp] くちびる	□ rip [ríp] 切り裂く，はぐ
□ liter [líːtər] リットル	□ litter [lítər] 散らかす
■ popularity [pɑ̀pjulǽrəti] 人気	■ population [pɑ̀pjuléiʃən] 人口
□ repetition [rèpətíʃən] 反復	■ reputation [rèpjutéiʃən] 評判
□ stationary [stéiʃənèri] 静止した	■ stationery [stéiʃənèri] 文房具

（5）の答

1 ① action ② activity 2 ① adapt ② adopt 3 ① advice ② advise 4 ① effect ② affect 5 ① allow ② arrow 6 ① amuse ② amaze 7 ① disappoint ② appoint 8 ① appraise ② praise 9 ① approximate ② appropriate 10 ① assort ② assert 11 ① attack ② attach 12 ① reward ② Award 13 ① bare ② bear 14 ① benefactor ② beneficiary 15 ① bet ② bid 16 ① career ② carrier 17 ① curve ② curb ③ carve 18 ① casual ② casualty 19 ① charter ② cater ③ chart 20 ① checkout ② checkup 21 ① chip ② tip 22 ① circulation ② circular 23 ① site ② cite 24 ① climate ② crime 25 ① crew ② clue 26 ① coarse ② course 27 ① cord ② code 28 ① collect ② correct 29 ① complete ② compete 30 ① compliment ② complement 31 ① complementary ② complimentary 32 ① confidential ② confident 33 ① confirm ② conform 34 ① consign ② cosign 35 ① contract ② contact ③ contrast 36 ① contemporary ② temporary 37 ① corporate ② cooperate 38 ① crush ② crash 39 ① currency ② current 40 ① daily ② diary ③ dairy 41 ① dump ② damp 42 ① debate ② rebate ③ devote 43 ① recent ② decent 44 ① decide ② divide 45 ① defective ② effective 46 ① deter ② defer ③ differ 47 ① departure ② department 48 ① depot ② deposit 49 ① dessert ② desert 50 ① destination ② destiny 51 ① devise ② device ③ revise 52 ① digestion ② digest 53 ① direct ② direction 54 ① directory ② director 55 ① discreet ② discretion

56 ① disposal ② disposable 57 ① reverse ② diverse 58 ① dividend ② division 59 ① emerge ② merge 60 ① envelope ② envelop 61 ① experiment ② experience 62 ① extent ② extend ③ extension 63 ① faculty ② facility 64 ① factory ② fact ③ factor 65 ① fiction ② function ③ faction 66 ① fare ② fair 67 ① fun ② fan 68 ① farm ② firm 69 ① feature ② feather 70 ① flow ② flaw 71 ① flea ② flee 72 ① freight ② flight ③ fright 73 ① floor ② flour 74 ① fold ② hold 75 ① friction ② fraction 76 ① general ② generous 77 ① genuine ② ingenious ③ genius 78 ① grass ② gross 79 ① heal ② heel 80 ① hostility ② hospitality 81 ① idea ② ideal 82 ① immediate ② intermediate 83 ① increment ② inclement 84 ① inhabit ② inhibit 85 ① institute ② institution 86 ① integrity ② integrate 87 ① intent ② intend 88 ① intensive ② intense 89 ① Tension ② intention 90 ① interpret ② interfere ③ intercept ④ interrupt 91 ① intermission ② intermittent 92 ① invent ② investigate ③ invest 93 ① inventor ② inventory 94 ① irrigate ② irritate 95 ① rack ② lack ③ luck 96 ① lamp ② lump 97 ① row ② law ③ raw ④ low 98 ① lawn ② loan 99 ① release ② lease 100 ① royalty ② loyalty 101 ① means ② mean ③ meaning 102 ① meditate ② mediate 103 ① moral ② morale 104 ① nature ② nation 105 ① novel ② noble 106 ① note ② notice 107 ① offense ② offensive ③ offend 108 ① organ ② organic 109 ① overcome ② overtake 110 ① own ② owe 111 ① perform ② perfume 112 ① personnel ② personal 113 ① pill ② pile 114 ① pole ② poll 115 ① pause ② pose 116 ① pure ② pour 117 ① prey ② pray 118 ① recede ② precede ③ proceed 119 ① precious ② precise 120 ① review ② preview 121 ① property ② proper ③ prosper 122 ① proprietor ② propriety 123 ① prospectus ② prospect 124 ① protest ② protect 125 ① proximity ② proxy 126 ① quit ② quiet ③ quite 127 ① quote ② quota 128 ① rare ② rear 129 ① really ② rarely 130 ① reality ② realty 131 ① recognize

② realize 132 ① region ② religion 133 ① remain ② remind 134 ① resource
② source 135 ① restrain ② restrict 136 ① resume ② résumé
137 ① scarce ② scar ③ scare 138 ① signal ② sign 139 ① soap ② soup
140 ① stock ② stack 141 ① strain ② stain 142 ① stair ② stare
143 ① status ② Statue 144 ① subsidiary ② subsidy 145 ① suspend ② suspect
146 ① terrific ② terrible 147 ① thread ② threat 148 ① treat ② treaty
149 ① reunion ② union 150 ① unite ② unit 151 ① wander ② wonder
152 ① weather ② whether 153 ① weight ② weigh

(6)の答

1 ① inquire ② acquire ③ require 2 ① relocate ② allocate ③ locate
3 ① latitude ② gratitude ③ aptitude ④ attitude ⑤ altitude 4 ① reply
② comply ③ apply ④ imply 5 ① prescribe ② subscribe ③ describe
④ ascribe 6 ① expire ② aspire ③ inspire 7 ① resign ② assign
8 ① consume ② resume ③ presume ④ assume 9 ① attain ② contain
③ retain 10 ① distribute ② tribute ③ contribute ④ attribute 11 ① revenue
② venue ③ avenue 12 ① compose ② repose ③ impose ④ expose
13 ① express ② compress ③ suppress ④ impress 14 ① deceive
② receive ③ conceive 15 ① conclude ② exclude ③ include 16 ① confer
② prefer ③ refer ④ infer 17 ① confine ② Refine ③ fine ④ define
18 ① reserve ② preserve ③ serve ④ deserve 19 ① resolve ② solve
③ dissolve 20 ① efficient ② proficient ③ sufficient 21 ① incur ② occur
③ recur

INDEX 索引

語句	頁								
a [an]	503	advisable	238	any	494	assign	389	become	55
		advise	31	anyone	496	assign	604	become	86
able	205	advise	34	apologize	51	associate	84	become	365
able	207	advise	76	apologize	79	associate	401	bed	41
aboard	405	advise	585	apologize	345	associate	402	before	412
abound	352	adviser	582	appeal	387	assort	585	before	434
about	207	affect	585	appear	27	assume	33	begin	87
about	328	affection	578	appear	38	assume	84	behave	42
above	405	afford	23	appear	80	assume	604	behind	413
abroad	266	afford	77	appliance	305	assure	36	believe	33
absent	42	afraid	204	application	305	assure	42	believe	40
absent	227	afraid	207	apply	42	assure	85	believe	87
absorb	45	afraid	209	apply	80	assure	101	believe	352
abundant	227	afraid	232	apply	388	assure	366	belong	40
accept	54	after	406	apply	389	astonish	215	belong	88
access	607	after	431	apply	603	at	331	belong	388
accompany	45	against	407	appoint	81	attach	45	belongings	580
account	343	ago	273	appoint	585	attach	389	below	413
account	532	agree	77	appointment	578	attach	585	beneath	413
accurate	221	agree	370	appraise	585	attack	585	benefactor	586
accuse	74	ahead	407	appreciate	55	attain	604	beneficiary	586
accuse	366	aid	607	appreciate	81	attempt	23	benefit	349
accustom	45	aide	607	approach	50	attempt	85	benefit	535
accustom	387	aim	23	approach	82	attend	50	beside	414
acquaint	45	aim	78	approach	533	attend	85	besides	414
acquire	602	aim	331	appropriate	211	attend	370	best	234
acquired	581	alike	204	appropriate	585	attend	388	bet	586
across	406	alike	233	approve	82	attendance	305	better	235
act	329	alive	204	approve	365	attendant	533	between	414
act	370	alive	233	approximate	585	attention	305	beyond	415
acting	581	all	268	apt	207	attitude	603	bid	586
action	584	all	477	aptitude	603	attract	218	bill	535
activity	584	alley	607	architecture	579	attribute	86	bind	52
actual	220	allocate	603	area	607	attribute	389	binding	581
actually	270	allot	389	arena	607	attribute	604	biography	607
adapt	42	allow	25	argue	33	audience	308	biology	607
adapt	388	allow	32	argue	82	audit	607	blame	88
adapt	584	allow	78	arise	349	audition	607	blame	231
add	74	allow	585	arise	607	auditor	582	blame	345
add	387	allowance	578	arm	533	authority	533	blend	402
add	389	ally	607	around	409	avail	42	blind	225
add	393	almost	273	arouse	607	available	534	blind	227
add	395	alone	204	arrive	83	avenue	604	block	535
addict	45	alone	273	arrow	585	avoid	22	blow	68
address	42	along	408	art	533	avoid	86	blow	71
address	75	already	274	article	533	awake	41	blow	367
adhere	388	although	441	as	329	awake	204	blow	395
adjacent	227	altitude	603	as	432	award	586	blow	535
adjoin	607	altogether	268	as	456	aware	209	blue	225
adjourn	607	always	268	ascribe	86	aware	234	blue	536
adjust	42	amaze	215	ascribe	389	away	410	board	536
adjust	75	amaze	585	ascribe	603	back	379	boast	365
adjust	389	among	408	ashamed	209	back	395	body	536
admire	75	amount	308	ashamed	234	back	411	boil	49
admire	345	amount	387	aside	410	badly	270	boil	339
admission	578	amuse	42	ask	26	baggage	309	bond	536
admit	22	amuse	215	ask	31	balance	534	book	536
admit	33	amuse	585	ask	37	ban	350	boom	536
admit	76	analyzer	583	ask	83	bank	534	boot	398
admit	365	anchor	533	ask	328	bar	534	boots	294
admit	389	and	431	ask	343	bare	586	bore	45
adopt	584	angry	227	ask	345	barely	271	bore	215
advance	533	annex	579	ask	406	bark	534	bore	391
advance	607	annoy	215	asleep	41	base	45	borrow	54
advantage	607	another	492	asleep	204	be going to	516	borrow	350
advent	607	answer	26	asleep	233	beam	534	both	268
adventure	607	answer	50	aspire	604	bear	68	both	478
advertisement	305	answer	72	assembly	533	bear	535	bother	23
advertising	305	answer	79	assent	388	bear	586	bother	89
advice	308	answer	343	assent	607	beat	60	bother	215
advice	585	anxious	207	assert	585	beat	409	bounce	536
advisable	211	anxious	234	assess	607	because	434	bound	52
		anxious	240	asset	607	become	28	bound	235

bow	536	carry	385	classify	329	compare	389	consider	**99**
brake	576	carry	410	clear	69	compare	402	considerable	222
branch	379	carve	586	clear	73	compartment	579	considerate	222
branch	537	case	306	clear	**96**	compel	32	consign	588
break	68	cast	68	clear	227	compel	**123**	consist	**100**
break	**89**	casual	537	clear	365	compensate	**98**	consist	365
break	339	casual	586	clear	395	compensate	343	consistent	228
break	363	casualty	586	clear	410	compensation	579	consistent	582
break	367	catch	45	clever	212	compete	401	constitution	539
break	379	catch	63	client	304	compete	587	consult	69
break	391	catch	68	clientele	304	competitor	583	consume	604
break	395	catch	69	climate	587	complain	51	contact	588
break	419	catch	71	cling	388	complain	**98**	contain	40
break	537	catch	**92**	clock	352	complain	328	contain	604
bridge	68	catch	331	clog	46	complement	588	container	584
bring	25	catch	371	close	69	complementary	588	contemporary	588
bring	69	catch	393	close	225	complete	587	contend	540
bring	**90**	cater	343	close	227	complex	539	contender	583
bring	328	cater	586	close	269	complex	579	content	228
bring	379	cattle	**309**	close	339	compliment	373	content	540
bring	395	cause	32	close	538	compliment	588	continue	**100**
broke	607	cause	**93**	closely	269	complimentary	588	contract	380
broken	607	cease	**93**	cloth	305	comply	401	contract	588
build	**90**	celebrate	55	clothes	305	comply	603	contractor	583
build	395	celebrated	581	clothing	305	component	580	contrast	588
burn	42	celebrity	580	clue	587	compose	46	contribute	**100**
burn	339	cell	537	coarse	587	compose	605	contribute	388
burn	391	censor	607	coat	540	composed	581	contribute	604
bust	537	certain	205	code	587	comprehensive	582	controller	583
busy	225	certain	208	coin	538	compress	605	convenient	**238**
busy	**236**	certain	209	coincide	401	comprise	607	conventional	582
but	**416**	certain	**237**	collar	576	compromise	401	convert	**101**
but	**435**	chair	537	collect	42	compromise	607	convert	364
buy	26	challenge	537	collect	587	conceive	605	convey	607
buy	**90**	challenging	581	collide	401	concentrate	**99**	convince	32
buy	345	chance	23	comb	70	concentrate	371	convince	36
buy	350	chance	**129**	combine	402	concentrate	373	convince	42
buy	379	chance	**309**	come	23	concerned	**237**	convince	**101**
buy	395	change	69	come	28	concession	539	convince	366
buyer	583	change	**93**	come	69	concession	579	convincing	581
by	**334**	change	345	come	**96**	conclude	33	convoy	607
by the time	**435**	change	349	come	328	conclude	539	cook	26
cake	295	change	363	come	335	conclude	605	cooperate	401
calculating	581	change	364	come	340	concrete	539	cooperate	588
call	68	change	537	come	349	condition	**310**	cope	401
call	**91**	character	538	come	352	conditional	228	copier	584
call	343	characteristic	227	come	363	conductor	583	copy	540
call	352	charge	69	come	367	confer	401	cord	587
call	367	charge	**94**	come	371	confer	606	corner	69
call	370	charge	304	come	379	confident	209	corner	540
call	395	charge	402	come	387	confident	**237**	corporate	588
caller	583	charge	538	come	394	confident	588	correct	221
calm	339	charm	215	come	406	confidential	588	correct	587
can	**517**	chart	586	come	419	confine	389	correspond	401
can	537	charter	586	comfortable	214	confine	606	cosign	588
can't	**518**	cheat	**94**	command	34	confirm	33	cost	**102**
capable	**236**	check	352	command	69	confirm	588	could	**518**
capital	225	check	379	command	539	conform	388	council	607
capital	537	check	538	commend	539	conform	588	counsel	607
care	43	checkout	586	comment	**97**	confront	46	count	**102**
care	**91**	checkup	586	comment	371	confuse	215	count	343
care	328	cheer	395	commission	578	confuse	402	count	352
care	343	chip	587	commit	42	congratulate	55	count	371
career	586	choose	26	commit	46	congratulate	373	count	540
careful	**236**	choose	**95**	commit	69	congratulation	55	course	587
careless	212	circular	587	commit	**97**	connect	402	court	540
careless	**236**	circulation	587	commit	389	conscience	607	cover	46
carrier	583	circumference	607	common	220	conscious	209	cover	**102**
carrier	586	circumstance	607	communicate	401	conscious	**238**	cover	395
carry	68	cite	587	company	539	conscious	607	coverage	540
carry	263	claim	69	comparable	222	consent	388	crack	69
carry	371	claim	**95**	comparative	222	consider	22	crack	340
carry	379	clap	69	compare	**98**	consider	34	crash	363

613

crash	588	delay	**104**	difficult	214	downtown	267	encourage	32
crazy	228	delicate	542	difficult	**239**	doze	368	encourage	58
credit	389	delight	218	difficulty	**310**	dozen	**310**	end	**114**
credit	403	deliver	70	dig	70	draft	543	end	353
credit	540	deliver	542	digest	543	drag	543	end	394
crew	587	demand	34	digest	590	draw	57	end	544
crime	587	demand	**104**	digestion	590	draw	68	engage	43
critical	228	demand	366	dine	380	draw	70	engage	**114**
critical	541	demanding	581	dip	543	draw	**111**	engage	353
criticize	345	deny	22	direct	70	draw	371	enjoy	22
crowd	46	deny	33	direct	543	draw	395	enjoy	43
crush	588	deny	**105**	direct	590	draw	412	enjoy	**115**
cry	43	depart	51	direction	590	drawer	584	enough	**274**
cry	343	department	542	director	590	dream	33	enroll	353
cry	380	department	590	directory	590	dream	**112**	enter	50
cubicle	579	departure	590	disable	350	dream	**311**	enter	61
cup	295	depend	**106**	disappoint	215	dress	**112**	enter	**115**
curb	541	depend	371	disappoint	585	dress	340	entitle	32
curb	586	dependent	228	discern	**109**	drift	543	entitle	46
cure	365	deposit	70	discern	350	drink	399	entitle	**115**
curious	228	deposit	590	discourage	58	drive	32	entitle	389
curious	**240**	depot	590	discourage	350	drive	70	envelop	591
currency	589	depress	215	discreet	590	drive	**113**	envelope	591
current	589	deprive	**106**	discretion	590	drive	410	envious	228
curve	586	deprive	365	discriminate	**109**	drive	544	envy	26
custom	541	derive	349	discriminate	407	drop	57	envy	**115**
customer	304	derive	350	discuss	50	drop	70	equal	**240**
cut	69	descend	349	discuss	**109**	drop	335	equip	**116**
cut	70	describe	329	disgust	215	drop	352	equip	403
cut	72	describe	603	dislike	22	drop	363	escape	22
cut	340	description	579	dislike	56	drop	368	escape	**116**
cut	352	desert	542	dispense	402	drop	380	essential	211
cut	364	desert	590	disposable	591	drown	**113**	essential	228
cut	368	deserted	581	disposal	591	drug	543	essential	**240**
cut	411	deserve	**106**	dispose	48	dry	399	establishment	544
daily	589	deserve	606	dispose	**109**	due	205	establishment	579
dairy	589	desirable	211	dispose	366	due	225	estimate	579
damage	541	desirable	**238**	disposer	584	due	**239**	even	225
damp	589	desire	34	dissolve	606	dump	589	even	**275**
dangerous	214	desire	56	distant	543	during	**416**	even	544
dare	23	desire	**107**	distinguish	**109**	duty	544	ever	**275**
dare	**103**	despite	**416**	distinguish	350	dwell	371	every	268
date	349	dessert	590	distinguished	581	dying	**240**	every	**480**
date	411	destination	590	distribute	604	each	479	every day	269
day	307	destiny	590	distributor	583	eager	207	everyday	269
dead	225	detach	350	disturb	215	eager	**240**	exact	221
dead	271	deter	350	dive	543	early	219	excel	50
deal	**103**	deter	589	diverse	591	ease	365	except	**417**
deal	352	determine	48	divide	**110**	ease	395	exceptional	582
deal	401	determine	**107**	divide	364	easy	213	exchange	**116**
deal	541	determined	581	divide	589	easy	214	exchange	345
debate	589	develop	**108**	dividend	591	easy	**240**	exchange	545
deceive	605	develop	363	division	591	eat	43	excite	216
decent	589	develop	542	do	61	eat	61	exclude	605
decide	23	developer	583	do	70	eat	380	excuse	**117**
decide	34	device	590	do	73	eat	399	excuse	345
decide	**104**	devise	590	do	**110**	economic	222	excuse	545
decide	589	devote	42	do	402	economical	222	exempt	229
deck	541	devote	**108**	do	410	edge	544	exercise	545
declare	541	devote	387	do	422	effect	585	exert	43
decline	542	devote	389	do	519	effective	589	exhaust	545
decorate	403	devote	589	dock	576	efficient	606	exhausting	581
dedicate	42	devoted	581	donate	389	either	**480**	existing	581
dedicate	**108**	diary	589	doubt	33	elect	**113**	expect	31
dedicate	389	die	340	doubt	37	eligible	228	expect	33
deduct	350	die	365	doubt	57	else	479	expect	**117**
defective	589	die	380	doubt	**111**	embark	371	expect	366
defer	589	die	543	doubt	219	embarrass	216	expel	350
deficient	228	differ	**108**	doubt	**310**	emerge	591	experience	591
define	329	differ	349	doubtful	228	emission	544	experiment	591
define	606	differ	589	down	225	enable	32	expire	604
degree	542	different	**239**	down	**339**	enable	**114**	explain	51
delay	46	difficult	213	downstairs	267	enclosure	580	explain	**118**

expose	118	feel	343	foot	548	get	353	guilty	229
expose	389	fell	52	for	342	get	363	had better	520
expose	605	few	243	for	436	get	368	hand	25
express	43	fiction	592	forbid	58	get	371	hand	298
express	545	fight	402	force	32	get	380	hand	340
express	605	figurative	582	force	48	get	385	hand	353
extend	591	figure	380	force	123	get	388	hand	380
extension	545	figure	546	forget	24	get	391	hand	385
extension	591	file	70	forget	124	get	396	hand	550
extent	591	file	546	forgive	117	get	406	handle	550
extinguisher	584	fill	46	forgive	345	get	408	hang	396
face	118	fill	68	form	548	get	409	hang	409
face	394	fill	70	forth	417	get	410	happen	23
facility	579	fill	121	fortunate	243	get	412	happen	38
facility	591	fill	353	fortune	548	get	419	happen	129
fact	311	fill	380	forward	418	get	420	happy	245
fact	592	fill	391	forward	548	gift	549	hard	213
faction	592	fill	395	forwarder	583	give	25	hard	214
factor	592	fill	403	found	53	give	62	hard	239
factory	592	film	547	foundation	548	give	71	hard	269
faculty	545	find	33	fraction	593	give	72	hardly	269
faculty	591	find	53	free	207	give	125	hardly	276
fade	410	find	70	free	243	give	263	harmonize	403
fail	72	find	121	free	271	give	353	hate	56
fail	119	find	380	free	548	give	368	have	61
fail	353	fine	122	freeze	548	give	396	have	62
fair	546	fine	345	freight	592	give up	22	have	63
fair	592	fine	547	fresh	229	glad	244	have	129
fairly	271	fine	606	friction	593	glance	331	have to	520
fall	28	finish	22	friend	298	glasses	294	head	343
fall	49	finish	123	fright	592	glasses	313	head	550
fall	52	fire	312	frighten	216	glimpse	665	heal	365
fall	57	fire	547	frighten	391	globe	576	heal	593
fall	70	firm	547	from	348	gloves	294	hear	40
fall	119	firm	592	front	548	go	28	hear	41
fall	371	fish	312	frustrate	216	go	51	hear	130
fall	391	fit	55	fry	576	go	73	hear	349
fall	412	fit	231	full	229	go	126	hear	366
fall	413	fit	547	full-time	267	go	335	heat	396
fall	420	fitting	225	fun	313	go	353	heavy	225
false	221	fix	395	fun	592	go	363	hedge	550
familiar	241	fix	547	function	592	go	368	heel	593
familiarize	403	fixer	583	fur	576	go	372	help	43
family	312	fixture	579	furnish	116	go	380	help	131
family	546	flash	547	furnish	403	go	385	help	403
famous	241	flat	225	furniture	313	go	393	here	276
fan	592	flat	547	further	242	go	402	hesitate	23
fancy	546	flatter	43	furthest	242	go	408	hesitate	132
far	241	flaw	592	future	548	go	410	hinder	158
fare	304	flea	592	gain	71	go	420	hinder	350
fare	592	flee	592	gallery	548	good	244	hint	331
farm	592	flight	592	galley	549	good	307	hire	54
farther	242	floor	593	game	549	good	549	historic	223
farthest	242	flour	593	garage	549	grab	71	historical	223
fascinate	215	flow	53	gather	43	grade	549	hit	71
fast	219	flow	592	gaze	332	graduate	51	hit	372
fast	546	flush	547	gear	549	graduate	127	hold	71
fasten	70	fly	53	general	220	graduate	349	hold	133
fault	546	focus	99	general	225	grant	127	hold	372
favor	307	focus	371	general	549	grass	593	hold	396
favorable	222	focus	373	general	593	grateful	229	hold	412
favorite	222	fold	70	generator	584	grateful	576	hold	593
fear	33	fold	395	generous	593	gratitude	603	home	267
fear	312	fold	593	genius	593	grind	53	homework	313
feather	592	follow	50	genuine	220	gross	593	honest	212
feature	546	follow	70	genuine	593	ground	53	honk	71
feature	592	follow	123	get	28	ground	549	hook	396
fee	304	follow	395	get	32	grow	28	hope	23
feed	45	following	581	get	41	grow	128	hope	34
feed	120	fond	229	get	58	grow	396	hope	51
feed	372	food	312	get	71	guard	407	hope	56
feel	27	foolish	212	get	124	guess	33	hope	133
feel	120	foot	71	get	340	guest	304	hope	314

索引

615

hope	343	inflict	**134**	Japanese	**315**	leave	71	long	344
horizon	550	inflict	373	jeans	294	leave	**142**	long	553
hose	576	inform	36	join	61	leave	344	look	27
hospitable	576	inform	**135**	join	**138**	leave	364	look	41
hospitality	593	inform	366	jot	341	leave	381	look	51
hostility	593	information	**315**	judge	34	leave	389	look	71
how	**457**	infringe	372	judge	580	leave	413	look	**145**
however	271	ingenious	593	jump	70	leave	552	look	329
however	**471**	inhabit	50	junior	230	lend	25	look	332
hungry	**240**	inhabit	594	just	**277**	lend	54	look	340
hunt	71	inhibit	594	keep	28	lend	**143**	look	344
hunt	343	initial	225	keep	64	less	270	look	363
hurry	396	injure	**135**	keep	**139**	less	**484**	look	372
hurt	**135**	innocent	229	keep	340	lesser	270	look	383
idea	**314**	input	551	keep	350	lesson	552	look	385
idea	594	inquire	**136**	keep	368	let	**143**	look	387
ideal	594	inquire	328	keep	380	let	340	look	388
identify	**134**	inquire	363	keep	393	let	353	look	394
identify	329	inquire	406	keep	396	let	381	look	396
identify	403	inquire	602	keep	411	let	396	look	406
idle	410	insert	364	kill	71	letter	552	look	412
idle	550	insist	34	kind	212	level	552	look	418
idol	550	insist	**136**	kind	551	lever	607	look	420
if	**436**	insist	372	knock	51	liabilities	580	lose	45
ignorant	229	inspire	403	know	34	liable	207	lose	69
imaginable	223	inspire	604	know	40	liable	**246**	lose	71
imaginary	223	installment	551	know	71	library	552	lose	73
imaginative	223	institute	594	know	**140**	lie	52	lose	**145**
imagine	34	institution	594	know	328	lightning	576	lot	**486**
immediate	594	instructions	579	lack	**141**	like	23	lot	553
immigration	550	integrate	594	lack	595	like	32	loud	226
imperative	211	integrity	594	lamp	595	like	40	low	226
imperative	**245**	intend	23	land	51	like	**144**	low	596
implement	550	intend	46	land	551	like	**418**	loyalty	596
imply	603	intend	**137**	last	**246**	like	552	luck	595
impolite	212	intend	594	last	269	likely	207	luggage	**309**
import	350	intense	594	last	551	likely	**246**	lump	295
important	211	intensive	594	lasting	581	limit	389	lump	595
important	213	intent	594	late	205	line	396	mail	**315**
important	**245**	intention	**315**	late	230	link	608	maintain	553
impose	**134**	intention	594	late	269	lip	608	major	353
impose	373	intercept	595	lately	269	list	552	major	553
impose	605	interest	47	later	269	listed	226	make	26
impossible	213	interest	216	latest	269	listen	41	make	47
impossible	214	interest	551	latitude	603	liter	608	make	61
impossible	**245**	interfere	**137**	latter	269	literacy	223	make	65
impress	218	interfere	353	laugh	331	literacy	552	make	69
impress	605	interfere	402	launch	71	literal	223	make	71
in	232	interfere	595	law	596	literally	223	make	**146**
in	**351**	intermediate	594	lawn	596	literary	223	make	344
in case	**439**	intermission	595	lay	43	literate	223	make	364
incapable	**236**	intermittent	595	lay	52	literature	552	make	381
incidental	582	interpret	329	lay	71	litter	608	make	394
inclement	594	interpret	595	lay	73	little	**485**	make	397
incline	48	interrupt	595	lay	335	live	40	man	**316**
include	605	into	**363**	lay	340	live	**247**	manage	23
income	**314**	intrigue	216	lay	368	live	344	manage	**147**
inconvenient	**238**	introduce	**138**	lay	381	live	372	management	580
increase	**134**	introduce	389	lead	32	live	394	manifest	553
increment	594	invent	595	lead	61	liver	607	manner	554
incur	607	inventor	595	lead	**141**	load	47	manufacturer	583
indeed	271	inventory	595	lead	388	load	403	many	**486**
independent	229	invest	595	lead	389	load	553	margin	554
indicator	584	investigate	595	lead	552	loan	54	mark	340
indifferent	229	invite	389	lean	407	loan	596	mark	397
indispensable	228	inviting	581	learn	23	local	226	marked	581
indoor	269	involve	**138**	learn	**141**	locate	47	marry	50
indoors	269	irrigate	595	learn	350	locate	**144**	marry	**147**
indulge	43	irritate	216	learned	581	locate	603	master	554
industrial	223	irritate	595	lease	596	lock	381	match	55
industrious	223	issue	551	least	**484**	lock	565	match	554
infer	606	it	**482**	leave	32	lodge	553	matter	**148**
inferior	229	jam	551	leave	50	long	**144**	matter	554

word	page	word	page	word	page	word	page	word	page
may	521	nature	596	order	152	perk	397	precede	598
mean	23	near	270	order	350	perk	577	precious	598
mean	34	near	418	order	557	permit	32	precise	221
mean	148	nearby	270	ordinary	220	permit	154	precise	598
mean	554	nearly	270	organ	597	persist	353	prefer	389
mean	596	necessarily	268	organic	597	personal	597	prefer	606
meaning	596	necessary	211	organize	557	personnel	597	premise	561
means	316	necessary	213	organizer	583	persuade	32	premium	561
means	596	necessary	247	other	492	persuade	36	preoccupy	47
measure	554	necessities	580	otherwise	279	persuade	155	prepare	156
meddle	353	need	24	ought to	524	pick	72	prepare	344
mediate	596	need	152	out	379	pick	372	prescribe	603
meditate	596	negotiate	402	out of	384	pick	381	prescription	579
meet	59	neither	481	outdoor	270	pick	397	present	43
meet	61	net	556	outdoors	270	pickup	559	present	205
meet	71	never	278	outlet	557	pile	598	present	250
meet	149	news	317	output	557	pill	598	present	403
membership	580	nice	212	outstanding	558	pilot	559	present	561
memo	554	nice	247	over	232	pitch	72	presentation	561
mention	50	noble	597	over	384	pity	318	presenter	583
mention	149	none	481	overcome	597	place	72	preserve	606
merge	402	normal	220	overnight	267	place	73	preside	385
merge	591	note	556	overseas	267	place	559	press	32
microwave	555	note	597	overtake	597	placement	559	press	157
might	522	notice	556	owe	153	plain	559	press	344
million	316	notice	597	owe	389	plan	23	press	561
mind	22	novel	597	owe	597	plant	559	pressing	582
mind	72	now (that)	439	own	40	platform	560	presume	604
mind	150	nuke	556	own	558	play	72	pretend	23
mind	555	number	317	own	597	play	155	pretend	157
mine	555	object	59	page	558	play	560	pretty	272
minute	555	object	305	paid	226	pleasant	214	prevent	158
misleading	581	object	387	paint	57	pleasant	249	prevent	350
miss	22	object	388	pajamas	294	please	47	preview	598
miss	69	object	556	pants	294	please	218	prey	598
miss	72	objection	305	paper	317	please	560	price	304
miss	151	objective	306	park	558	plug	354	price	318
missing	581	objective	582	part	402	plug	560	price	561
mistake	151	oblige	32	part	558	point	332	pride	43
mistake	345	oblige	123	partake	353	point	381	principal	562
mistaken	221	obliged	581	partial	230	point	560	principle	562
mix	397	observance	306	participate	153	pointer	584	proceed	598
mix	402	observation	306	participate	353	pole	598	proceeds	580
moderate	555	observatory	306	particular	230	police	318	process	562
moment	316	observe	556	particular	558	policy	560	professor	583
moral	596	occasionally	272	part-time	267	polite	212	proficient	230
morale	596	occur	152	party	558	poll	598	proficient	606
more	487	occur	388	pass	72	pool	560	prohibit	58
mortgage	555	occur	607	pass	154	popular	220	prohibit	158
most	488	odd	225	pass	335	popular	230	prohibit	350
motion	555	odd	557	pass	344	popularity	608	projector	584
move	34	of	364	pass	397	population	318	promise	23
move	216	off	232	pass	411	population	608	promise	31
move	388	off	367	passable	577	pose	560	promise	36
move	391	offend	597	passage	558	pose	598	promise	158
move	397	offense	597	passenger	304	possess	47	promising	582
move	555	offensive	597	passing	581	possible	213	promote	47
movers	583	official	580	patient	558	possible	250	promote	72
mow	72	offshore	267	pause	598	possibly	279	promote	562
much	489	on	370	pay	72	post	561	promotion	562
must	523	once	278	pay	154	postage	580	proof	230
must	555	once	439	pay	340	postpone	22	proof	562
nail	555	one	491	pay	345	postpone	156	proper	211
name	151	online	267	pay	368	pour	364	proper	231
name	407	only	248	pedal	72	pour	598	proper	598
namely	272	open	72	pending	581	practical	226	property	598
narrow	226	opening	578	pension	558	practice	22	proportional	230
narrowly	272	operation	557	pensioner	583	practice	72	propose	35
nation	596	oppose	59	people	318	practice	156	propose	51
natural	213	opposite	249	per	419	practice	561	propose	159
natural	247	or	439	perform	597	praise	345	proprietor	599
natural	555	order	31	perfume	597	praise	585	propriety	599
naturally	277	order	34	period	559	pray	598	prospect	599

617

索引

prospectus	599	rarely	599	reject	59	respectful	231	say	34
prosper	598	rate	304	relate	47	respective	224	say	38
protect	350	rate	563	relative	564	responsible	231	say	51
protect	599	rather	280	relative	580	rest	371	say	60
protest	407	raw	226	relatively	564	rest	565	say	62
protest	599	raw	596	relax	216	restore	577	say	**171**
proud	209	reach	26	release	596	restrain	600	say	387
proud	**250**	reach	50	relevant	230	restrict	600	say	566
prove	27	reach	**161**	relieve	**164**	result	**169**	scar	600
prove	**159**	reach	344	relieve	216	result	349	scarce	600
provide	**160**	reactor	584	relieve	365	result	354	scarcely	**276**
provide	344	read	26	religion	600	resume	600	scare	216
provide	403	read	415	relocate	389	resume	604	scare	600
provider	583	read	420	relocate	603	résumé	600	scenery	**319**
provision	562	ready	208	reluctant	208	retain	604	schedule	48
proximity	599	ready	**251**	rely	**164**	retire	349	scholarship	580
proxy	599	real	220	rely	371	retrieve	565	scissors	294
pull	43	real	226	remain	28	return	73	scold	345
pull	72	reality	600	remain	**164**	return	**169**	screen	566
pull	340	realize	34	remain	600	return	565	seal	566
pull	368	realize	600	remains	579	reunion	602	search	**172**
pull	385	really	**281**	remarkable	582	revenue	604	search	344
pull	397	really	599	remember	24	reverse	591	search	346
pull	419	realtor	583	remember	34	review	598	seat	43
punch	352	realty	600	remember	**165**	revise	590	seat	**172**
punish	345	rear	563	remind	36	reward	345	seat	298
pure	598	rear	599	remind	**165**	reward	586	second	566
push	369	reason	**319**	remind	366	rich	227	security	567
put	22	reason	563	remind	600	ride	58	see	40
put	41	reasonable	226	remove	577	ride	**169**	see	41
put	69	reasonable	582	rent	54	right	205	see	59
put	71	reassure	216	rent	61	right	221	see	61
put	73	rebate	589	rent	580	right	565	see	73
put	**160**	recall	563	repeat	43	rink	608	see	**172**
put	263	recede	598	repent	**166**	rip	608	see	263
put	341	receive	54	repent	366	rise	53	see	329
put	364	receive	605	repetition	608	rob	59	see	369
put	369	recent	589	replace	**166**	rob	365	see	388
put	372	recently	**281**	replace	403	rock	565	seek	23
put	381	reckless	226	replacement	580	role	565	seek	**174**
put	394	recognize	**162**	reply	**166**	roll	565	seek	344
put	397	recognize	600	reply	603	room	**319**	seem	27
put	410	recommend	31	report	**167**	round	397	seem	38
put	411	recommend	35	report	388	round	**409**	seem	**174**
put	413	recommend	**162**	repose	605	row	72	seldom	**280**
put	417	recover	349	represent	564	row	566	sell	**174**
put	418	recruit	580	representative	564	row	596	sell	382
put	420	recur	607	reputation	608	royalty	596	send	25
quarterly	272	refer	**162**	request	31	rude	212	send	**175**
questionnaire	577	refer	329	request	34	ruins	579	send	344
quick	208	refer	388	request	**167**	rule	382	send	353
quick	219	refer	606	require	31	rule	566	send	382
quiet	599	refill	403	require	34	rumor	**170**	senior	226
quit	**161**	refine	606	require	**168**	rumor	**319**	senior	230
quit	599	reflect	372	require	602	run	73	sense	567
quite	268	reflect	563	requisition	579	run	**170**	sensible	224
quite	**280**	refrain	**163**	resemble	40	run	344	sensitive	224
quite	599	refrain	349	resemble	50	run	363	sensitive	231
quota	599	refresh	216	resemble	**168**	run	382	sensitive	567
quotation	562	refreshment	578	reservation	564	run	385	sensor	607
quote	562	refuse	23	reserve	564	run	406	sentence	567
quote	599	refuse	59	reserve	606	run	407	separate	350
race	562	refuse	**163**	reserved	581	run	411	serious	226
rack	595	regard	**163**	resign	604	safe	566	serve	329
rail	563	regard	329	resignation	579	same	**251**	serve	344
rain	381	region	600	resolve	**169**	satisfy	48	serve	606
raise	53	register	564	resolve	606	satisfy	218	set	73
raise	73	regret	**163**	resort	388	save	26	set	328
raise	563	regret	218	resource	600	save	73	set	354
range	349	regretful	224	respect	218	save	**170**	set	369
rapid	219	regrettable	224	respect	565	save	350	set	397
rare	599	regular	580	respectable	224	save	566	set	412
rarely	**280**	reimburse	346	respectful	224	savings	580	settle	341

618

shake	73	something	**496**	stem	349	sum	398	tempt	**187**		
shake	**175**	soon	**282**	step	341	summary	577	tend	23		
shall	**524**	sore	226	step	410	superior	230	tend	**187**		
shame	**318**	sorry	209	step	569	superior	580	tender	572		
shape	48	sorry	**252**	stick	388	supplier	583	tension	594		
shape	397	sort	382	stick	389	supply	**183**	term	298		
share	**175**	sort	568	stick	569	supply	403	term	572		
share	354	sound	27	still	**283**	support	74	terrible	601		
share	403	sound	**177**	stock	570	suppose	34	terrific	601		
share	567	sound	568	stock	601	suppose	48	test	572		
shed	73	soup	601	stockings	294	suppose	**183**	than	**441**		
sheet	295	source	600	stop	22	suppress	605	than	**458**		
shift	567	spare	**177**	stop	24	sure	208	thank	55		
ship	567	spare	568	stop	71	sure	209	thank	**187**		
shipment	567	speak	60	stop	**180**	sure	**252**	thank	345		
shock	216	speak	**178**	stop	350	surprise	215	that	**442**		
shoes	294	speak	344	stop	386	survive	50	that	**458**		
shoot	398	speak	382	storage	580	survive	**184**	that	**498**		
short	226	speak	388	store	570	suspect	34	the	**503**		
short	231	speak	398	story	570	suspect	57	the way	**443**		
shortly	272	special	580	strain	601	suspect	580	there	**285**		
should	**525**	specialize	353	strange	213	suspect	601	these	**498**		
show	25	species	**320**	stress	570	suspend	601	think	34		
show	43	specification	579	strike	49	suspicious	231	think	**188**		
show	**176**	speed	398	strike	73	swallow	398	think	263		
show	369	spell	382	strike	**181**	swallow	571	think	328		
show	399	spend	**179**	strike	216	switch	372	think	329		
show	409	spend	373	strike	570	sympathize	402	think	366		
shrug	73	spin	369	striking	582	table	572	think	386		
shut	341	split	73	strip	570	take	48	thirsty	**240**		
shut	398	split	364	stripe	570	take	61	this	**498**		
sick	232	spot	568	stroke	570	take	62	thorough	577		
side	402	spread	73	strong	226	take	66	those	**498**		
sigh	577	spring	349	structure	579	take	73	though	**441**		
sign	394	square	74	stub	571	take	**184**	thread	601		
sign	398	square	568	studio	571	take	263	threat	601		
sign	600	stab	571	study	571	take	329	threaten	**189**		
signal	600	stack	601	stuff	571	take	345	thrill	217		
similar	**251**	staff	**320**	stupid	212	take	354	through	**419**		
since	**419**	staff	571	subject	231	take	364	throughout	**420**		
since	**440**	stain	601	subject	571	take	369	throw	74		
sing	26	stair	601	submit	388	take	382	throw	354		
sink	567	stall	568	subscribe	388	take	386	throw	399		
sit	398	stand	73	subscribe	571	take	388	throw	411		
site	587	stand	**179**	subscribe	603	take	398	tide	386		
sitting	582	stand	335	subsidiary	601	take	411	tidy	399		
size	49	stand	344	subsidy	601	take	412	tie	399		
size	398	stand	382	substantial	582	talk	60	tie	572		
skip	69	stand	398	substitute	**182**	talk	**185**	tight	226		
skip	567	stand	569	substitute	346	talk	328	till	**421**		
sleep	372	standing	582	substitute	580	talk	386	till	**442**		
slice	295	stare	**179**	succeed	**182**	talk	388	time	230		
slight	226	stare	332	succeed	354	talk	412	time	**320**		
slip	568	stare	601	succeed	388	tall	226	tip	572		
slow	208	start	51	success	306	taper	369	tip	587		
slow	341	start	**180**	successful	224	taste	27	tired	41		
smart	212	start	344	succession	306	taste	**185**	tired	232		
smell	27	start	398	successive	224	teach	25	to	**386**		
smell	**176**	start	569	successor	583	teach	**186**	toast	572		
smile	332	starve	391	such	**284**	tear	399	toll	304		
snow	398	state	569	such	**497**	tear	572	toll	573		
so	**281**	statement	569	suffer	74	tell	25	toll-free	271		
so	**440**	statement	579	suffer	**182**	tell	32	tone	341		
so	**494**	stationary	608	suffer	349	tell	36	too	**286**		
soap	601	stationery	**320**	sufficient	606	tell	60	top	573		
society	568	stationery	680	suggest	22	tell	62	total	573		
socks	294	statue	601	suggest	35	tell	74	touch	216		
soft	226	status	601	suggest	51	tell	**186**	touch	573		
software	**319**	stay	**180**	suggest	**182**	tell	350	tough	226		
solve	73	stay	398	suit	55	tell	372	tow	411		
solve	606	stay	402	suit	571	teller	578	toward(s)	**420**		
some	272	steal	59	suitable	231	temporary	588	track	341		
some	**494**	steal	569	sum	393	tempt	32	track	573		

619

trade	354	used	226	when	**461**	
trade	573	used	**254**	whenever	**470**	
train	574	used	387	where	**444**	
transfer	48	used to	**526**	where	**461**	
transfer	574	utilities	579	whereas	**444**	
translate	364	vacancy	574	wherever	**471**	
treat	329	vacuum	575	whether	**445**	
treat	389	valuables	580	whether	602	
treat	574	vary	349	which	**463**	
treat	602	vary	577	whichever	**469**	
treaty	602	vendor	583	while	**445**	
tribute	604	venture	23	who	**464**	
trim	574	venue	604	whoever	**470**	
trouble	**189**	very	**287**	wholesale	578	
trouble	**321**	very	**499**	whom	**465**	
trousers	294	vicious	226	whomever	**470**	
trousers	**322**	view	329	whose	**466**	
truck	573	view	575	whosever	**470**	
true	220	viewer	583	why	**467**	
true	**253**	virtual	220	will	**527**	
try	24	volume	575	will	575	
try	**190**	vote	**191**	willing	208	
try	372	vote	344	win	60	
try	382	vulnerable	232	win	**193**	
tuition	304	wait	32	wind	53	
tune	354	wait	**191**	wind	400	
tune	399	wait	344	wish	23	
turn	27	wait	372	wish	35	
turn	28	waive	577	wish	51	
turn	74	wake	41	wish	56	
turn	**190**	wake	399	wish	**194**	
turn	298	walk	383	wish	343	
turn	307	wander	602	with	**400**	
turn	341	want	23	within	**421**	
turn	353	want	32	without	**422**	
turn	363	want	40	wonder	37	
turn	364	want	56	wonder	**194**	
turn	369	want	**191**	wonder	602	
turn	372	warm	396	work	43	
turn	383	warn	**192**	work	73	
turn	386	warn	407	work	**195**	
turn	388	wash	74	work	**323**	
turn	399	waste	373	work	344	
turn	409	waste	580	work	373	
turnover	574	watch	41	work	383	
twice	**287**	watch	74	workshop	575	
typical	232	watch	**192**	worry	**195**	
unable	207	watch	**322**	worry	328	
under	**392**	watch	383	worse	**255**	
uneasy	577	wave	74	worst	**255**	
union	602	way	272	worth	**255**	
unique	232	way	308	worthy	**256**	
unit	602	weak	226	would	**528**	
unite	602	wear	40	wound	53	
unless	**442**	wear	41	wound	135	
unlike	**420**	wear	**193**	wrap	400	
unlikely	207	wear	341	write	25	
unlikely	**246**	wear	383	write	57	
until	**421**	weather	**323**	write	**196**	
until	**442**	weather	602	write	341	
unwilling	208	weave	74	write	369	
up	**393**	weigh	373	write	400	
upstairs	267	weigh	602	wrong	221	
uptown	267	weight	602	yen	**323**	
urge	32	welcome	207	yet	**288**	
urge	35	well	**254**	yield	388	
urge	**191**	well	575	zip	400	
urgent	226	what	**459**			
urgent	582	whatever	272			
use	263	whatever	**469**			
use	**322**	wheel	575			
use	329	wheelchair	575			
use	399	when	**444**			

練習問題の正解

PART1 (p.197)

[A] 1 eating　2 to lock　3 locked　4 (should) see
　1「食べすぎるのは避けなさい，さもないと太りすぎになります」(→p.22)
　2「私はドアに鍵をかけ忘れていたことに気づいた」(→p.24)
　3「ドアには鍵をかけたままにして，誰も入れてはいけない」(→p.139)
　4「彼ができるだけ早く医者にみてもらうことを彼女は提案した」(→p.35)

[B] 1②　2②　3①　4④
　1「私は月700ドルでこのアパートを借りている」(→p.54)
　2「私は彼がその仕事を引き受けるのを思いとどまらせようとした」(→p.58)
　3「その機械は発明者に科学博覧会の賞を得させた」。第4文型。(→p.193)
　4「私は締め切りが近づいていることを彼に思い出させた」。〈＋人〉の形が可能なのは remind のみ。(→p.36)

[C] 1③　2①　3③　4①
　1「彼はその金を盗んだことを（①認めた/ ②否定した/ ④後悔した）」。pretend の後ろに動名詞は置けない。(→p.23)
　2「私はテストの結果に（②驚いた/ ③安心した/ ④失望した）」。inform なら前置詞は at でなく of。(→p.135)
　3「私は我々の販売キャンペーンが成功することを（①望む/ ②信じる/ ④期待する）」。hope＋O＋to V は不可。(→p.56)
　4「メーカーは製品に警告ラベルを貼らねばならない」。demand＋O＋to V は不可。(→p.35)

PART2 (p.257)

[A] 1③　2④　3①　4②　5①　6③
　1「その著者はノーベル賞を取りそうだ」(→p.213・246)
　2「コーヒーは濃くしてください」(→p.226)
　3「彼らは（poor という）言葉の文字通りの意味で貧乏だ」(→p.223)

4「君にそんなことを言うとは，彼は何と無礼なやつだ」(→p.212)

5「医者は彼が禁酒することが絶対に必要だと言った」(→p.211)

6「ミツバチは世界中どこでも見られる普通の昆虫である」(→p.220)

[B]　1 ③　2 ①　3 ②　4 ①

1「彼女は主任に昇進（①しそうだ/ ②する可能性がある/ ④することが確実だ）」。It is sure that ... は不可。(→p.253)

2「彼らはその事業に（多額の）金を費やした」。number は可算名詞に使う。(→p.202)

3「その靴には（①③安い/④手ごろな）値がつけられている」。cheap price は誤り。(→p.203)

4「彼は規則を破ったこと（②をすまなく思って/ ③に気づいて/ ④を恥じて）いなかった」。willing の後ろに that 節は置けない。(→p.209)

PART3 (p.289)

[A]　1 ④　2 ③　3 ②　4 ①　5 ②　6 ①

1「私の友人はほとんど全員歌が上手です」(→p.273)

2「私は駅まで走った。さもなければ列車に乗り遅れていただろう」。otherwise は仮定法とともに使われる。(→p.279)

3「彼女に3人の子どもがいるとは全く知らなかった」(→p.262)

4「家まで車で送るよ」。home は副詞だから前置詞は不要。(→p.267)

5「とても騒がしかったので，彼の声がほとんど聞こえなかった」(→p.269)

6「この地図が見えるくらい近くに来なさい」。close は「近くに」，closely は「綿密に」。(→p.269・274)

[B]　1 either　2 before　3 such a　4 it off

1 否定文には too でなく either を使う。(→p.264)

2 ago は過去形とともに，before は過去完了形とともに使う。(→p.273)

3 such a ～ that ... = 非常に～なので… (→p.284)

4 call off（中止する）の off は副詞。代名詞の目的語（it）は off の前に置く。（→p.263）

PART4 (p.324)

[A] 1 ④　2 ①　3 ①　4 ③　5 ①　6 ③　7 ②

1 「浅草へ行くにはどこで電車を乗り換えればいいですか」（→p.297）
2 「その店で5ダースの鉛筆を買った」（→p.300）
3 「その株が上がる可能性はほとんどない」（→p.303）
4 「ここから球場までのバス料金はいくらですか」（→p.304）
5 「この病気は注意深い観察が必要だ」（→p.306）
6 「これらの古い雑誌は捨ててもいいころだ」（→p.321）
7 「彼の家を見つけるのにとても苦労した」（→p.321）

[B] 1 pieces of　2 large　3 are

1 baggage は数えられない名詞。数えるときは a piece of を使う。（→p.293）
2 「多い［少ない］聴衆［観客］」は large [small] audience。（→p.308）
3 the police は単数形で複数扱い。（→p.318）

PART5 (p.423)

1 ③　2 ②　3 ②　4 ③　5 ④　6 ①　7 ②　8 ④　9 ④　10 ②

1 「その提案を議論した後，彼らはそれを断念することに決めた」。after（前置詞）の後ろに動名詞を置く形。（→p.326）
2 「インターネットは我々の生活に大きな変化を引き起こした」（→p.328）
3 「経営者は彼女を有能な事務員だとみなしている」（→p.329）
4 「今週末までに報告書を提出しなければならない」（→p.334）
5 「ここで待っていて。数分で戻ってくるわ」（→p.351）
6 「上司は彼女が時間を守ることを賞賛した」（→p.345）
7 「春祭りは3月3日から始まる」。begin from は不可。（→p.348）
8 「教官は彼らを4つのグループに分けた」（→p.364）

623

9 「彼は彼らが契約を更新することに反対した」。to（前置詞）の後ろに「意味上の主語（their）＋動名詞（renewing）」を置いた形。（→p.387）

10 「彼は足を組んで床に座った」（→p.404）

PART6 (p.446)

[A]　1 ②　2 ①　3 ④　4 ①　5 ④

1 「ニューヨーク滞在中に私はいくつかの美術館を訪ねた」（→p.429）

2 「その橋は完成すれば2つの島を結ぶだろう」。when（〜するとき）の節中では will は使えない。（→p.430）

3 「私はすべきことを全部忘れないようにリストを作った」（→p.441）

4 「机の上のものは何も触ってはいけない。そのままにしておきなさい」（→p.432）

5 「もう少し早く出ていたら，列車に間に合ったのに」。仮定法過去完了の基本形。（→p.436）

[B]　1 before　2 whether　3 until [till]　4 but　5 is that

　　1（→p.434）　2（→p.445）　3（→p.442）　4（→p.435）　5（→p.321・426）

PART7 (p.472)

[A]　1 ③　2 ④　3 ①　4 ③　5 ④　6 ④

1 「私は講演者の言ったことに興味を持った」（→p.459）

2 「あの橋の長さはどのくらいですか」（→p.451）

3 「当社には10の支店があり，そのすべてが黒字だ」（→p.463）

4 「彼らは液晶ディスプレイを生産する工場を建てている」（→p.461）

5 「誰が選挙に勝つと思いますか」（→p.451）

6 「私が朝どんなに遅く電話をかけても，彼は寝ている」（→p.471）

[B]　1 soon　2 how to　3 why　4 whose

　　1（→p.450）　2（→p.452）　3（→p.467）　4（→p.466）

PART8 (p.500)

[A] 1 ② 2 ③ 3 ④ 4 ③ 5 ④

1 「彼女は私よりずっと多くのおみやげを買った」(→p.487)

2 「出席者には試供品が配られた」(→p.499)

3 「我々は彼が当然我々に謝るだろうと思った」(→p.484)

4 「何でも好きなものを取って食べてください」(→p.476)

5 「私の3人の兄弟のうち1人は大阪に住んでおり，残りの2人は名古屋に住んでいる」③だと後ろは lives になる。(→p.492)

[B] 1 All 2 neither, nor 3 is it 4 much [far] 5 that of

1 (→p.478) 2 (→p.481) 3 (→p.482) 4 (→p.489) 5 (→p.498)

PART9 (p.509)

[A] 1 × 2 the 3 an 4 the 5 × 6 the 7 the 8 × 9 × 10 The

1 「列車が止まっていたので，タクシーで来ました」(→p.506)

2 「アルバイトは時間単位で給料を支払われている」(→p.504)

3 「テレビゲームを30分やりました」。hour は可算名詞。

4 「マイクは2人の男の子たちのうちで背の高い方だ」(→p.503)

5 「来月ニューヨークへ行く予定です」(→p.507)

6 「誰かがギターをひいているのが聞こえた」(→p.504)

7 「私は彼女のほおにキスした」(→p.505)

8 「ジョンソンさんは議長に選ばれた」(→p.507)

9 「私はふだん午後1時に昼食をとります」。lunch は不可算名詞。

10 「エレベーターは故障していた」。特定のエレベーターを指すと考えられるので the をつける。

[B] 1 A friend of my father's came 2 many hours a day do you
    3 in such a hurry that 4 as smart a student as

1 (→p.508) 2 (→p.503) 3 (→p.507) 4 (→p.508)

PART10 (p.530)

[A]　1 ②　2 ④　3 ③　4 ③　5 ①

　1「私は彼の冗談に笑わずにはいられなかった」(→p.518)

　2「明日来なければなりませんか」—「いいえ，その必要はありません」
　　(→p.523)

　3「何か読む物を持ってきましょうか」—「ええ，お願いします」(→p.524)

　4「私は人前で歌うことに慣れていない」(→p.526)

　5「お茶とコーヒーと，どっちにする？」—「どっちでもいいよ」(→p.528)

[B]　1 may have to　2 better not　3 got to　4 should have　5 used to

　1 (→p.513)　2 (→p.520)　3 (→p.520)　4 (→p.526)　5 (→p.526)

カバーデザイン：アートマン
校正者：伊藤優子
校正協力：共同制作社

トータルマスター
試験に出る「英語の語法・文法」大全

2011年10月5日　第1刷発行
2017年6月24日　第2刷発行

著　者／佐藤誠司
発行者／深澤徹也
発行所／メトロポリタンプレス

〒173-0004
東京都板橋区板橋3-2-1
電話〈代表〉03-5943-6430
http://www.metpress.co.jp

印刷所／株式会社ティーケー出版印刷

©2011 Seishi Sato
ISBN978-4-904759-10-3　C2082　Printed in Japan

■ 乱丁本、落丁本はおとりかえします。お買い求めの書店か、メトロポリタンプレスにご連絡ください。
■ 本書の内容（写真・図版を含む）の一部または全部を、事前の許可なく無断で複写・複製したり、または著作権法に基づかない方法により引用し、印刷物・電子メディアに転載・転用することは、著作者および出版社の権利の侵害となります。

「トータルマスター」は株式会社メトロポリタンプレスの登録商標です。